고대 北京과 燕文化

燕文化의 형성과 전개를 중심으로

고대 北京과 燕文化

燕文化의 형성과 전개를 중심으로

배진영 지음

한국학술정보㈜

▌감사의 말

　부족한 이 책의 출간으로 여러 선생님께 누를 끼치지 않길 바라며, 많은 영감과 실질적이고 적극적으로 도움을 주셨던 이성규 선생님과 김엽자 선생님, 中國社會科學院 歷史研究所에서 필자를 지도해주신 曲英傑 선생님께 진심으로 감사드립니다.
　또한 오랜 시간 동안 출간에 도움을 주신 이지연 편집자님과 필자를 도와주신 모든 분께 진심으로 감사드립니다.
　또 어디에도 명함을 내밀지 못하는 부끄러운 연구자로, 부족한 아내로, 아무것도 해주지 못한 엄마로, 힘겨워하는 필자에게 그래도 삶은 어디에서나 아름다울 수 있다는 것을 알려주는 가족에게 이 책을 바칩니다.

서 문

　이 책은 필자의 박사학위논문인 『中國古代燕文化硏究-燕文化의 形成과 發展-』을 약간의 손질과정을 거쳐 간행한 것이다. 필자의 게으름과 방치로 인하여 책으로 낼 것을 주저하였지만, 이미 2004년에 출판사와 계약을 체결하였기에 오랜 망설임 끝에 용기를 내서 출간하게 되었다.

　필자가 논문을 쓸 당시, 燕나라에 관해서는 한국은 물론 중국에서도 거의 주목하지 않아 北京市文物硏究所의 陳平을 제외하고는 전문 연구자를 찾을 수 없었다. 따라서 이에 대한 계통적 연구가 이루어지지 않았다. 그러나 최근 들어 陳平이 『燕文化』(文物出版社, 2006.)를 발간하는 등 燕의 역사와 문화에 대해 상대적으로 활발한 연구가 이루어지고 있다. 다만, 최근 연구가 대체로 기존의 연구 성과를 집적하는 방향으로 전개되어 연구에 획기적인 새로운 성과나 커다란 진전 등은 많지 않아 보인다.

　필자의 분석대상인 연나라가 위치한 北京 및 燕山 지역은 중원문화와 북방문화가 충돌·융합하였던 곳으로 복잡다단한 역사가 전개되었다. 또 이곳은 韓民族의 고대사와 일정하게 맞물리는 지역이자, 중원세력의 북방 진출 및 북방세력의 중원 진출지이기 때문에 한국과 중국 모두 지대한 관심을 갖는 지역이다. 특히 최근 들어 遼河文明論이 대두되면서 遼東·遼西 지역에 대한 한중 양국의 관심이 증폭되었다. 그리고 '燕遼' 지역이라 명명될 정도로 燕과 이 지역은 밀접한 관련성을 갖고 있다. 따라서 이들 지역은 한중고대관계사나 한국고대사에 관심을 가진 많은 연구자들의 주목 대상이 되고 있다.

그러나 한국에서 대부분의 연구는 요동지역에 그치고 연나라에 대해서는 한국고대사와 관련된 일부분에 국한되어 있다. 이는 물론 자료의 부족이나 중국에서조차 연에 대한 연구가 심화되지 않았다는 점, 그리고 이 지역 문화와 민족의 복잡함 등과 같은 해결되지 못한 여러 문제가 내재하기 때문이기도 하다. 따라서 한국고대사와 한중관계사에서 차지하는 연나라의 비중에도 불구하고 한국에서 연나라에 대한 본격적인 연구는 전무한 상태라 할 것이다.

필자가 부끄러움을 무릅쓰고 부족한 책의 출간을 결심하게 된 배경도 앞으로 한국고대사의 오랜 쟁점이나 한중고대관계사와 관련된 연구에 아주 조금이라도 도움이 될 수 있지 않을까 하는 기대 때문이었다. 특히 한중고대관계사의 범위가 단지 요동에만 머무르는 것이 아니라 연산과, 나아가 북경지역까지도 포함되어야 한다는 생각도 작용하였다. 또 한편으로는 동북공정과 같이 자국 역사의 시기와 지역 모두를 무리하게 확대시키고자 하는 중국식의 관점이나 연구가 이 지역 연구에도 문제될 수 있을 것이라는 우려도 작용하였다. 즉 燕의 역사와 문화에 대한 최근 중국의 연구 성과에도 중국의 무리한 관점이 일정하게 깔려 있지 않을까 하는 점 때문에, 중국적 시각과는 조금 다른 입장을 견지한 필자의 연구도 참조할 수 있지 않을까 하는 점 때문이었다.

물론 이 책에서 보이는 필자의 편파성이나 분석의 어설픔이나 부정확함, 섣부른 판단 및 무식함 등은 독자에게 혼란을 야기할 수 있을 것이나 이 모든 문제는 필자의 부족함 때문이니 필자의 몫일 것이다.

배진영

序　論

　'20세기 후반기는 中國 考古學의 黃金時代'[1]라고 표방될 만큼 중국 각지에서 고고 발굴이 활발히 전개되었고 21세기에도 여전히 이러한 현상은 지속되고 있으며 그 성과도 상당 부분 축적되어가고 있다. 이와 같은 고고발굴을 근거로 한 고고학적 성과를 토대로 중국사 연구는 문헌에서 결핍된 역사 내용의 보완 및 각 시기 혹은 각 지역마다의 구체적인 실물 사료를 일부나마 제시할 수 있게 되었다. 그리고 문자 혹은 漢字가 출현하기 전이나 문헌 사료가 상대적으로 빈약한 고대사 영역에서는 이러한 고고학적 성과물을 통한 연구 경향은 이제 대세가 되었다고 해도 과언이 아닐 것이다.

　특히 현 단계에서 대부분 인정되는 중국 신석기문명의 '多中心發展論'[2] 역시 중국 각지에서 전개되었던 고고발굴의 성과로부터 비롯된 것으로 중국 문명에 대한 재검토와 이해는 고고학적 성과를 토대로 가능하였다.[3] 중국의 청동문명에 대해서는 각지에서 발전한 신석기문명이 이후 각 지역마다 불균등한 발전이 진행됨에 따라 국가형

---

1) 夏鼐, 「三十年來的中國考古學」, 『考古』 1979－5. 385쪽.
2) 佟柱臣, 「中國新石器時代文化的多中心發展論和發展不平衡論－－論中國新石器時代文化發展的規律和中國文明的起源－－」, 『文物』 1986－2; 嚴文明, 「中國史前文化的統一性與多樣性」, 『文物』 1987－3. 참조.
3) 중국 신석기 문명과 청동문명에 대한 전반적인 이해와 그 계보 관계 등에 관한 체계적인 정리는 李成珪, 「中國文明의 起源과 形成－先史文化에서 商·周文明으로－」(서울大學校東洋史學硏究室 編, 『講座中國史(Ⅰ)』, 지식산업사. 1989)를 참조.

성의 단계로 발전하는 夏商시기의 문화로 흡수되어 나타난다는 중원 중심적인 인식이 주된 경향이다. 그럼에도 현재 중원 이외의 주변 각지에서 끊임없이 출토·발굴되는 청동시대 고고자료를 검토해 볼 때, 중원 중심의 청동문명으로 대변되는 華夏文明에 대한 이해는 아직도 많은 부분에서 공백 상태에 있으며 재검토되어야 할 부분이 여전히 존재한다고 볼 수 있다.

한편 이러한 華夏文明에 대한 이해와 맞물려 夏商시기를 걸쳐 형성된 중국 靑銅文明(華夏文明)은 西周文化의 모태가 되었으며 서주시기 실시된 封建制를 통해 각지에 중원의 周文化를 널리 확산시키는 계기가 되었다고 볼 수 있을 것이다. 각지에 전파된 周文化는 그 지역에서 주도적 역할을 통하여 토착문화와 길항하면서 지역문화를 흡수 통합하여 지역성이 강한 중원문화를 창출하였다고 인식하는 것이 대부분의 시각인 듯하다. 그러나 분봉을 계기로 각지로 전파된 周文化가 반드시 주도권을 행사하였을지도 의문이며 지역문화를 흡수·통합하였을지도 검증을 통해야 할 것이다. 더욱이 각 지역에 분봉된 周族 세력이 어떠한 형태로 존립하였을지도 검토하지 않는 상황 하에서 周文化가 분봉지역에 전면 확산되었다고 보는 것도 재고해봐야 할 것이다. 中原 周文化가 각 지역에 어떻게 전파되었으며 이후 이들과 어떻게 拮抗하면서 지역의 전통문화를 형성하는가에 대한 구체적인 과정에 대한 검토는 西周時期로부터 이어져 春秋戰國時期에 형성된 각 지역의 토착문화에 대한 연구와 각국사에 대한 연구의 필요성을 더욱 절실하게 요구한다.

각 지역의 문화 연구를 통해 그 구체상을 끌어내기에는 여전히 역부족인 현실이지만 최근 고고학적 성과를 통해서 각 지역문화 혹

은 각국사의 연구는 활발히 전개되고 있으며 이와 같은 맥락에서 본
연구의 대상인 北京 지역에 대한 연구도 시작되었다. 이는 北京이
현대 중국의 수도로 기능하며 전통시기에도 오랫동안 도성의 기능을
담당하였다는 점으로 볼 때, 가장 중요한 핵심지역의 하나라고 생각
되기 때문일 것이다. 현재 붐을 일으키고 있는 북경사 연구는 바로
이러한 면모를 보여준다고 볼 수 있다.[4] 그러나 이처럼 중요한 북경
지역의 先秦시기 역사에 대한 연구는 상대적으로 빈약한 것이 사실
이다. 이는 북경지역이 고대 燕國의 세력범위였다는 점과 관련될 것

---

4) 北京 역사에 관한 성과는 다음과 같다. 曹子西 主編,『北京通史』(1－20
卷), 中國書店. 1994; 北京大學歷史系北京史編寫組,『北京史』, 北京出版
社, 1999; 北京市社會科學院＜北京歷史紀年＞編寫組編,『北京歷史紀年
』, 北京出版社, 1984 등이 있고 선진시기 연국 관련 논문집은 陳光 滙
編,『燕文化研究論文集』, 中國社會科學出版社, 1995(이하『燕文化研究
論文集』으로 칭함); 北京市文物研究所,『北京建城3040年暨燕文明國際
學術研討會會議專輯』, 北京燕山出版社, 1997. (이하『會議專輯』으로 칭
함) 및 陳平,『燕史紀事編年會按』, 北京大學出版社, 1995 등이 있다. 이
외에 북경 역사와 관련된 대표적인 간행물은 다음과 같다. 北京史研究會
編,『北京史論文集』, 文物出版社; 北京市社會科學院歷史所 編,『北京史
研究』, 北京燕山出版社; 北京市文物研究所 編,『北京文物與考古』, 北京
燕山出版社; 蘇天鈞 主編,『京華舊事存眞』, 北京古籍出版社; 北京市社
會科學研究所＜北京史苑＞編輯部 編,『北京史苑』, 北京出版社 등이 있
다. 또 최근 북경지역과 하북성 및 요동지역과 관련된 연구논문을 집성
한 것도 나와 있다. 孫進己·馮永謙·蘇天鈞 主編,『中國考古集成』(東北
卷 1－20), 北京出版社, 1991; 孫進己·馮永謙·蘇天鈞 主編,『中國考古
集成』(華北 卷 1－20), 哈爾賓出版社, 1991. 최근 들어 중국의 동북지역
문화와 관련하여 燕文化에 대한 성과가 새로이 나오기 시작하고 있다.
郭大順·張星德,『東北文化與幽燕文化』, 江蘇教育出版社, 2005. 또 陳平
은 燕國史와 관련된 이제까지의 성과를 모아 정리하여 최근 다음의 책을
발간하였다. 陳平,『燕秦文化研究』, 北京燕山出版社, 2003; 陳平,『燕文
化』, 文物出版社, 2006; 陳平,『北方幽燕文化研究』, 群言, 2006.

으로 짐작된다. 실제 연국과 관련된 사료가 많지 않다는 점은 고대 북경 역사에 대한 연구를 더디게 만드는 원인이라고 볼 수 있다. 따라서 현재 각 지역에서 성황 중인 춘추전국시기 중국의 지역 연구는 북경지역에서는 비교적 늦게 시작되었다고 볼 수 있다. 그러나 북경의 지리적 위치가 중원문화와 북방문화의 교접 지역이라는 점으로 볼 때 신석기시기부터 청동시기의 문화가 복잡하게 이 지역에서 구현되었으며 이러한 문화를 검토해본다면 중원문화와 북방문화의 길항관계를 더욱 분명하게 풀 수 있는 실마리를 제공한다는 점으로 볼 때도 북경지역에 대한 연구는 중요하다고 생각된다. 그러나 연국의 구체적 像이 상당 부분 드러나지 않는다는 점은 연구의 난점이라고 볼 수 있다.

실제 문헌에서 드러나는 西周 초기 연국의 분봉 상황을 전하는 대표적인 기록은 『史記』卷 34「燕召公世家」의 '周 武王이 紂王을 멸하고, 召公을 北燕에 봉하였다'[5]이다. 武王시기에 봉해졌다고 기록된 연국은 西周 初부터 戰國 末까지 존속하고 그 世系는 43世[6]가 지속되지만 초기 燕侯 世系의 누락[7], 侯名의 중복[8], 구체적인 정황

---

[5] 『史記』卷 34「燕召公世家」"周武王之滅紂, 封召公于北燕". 이에 관해서는 『史記』卷4「周本紀」에도 "封召公于北燕" 및 "召公奭 與周同姓, 姓姬氏"이라고 기록되어 있다.

[6] 연국 世系에 대해서는 약간의 차이가 있으나 대체로 43세이며 9대인 惠侯 이후부터 釐侯－頃侯－哀侯－鄭侯－繆侯－宣侯－桓侯－莊公－襄公－桓公－宣公－昭公－武公－文公－懿公－惠公－悼公－共公－平公－簡公－獻公－孝公－成公－湣公－釐公－桓公－文公－易王－王噲－昭王－惠王－武成王－孝王－燕王喜로 이어진다.(陳平, 『燕史紀事編年會按』에 따름)

[7] 『史記』卷34「燕召公世家」"自召公以下九世至惠侯. 燕惠侯當周厲王奔彘, 共和之時. 惠侯卒, 自釐侯立. 是歲, 周宣王初卽位. 釐侯卒, 子頃侯立,

기록의 不在 등은 그나마 문헌에 기록된 연국 역사를 그대로 믿기
에는 의심스러운 점이 많다. 春秋時期 燕에 관한 사적 역시 매우 적
으며 그나마 南燕과 北燕과의 관계문제[9]도 아직 알 수 없다. 실제
연국 역사에 대한 기록의 공백은 전국시기부터 서서히 메꾸어지기
시작하여 戰國七雄으로 등장하는 전국 중기 이후의 연국 정황을 알
려주는 기사는 전에 비해 많아진다. 따라서 연국에 대한 연구는 戰
國 이전 시기에는 이상과 같은 정황으로 쉽사리 진행될 수 없었고
상대적으로 戰國 시기에 집중되어 있다. 더구나 연국의 지리 위치가
中原에서 멀어 중원과의 연계성이 비교적 적을 것이라는 추측 때문
에 19세기 말까지는 서주시기의 연국 역사에 대한 추정은 分封의
여부와 만약 분봉되었다면 분봉지는 어디인가[10]에 치중되었고 또한

頃侯二十年, 周幽王淫亂, 爲犬戎所殺"

8) 惠侯(9대)－惠公(25대)－惠王(36대), 釐侯(10대)－釐公(34대), 宣侯(15대)－
宣公(20대), 桓侯(16대)－桓公(19대)－桓公(35대), 昭公(21대)－昭王(39대),
文公(23대)－文公(36대), …… 이처럼 중복되는 시호가 많다. 葛英會는 燕
君중 謚號 중복자가 모두 18세로 반을 점하는 현상과 연국의 上, 中, 下
3都의 기원시간에 의하여 燕侯世系를 세단계로 나누어서 이런 현상은
연국은 세 부족연합으로 이루어진 政體라고 이해한다(葛英會, 「燕國的部
族及部族聯合」, 『燕文化硏究論文集 』, 35～39 쪽 참조).

9) 『左傳』卷 10 宣公 3년 "…… 初, 鄭文公有賤妾曰燕姞 ……"에서 보이는
燕姞을 杜預는 '姞, 南燕姓'이라고 주석하였다. 『水經注』「濟水」에 '濮渠
又東北逕燕城內, 故南燕姞姓之國也. 有北燕, 故以南氏縣. ……'이라고 되
어 있어 南燕과 北燕이 달리 존재하였으며 南燕은 姞姓이 되며 北燕은
姬姓이라는 점에는 의심이 없지만 이들간의 관계 및 사적에서 나오는 燕
이 남연인지 혹은 북연에 관계된 것인지에 대해서는 논란의 여지가 남아
있다. (후술)

10) 연국의 시봉지에 관해서는 몇 가지 설로 나눌 수 있다. 하남 郾城縣,
하북 淶水설, 北京부근, 하북 易縣 燕下都 등으로 이러한 몇 가지 관
점은 서주왕조의 초기 세력범위에 관련된 인식과 19세기말부터 계속된

정확한 해결점은 존재하지 않았다.[11]

이러한 연국의 초기역사 연구에 새로운 획기를 이루게 된 것은 1896년 北伯器의 발견으로부터 비롯되었다. 이 北伯器는 연국 지역 내로 추정되는 북경 이남의 淶水 근처에서 출토되었다는 점 때문에 많은 관심을 끌게 되었다. 특히 王國維가 이 北을 邶로, 이 邶를 燕으로 해석하면서 연국사에 대한 연구가 새롭게 진행되었다.[12] 또한 1920년대부터 발굴되기 시작한 燕下都는 전국 중기 이후의 연국 도성으로 밝혀지면서 戰國 燕과 이전 시기인 春秋, 西周 연국에 대한 관심이 끊임없이 제기되었다. 즉 燕下都에서 나타나는 풍부하고도 화려한 문화를 갖춘 연국은 분명 장기간의 역사가 연속되었을 것일 터인데도 문헌사료에서 나타나지 않는 연국의 역사는 여전히 풀리지 않는 의문이었다.

이상과 같은 고고발굴로 시작된 연국 역사에 대한 연구는 중화인민공화국 성립 이후 이루어낸 중국 고고학의 황금시대를 거치면서, 더욱이 과학적 발굴을 진행하면서 촉발되기 시작하였다. 그것은 바로 1960년대에 發掘된 北京市 房山區 琉璃河鎭 董家林村의 존재와 1970년대, 80년대를 거치면서 드러나는 유지의 면모와 연구는 거의 2000년간 미궁에 빠진 서주 초기 연국 역사에 대한 물음에 해답의

고고발굴에 따른 것인데 현재는 琉璃河遺址의 발굴로 北京說이 가장 유력하다고 할 수 있다.

11) 전국시기 연국은 연하도 고고발굴을 근거로 한 연문화에 관한 전반적 연구, 5郡 설치를 중심으로 한 연국 北界에 대한 연구, 연 刀幣 연구, 연국과 중원 각 제후국간의 관계문제 등 전반적으로 다뤄지고 있다(陳光, 「燕文化硏究的歷史與現狀」, 『燕文化硏究論文集』 참조).

12) 王國維, 「北伯鼎跋」, 『觀堂集林』 卷 18. 884~886쪽 참조.

실마리를 제공하게 되었다. 더욱이 수도 북경 역사의 기원에 대한 관심은 先秦시기 연국 역사 연구에 박차를 가하게 된 계기가 되었다.[13]

이 北京市 房山區 琉璃河鎭 董家林村 都城址 遺址(이하 琉璃河遺址로 약칭)에서 출토된 풍부한 유물에 대한 검토를 통해 燕國史에 대한 규명이 획기적이며 다각적으로 전개되어 왔다. 풍부한 유물의 출토는 연국 역사를 규명해보는 실마리로 유지와 유물의 검토를 토대로 연국에 대한 의문점을 풀고자 하는 시도가 지속적으로 전개되어 왔다. 이 유지가 존속한 시기가 서주시기라는 점에서 결국 서주시기 연국 역사를 중심으로 분봉의 정황과 봉건 형식에 대한 연구를 중심으로 전개되었고 출토 유물은 연국 문화에 대하여 접근할 수 있게 하였다. 이러한 고고발굴과 해석은 결국 종전의 연국 연구의 핵심을 이루던 연국 분봉여부에 대한 논쟁에 종지부를 찍게 되었으며, 서주 초기 연국의 도성지의 위치를 확인할 수 있게 되었다. 따라서 근래 연국사 연구는 이상과 같은 성과를 기반으로 전개되었으며 金文 연구를 통하여 연국 분봉의 구체적 정황과 이후 지속적인 北京지구의 여러 유지의 발견으로 인한 연국 강역의 범위, 도성지 천도의 문제, 연국의 문화 등에 대한 연구가 다각적으로 진행되고 있다.[14]

---

13) 北京 역사에 관한 연구의 붐을 단적으로 보여주는 예는 바로 북경 建城史의 연구성과로 집약된다. 여기에는 북경 건성의 역사를 언제로 잡느냐에 관한 21가지 이상의 설이 존재한다. 이러한 건성의 역사 연구는 연국의 建都와 같이 연결하여 연국 立國 연도를 증명하여 이를 근거로 구체적으로 북경 建城日, 建城時期를 제시하기도 하는데 예컨대 王燦熾의 경우에는 天象과 史料를 결합하여 기원전 1057년 3월 7일로 계산하는 등 매우 구체적인 접근을 행하고 있다(王燦熾, 「北京建都始于公元前1057年」, 『燕文化研究論文集』, 147쪽).

14) 주 4), 11) 성과물 참조.

그런데 이러한 연국에 관련된 논의과정에서 몇 가지 문제점을 찾아 볼 수 있다. 첫째, 琉璃河 遺址의 출토는 문헌사료에서 기록된 연국 분봉 사실을 확정시켰을 뿐 아니라 연국 지리위치를 확인할 수 있게 되었다. 이를 통하여 연국은 유리하 유지를 중심으로 하며 그 세력범위는 商周 靑銅器가 출토된 遼西지구까지를 포함한다고 보는 것이 대부분의 시각이다. 그리고 이 지역은 戰國時期 연국의 5郡 설치로 인한 확장된 연국 강역과 일맥상통하고 있어서 이러한 시각은 결과적으로 이 지역은 西周時期부터 燕이라는 大分封國을 통하여 西周의 지배체제에 편입되었다고 결론짓는다.[15] 그러나 戰國 중기 이후 5郡 설치로써 확장된 강역을 서주시기부터 연국 범위에 포함시킨다는 것도 면밀하게 검토해야 될 문제이며 예컨대『史記』에서 연국과 함께 봉해줬다고 기록한 연국 북방에 위치한 薊國 등 주변국의 지리위치와 존재 여부, 연국과의 관계 등에 대한 검토 없이 광대한 지역을 모두 연국 강역으로 설정하기도 역시 어려울 것 같다.

두번째 문제점은 바로 이러한 연국 강역에 대한 인식은 그 설정한 강역내의 출토물과 문화적 내용을 모두 연국 문화로 규정지어버리는 태도이다. 따라서 문화적 계보관계를 살펴 기물을 검토하는 태도보다는 일단 연국의 기물과 문화로 정해버리는 이러한 태도는 결과적으로 연국의 문화는 굉장히 복잡한 계보와 다양성을 그 특징으로 삼게 되었다. 더욱이 기물 출토지를 대부분 연국 강역으로 정해버리는 태도는 연국 강역의 확대를 더욱 부추기게 되었다. 이러한 인식의 근저에는 연국 세력범위에 대한 비과학적 인식과 동시에 연

---

15) 1장 주) 197~201까지 참조.

국 文化 혹은 연국 지역 혹은 北京 지역에는 다른 문화의 존재가능
성을 배제해버린 태도에서 비롯된 것이라고 생각된다. 이처럼 비과
학적 방법에 의한 연국 강역의 확정도 문제지만 출토된 기물들의 다
양한 문화적 계보관계, 특징을 세밀하게 검토하지 못하고 모두 연국
문화로 치부한 것은 결과적으로 燕文化의 개념규정조차도 어렵게
만드는 결과가 되었다. 이와 같은 연구 태도는 사실 연국의 실체를
밝혀주는 데에는 그다지 유효하지 않으며 오히려 연국의 실체규명을
흐리게 하는 경향마저 있다고 볼 수 있다.

세 번째 문제로는 董家林 古城의 始建年代 논쟁으로부터 비롯된
것으로 연국 분봉시 신축한 도성이라는 근거로 제시한 '董家林 故城
내외에서 商文化의 퇴적이 계속적으로 발견되지 않은 것은 당시 商
의 居民이 여기에서 취거하지 않았다는 것을 설명한다. 商代 居住址
가 아닌데 갑자기 여기에 이런 광대한 규모의 商城이 출현할 수 있
을 것 같지는 않다. 따라서 이 董家林 古城은 商代에 始建될 수 없
으며 …'라는 시각의 문제점이다.[16] 그런데 商代 始建說을 주장하는
자들에 의한다면 董家林 도성지 주변에는 일정한 문화계보를 가진
유물이 광범하게 존재하며 또한 西周時期에도 지속적으로 존재하고
있다는 것을 알 수 있다. 이러한 점을 볼 때 西周封燕 이전에도 많
은 문화 퇴적이 존재하지만 그것을 商文化로 보는가아닌가의 문제
가 존재한다. 만약 이 지역에서 商代에 많은 기물이 출토되었지만
商文化 범위에 속하지 않는다면, 즉 이 지역이 商文化圈과 병존한
다른 문화구였다면, 商文化 퇴적이 발견되지 않아도 董家林 고성이

---

16) 李伯謙, 「北京房山董家林古城址的年代及相關問題」, 『中國青銅文化結
　　構體系研究』, 科學出版社, 1998. 160쪽.

굳이 서주시기에 신축된 것이라는 근거가 될 수 없을 것이다. 결국 이 지역문화의 특징과 계보를 검토하지 않고 이 지역문화를 商代에는 商文化, 西周시기에는 燕文化라는 단순한 도식만이 존재한다면 이 역시 연국 역사를 고찰하는데 도움이 될 것 같지 않다.

이와 같은 문제점은 아마도 燕國史 및 燕國文化 혹은 燕文化에 대한 연구가 심화되지 못한 탓인 동시에 中原 중심적 사고가 내재되어 있기 때문으로 생각된다. 비록 충분할 정도는 아닐지라도 고고자료가 연국 역사 탐구에 커다란 도움을 준다는 것은 분명하다. 그러나 연국 역사의 구체像이 거의 드러나지 않고 연국 전체상에 대한 몰이해와 연국 문화 계보 등에 대한 체계적 연구 성과 없이 고고자료를 대할 경우에는 오히려 혼동이 발생할 가능성도 충분히 존재한다고 생각된다. 따라서 연국 역사의 실마리가 제공되었음에도 연국사의 구체적 상은 그다지 명료하게 드러나지 않는 것도 사실이며 중국 전체상에서 연국사가 갖는 의미나 위상에 대한 논의까지는 이르지 못한 느낌이다. 예컨대 西周 封建制의 문제를 논하지만 사실 봉건체제의 형식과 내용이라는 제한적인 틀에서 논해지고 있지 연국 봉건의 시행과 연국사에서 나타나는 서주 봉건체제의 성립과 운용 등에 대한 논의는 거의 이루어지고 있지 않은 실정이다. 또한 고대의 각 지역문화가 성장하고 결국 秦漢帝國으로 통합되는 과정을 이해하는 구체적 과정에서조차 연국은 제외되어 있고 비록 戰國燕에 대한 논의가 비교적 많이 되어 있으나 그것이 지역통합과 문화통합으로 이어지는 것으로까지는 연결되지 못한 경향이 존재하는 것도 사실이다. 더욱이 비교적 자료가 많은 전국시기 연국의 경우에도 연국의 구체적인 제도도 거의 밝혀진 바가 없는 실정이다.

유리하유지의 발견은 단지 연국의 분봉의 사실을 확인시켜주고 도성지의 지리위치를 알려주었을 뿐이다. 이는 연국사 연구의 시발점이 될 수 있지만 연국의 전체상을 알려주지는 못한다. 유리하유지의 검토를 통하여 연국 성립을 확인하였으나 全 시기 연국의 강역과 문화는 어떠한지 아직 알 수 없다.

필자는 이러한 점에 착안하여 유리하유지의 발굴로 드러나기 시작한 연국의 실체를 각 시기별로 나누어서 검토하고자 한다. 특히 연국의 세력범위와 燕文化의 분포범위를 각 시기별로 추적하여 북경 일대에서 존립한 연국의 실체에 접근하고자 한다. 특히 이러한 세력범위와 문화의 분포범위에 대한 추적은 燕山 지역 토착세력과의 접촉과 투쟁과 공존 등 길항관계를 보여주리라 생각한다. 이를 통하여 800여년간 연국이 이질문화권인 燕山 일대에서 존립할 수 있었던 원인에 대하여 추론하고자 한다.

이러한 의도로 본고는 Ⅰ장 <西周時期 姬燕文化의 形成>에서는 연국의 성립에 따른 燕文化의 형성과 지역 토착세력문화의 관계를 고찰하고자 한다. Ⅱ장 <春秋時期 燕山地域文化의 展開>에서는 춘추시기 연국의 주체세력과 연산지역 정치집단 및 중원 諸國과의 관계를 통해 연국 세력범위를 정하고 이와 일정하게 관련되었을 춘추시기 연문화의 내용과 분포 상황을 보고자 한다. Ⅲ장 <戰國時代 燕文化의 發展>에서는 전국 중기를 전후로 형성된 연국의 폭발적인 성장 계기와 변화과정의 메커니즘 및 그에 따른 燕文化의 변화상을 살펴보고자 한다. Ⅳ장 <巨燕文化의 形成>에서는 이른바 연국의 최대 판도 형성의 계기와 그에 따른 燕文化의 확산과 그 한계를 고찰하고자 한다.

Ⅰ章 西周時期 姬燕文化의 形成

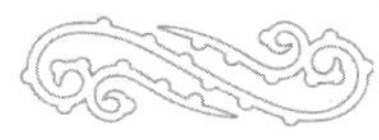

周 武王의 伐紂滅殷 이후 周初의 분봉은 西周 왕조가 제압할 수 있는 지구의 점차적 확대에 따라 부단히 진행되었다. 周 武王 시기에는 정복한 지역이 유한하기 때문에 諸侯 분봉의 수가 많을 수 없었고 대규모의 제후 분봉은 周公이 東征을 단행하여 武庚·管·蔡를 誅滅하고 동방의 광대한 지구를 실제적으로 제압한 이후에 비로소 가능하였다.[1] 서주 초기의 분봉 정황은 이를 알려 주는 문헌사료가 적어서 그 내용을 상세히 알 수 없었지만 근래 각지에서 출토되고 있는 서주시기의 靑銅禮器 銘文을 통해서 이전까지 그다지 드러나지 않았던 봉건 실체가 점차 그 윤곽을 드러내기 시작하였다. 이에 따라 분봉의 시기와 일반적 형식, 그리고 지역마다 특수성이 존재한다는 사실 등이 알려졌다.[2]

연국 역시 사료 결핍으로 분봉 당시의 정황을 알 수 없었다. 따라서 古燕國의 존재 등 西周封燕 이전의 연국 기원에 대한 논의는 차지하고서라도 연국 분봉에 대해서조차도 일치된 견해가 도출되지 못하고 있는 실정이었으며 서주 시기 연국 역사는 전반적으로 백지와 같은 상태로 남아 있었다. 그러나 1970년대 발굴된 北京市 房山區

---

1) 王宇信, 「＜史記＞ ‘封召公奭于燕’的武王爲宏見‘武王(期)’說」, 『會議專輯』, 82∼83쪽 참조.
2) 제후 분봉에 대한 내용을 알려 주는 것으로는 ＜令彝＞, ＜麥尊＞, ＜宜侯矢殷＞ 등이 있다(白川靜, 『金文の世界－殷周社會史』, 平凡社, 1971. 제후 분봉에 대해서는 65∼71쪽 참조).

琉璃河鎭 일대에서 발굴된 董家林村 古城과 黃土坡 묘장은 연국의 분봉 사실을 우선적으로 확인할 수 있게 되었다. 특히 연국 분봉과 관련된 청동기 銘文의 출토는 연국 封建과 立國 과정에 대한 논의를 활발히 전개시킬 수 있게 하였다. 비록 청동기 명문에 대한 해석 차이 때문에 始封址의 위치 문제·분봉 시기·분봉 대상·분봉 원인 등을 둘러싸고 논쟁이 여전히 계속되고 있으며 아직도 연국 역사에 대한 구체적 像이 밝혀지지는 않았지만 董家林村 연국 도성의 발굴이 연국사 연구에 중요한 계기를 마련한 것은 분명하다.

본 장에서는 琉璃河 유지 묘장의 분석을 통해 서주 초기 북경 지역에 분봉된 연국의 像을 고찰해 보고자 한다. 이를 위해 연국 성립 이전 시기 형성된 그 지역 토착 문화를 먼저 검토하고, 문화와 세력 범위라는 두 가지 차원에서 연국과 토착 세력과의 관계를 살펴보도록 하겠다.

1. 琉璃河 遺址의 發掘과 燕國의 成立

연국 도성지로 확인된 琉璃河 遺址[3]는 전국적으로 볼 때 드물게

---

3) 琉璃河遺址는 北京 房山區 琉璃河鎭 東北 2.5㎞에 처하여 넓게는 현재의 董家林, 黃土坡, 劉李店, 洄城, 立敎, 莊頭 등 6개의 자연촌을 포괄하고 있으며 동서 길이 3.5㎞, 남북 넓이 1.5㎞, 면적 5.25㎢에 달한다. 이 중 西周 燕都 遺址로 추정되는 琉璃河遺址가 그 중심으로 그것은 기본적으로 董家林(城址)와 黃土坡(墓葬區)의 2개의 자연촌을 포함하고 있다. 유지는 城址, 墓葬 이외에도 車馬坑, 거주지 遺存 및 연대가 商代로 추정되는 劉李店村 유지가 존재한다. 물론 묘장에서 출토되는 陶器

보이는 居住址・墓葬(黃土坡)・城墻(董家林)이 모두 갖추어진 서주
초기의 유지이다. 비록 현재 유지의 전모가 완전히 밝혀지지 않았고
대부분이 훼손되었지만 이제까지 보이는 여러 흔적들과 몇 차례의
고고 작업을 통해 그 대체적인 윤곽이 드러나게 되었다.[4] *[그림 1
참조]*

와 帶銘靑銅器를 비롯한 각종 遺存과 특히 서주 시기에는 드물게 발견
되는 卜甲도 출토되었다. 이미 발표된 商周 시기의 蚌器, 窖穴, 灰坑과
袋足鬲, 高領鬲 등 출토된 유물만도 만 건이 넘는다. 또 琉璃河 遺址는
燕國 유존과 함께 劉李店에서는 商代의 유존이 출토되었기 때문에 유리
하 商周遺址라는 명칭을 사용하기도 한다(주 4)에 나오는 發掘報告文
참조).

4) 1958년 처음 발견된 이후 1962년 고고 작업이 개시되었고, 대규모의 정식
   발굴이 1973년부터 1977년 사이 진행되었다. 그 이후 1981년, 1995년,
   1996년, 1997년에도 발굴 작업이 진행되었다. 이때의 발굴에는 이전까지
   조사되지 않았던 거주지 유존도 존재한다. 琉璃河 고성지는 1976년, 1984
   년 두 차례 발굴이 진행되었으며 1995년 8월에 재차 발굴 작업이 진행되
   었다. 이런 일련의 발굴 조사에 따라 유리하 유지의 전체 윤곽이 차츰 드
   러나게 되었다. 현재 유리하 유지에 관한 발굴보고서는 墓地에 관한 개별
   적인 발굴 보고서만이 출간되었고 종합적인 발굴보고서는 출간되지 않았
   다. 개별적인 발굴 보고서로는 다음 글들이 있다. 北京市文物硏究所,『琉
   璃河西周燕國墓地, 1973－1977』, 文物出版社, 1995; 北京市文物工作隊,
   「北京房山縣考古調查簡報」,『考古』1963－3; 中國社會科學院考古硏究所
   ・北京市文物工作隊・琉璃河考古隊,「1981－1983年琉璃河西周燕國墓地發
   掘簡報」,『考古』 1984－5; 中國社會科學院考古硏究所・北京市文物硏究
   所・琉璃河考古隊,「北京琉璃河 1193號大墓發掘簡報」,『考古』 1990－1;
   北京市文物硏究所・北京大學考古學系,「1995年琉璃河遺址墓葬區發掘簡
   報」,『文物』1996－6; 北京大學考古學・北京市文物硏究所,「1995年琉璃河周
   代居地發掘簡報」,『文物』1996－6; 北京市文物硏究所,「北京房山琉璃河
   遺址發掘的商代遺跡」,『文物』1997－4; 琉璃河考古隊,「琉璃河遺址1996
   年度發掘簡報」,『文物』1997－6.

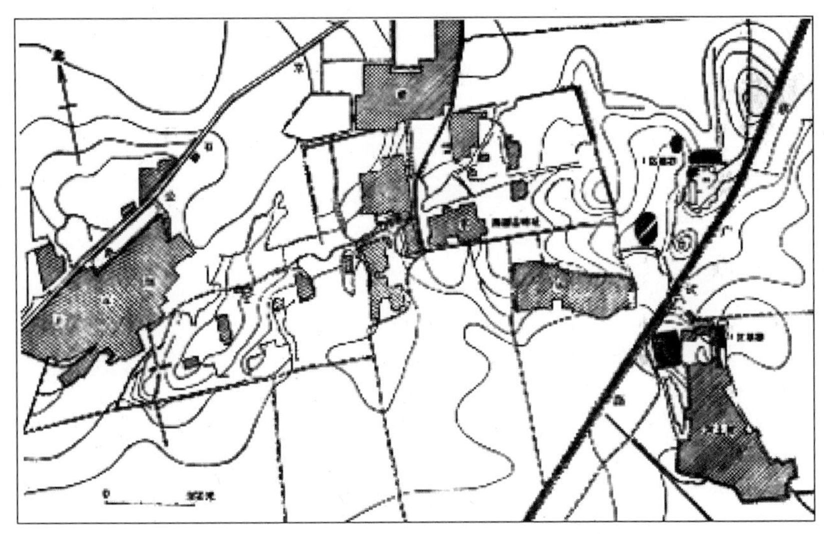

(출전: 北京市文物研究所, 『琉璃河西周燕國墓地, 1973－1977』, 文物出版社, 1995. 5쪽.)

그림 1〉琉璃河 西周 燕國 도성과 묘장 배치도

이 유리하 유지 중 동가림 古城址와 황토파 墓葬區에서 드러나는 풍부한 유적과 유물은 서주 초기 연국의 구체상을 재구성할 수 있는 실마리를 제공하여 이에 대한 규명이 다각적으로 전개되었다. 이와 관련하여 동가림 고성지와 황토파 묘장의 연구를 통해서 다음과 같은 몇 가지 논의가 진행되었다. 동가림 고성과 관련하여 ① 연국의 도성일 가능성 여부, ② 어느 시기의 도성인가, ③ 始建 年代에 대한 논의로 나타났으며 황토파 묘장 발굴을 통한 주된 논의는 바로 M1193 대묘에 대한 논의였다.

동가림 고성지와 관련된 ①에 관한 논의는 M1193 대묘에서 보이는 匽侯 책봉에 관련된 내용(후술)으로 볼 때 연의 도성이라는 점은 이미 의심이 없다. ②의 논의는 동가림 고성이 연의 도성지임이 확인되었지만 과연 이것이 始封址인지에 대한 문제와 관련된다. 이에 대한 논쟁은 연국이 중원과는 먼 이 지역에 봉해질 수 없다는 주장과 맞물린다. 즉 비록 이 지역에서 도성지가 발견되었으나 이는 초봉지 즉 시봉지가 아니라 서주 왕실 세력이 확대되면서 河南 지역에 봉해졌던 연국이 移封하여 비로소 이 지역을 세력권으로 삼은 것이라는 주장이 제기되었다.[5] 한편 陳平의 경우는 서주 초기는 안정이 되지 않았으며 여전히 강고한 상의 세력이 잔존해 있었기 때문에 특히 상의 강력한 세력권의 하나인 이 지역을 분봉지로 정해 주었다 할지라도 처음부터 이 지역에 터를 잡았을 가능성은 희박하며 이 지역 세력과의 투쟁 과정 중에서 임시 도성지인 淶水 지역을 거쳐서 최종적으로 정착했을 것으로 보기도 한다.[6] 이는 물론 서주 초기 정국이 불안정하고 더욱이 연 지역이 중원 중심 지역과는 거리가 대단히 멀기 때문에 서주 초기부터 이 지역을 세력권으로 넣었을 수 있을까라는 회의에서 출발한 것이다.

이와는 상반되게 처음부터 이 지역에 봉해졌다는 주장이 함께 존

---

5) 20세기의 대표적인 주장은 童書業, 齊思和 등에 의하여 제기되어 주류를 이루었다가 1980년대 중반 이후 분봉을 입증하는 동기 명문의 발견으로 대부분 시봉지로 인정하는 분위기였다. 그러나 여전히 이를 주장하는 학자도 다수 존재한다. 대표적 학자는 常征으로 그는 武王 시기에 하남 偃師 지역에서 初封되었다가 成王 시기가 되면 東征 이후 이 지역 평정 작업을 통하여 현재 琉璃河 유지로 遷封되었다고 주장하였다(常征, 「召公封燕及燕都考－兼辨燕山, 燕易王, 燕昭王」, 『燕文化研究論文集』, 130쪽 참조). 연국 시봉지 제설에 대해서는 王采枚, 「論周初封燕及其相關問題」, 『燕文化研究論文集』, 151쪽 참조.
6) 陳平, 『燕史紀事編年會按』(上), 87~90쪽 참조.

재한다.[7] 이러한 주장을 뒷받침하는 것으로는 바로 匽侯 銘文을 가진 청동예기와 병기 등의 출토물과 특히 M1193 大墓에서 출토된 罍, 盉의 명문은 명확히 周王이 燕侯를 책봉한 일을 기록하고 있어 그것이 바로 이 지역을 주초 연국의 시봉지로 판정할 수 있다는 견해이다. 이러한 논쟁의 기저에는 周 武王의 봉건 정황과 관련하여 연국 분봉은 武王 혹은 成王 누구에 의해 실시되었는가라는 논의와 맞물린다. 현재 이에 대해서는 명확한 결론을 내릴 수는 없지만 적어도 燕侯 분봉 상황을 알려 주는 내용의 청동 명문과 대묘의 존재는 아마도 이 지역이 서주 초기에 연국의 도성지였다는 것은 알 수 있을 것이다.

한편 동가림 성지 시건 연대와 관련된 ③의 논의는 商代 始建說과 周初 始建說로 나뉜다. 商代 始建說은 1976년에서 1977년 사이의 동가림 성지 고고발굴 작업에서 동쪽 城墻 내의 商末周初로 추정되는 2座의 묘장이 城墻 위에 있어 城墻을 파괴시킨 점에 의하여 건축 시기는 아무리 늦어도 商末보다 늦지 않다는 발굴 결과[8]에 기인한다. 이를 뒷받침하는 근거로는 房山 焦莊에서 두 좌의 商代 晚期의 묘장이 발견되었고, 둘째, 동가림 고성 서쪽에서 商代의 陶鬲과 陶甗(陶甋)이 발견된 점, 셋째, 고성 동쪽 성장 밖의 황토파에서 발굴·출토된 몇 수십 좌의 묘장 중 제1期 묘가 商代에 속한다는

---

7) 郭 仁·田敬東,「琉璃河商周遺址爲周初燕都說」,『燕文化硏究論文集』, 125~126쪽 참조; 王采枚,「論周初封燕及其相關問題」, 153쪽; 徐自强,「關于北京先秦史的幾個問題」,『燕文化硏究論文集』, 18~19쪽 참조. 이 외에도 대부분은 동가림 고성에 시봉되었다고 인식한다.
8) 郭仁·田敬東,「琉璃河商周遺址爲周初燕都說」,『燕文化硏究論文集』, 122~123쪽 참조.

점9) 등으로 이러한 근거들은 商代 始建說을 뒷받침하고 있다. 더욱이 당시 발굴을 주도하였던 郭仁·田敬東의 보고서에 古城址의 구조는 河南 鄭州 商城의 구조와 기본상 동일하여 그 건성 연대를 鄭州 商城의 구조와 서로 차이가 많지 않다는 주장10)에 따라 이는 商代에 이미 시건된 것으로 인식하는 것이 대체적 경향이었다. 이러한 추정은 당시 西周封燕 이전의 古燕國의 존재 여부와 연국의 기원 문제 등과 연관되어 다양한 의견들이 나오게 되는 계기를 마련하였다.

그러나 1990년대 중반에 들어오면서 商末로 추정되는 묘장 출토물과 형태는 단순히 商末周初에만 해당되는 현상이 아니며 서주 시기에 들어온 이후에도 한참 동안 여러 지역에서 나타나는 현상이기 때문에 이 묘장 특징을 근거로 해서 城墙의 축건 시기를 商末로 추정할 수 없으며 다른 여러 정황으로 볼 때 성장의 축건은 단지 서주 초기보다 늦지 않다는 것만을 알 수 있다는 견해가 제기되었다.11) 이에 대한 근거는 다음과 같다. 첫째, 동가림 고성은 일반의 보통 촌락이 아니라는 점, 둘째 만약 동가림 고성의 시건 연대가 상대이거나 혹 古城址가 상대에 북방에 있었던 方國의 중심의 하나라면 그것은 城內와 城外 부근에 일정하게 풍부한 상대 유지, 유물이 발견되어야 하나 이 성에서는 아직까지 대면적의 상대 유물과 유적이 출현하지 않았다는 점, 셋째, 상대에 속한다고 인식하던 황토파 1기 묘장은 이후 연구의 심화에 따라서 서주 시기에 속하는 것으로

---

9) 李伯謙, 「北京房山董家林古城址的年代及相關問題」, 『中國靑銅文化結構
   體系硏究』, 科學出版社, 1998. 158쪽.
10) 郭仁·田敬東, 「琉璃河商周遺址爲周初燕都說」, 123쪽.
11) 李伯謙, 「北京房山董家林古城址的年代及相關問題」, 160쪽.

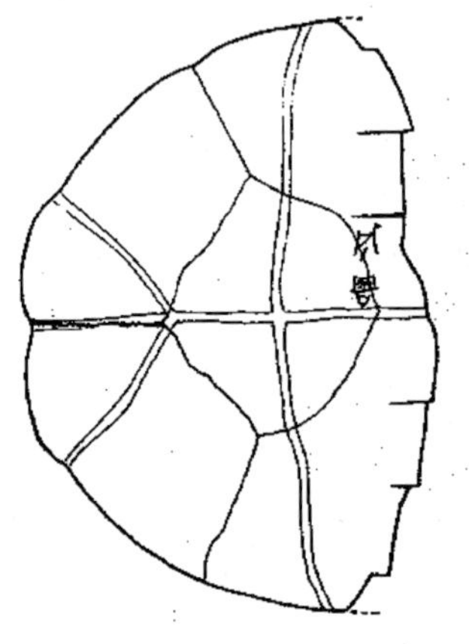

(출전: 郭大順·張星德, 『東北文化與幽燕文化』, 江蘇敎育出版社, 2005. 392쪽.)

그림 2〉 董家林 출토 '成周' 龜甲

수정되었다는 점 등이다.[12]

이러한 시건 연대에 대한 논의와 始封址 여부 논의에는 서주 초기 정황에 대해서 이해를 달리하는 것에서 기인하기도 하는 듯하다. 즉 서주 초 武王 시기에 분봉된 것으로 기록된 연국이 당시 西周 초기의 안정을 이룰 수 없었던 전반적 정세에서는 도저히 새로운 도성을 신축할 수 있는 여력이 없었다는 점에서는 첫째 견해가 유력했던 것으로 보인다. 그러나 이러한 견해에 대하여 분봉제에 대한 논의가 점차 진행됨에 따라 東征 이후 成王, 康王 시기에도 지속적으로 분봉이 이루어졌다는 견해가 제기되었다. 또한 특히 城墻의 內部 部墻은 원래 지표 밑에서 쌓아서 城基를 세운 것으로 지표 위에는 오직 主墻만 보이기 때문에 때때로 房址, 灰坑 및 墓葬 등이 內部墻을 파괴하는 현상이 발생하는 것처럼 보인다는 도성지 연구의 진전에 따라 서주 초기 묘장이 내부장을 파괴한 것에 근거하여 상대 시건설을 뒤엎을 만한 정도로 실제상 동시에 내부장의 夯土가 상말 灰坑을 덮어 버린 현상이 존재한다는 주장이 제기되었다.[13] 즉 연국 도성지는 중원의 제후국과 동일

---

12) 李伯謙, 「北京房山董家林古城址的年代及相關問題」, 159쪽 참조.
13) 曲英傑, 『先秦都城址復原研究』, 黑龍江出版社, 1995. 287쪽; 曲英傑, 「燕城蠡測」, 『會議專輯』, 190쪽.

한 구조[14]라고 볼 수 있다는 것이다.

아마도 상대 시건설을 주장하는 근저에는 연국 도성지와 주변 지역에 상대부터 혹은 이전 시기부터 계통적인 문화 면모가 분명하게 존재하며 이 문화적 계통 관계는 서주 연국 분봉 이후에도 일시에 제거되지 않으며 지속되고 있다는 점 등을 어떻게 설명할 것인가를 고려한 것으로 보인다. 아직까지 시건 연대를 정확하게 결론지을 수는 없다. 그러나 분명 동쪽 성장 북부에서 발견된 표본 G11H108 ①:4의 '成周' 등의 글자모양이 새겨진 글자 卜甲 3편의 발견[15]과 *[그림 2 참조]* M1193 대묘의 匽侯 봉건의 정황, 조기 유지에서 발견된 상당량의 筒瓦 및 城墙과 대형 묘장이 모두 서주 조기에 속한다[16]는 것으로 볼 때 서주 조기 이 지역이 연국 도성지였음을 알려준다.

그런데 이상의 두 가지 논쟁과 그 결과에서 주목해야 될 것은 연국 立國 이전에 이 지역에는 일정한 토착 세력의 존재가 상정되는 점이다. 이와 관련하여 『左傳』 卷 昭公 9年조에 "무왕이 상을 멸망시켰다.…… 肅愼, 燕, 亳은 우리 北土이다."[17]에서 보이는 燕亳이다. 또 갑골문, 금문에서의 '叒'의 존재가 눈에 띈다. 이들의 존재를 통해 西周封燕 이전 이 지역은 이미 商文化의 분포범위이며 한 邦

---

14) 曲英傑, 「燕城蠡測」, 191쪽. 이 외에도 연국 도성지 布局에 대한 연구 결과 成周의 구조를 본떴으며 魯國, 齊國의 도성지 구조와 규모 등과 거의 엇비슷할 것으로 본다.

15) 琉璃河考古隊, 「琉璃河遺址1996年度發掘簡報」, 『文物』 1997－6. 12쪽.

16) 北京大學考古學系·北京市文物研究所, 「1995年琉璃河周代居址發掘簡報」, 『文物』 1996－6. 15쪽.

17) 『左傳』 卷 昭公 9年 "武王克商 肅愼燕亳吾北土也"

國 부락의 정치 중심지로 연국의 시봉은 단지 이곳을 기반으로 삼았다는 주장의 근거로 삼기도 한다.[18] 燕亳의 해석 문제[19]는 아직 논쟁 중이며 甲骨文과 金文에서 자주 등장하는 '夅'과 匽侯와 관련된 청동기에서 보이는 '夅'가 연국과 어떤 관련이 있는지는 당장 결론 내릴 수는 없지만 적어도 西周封燕 이전 이 지역의 토착 세력의 존재와 연관이 되어 있다고 보인다.*[그림 3 참조]*

---

18) 陳平, 「燕亳與薊城的再探討」, 『北京文博』 1997－2 ; 王采枚, 「燕國歷史朔源與夏家店下，上層文化」，北京史研究會, 『北京史論文集』 第1輯, 1980.

19) 燕亳에 대한 해석의 문제는 燕과 亳을 분리할 것인가 연속해서 이해할 것인가로 정리할 수 있다. 燕亳을 연속하여 이해할 경우는 燕의 都城이라는 의미를 갖는다고 보는데 이는 商의 亳이 수도를 의미하는 것과 동일하다고 이해한다. 燕亳을 분리하여 이해할 경우에는 燕과 亳이라는 두 지명이 있었다고 보는데 亳은 發과 발음이 같아 發로 이해하기도 한다. 이럴 경우 燕亳은 '肅愼燕亳吾北土也'라는 기록에서 볼 때 肅愼과 燕과 亳의 의미라고 본다(林沄, 「'燕亳'和'燕亳邦'小議」,『燕文化研究論文集』, 117~119쪽 참조).

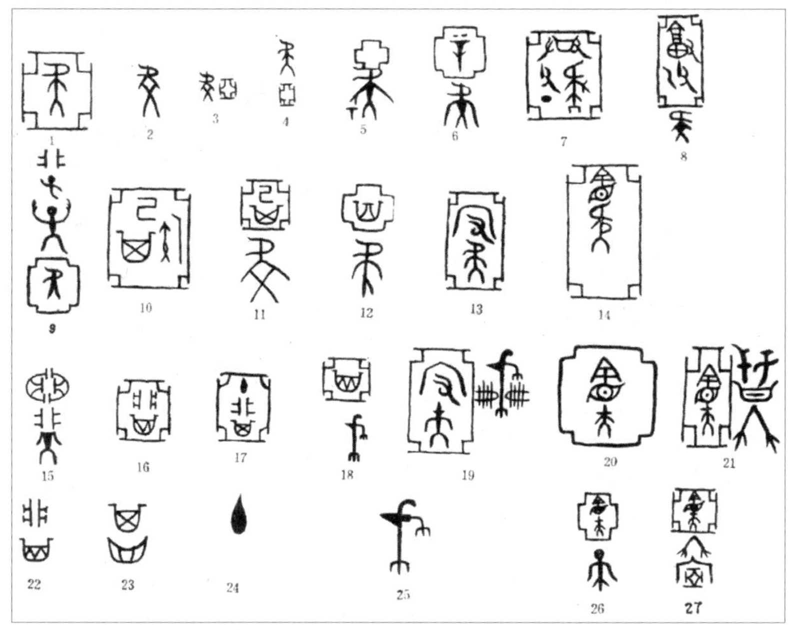

(출전: 葛英會, 「金文氏族徽號所反映的我國氏族制度的遺痕」, 北京市文物研究所 編,
『北京考古與文物』(二), 北京燕山出版社, 1991. 38쪽.)

그림 3〉 羑족 族徽

한편 이러한 토착 세력의 존재가 분명한 북경 지역에 연국의 분
봉은 어떤 과정을 통해서 이루어졌는가? 문헌기록은 분봉의 사실만
을 보여 주지만 황토파 묘장 출토 帶銘靑銅器의 분석을 통해 이를
살펴볼 수 있다. 연후 봉건의 상황은 바로 M1193 대묘에서 출토된
銅罍, 銅盉의 명문 내용에서 분명하게 드러난다. *[그림 4, 5 참조]*

그림 4〉 M1193 대묘 출토 銅盉(銅罍)
銘文-1

그림 5〉 M1193 대묘 출토
銅盉(銅罍) 銘文-2

A: 周王이 말하길; "太保시여! 당신은 제사의 盟誓, 美酒[20]를 당신
의 군왕에게 바치시니 나는 당신의 향응에 대하여 크게 응대하
여 감사히 답합니다. 克으로 하여금 羌, 毚, 叔, 雩, 馭, 微 등
방국의 부족을 나스리도록 匽의 제후가 될 것을 명합니다." 克
이 匽地로 가서 토지와 臣民을 접수하고 克은 이로 인하여 寶
器(보배로운 제사용 그릇)를 만든다.(〈銅罍〉, 〈銅盉〉)[21]

---

20) 이 부분은 원문에는 '唯乃明乃鬯'이라고 되어 있다. 이 중 明은 盟을
의미하는바, 盟의 주요 의식은 희생을 죽여서 그 피를 마시고 신명에게
맹세를 고하는 것으로 克이 정식으로 책명을 받아 연후가 되기 전에
필수적으로 천자에게 맹서를 해야 하기 때문에 이 明은 맹서의 盟 자
로 이해할 수 있다. 또 鬯은 제사 때 사용하는 울창주로 흑기장으로 만
든 香酒이다(陳平,「克罍,克盉銘文及其有關問題」,『燕文化硏究論文集』,
266~267쪽).

21) 中國社會科學院考古硏究所·北京市文物工作隊·琉璃河考古隊,「1981
－1983年琉璃河西周燕國墓地發掘簡報」; 中國社會科學院考古硏究所·

이는 제후 봉건시의 受民受疆土 의식을 기록한 것이다. 여기에서 보이는 克은 제1대 연후가 된다. 문헌에 기록된 바에 의하면 燕侯 召公奭은 燕의 始封君侯이지만 실제 就封하지 않았으며 1대 燕侯로 취봉한 자는 克이라고 볼 수 있다.22) 따라서 이 M1193 대묘에서 보이는 克은 연국 1대 연후가 된다. 한편 다음의 청동기 명문에 燕侯旨가 보인다.

B-① 匽侯旨가 처음으로 종주에 가서 인사를 올렸다. 왕은 旨에게 상으로 패 20붕을 내리시어 (旨는) 이에 (어머니) 有妣를 위하여 보배로운 제사용 그릇을 만든다. (<燕侯旨鼎>).23)
② 언후지가 부신을 위하여 제사용 그릇(준)을 만든다. (<燕侯旨鼎>).24)

명문 중 ②의 父辛은 太保 召公奭이며 따라서 燕侯旨는 召公奭의 아들이 된다. '初見事于宗周'는 旨가 바로 즉위하여 宗周로 가서

北京市文物研究所 · 琉璃河考古隊, 「北京琉璃河1193號大墓發掘簡報」, 『考古』 1990-1. 명문 내용은 다음과 같다. "王曰; '太保, 唯乃明(盟)乃鬯, 享于乃辟. 余大對乃享, 命克侯于匽, 事羌, 龟, 叔, 雩, 馭, 微'. 克宙匽, 納土眾厥有司, 用作寶尊彝"

22) 召公은 비록 始封 군후임에는 틀림없지만 실제 取封할 수 없었을 것으로 추정할 수 있다. 당시 召公은 周公과 함께 宗周에 남아 成王을 보좌하였기 때문이며 이는 魯에 봉해진 周公 대신 取封한 자가 元子 伯禽이라는 점으로 볼 때 召公 역시 周公과 당시 중요 공신이었으므로 燕地에 가서 취봉할 겨를이 없었을 것으로 추정된다. 따라서 아마도 元子였을 克이 召公 대신 燕地에 취봉했을 가능성이 높다(陳平, 『燕事紀事編年會按』(上), 119쪽 참조).
23) 『殷周金文集成』 5.2628, "匽侯旨初見事于宗周, 王賞旨貝二十朋, 用作有妣寶尊彝"
24) 『殷周金文集成』 4.2269, "匽燕侯旨作父辛尊"

天子에게 朝見하는 것으로 그때 太保奭은 건재하고 旨의 母인 有姒
는 이미 고인이 되었기 때문에 旨는 그 母 有姒를 위해 제기를 만
든 것이다. 명문 ②의 경우에는 '作父辛尊' 시에 燕侯旨의 父인 父
辛, 즉 召伯父辛, 즉 太保 召公奭은 이미 죽었기 때문에 旨가 그
父인 辛을 위하여 제기를 만든 것으로 볼 수 있다. 이 때문에 이 燕
侯旨는 그 父 太保 召公奭의 生과 死의 두 시대를 뛰어넘는 과도성
의 인물이다. 따라서 그가 연후가 되는 것은 모두 燕侯克 이후이
며[25] 旨, 克은 또한 소공석의 아들이 된다고 볼 수 있어 이 旨는 克
다음의 2대 연후가 된다고 볼 수 있다.

한편 연후를 도와 연국 입국 과정에 참여한 이들은 누구인가? 사
료 A에서 분명하게 엿볼 수 있다. 바로 연후에게 사여한 羌, 龜, 叡,
雩, 馭, 微 등 6족이다. 이에 대한 諸家들의 이해는 차이가 난다. 그
러나 보편적으로 M1193 대묘에서 보인 6족은 바로 周王이 燕地 이
외에 있는 각 족을 준 것으로 그들은 모두 克을 따라 北燕에 가서
안정시켜 건국하고 강토를 개척한 것이라고 볼 수 있다.[26]

이들 6족 중 羌은 바로 『史記』 「周本紀」에서 보이는 '庸, 蜀, 羌,
髳, 微, 盧, 彭, 濮' 등 諸國族이 武王을 따라 牧野와 商紂 결전에
참여한 기록에서 보이는 羌[27]으로 羌族도 姬周克商을 협조한 세력
이었다고 볼 수 있다. 이 羌은 상말주초 서북 陝甘 지역에 있던 민
족으로 복사 중에서 羌方으로 여러 차례 나왔다.

龜는 馬, 龜, 免, 貍, 혹 豸 등으로 각기 달리 인식하지만 陳平에

---

25) 陳平, 『燕事紀事編年會按』(上), 156~160쪽 참조.
26) 陳平, 「克器事燕六族會釋考證」, 『會議專輯』, 257쪽 참조.
27) 方述鑫, 「太保罍, 盉銘文考釋」, 『燕文化研究論文集』, 289쪽.

의하면 <亞龜鴞尊>에서 보이는 龜은 상대의 중요 방국 부족을 표지하는 것으로 龜方의 여자가 상왕에게 시집가는 것을 표시한 것으로 상왕의 후비가 되었다고 한다. 따라서 龜方은 상왕실의 중요 맹국이며 상 멸망 후의 중요한 유민이 되며 武王克商 후 叛周한 東夷諸 방국과 같이 周에 적대시한 태도를 취할 가능성이 있거나 혹은 蒲姑, 商奄之民의 叛周 반란을 허락하거나 참여할 가능성이 높다고 보았다. 따라서 克器 중 龜方은 반란을 평정한 후 바로 주왕실에 신복한 殷遺 혹은 東夷 某 方國이었을 가능성이 높다.[28] 이들의 위치는 河內, 河東 지구 혹은 羌方 인근의 陝甘 지구가 아니라[29] 동이 강국인 馭國과 인근일 가능성이 있어서 豫, 魯 지구로 보았다.[30] 馭는 羌方의 인근 융적[31] 혹은 太行山 부근[32]에 있었다고 보기도 하는데 이에 따르면 馭는 동이 세력의 한 갈래로 叛周 세력의 평정 이후 신복한 세력으로 보았다.[33]

雩는 盂方[34] 등으로 보는데 이는 서북 지역 정벌에 공을 세워 大盂鼎과 小盂鼎을 만든 盂[35]와 동족일 것으로 추정된다.[36] 馭는 대

---

28) 陳平, 「克器事燕六族會釋考證」, 257～259쪽 참조.

29) 方述鑫, 앞글, 289쪽. 方述鑫은 이를 免方으로 보았으며 卜辭 중의 兎는 羌을 벌한 주요방국이 되므로 羌方 인근이라고 보았다.

30) 陳平, 「克器事燕六族會釋考證」, 259쪽.

31) 殷瑋璋, 「新出土的太保銅器及其相關問題」, 『燕文化研究論文集』, 255쪽.

32) 孫華, 「匽侯克器銘文淺見－兼談召公建燕及其相關問題」, 『燕文化研究論文集』, 279쪽 주 9) 참조. 孫華는 이들은 모두 방국 부족으로 연후극이 연지에서 통력하거나 혹은 연지 이외에서 겸하여 관할한 방국 부족으로 보았으며 그들은 모두 태행산 부근에서 활동하였다고 지적하였다.

33) 陳平, 「克器事燕六族會釋考證」, 263쪽.

34) 王國維는 갑골문에 보이는 盂方으로 보았다. 方述鑫, 앞글, 289쪽 참조.

35) 白川靜, 『金文の世界－殷周社會史』, 80～81쪽 참조.

부분 복사 중의 御方으로 보지만 그 위치는 아직 확정하기 어렵다. 微는 대체로 微國으로 본다.[37] 陳平은 微와 箕는 모두 상왕실 종실의 支族으로 상왕조가 수백 년 연속됨에 따라 微, 箕의 支族이 商의 각지에 몇 차례에 걸쳐 확산되어 山東, 河北, 陝西, 관중 등지에서 모두 보이게 되었으며 滅商 이후 商 王都 및 그 부근은 微子를 종주로 삼은 微氏의 족이 유민이 되어서 대부분 천도, 流亡하게 되어 일부는 宗周, 岐周로 안치되거나 新封의 제후에게 사여되어 각국을 따라 이동하게 되었던 것이며 여기에서 보이는 微族도 이럴 가능성을 배제할 수 없다고 보았다.[38]

이상 이 6족은 대체로 周의 동맹족 혹은 周에 臣服한 상유민으로 구성되었으며 이들이 연후를 따라와 연국 입국 과정에 참여하였을 것으로 추정된다. 이는 "姜叔에게……殷民 7족을 나누어 주고, 魯에게……은민 6족을 나누어 주고, 唐叔에게……懷姓 9종을 나누어 주고……"[39]에서 보이는 상유민의 사여 내용에서 볼 때, 비록 문헌기록에서는 보이지 않지만 M1193 대묘에서 보이는 6족 사여 내용은 바로 연국에서도 각 제후에게 分與된 상황이 전개되었음을 알 수 있다.

그런데 연국 立國 과정에는 이들 6족만이 참여한 것은 아니었다. 즉 연국 주체 세력인 召公 일가와 周王이 사여한 이 6족 이외에 黃

---

36) 李成珪, 「先秦文獻에 보이는 '東夷'의 性格」, 韓國古代史研究會 編, 『韓國古代史論叢』(1輯), 1991. 140쪽.

37) 殷瑋璋, 앞글, 255쪽. 陳平, 「克器事燕六族會釋考證」, 266쪽.

38) 陳平, 「克器事燕六族會釋考證」, 267쪽.

39) 『左傳』 卷27 定公 四年 "分康叔以…… 殷民七族, 分魯以…… 殷民六族, 分唐叔以…… 懷姓九宗……"

토파 묘장 출토의 帶銘靑銅器를 통해 봤을 때, 많은 상유민이 존재하였을 가능성을 보여 준다. 특히 황토파 묘장은 京廣鐵路로 동서 양구로 나눌 수 있는데 서구는 중소형 묘장이 되고 일부 비교적 큰 묘는 人殉墓도 있으며 보편적으로 墓室 아래에 殉狗의 腰坑이 있고 鬲·簋·罐 조합이 많다는 점에서, 이들이 모두 安陽 殷墟의 商墓와 기본적으로 같다는 점을 알 수 있다. 또 동구의 묘는 대·중형 묘와 車馬坑이 있는 묘 등이 분포되어 있다. 단 대소를 불문하고 모두 殉人 현상은 보이지 않고 殉狗, 腰坑 현상이 극히 적고 鬲, 罐의 조합이 많다. 따라서 이상의 차별로 볼 때 殉狗, 腰坑, 혹은 殉人 묘장은 상유민의 묘장이 되고 다른 묘장은 周人墓가 된다고 볼 수 있을 것이다.[40]

앞에서 살펴본 M1193 대묘를 포함하여 帶銘靑銅器가 상당수 출토되었고 대부분 族徽가 담겨져 있다.[41] 東區 묘장에서 보이는 族徽 이외에 분봉 상황을 알려 주는 청동 명문은 M253에서 출토된 <圉方鼎>, <董鼎>, M251에서 출토된 <伯矩鬲> 등을 대표로 들 수 있다. 이 외에 西區 묘장에서 보이는 대표적인 帶銘靑銅器는 M52의 <復尊>, M53의 <攸簋>이다. 다음은 그 청동 명문의 내용이다.

---

40) 張劍, 「論西周燕國殷遺民的政治地位」, 『會議專輯』, 270쪽 참조. 유리하 서주 연국 묘장과 거마갱 정황에 대해서는 北京市文物硏究所, 『琉璃河西周燕國墓地, 1973-1977』, 73~78쪽 표 참조.

41) 유리하 유지에서 출토된 禮器는 모두 70건이 되며 그중 鼎 17건, 簋 11건, 鬲 9건, 언 2건, 작 9건, 觶 8건, 尊 5건, 卣 3건, 盉 2건, 盤 3건, 壺 1건 등이다(北京市文物硏究所, 『琉璃河西周燕國墓地, 1973-1977』, 73~78쪽 표 참조).

B-① 연후가 太保에게 안부를 전하고 음식을 전달하기 위해 종
　　주에 가도록 董에게 명하였다. 경신일에 태보가 董에게 패
　　를 상으로 주었다. 이에 태자 癸를 위하여 보배로운 제사
　　용 그릇을 만들어서 이를 기념한다.[42]　　　　　　　(＜董鼎＞)

② 연후가 圉에게 패를 상으로 주니 이에 보배로운 제사용 그
　　릇을 만든다.[43]　　　　　　　　　　　　　　　(＜圉方鼎＞)

③ 왕이 成周에 갔다. 왕이 圉에게 패를 상으로 주니 이에 보
　　배로운 제사용 그릇을 만든다.[44]　　　　　　　　(＜圉簋＞)

④ 무진날에 연후가 白矩에게 패를 주니 이에 父戊를 위하여
　　제사용 그릇을 만든다.[45]　　　　　　　　　　　(＜伯矩鬲＞)

⑤ 연후가 復에게 冕衣, 신첩, 패를 상으로 주니 이에 부을을
　　위하여 보배로운 제사용 그릇을 만든다.[46]　　　　(＜復尊＞)

⑥ 후가 復에게 패 3붕을 주니 복은 이에 부을을 위하여 보배
　　로운 제사용 그릇을 만든다.[47]　　　　　　　　　(＜復鼎＞)

⑦ 연후가 攸에게 패 3붕을 상으로 주니 攸가 이에 父戊를
　　위하여 보배로운 제사용 그릇을 만든다.[48]　　　　(＜攸簋＞)

　　①의 ＜董鼎＞은 성왕 시기의 기물로 보는데 그 내용은 燕侯가 陪
臣 董을 宗周에 파견하여 老父인 太保 召公奭에게 禮를 올리고 음

---

42) 『殷周金文集成』 5.2703, "燕侯令董饎太保于宗周, 庚申, 太保賞董貝, 用
　　作太子癸寶尊□𣪘"
43) 『殷周金文集成』 4.2505, "燕侯賜圉貝, 用作寶尊彝"
44) 『殷周金文集成』 7.3825, "王□于成周, 王賜圉貝, 用作寶尊彝"
45) 『殷周金文集成』 3.689.1, "才(在)戊辰, 燕侯賜白矩貝, 用作父戊尊."
46) 『殷周金文集成』 11.5978, "燕侯賞復冕衣, 臣妾, 貝, 用作父乙寶尊彝"
47) 『殷周金文集成』 4.2507, "侯賞復貝三朋, 復用作父乙寶尊彝"
48) 『殷周金文集成』 7.3906.1, "侯賞攸貝三朋, 攸用作父戊寶尊彝'

식을 헌납하여 안부를 묻자, 太保가 董에게 貝를 상으로 주니 董이 태자 癸를 위해 기물을 만들어서 이를 기념한 것이다. ② <圉方鼎>은 圉가 燕侯에게 賞賜를 받아 동기를 주조한 내용이 된다. ③ 에는 圉가 成周의 祭典에 참가하고 周王의 賞賜를 받는 내용이다. ④ <伯矩鬲>도 역시 燕侯가 伯矩에게 패를 주어 동기를 만드는 내용이 된다. ⑤ <復尊>, ⑥ <復鼎> 역시 復에게 상사하여 동기를 만드는 내용이며, ⑥ <復鼎>과 ⑦ <攸簋>에서 보이는 賞賜의 정도는 3朋으로 구체적으로 표시하고 있다. 이 외에도 족휘가 새겨진 청동예기 출토는 상당수에 이른다.[49] 여기에서 보이는 이들은 아마도 상유민일 가능성이 높다고 보인다.

우선 동구에서 나온 <伯矩鬲>은 동출된 盤의 'X伯矩作寶尊彝'[50]에서 볼 때 이 X를 癸로 보아 伯矩가 癸國 군후이고 癸伯인 矩가 이를 만든 것으로 보인다.[51] 또 <董鼎>, <圉方鼎>에서 보이는 董과 圉는 父子지간으로 이들 동기에서 보이는 족휘 ⿰는 상유민 糾貫族의 족휘이다. 이들은 연국 禮賓의 직무를 담당하여 모두 서주 왕실로 파견되어 종주 혹은 성주에서 중요한 祭典 활동에 참여한 점으로 미뤄 볼 때, 지위가 상당히 두드러졌을 것으로 보인다.[52] 다음으로 M52호 출토의 <復尊>에서 보이는 復은 擧族에 속하는 상유민으로 보인다. 뒤에서 보이는 족휘 ⿰는 여기뿐 아니라 陝西 西安, 甘肅 靈臺에서 모두 출토되었으며, 이는 상유민인 擧族

---

49) 北京市文物研究所, 『琉璃河西周燕國墓地, 1973－1977』, 101～199쪽 참조.
50) 北京市文物研究所, 『琉璃河西周燕國墓地, 1973－1977』, 195쪽 참조.
51) 曹淑琴, 「伯矩銅器群及其相關問題」, 『燕文化研究論文集』, 204쪽.
52) 張劍, 앞글, 272쪽.

이 주왕조 및 각 제후국에게 사여되어 臣服하였음을 보여 주는 예가 된다.[53] 이 復은 연후의 신변에서 공직하여 정치상 특권을 향유하였을 가능성을 보여 준다. 다만 '3朋'의 賞賜 量은 復과 攸가 실제로는 동구에서 보이는 伯矩, 堇, 圉 등과는 일정한 차이가 있었을 것으로 추정된다. 즉 동일한 상유민일지라도 이들의 정치적 지위는 차별적이었을 것으로 보인다. 이처럼 匽侯名이 나오는 이와 같은 동기 *[표 1 참조]* 이외에도 다른 동기에서 史, 魚, 叔, 戈 등 모두 30여 종의 商代 族氏名이 나온다.[54]

표 1〉 匽侯銅器 출토 정황

동기 이름	명문 내용	출토지점
小臣虘鼎	□(召)公□燕, 休于小臣虘貝五朋, 用作寶尊彝	
憲鼎	隹九月旣生霸, 辛酉在燕, 侯易憲貝金. 揚侯休, 用作召伯父辛寶尊彝. 憲萬年子子孫孫寶, 光用太保.	山東 濟寧 梁山
亞盉	杲侯亞疑. 燕侯易亞貝, 作父乙寶尊彝	北京 盧溝橋
匽侯旅盉	燕侯作旅盉	
匽侯旨鼎	燕侯旨作父辛尊	
匽侯旨鼎	燕侯旨初見事于宗周, 王賞旨貝二十朋, 用作有姒寶尊彝	
匽侯銚盉	燕侯作鎮盉	遼寧 凌源

---

53) 張劍, 앞글, 272쪽.

54) 北京市文物研究所, 『琉璃河西周燕國墓地, 1973－1977』, 103～199쪽 참조. 張劍, 앞글, 271쪽.

동기 이름	명문 내용	출토지점
董鼎	燕侯令董饌太保于宗周，庚申，太保賞董貝，用作太子癸寶尊□□. 𤔲	北京 琉璃河
復鼎	燕侯賞復冕衣，臣妾，貝，用作父乙寶尊彝	北京 琉璃河
匽侯盾飾	匽侯	北京 琉璃河
伯矩鬲	在戊辰，燕侯賜白矩貝，用作父戊尊	北京 琉璃河
圉方鼎	休朕公君，燕侯賜圉貝，用作寶尊彝	北京 琉璃河
匽侯盾飾	匽侯舞陽易	北京 琉璃河
銅泡	匽侯舞易	北京 琉璃河
匽侯戈	匽侯	北京 琉璃河
匽侯戟	匽侯舞戈	北京 琉璃河

(출전: 韓嘉谷, 「燕史源流的考古學考察」, 陳 光 滙編,『燕文化研究論文集』, 中國社會科學出版社, 1995. 77쪽, 발췌 인용)

한편 비록 묘장에서 출토된 것은 아니지만 梁山七器[55] 중에서는 召公 가족의 존재를 볼 수 있다.

C-① 태사우가 소공을 위하여 보배로운 제사용 그릇을 만든다.[56]

(<太史友甂>).

② 백헌이 소백부신을 위하여 보배로운 제사용 그릇을 만든다.[57]

---

55) 梁山은 山東 壽張縣에 있으며 <太保簋>, <太史友甂>, <憲鼎>, <伯憲盉>, <伯和鼎>, <和爵> 등이 출토되었다. 이들은 모두 燕器가 되는데 陳平은 이 지역이 전국 시기에 분명 齊에 속하는 곳으로 이는 전국 시기 燕齊의 전쟁과 유관하여 燕昭王이 齊를 침입하였을 때 齊人이 민왕을 따라 도망가면서 휴대한 것으로 그것을 이곳에 매장한 것이며 그 매장한 사람이 전란 중에 죽어서 2000년간 묻혀 있었던 것으로 추정하였다(陳平,『燕事紀事編年會按』(上), 167~168쪽 참조).
56)『殷周金文集成』3.915, "太史友作□(召)公寶尊彝"

(<伯憲盉>)

③ 백화가 소백부신을 위하여 보배로운 제사용 그릇을 만든다.[58]

(<伯和鼎>)

④ 9월에 이미 패자가 되었다. 신유일에 연에 있었다. 연후가 헌
   에게 패와 금을 주었다. 연후에게 땅을 주었다(?). 소백부신을
   위하여 보배로운 제사용 그릇을 만든다. 헌은 만년토록 자자손
   손 보배토록하며 태보에게 광명 있기 바란다.[59] (<憲鼎>)

여기에서 보이는 友, 和, 憲 등은 召伯父辛과의 관계 및 명문 내용으로 볼 때 모두 소공 가족으로 추정하고 있다.[60]

이상의 청동 명문 내용으로 볼 때 墓主는 연후 및 연후 가족 혹은 서주왕실이 사여한 6족 및 상유민일 것으로 추정된다. 유리하 묘장구 청동예기에 드러나는 수많은 족휘는 상대 복사에서도 볼 수 있어 이들은 상대부터 존재하던 족속이었을 가능성이 매우 높다. 상대의 저명한 족이었던 糾貫族, 擧族, 戈族 등도 눈에 띈다. 이곳에서 보이는 이들의 존재는 이마도 다음과 같은 상황에서 전개되었을 것으로 추정할 수 있다. 즉 서주 초기에 이질 문화와 전통을 가진 지역에서 분봉된 제후국은 소수의 周人만으로 개국의 기틀을 다지기는 역부족이었을 것이다. M1193 대묘의 동기 명문에서도 6族을 사여한 내용이 나타나지만 이들 이외에도 상 멸망 이후 이 지역으로

---

57) 『殷周金文集成』 15.9430.1, "伯憲作召伯父辛寶尊彝"
58) 『殷周金文集成』 4.2407, "伯和作召伯父辛寶尊彝"
59) 『殷周金文集成』 5.2749, "佳九月旣生霸, 辛酉在燕, 侯易憲貝金. 揚侯
    休, 用作召伯父辛寶尊彝. 憲萬年子子孫孫寶, 光用太保"
60) 陳平, 『燕事紀事編年會按』(上), 147~148쪽 및 164~167쪽 참조.

피신하여 온 상유민은 더욱 많았을 것으로 생각된다.

그것은 이 지역이 비교적 동쪽에 있었던 상과 가깝다는 점과 상의 북방에서 연의 분봉지에 이르기까지 그 사이에는 상의 수많은 방국들이 존재하였을 것으로 추정되기 때문이다. 河北省 邢臺 지구에는 상 북토의 방국인 갑골문의 井方이 존재하였다.[61] 하북 淶水는 淸末에 北伯, 北子銅器가 출토되었는데, 복사 중의 北方 부족의 소재지일 가능성이 있다. 하북 保定 지구 이남은 상의 활동 지구였음이 밝혀졌고, 상대의 유적이 분포되어 있다. 또한 상대로 추정되는 100,000㎡ 이상의 藁城 臺西 유지의 발견과 출토된 수많은 청동병기는 이 유지가 농후한 군사색채를 띠고 있었음을 보여 준다.[62] 이 외에도 定縣 北莊子 유지에는 42좌의 상대 묘장이 발견되었고, 특히 청동 병기 출토가 많다.[63] 이처럼 현재 河北省 중남부 경내에는 상대의 많은 취락 유지가 있어 원래 商畿의 북방 藩屛[64]이었을 가능성도 보여 준다. 따라서 상은 멸망했지만 서주 초기에는 상의 영향력이 분명하게 존재하는데, 『逸周書』 「作雒」에서 보이는 "祿父가 북쪽으로 도망" 갈 수 있었던 것도 이러한 형세하에서 충분히 가능했을 것으로 보인다.

이 지역의 수많은 상유민의 흔적은, 다른 한편으로는 周公의 東征

---

61) 河北 元氏 西張村 출토의 臣諫簋 명문에 의하면 여기는 상대 井方의 소재지임을 알 수 있다(鄭紹宗, 「商周金文和河北古代方國硏究」, 『河洛文明論文集』, 中州古籍出版社, 1993. 237쪽).

62) 河北省博物館·河北省文管處−臺西發掘小組, 「河北藁城縣臺西村商代遺址−1973年的重要發現」, 『文物』 1974−8.

63) 河北省文物硏究所·保定地區文物管理所, 「定州北莊子商墓發掘簡報」, 『文物春秋』 1992 增刊本.

64) 王宇信, 「＜史記＞ ‘封召公奭于燕’的武王爲宏見‘武王(時期)’說」, 84쪽.

이후 그 지역에 거주하던 상의 方國 遺民이 일부 다시 이동을 하였을 것인데 그중의 하나가 바로 이 지역이었을 것으로 추정되기 때문이다. 이는 주공 동정 이후 召公의 北伐이 단행된다는 점으로 볼 때 충분히 가능성이 있다고 본다. 즉 주공의 동방 정벌은 두 단계로 볼 수 있다.[65] 三監의 저항을 진압한 즉 管, 蔡, 武庚을 정벌한 것은 주공의 통솔하에서였다. 三監의 저항이 실패로 돌아가자 '王者祿父北奔'의 상황은 반란 평정의 제2단계에 해당된다. 제2단계는 熊, 盈族 十有七國을 정벌한 것으로 『史記』 卷4 「周本紀」에서 말한 "召公을 太保로 삼고 周公을 太師로 삼아 동으로는 淮夷를 정벌하고 奄을 진압하고 그 군을 蒲姑로 이동시켰다"는 것은 召公이 제2단계의 평정에 참여하고 주공은 통솔한 자의 하나임을 설명한다고 볼 수 있다.[66]

즉 이때 소공은 직접 군대를 통솔하여 주공과 함께 동정에 참여한 것이라 볼 수 있다. 소공의 동정 참여는 <保卣> 명문에서 확실하게 드러난다. 성왕 시기의 동기인 <保卣> 명문에 "…… 왕이 태보에게 은의 동국 5侯를 쫓도록 명하였다. ……"[67]라고 되어 있어 殷東國五侯는 武庚 반란 시 함께 반란한 徐·盈·奄·熊·薄姑 등으로 볼 수 있다.[68] 이 명문 중의 保는 응당 召公奭이다. 주공 동정의 중점은 동남, 즉 淮夷를 정벌하고 奄을 진압하는 것이고 소공 정벌의 중점은 동북 지역이 되어 북으로 도망간 祿父와 북방의 반란에 참여한 異族을 평정하는 것이었다. 동방의 蒲姑는 太公이 계

---

65) 陳恩林, 「論魯, 齊, 燕的侍奉及燕與北國關係」, 『會議專輯』, 106쪽 참조.
66) 陳恩林, 앞글, 106쪽.
67) 『殷周金文集成』 10.5415.1, "乙卯, 王令保及殷東國五侯"
68) 黃盛璋, 「保卣銘的時代, 地理與歷史問題」, 『歷史地理與考古論叢』, 齊魯書社, 1982.

속적으로 해결하였다.[69] 성왕 시기 <太保簋>의 명문에 따르면 이런 현상이 명확히 드러난다.[70] 즉 祿父[71]가 북쪽으로 도망가자 太保가 王命을 받들어 綠子를 정벌한 것을 내용으로 하고 있다. 이 군사 행동은 아마도 북방에서 행해진 것으로 볼 수 있을 듯하다. 즉 소공이 북방 정벌을 성공시켜서 연국 분봉지를 확보하게 되었을 것으로 보인다. 아마도 이러한 정황은 이 지역에 상유민이 상당수 존재하였을 가능성을 보여 준다. 또 箕子가 그 족속을 이끌고 朝鮮의 땅으로 갔다는 기록에서도 이런 상황을 엿볼 수 있으리라 생각한다.

따라서 비교적 많은 상의 유민들은 소공의 북벌 성공과 연국 분봉에 의해 연국에 복속되었을 가능성을 엿볼 수 있을 것이다. 앞에서 살펴본 M1193 대묘에서 보이는 兔方, 叔國 등은 아마도 이러한 맥락에서도 이해가 가능할 것으로 보인다. 이와는 별개로 武王滅商 이후 상유민이 이 지역으로 이동하였을 가능성도 배제할 수 없다.

따라서 이러한 과정을 통하여 연국 지역으로 이동한 이들에게 당시 소수인 周族의 연국 통치자[72]가 귀족 지위를 보장하고 도움을 받았을 가능성이 있다. 이러한 예가 바로 <董鼎>, <復鼎>, <圉方鼎> 등에서 나타난다는 董·復·圉와 같은 인물이라고 할 수 있

---

69) 陳恩林, 앞글, 106쪽.

70) 『殷周金文集成』 8.4140, "王伐綠子耶, 叔厥反, 王降征令于太保. 太保克敬亡遣, 王永太保, 易休餘士, 用茲彝對令"

71) 여기에서 綠子를 祿父로 볼 수 있는가라는 논쟁이 있긴 하지만 녹보가 아닐지라도 적어도 녹자는 녹보의 반란에 참여한 상왕족의 일지로 보는 데에는 문제가 없을 것으로 보인다.

72) 琉璃河 묘지 중 ¼의 면적은 주인의 것이며 ¾은 商人과 異族의 것으로 연국 중 周人은 단지 권세가 극히 커다란 소수인임을 설명한다(陳光, 「西周燕文化初論」, 『北京文博』 2000-1, 34쪽 참조).

을 것이다.[73]

이상 유리하 유지의 성지와 묘장의 분석을 통하여 봤을 때 연국 성립은 소공 가족과 주왕이 사여한 6족 및 이 지역으로 이동하였을 상유민의 도움을 통하여 이루어진 것으로 추정된다. 이들은 서주 연국 입국을 기점으로 이 지역에 이주한 세력이라고 볼 수 있다. 특히 수많은 족휘에서 보이는 상유민의 존재는 상말주초의 특수한 정황으로부터 기인한다고 볼 수 있다.

그러나 동가림 성지에서는 燕 立國 이전인 상대 혹은 그 이전 시기에 해당하는 시기의 기물이 출토되었다.[74] 현재 유리하 유지에서는 상유민의 존재를 확인할 수 있지만 토착 세력의 존재 및 연국 立國 과정에서 나타나는 토착 세력과 관계를 정확하게 밝혀 보기는 어렵다. 2절에서는 연국 입국 이전 이 지역 문화의 전통을 고찰한 후 토착 세력의 존재를 살펴보기로 하겠다.

---

73) 張劍, 앞글, 271~272쪽; 『琉璃河西周燕國墓地, 1973－1977』, 244~253 쪽 참조.

74) 北京市文物管理處·中國科學院考古研究所·房山縣文教局－琉璃河考古工作隊, 「北京琉璃河夏家店下層文化墓葬」, 『考古』 1976－1; 北京市文物研究所, 「北京房山琉璃河遺址發掘的商代遺跡」, 『文物』 1997－4.

2. 燕山地域 靑銅文明의 傳統

1) 新石器 文化 諸遺址

유리하 유지가 발굴된 北京 지역을 포함하여 현재 河北省은 이른
바 冀州라고 불리는 지역에 해당하여 永定河, 拒馬河를 경계로 冀
北, 冀中南 지역으로 양분할 수 있다.[75] 冀北은 다시 燕山[76] 이북,
燕山 이남(京津唐), 冀西北區(軍都山) 지역으로 나눌 수 있다.[77] 연
국은 이런 자연지리환경에서 형성된 지역 문화와 밀접한 관련성을
맺고 있다. 초기 연국의 지리위치와 관련된 대표 지역은 燕山 이남
지역이다. 이는 다시 燕山~永定河 이북, 永定河 이남~拒馬河·易
水(保定 이북), 保定 이남(~漳河) 지역의 세 개의 지구로 구분할 수
있다.[78] 燕山地域은 그 독자적 특징이 드러나면서도 지역 내의 각

---

75) 鄭紹宗, 「河北考古發現研究與展望」, 『文物春秋』 1992년 증간본 3~4쪽
　　참조.
76) 燕山을 어디로 보는가에 대하여 전통적으로 현재 燕山山脈의 燕山으로
　　보는 것이 지배적 의견이었으나 최근 常征은 문헌사료를 통하여 전국
　　시기 이전의 燕山은 北京 房山區의 大坊山과 百花山이라고 주장하였
　　다(常征, 「召公封燕及燕都考－兼辨燕山, 燕易王, 燕昭王」, 『燕文化研
　　究論文集』, 134쪽). 曲英傑은 燕(匽)의 명칭은 燕水(匽水)에서 나온 것
　　이며 현재 琉璃河이고 현재 薊縣에 위치한 燕山에서는 燕國(匽國)과는
　　다른 오랜 전통을 가진 燕族이 취거하고 있었다는 의견을 내놓았다(曲
　　英傑, 「由銅器銘‘匽’說到‘匽’, ‘燕’有別」, 『北京文博』, 1997－2. 9~13쪽
　　참조).
77) 鄭紹宗, 「夏商時期河北古代文化的初步分析」, 『考古學文化論集』(4), 文
　　物出版社, 1992. 155쪽.
78) 이 지역에 대한 중국학계의 구분은 주로 省과 도시(北京, 天津) 등 현

지리구는 각자의 특징이 또한 분명하게 나타난다. 각 지구별 문화를 통하여 연 입국 이전의 연산 지역의 문화적 전통을 추적해 보고자 한다.

우선 燕山 이남 지역(京津唐) 신석기 문화를 고찰해 보자. 연산 이남 지구의 고문화를 전체적으로 조망해 보면 永定河를 경계로 신석기시대는 다른 계통의 문화가 존재한다. 永定河 이남에서는 1만 년 전부터 北京 門頭溝區의 東胡林 유지를 대표로 하여[79] 8천 년 전 경의 房山區의 鎭江營 1期文化[80]가 나타난다. 동시기 永定河 이북에서는 懷柔의 轉年遺址와 平谷의 上宅 유지(上宅文化)[81]가 각각 나타난다. 이는 7천 년 이전에 북경 지구는 동시에 두 개의 문화 계통이 형성되어 전개되었음을 의미하는 것이다.

이 두 문화는 永定河를 중심으로 그 이남에서는 圜底器 계통, 이북에서는 平底器 계통으로 나타난다. 조기의 양 도기군은 문화교류의 흔적 없어 永定河를 경계로 각각 그 안에서 존립하였다. 단 上宅文化의 만기 단계에 이르면 소량의 紅頂碗이 출현하는데[82] 鎭江營

재 政區를 기준으로 하기 때문에 고문화와 자연지리환경에 의한 구분과는 일정한 차이가 있다. 본문에서는 고대 지리환경과 이를 바탕한 考古學文化에 비중을 두고 구분하였다(北京市文物研究所, 「北京考古五十年」, 『新中國考古五十年』, 文物出版社, 1999; 鄭紹宗, 「河北考古發現研究與展望」, 『文物春秋』 1992 증간본. 참조).

79) 周國興·尤玉桂, 「北京東胡林村的新石器時代墓葬」, 『考古』 1972-6. 이 東胡林에서는 성인 남자 2구와 16세 정도의 소녀가 발견되었고 소녀의 목 주변에는 조개껍데기로 만든 목걸이가 있었다. 이 외에 타제석기 6건, 조개류로 만든 제품 2건 등이 있었다.

80) 北京市文物研究所, 『鎭江營與塔照-拒馬河流域先秦考古文化的類型與譜系(上)』, 中國大百科全書出版社, 1999.(이하 『鎭江營與塔照』로 칭함)

81) 劉化成, 「試論上宅文化」, 『華夏考古』 1999-1 참조.

1기 문화에 紅頂碗이 지속적으로 伴生되어 上宅文化 만기에 紅頂碗이 출현하는 것은 외래 요소의 작용하의 새로운 변화일 가능성을 보여 준다. 즉 圜底器 계통 문화[紅頂碗]와 平底器 계통 문화가 永定河를 넘어서 교류한 것을 반영한 것이라 볼 수 있다.[83]

이후 약 7,000년 전 전후에 后岡 1기 문화, 雪山 1기 문화, 雪山 2기 문화가 북경 지구에서 차례로 나타나게 되는데 이들의 문화 구별은 매우 뚜렷하다. 后岡 1기 문화는 平谷 上宅, 密雲 燕落寨, 房山 鎭江營에서 나타난다. 后岡 1기 문화는 泥質陶器 위주의 圜底器 계통에 속하여 직접 鎭江營 1기 문화를 계승하였다. 다음으로 나타나는 雪山 1기 문화는 夾云母 도기 위주로 전형기물은 高領雙耳罐과 筒形罐으로 平底器 계통에 속한다. 다음 단계인 雪山 2기 문화는 夾砂陶 위주로 三足器를 炊器로 사용하여 雪山 1기의 平底器로부터 나온 것일 수 없다.

이로써 볼 때 永定河를 경계로 燕山 이남 지구에서는 신석기시대 전기는 兩種 문화 계통(鎭江營 1기 문화, 上宅文化)의 할거 상태가, 후기는 다른 종류의 문화 계통(后岡 1기 문화, 雪山 1기 문화, 雪山 2기 문화)의 점차적 교체 국면이 나타난다.[84] *[그림 6 참조] [표 2 참조]*

---

82) 北京市文物研究所·北京市平谷縣文物管理所上宅考古隊, 「北京平谷上宅新石器時代遺址發掘簡報」, 北京市文物研究所 編, 『北京文物與考古(第三輯)』, 北京燕山出版社, 1992. 19쪽.
83) 北京市文物研究所, 「北京市考古五十年」, 6쪽.
84) 北京市文物研究所, 「北京市考古五十年」, 6쪽.

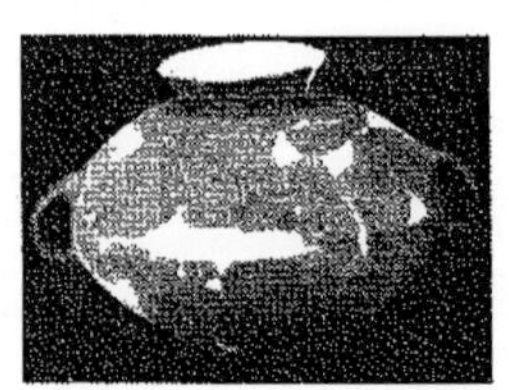

그림 6〉 永定河 일대 신석기 문화

〈표 2〉 신석기시대 북경 지구 문화계보

연대 (거금) ＼ 분포지역	서남 지구	동북 지구
약 10000~9500년	東胡林遺址	轉年遺址
약 8500~7000년	鎭江營1期文化	上宅文化
약 7000~6000년	后岡1期文化	
약 5400~5000년	雪山1期文化	
약 4800~3900년	雪山2期文化	

仰韶時代와 龍山時代의 燕山 이남 지구에서는 遼西 지구에서 발
생한 중국 동북방의 대표적 신석기 문화인 興隆洼 문화(河北 遷西
東寨) → 趙寶溝文化(遷西 西寨) → 紅山文化 → 小河沿文化[85]의 전통
을 이은 문화가 永定河 이북 지역에도 영향을 미치게 되었다.[86] 이

---

85) 각 문화 간의 분기와 서열에 관해서는 楊虎, 「遼西地區新石器－銅石幷
　　用時代考古文化序列與分期」, 『文物』 1994－5. 참조.
86) 鄭紹宗, 「河北考古發現研究與展望」, 5쪽의 表 참조.

지역에서 보이는 문화 유지로는 興隆洼文化가 발견되는데 河北 灤河 중하류에서 대량적으로 발견된다.[87] 대표 유지로는 河北 遷西의 東寨, 西寨, 遷安 安新莊, 三河 孟各莊, 北京 平谷 上宅, 北埝頭 유지에서 발견된다.[88] 이 중 東寨에서 발견되는 平底의 筒形罐은 중국의 동북 지역인 遼西, 遼東의 신석기 문화를 대표하는 기물이다.[89] 또 上宅 유지에서는 興隆洼文化, 趙寶溝文化, 紅山文化의 요소가 모두 존재하여 이들 문화의 계보 관계가 밝혀졌다. 이를 통해서 본다면 上宅文化도 계보 관계로 볼 때, 遼西 지구 문화 계통임을 알 수 있다.[90] *[그림 7 참조]*

---

87) 北京大學考古實習隊, 「河北唐山地區史前遺址調査」, 『考古』 1990-8. 참조.

88) 劉化成, 「唐山地區灤河流域新石器遺存初論」, 『文物春秋』 1998-4, 43쪽.

89) 馮恩學, 「東北平底筒形罐區系研究」, 『北方文物』 1991-4. 28쪽.

90) 楊虎, 앞글 참조.

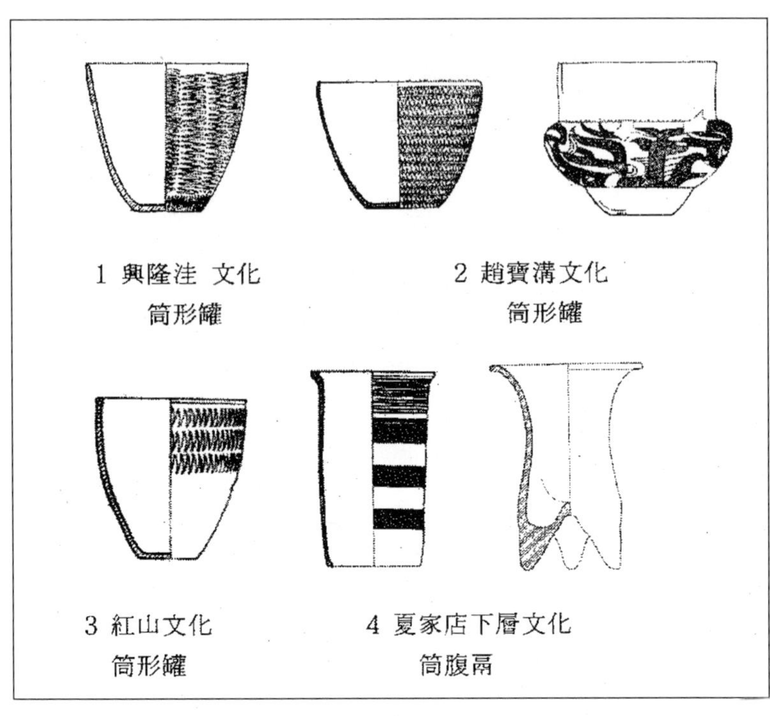

그림 7〉 燕山 남북(京津唐) 일대 도기 계보

그런데 이들의 특징인 紅陶와 之字形 陶器, 細石器는 永定河 이
남의 鎭江營, 北福地, 正定 南楊莊 등지에서는 발견되지 않아 興隆
洼文化를 대표로 하는 문화는 永定河를 경계로 永定河 이북의 燕山
이남 지역에 분포하며 그 안에서 고유한 특징을 간직한 모습을 볼
수 있다. 특히 唐山 지구 灤河 유역의 신석기 문화는 전 문화면모가
북방 문화 계통에 속한다고 볼 수 있다. 이는 아마도 그 발전 과정
중 자연지리환경의 제약을 받아 燕山 이북 문화의 영향을 주로 접

60

수하였을 가능성이 많다.[91] 이상의 분석에 의한다면 遼西 지구 신석기 문화의 특징인 平底의 筒形罐의 영향이 적어도 永定河 이북까지 미치고 있었음을 알 수 있다.

한편 太行山 東麓 지역에 해당하는 拒馬河 지역은 紅頂碗류가 많이 출토된다. 또 그 인근 지구인 正定 南楊莊, 蔚縣 四十里坡는 모두 后岡 1기 문화의 범주에 속한다.[92] 이 지역의 后岡文化는 남쪽에서 발생한 磁山文化와 토착 문화가 결합된 형태로 나타난다고 볼 수 있다. 더욱이 保定 이남 지역은 磁山文化와 그 영향을 받은 后岡 1기 문화 → 大司空文化 → 永年 臺口 1기 → 河北 平原 龍山文化의 계보가 이어진다.[93] 이상에서 볼 때 燕山 이남 지역(京津唐)의 신석기 문화는 遼西 지구의 平底의 筒形罐의 전통과 河北省 중남부에 기원을 둔 圜底器 계통의 문화가 永定河를 경계로 존립하고 지속적으로 영향을 미치면서 또한 일정 시기에 교체되는 국면을 보인다. 遼西 지구의 신석기 문화인 興隆洼文化 계통은 永定河 이북까지 지속적으로 영향력을 끼치고 있었고 永定河 이남에서는 磁山文化 계통과 일맥상통하는 后岡文化의 영향이 강하게 나타난다.[94]

---

91) 劉化成, 앞글, 43쪽.
92) 北京市文物研究所,「北京市拒馬河流域考古調査」,『考古』1989-3.
93) 河北省文物研究所,「河北省考古五十年」,『新中國考古五十年』, 文物出版社, 1999. 41~45쪽 참조.
94) 하북의 冀中 지구 太行山 東麓과 滹沱河가 중심 지역으로 正定 南楊莊 유지를 대표로 한다. 滹沱河考古隊,「河北滹沱河流域考古調査與試掘」,『考古』1993-4.

2) 夏家店下層文化와 燕山地域 政體의 出現

신석기시대 后岡文化와 興隆洼文化 계통이 청동시대를 맞이하면서 后岡文化의 지층 위에 河北龍山文化가 나타난다. 또 興隆洼文化 유지를 夏家店下層文化가 덮고 있는 것을 발견할 수 있다. 아마도 이 지층 관계로 볼 때, 이들은 이 지역 청동 문화의 전신으로 추측되며 또한 양종 문화의 문화교체지대는 이후 토착 문화가 활약한 지대가 된다. 우선 이 지역의 夏家店下層文化에 대하여 살펴보기로 한다.

夏家店下層文化는 鬲을 주요 특징으로 하는 문화 전통을 개시하여 통형관을 특징으로 하는 역사를 매듭지었다.[95] *[그림 7 참조]*

夏家店下層文化의 계보는 小河沿文化로써 확인된다.[96] 小河沿文化 유지[97]에서 나타나는 磨光黑陶, 尊, 豆, 彩繪와 繩紋 등의 陶質, 器類와 文飾 등과 紅山文化의 玉器 등이 夏家店下層文化에서 계승되어 신석기시대의 紅山文化에서 청동시대의 夏家店下層文化로 변화되는 과도의 역사진행을 볼 수 있다.[98] 筒腹鬲(筒形罐)의 전통을

---

95) 劉晉祥·董新林, 「燕山南北長城地帶史前聚落形態的初步研究」, 『文物』 1997－8. 53쪽.

96) 李恭篤·高美璇, 「試論小河沿文化」, 中國考古學會 編, 『中國考古學會 第二次年會論文集1980』, 文物出版社, 1982. 152쪽.

97) 項春松, 「內蒙古赤峰大南溝新石器時代墓地的發掘」, 『文物』 1997－4. 大南溝 묘장에서 보이는 折腹器, 소량의 黑陶磨光器는 하가점상층 문화 중 도기와 매우 근접하여 홍산 문화 발전 중 비교적 늦은 단계에 처하여 그것은 더욱 夏家店下層文化에 근접하다고 보았다(32쪽 참조).

98) 楊虎, 앞글, 48～50쪽. 韓嘉谷은 연산 북쪽의 小河沿文化(紅山文化 만기 유존)은 남쪽의 龍山文化의 영향을 받으면서 계속 변이되어 夏家店

이어받은 夏家店下層文化는 遼西 지구에서 발생하여 북으로는 西喇木尹河, 남쪽으로는 海河에 이르고 서로는 桑乾河 상류와 동쪽으로는 遼河 근방에 이르는 광대한 지구에 분포한다.99) 燕山 이북에 이르면 永定河 이북의 大凌河, 西遼河, 老哈河, 濼河를 중심으로 하면서100) 興隆洼, 紅山文化를 뒤덮었다. 이는 燕山 이남 지구에까지 미치고 있으며 永定河 상류의 太行山, 軍都山을 넘어서 懷來, 芋縣扎根에 미친다. 保定 이북 지구에서 拒馬河 이남까지도 영향을 미치게 된다. 이 시기 夏家店下層文化 유지로는 昌平 雪山 유지, 房山 塔照 유지와 鎭江營 유지 이외에 유사 유존은 昌平 下苑과 張營, 北京 豊臺區 楡樹莊, 平谷 劉家河, 密雲 鳳凰山, 房山 琉璃河101)와 西營 등의 유지에서 모두 발견되었다.102)

이상과 같은 夏家店下層文化의 시기는 夏와 商의 前期에 해당한다.103) 그런데 이 문화는 燕山 이북 지구에서 魏營子 유형이 뒤를 잇는 반면,104) 燕山 이남 지구에서는 夏家店下層文化의 영향을 받으면

下層文化를 이루었다고 지적하였다(韓嘉谷,「燕史原流的考古學考察」,『燕文化研究論文集』, 69쪽).

99) 李伯謙,「論夏家店下層文化」,『中國靑銅文化結構體系研究』, 125쪽.

100) 張忠培·孔哲生·張文軍·陳雍,「夏家店下層文化研究」, 蘇秉琦 主編, 『考古學文化論集』 1, 文物出版社, 1987. 66~67쪽.

101) 北京市文物管理處·中國科學院考古研究所·房山縣文教局－琉璃河考古工作隊,「北京琉璃河夏家店下層文化墓葬」,『考古』 1976－1.

102)「北京市考古五十年」, 7쪽.

103) 李伯謙,「論夏家店下層文化」, 138쪽.

104) 韓嘉谷,「燕史原流的考古學考察」, 70쪽; 李伯謙,「張家園上層類型若干問題研究」, 148~149쪽. 郭大順은 大凌河 동안에 있는 南溝門의 문화퇴적층이 夏家店下層文化의 퇴적위에 魏營子文化가 퇴적되어 있다는 것을 지적하여 魏營子文化가 夏家店下層文化를 계승한 점을 지적

서 새로운 풍격이 가미되어 이 지역 내에서 문화 계보가 형성되었
다.105)

연산 이남 지구의 문화계보를 보다 구체적으로 살펴보자. 拒馬河
일대의 塔照 유지를 예로 들어 보면 夏家店下層文化의 영향을 받아
이 지역 토착 문화가 발생하는 것을 볼 수 있다. 塔照 유지에서 보
이는 塔照 1기 유존은 夏家店下層文化 계통으로 볼 수 있다. 이 유
존의 영향을 받아 생겨난 문화는 塔照 2기 문화로 塔照와 鎭江營,
皇后臺 유지, 平谷 劉家河와 龍坡 유지에서 이런 유존이 발견되었
다. 가장 상견되는 器物은 領部에 附加堆紋이 있는 高領鬲과 斂口
深腹鉢이다.106)

이 塔照 2기 문화는 도기 형태, 製陶 방식 등의 主방면은 모두
夏家店下層文化 塔照 1기 유존 풍격인 高領, 鼓腹의 鬲과 하반부가
鬲인 甗의 형제를 계승하여 高領鬲, 領部 附加堆紋, 高大한 형태
등은 塔照 2기 문화의 특징이 된다.107) 이 塔照 2기 문화의 연대는
기원전 1266~1070년으로 商의 中, 晩期에 해당된다. 해당 문화는
高領鬲, 領部의 附加堆紋과 繩紋이 거칠면서도[粗] 강직함을 갖춘
문화의 충격을 받았는데, 이는 북방 장성에 연한 지구에 속하는 문

하고 있다(郭大順, 「試論魏營子類型」, 蘇秉琦 主編, 『考古學文化論
　　集』(1), 文物出版社, 1987. 82쪽).
105) 李經漢, 「試論夏家店下層文化的分期和類型」, 中國考古學會編, 『中國
　　考古學會第一次年會論文集 1979』, 文物出版社, 1980. 참조.
106) 이 高領鬲은 高領, 鼓腹, 袋足, 粗壯足跟의 특징이 있을 뿐 아니라 또한
　　袋足의 작법을 모방하여 별도로 하나의 격식을 갖추었고 그 형제, 제작
　　방법, 문양의 세 방면이 특징적이며 독특한 풍격을 형성하고 있다(「北京市
　　考古五十年」, 8쪽 참조; 『鎭江營與塔照』(上), 191쪽 참조).
107) 『鎭江營與塔照』(上), 191~194쪽 참조.

화로 본다.108) 그런데 이 塔照 2기 문화의 高領鬲은 領部가 발전하여 張家園上層文化의 筒腹鬲으로 발전하게 된다. 이러한 鬲의 변화 과정에서 볼 때 塔照 1기 유존은 塔照 2기 문화의 문화 來源의 하나가 된다. 또 塔照 2기 문화는 상주 시기 북경 지역의 토착 문화인 張家園上層文化의 주요 來源이라고 볼 수 있다.109) *[그림 8 참조]*

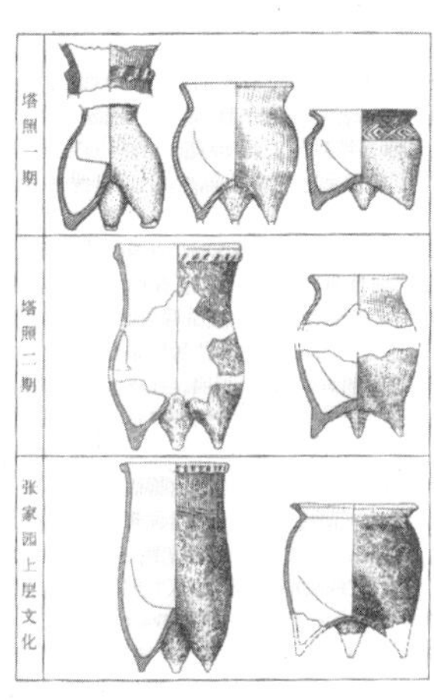

(출전: 『鎭江營與塔照-拒馬河流域先秦考古文化的類型與譜系』, 中國大百科全書出版社, 1999, 420쪽.)

그림 8〉 塔照文化와 張家園上層文化

이상에서 볼 때 夏商 시기 燕山 남북 지역의 대표 문화는 夏家店下層文化였다고 볼 수 있다. 燕山 이남 지역 토착 문화가 형성되기 이전 단계에는 이 지역 문화는 夏家店下層文化의 세례를 받아 그 영향권 안에 있었던 것으로 추정된다. 이에 따라 본다면 적어도 拒馬河, 淶水 지역까지는 夏家店下層文化圈으로 볼 수 있으며 적어도 상 전기까지 이 지역의 토착 세력과 그의 정치 집단은 바로 이 문화권 내에서 생장한 것으로 보인다.

이러한 夏家店下層文化의 계보를 이은 塔照 2기 문화에 이어 商末부터 나타나는 것은 張家園上層文化이다. 張家園上層文化에서 보이는 도기는 기형이 高大하고 重厚하며 재질은 夾云母褐陶 위주가 된다. 器類로는 筒腹鬲, 鼓腹

---

108) 「北京考古五十年」, 8쪽.
109) 『鎭江營與塔照』(上), 421쪽.

鬲, 袋足鬲, 甗, 盆, 甌, 罐, 簋 및 특색이 뚜렷한 制陶 模具, 角制 工具가 있다.[110] 張家園上層文化에서 가장 특징이 되는 附加堆紋의 高領筒腹鬲은 塔照 유지를 통해서 본 결과, 張家園上層文化는 夏家 店下層文化의 筒腹鬲의 계보와 塔照 2기 문화에서 보이는 附加堆 紋이 있는 高領鬲의 형태를 가장 특색으로 삼고 있다.[111] 이렇게 볼 때 張家園上層文化 역시 夏家店下層文化의 筒腹鬲에 附加堆紋이라 는 외래 요소가 가미된 형태의 하가점하층문화의 계보 안에 속하는 것으로 볼 수 있을 것이다. *[그림 8 참조]*

특히 鎭江營의 거주 유지 중 F8을 예로 들면 房址는 원형의 半地 穴式으로 동서 길이 약 295㎝, 남북 257㎝가 되며 실내는 4개의 燒 竈, 중간에는 4개의 柱洞이 배열되어 있다.[112] 대체로 鎭江營 유지 의 房址는 이처럼 원형의 半地穴式의 淺穴로 대규모의 경우는 약 3m가 되며 지면은 黃土를 사용하여 바탕을 깔았고 두 개의 타원형 主竈가 있는 것 이외에 담장 쪽으로 두세 개의 燒土面이 있다. 남쪽 벽은 斜坡門道가 있어,[113] 이는 장성지대 夏家店下層文化 거주지의

---

110) 이 외 주체 문화 소인의 다른 종류의 요소는 袋足鬲, 簋, 四系罐과 극 소량의 灰陶甗으로써 대표를 삼는데 명료하게 商文化 계통에 속한다 고 본다. 더욱이 泥質灰陶簋의 三角緣, 기표의 折線劃紋의 형태는 殷 墟 만기에서 西周 초기의 簋와 완전히 같다. 이 문화는 3단계로 구분 되는데 탄소수륜년대수에 의하면 기원전 1408~930년으로 따라서 세 단계는 商末에서 西周 중기의 단계를 거친다고 보인다. 아마도 商文 化 요소가 대량적으로 西周 조기에 만연되는 것은 周滅商時 商人의 北退와도 유관할 가능성이 매우 크다고 본다(「北京市考古五十年」, 9 쪽 참조).
111) 李伯謙, 「論夏家店下層文化」, 150쪽.
112) 『鎭江營與塔照』(上), 195쪽.
113) 「北京市考古五十年」, 8~9쪽 참조.

특징과 동일하다고 볼 수 있다. 또 묘장에서 보이는 頭向은 동쪽이 된다.

이 張家園上層文化는 商末에 永定河 남북 구역을 덮었다.[114] 이 제까지 발견된 이 문화의 유지는 鎭江營, 琉璃河, 平谷 韓莊, 順義 牛欄山, 天津 및 河北省의 保定, 廊坊, 唐山 지구에서 나타나서 그 분포구역은 동쪽으로는 灤河 연안, 북쪽으로는 承德 일선, 서쪽은 太行山, 남쪽으로는 大淸河에 달한다.[115]

張家園上層文化가 永定河 남북에서 전개되는 동시기에 保定 이 남에서는 晩商의 문화가 분포하였다. 晩商 문화의 중심은 殷墟 소재 의 安陽과 그 주위 지구이며 북으로는 易水 유역 이남이 북쪽 분포 지대가 된다.[116] 燕山 이북의 遼西 지구에서는 大, 小凌河 유역을 중심으로 夏家店下層文化의 葯玉廟 유형 이후에 魏營子文化가 발 생하였다. 魏營子文化와 張家園上層文化는 원래 夏家店下層文化 분포범위 내에서 새로이 출현한 문화유형이며 시대가 같고 지역이 인근으로 밀접한 관련이 존재한다.[117] 따라서 張家園上層文化는 永 定河 이북 지구 및 遼西 지구 문화와 더욱 밀접하게 연계된다고 볼 수 있다. 즉 이 문화는 夏家店下層文化와 魏營子文化의 특징인 口 沿에 附加堆紋을 두른 高領鬲과 극히 비슷하여 이 영향을 받았을 것으로 추정되며,[118] 이는 遼西 지역을 중심으로 하여 발생한 夏家

---

114) 張家園上層文化의 시간에 대해서는 「北市京考古五十年」, 8~9쪽 참 조.; 又 李伯謙, 「張家園上層類型若干問題硏究」, 146~147쪽 참조.
115) 北京市文物硏究所, 「北京市考古五十年」, 8쪽.
116) 李伯謙, 「張家園上層類型若干問題硏究」, 148쪽.
117) 李伯謙, 「張家園上層類型若干問題硏究」, 148~149쪽.
118) 李伯謙의 경우는 高領鬲의 풍격으로 양자를 하나의 考古學文化로 귀

店下層文化의 계보를 잇고 魏營子文化의 일정한 영향을 받아 연산 이남 지역에서 발생한 토착의 考古學文化라고 볼 수 있다. 張家園 上層文化에 비록 商文化 요소가 존재하긴 하지만 점하는 비례가 극히 적어서 保定 지구를 경계선으로 하여 張家園上層文化는 商文化와 동시에 병존한 考古文化의 한 줄기로 보인다.

한편 주목해야 할 것은 夏家店下層文化 분포구에서 나타나는 대규모 城堡群의 출현이다. *[그림 9 참조]*

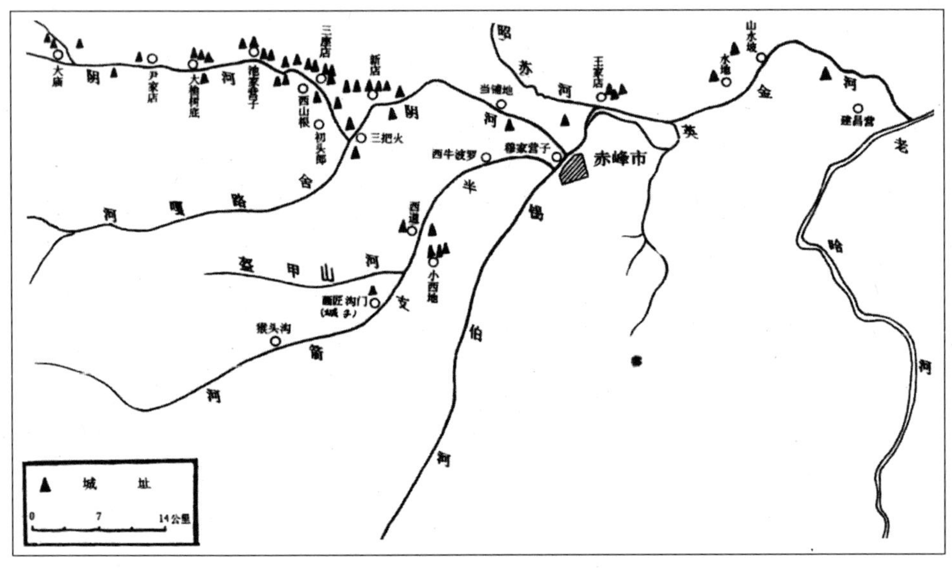

(출전: 劉晋祥·董新林,「燕山南北長城地帶史前聚落形態的初步研究」,『文物』1997－8. 52쪽.)

그림 9〉 赤峰 근처 夏家店下層文化 성지 분포도

납시키기도 한다(李伯謙,「張家園上層類型若干問題研究」, 149쪽. 참조). 金家廣,「燕文明探微－從燕南花邊鬲遺存談起」,『會議專輯』 208쪽 참조.

赤峰, 朝陽, 敖漢旗 등 많은 유지에서 드러난 夏家店下層文化 취락의 특징은 河谷 지대에 밀집 분포되었으며 石城 혹은 土城 등 城이 보편적으로 출현하였고 대부분 城郭 등 방어시설을 갖추고 있다는 점이다.[119] 그런데 이들 성지는 단독 독립 존재하는 것이 아니며 群을 이루어 출현한 것을 볼 수 있다. 이런 大小 城堡의 조합군, 촌락 방어시설의 설치와 서로 결합하는 체계는 어떤 사회 구조를 의미하는가.

장기간의 광범하고도 풍부하며 중간공백이 없는 문화퇴적을 보이는 夏家店下層文化의 존재로 미루어 본다면 상당히 발달한 사회조직의 존재를 상정할 수 있지 않을까. 실제 英金河, 陰河 연안의 石城址 조사보고에 따르면, 그 배열은 질서가 있고 동서 길이는 70여 km에 달한다. 이 석성지는 3조로 구성되는데 서쪽 취락은 밀집되어 있어 尹家店에서 三座店 사이에 20여 곳의 취락이 있고 中組는 頭朗에서 當鋪까지 12곳, 동쪽은 王家店에서 水地 사이에 5곳의 취락이 있다. 취락 규모로 볼 때, 대형 취락은 한 좌로 그 면적은 10만㎡, 중형은 5좌로 2~4만㎡, 나머지는 모두 소형 취락으로 면적은 2만㎡ 이하가 된다.

西組 취락군은 층차가 분명하게 나타나는데 대형 취락인 遲家營

---

119) 이들 城址는 모두 지세에 의하여 세워졌는데 高山형 城址의 石城이 많고 연산 북록에 집중 분포되었으며, 承德의 灤河 상류로부터 赤峰의 英金河, 老哈河와 朝陽의 大凌河를 거쳐 敖漢, 奈曼의 敎來河에 도달하여 阜新의 牡牛河 유역의 兩岸의 底山 구릉대지상에 이른다. 高臺형은 土城과 石城이 있으며 일반적으로 群山環繞의 넓게 뚫린 高臺地에 건축되었다(劉晋祥·董新林, 「燕山南北長城地帶史前聚落形態的初步研究」, 『文物』 1997－8. 53쪽).

子 석성지 거주지 중 두 좌의 중형 취락은 양쪽으로 나누어져서 하나는 서쪽의 尹家店, 또 하나는 동쪽의 三座店이 된다. 소형 취락은 두 좌의 중형 취락의 근처에 분별되어 있다. 이처럼 西組의 취락군 중 중형 석성지를 핵심으로 하는 동서 두 개의 소취락군이 형성되었으며 이 두 부분은 분명 대형 石城址와 관련되어 하나로 연결된 비교적 큰 취락군을 형성하였다. 中組는 대형 취락이 보이지 않고 두 좌의 중형 취락이 있는데 한 좌는 新店 以西에 있고 한 좌는 이 조의 最東의 當鋪 지역에 있다. 중형 石城址 부근에는 모두 소형 취락이 있어 소취락군을 형성하였다. 전체적으로 볼 때 中組 취락군의 수량은 적어서 대형 석성지가 보이지 않는다. 또 西組와 거리가 매우 근접한 것으로 볼 때, 西組와 中組는 하나의 거대한 취락군을 공동으로 구성할 가능성이 매우 높으며 이 중 遲家營子 석성지는 전 취락군의 중심이 된다고 볼 수 있다.[120] 이들 석성지의 분포는 상당히 밀집되고 이들 지방 성지 사이에는 거리가 단지 200~300m이다. 또한 군을 이루는 분포인데 遲家營子 석성지 싱내의 ⅔의 건축기지는 이미 훼손되었지만 아직 石砌 건축기지 216좌가 존재하며 만일 훼손된 것까지 계산한다면 600여 좌가 되어[121] 상당한 규모가 될 것으로 생각된다. *[그림 9, 10, 11 참조]*

---

120) 劉晋祥·董新林, 앞글, 54쪽 참조.

121) 徐光冀, 「赤峰英金河, 陰河流域的石城遺址」, 『中國考古學硏究－夏鼐先生考古50周年紀念論文集』, 文物出版社, 1986(『中國考古集成: 東北篇 卷1』에서 재인용. 648쪽.).

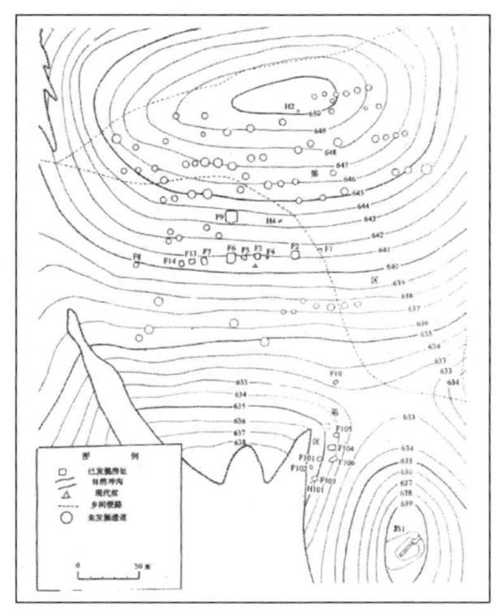

(출전: 劉晉祥·董新林, 「燕山南北長城
地帶史前聚落形態的初步研究」, 『文物』
1997－8. 50쪽.)

그림 10〉 조보구 취락 유적 분포

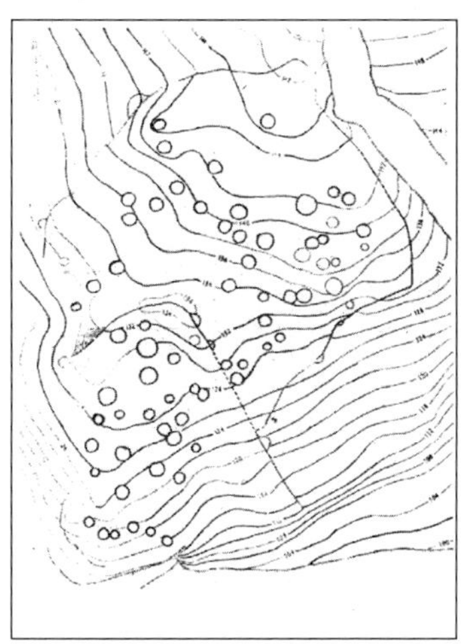

(출전: 徐光冀, 「赤峰英金河, 陰河流
域的石城遺址」, 『中國考古學研究-
夏鼐先生考古50周年紀念論文集』,
文物出版社, 1986 [『中國考古集成 :
東北篇 卷1』에서 재인용. 648쪽.])

그림 11〉 서산근 석성지 분포도

　　이처럼 이들 석성지는 독립 존재하는 것이 아니며 郡을 이루어
출현하였으며, 한 조의 石城址群에는 한두 좌의 대형 석성지가 있
다. 매 組의 석성지군 사이는 상당거리의 간격이 있다. 이런 현상은
아마도 매 좌 석성지가 하나의 독립적 사회 단위일 가능성으로 이해
할 수 있으며 매 조의 석성지군은 이런 사회 단위의 연합체일 가능
성을 제시하고 있다. 이를 통해 당시의 사회조직을 연상해 보면 1좌
의 석성지는 한 씨족 혹 부락일 가능성이 있고 1조의 石城群은 한
부락 혹 부락연맹일 가능성이 있다는 지적[122]은 설득력이 있어 보인다.

또한 성지 내의 房址는 더욱 소단위로 구성된 조밀한 조직체를 형성하고 있다. 예를 들면 赤峰 東山嘴 유지의 경우 房址 구조는 모두 2~3座의 房址와 몇 개의 灰坑으로 구성된 4片으로 되어 片과 片 사이에 일정 공백 지구가 존재하여 그 경계를 명확히 하고 있다. 이런 건축 배치는 그들이 조기의 개체가정이었을 동산취 취락 전체 는 씨족 단위의 조직일 가능성을 시사한다.[123]

또한 內蒙古 赤峰 喀喇沁旗 牛支箭河 중류에 위치한 大山前 유 지의 경우 제 1지점은 일반 房址 위주의 집중거주구인 제2지점과는 다른 형태를 띠는데 圓臺 밖에 둘러싸인 土墻 하부의 넓이는 10m 정도가 된다. 그 안에 방지가 발견되었는데 축장으로 둘러싼 이곳은 당시 어떠한 사람도 모두 출입할 수 있지 않았던 특수성을 보인 다.[124] 敖漢旗 大甸子 城子地, 北票 豊下, 建平 水泉, 寧城 三座店, 松山 西道店 將臺는 모두 大山前 제1지점의 성질과 유사하여 그들 이 처한 위치도 모두 매우 두드러졌을 것으로 보인다. 大甸子 城子 地와 水泉은 土墻과 圍墩가 모두 있다. 西道店 將臺는 매우 깊은 壕溝가 있다. 이런 특수한 지점에는 구덩이를 파서 벽을 만들었는데 이는 赤峰 지역과 기타 夏家店上層文化 지구에서 비교적 유행하여 배열된 형태라고 볼 수 있다. 이로 인해 이 지점은 일반적 거주지와 엄격하게 구별되어 왔으며, 이는 이 지구 하가점하층 문화 중 비교 적 보편적인 현상이라고 볼 수 있다.[125] 또 제 Ⅳ지점의 분석 결과

---

122) 徐光冀, 앞글, 651쪽.
123) 王立新, 「試析夏家店下層文化遺址的類型與布局特點」, 『文物春秋』 2000 -3. 13쪽.
124) 赤峰考古隊, 「內蒙古喀喇沁旗大山前遺址1996年發掘簡報」, 『考古』 1998-9. 817쪽.

그 조직이 각 가족으로 연결된 씨족조직으로 구성되어 大山前 전체 취락은 씨족보다 더욱 고급한 사회조직으로 볼 수 있을 것이다.[126]

그런데 半支箭河 대형 취락인 城子 취락 유지와 약 10km 떨어진 西道 취락 유지는 英金河, 陰河에서처럼 城子 취락군이 중심지위, 西道 취락군이 종속지위를 점하는 형태가 된다. 그 규모는 陰河 유역에 비해 그 면적이 더욱 커서 英金河, 陰河 지역과는 일정한 등급 차별이 존재할 가능성이 있고 또 두 취락군의 거리가 20km에 불과하여 아마도 半支箭河 유역 취락군은 또한 陰河와 英金河 유역 취락군의 더욱 중요한 權力 중심이 될 가능성을 제시하고 있다. 또 후자는 전자의 방어적 성격의 屛障일 가능성이 있다고 본다면, 夏家店下層文化는 이미 층층이 구성된 비교적 성숙하고 복잡한 문명사회를 형성하였음을 알 수 있을 것이다.[127]

그런데 이러한 현상은 夏家店下層文化 단계에서 비로소 나타나는 것은 아니다. 紅山文化 단계에서도 방어성의 취락 구조[128]와 대규모의 부락연맹을 상징하는 취락 구조가 형성되었음을 엿볼 수 있다. 凌源, 喀左에서 보이는 紅山文化의 壇·廟·家의 총체적 포국과 主神이 있는 群神 조합, 牛河梁의 積石家群의 특징과 매장 규율로 볼 때, 다른 지점에 분산된 積石家群體는 부락묘지를, 각 지점의 積

---

125) 赤峰考古隊, 앞글, 817쪽.
126) 王立新, 앞글, 14쪽.
127) 劉晋祥·董新林, 앞글, 54쪽.
128) 西臺 유지는 두 줄의 圍溝가 있는 紅山文化의 취락형태를 드러내 준다. 紅山文化 취락 구조에 대해서는 郭治中, 「內蒙古東部地區新石器-青銅時代的考古發現與硏究」, 內蒙古文物考古硏究所 編(魏堅 主編), 『內蒙古文物考古文集』(第二輯), 中國大百科全書出版社, 1997. 17쪽 참조.

石冢群은 동일부락의 다른 씨족묘지를, 각 지점의 積石冢群 중의 각 大冢은 동일 씨족 내의 다른 가족 묘지를 각기 대표하고 이 積石冢의 분포가 女神墓를 중심으로 형성되었다는 것은 동일 先祖를 갖춘 部落群體,[129] 즉 부락을 초월한 연맹조직[130]이 형성되어 紅山文化의 積石冢은 이미 씨족제도를 능가하는 사회관계가 이미 제도화함을 설명한다.[131] 따라서 夏家店下層文化에서 나타나는 전체 취락 구조의 형태는 이미 이전 사회에서 내재하고 있었다고 볼 수 있다.

한편 이처럼 층층이 구성된 복잡한 사회 구조였음을 짐작케 하는 것은 祭祀 성격의 유적이 상견되는 것에서도 알 수 있다. 夏家店下層文化 유지인 大山前 유지의 房屋 주위는 窖穴, 祭祀坑 등의 유적이 산포되어 있다. 특히 제 Ⅰ, Ⅳ지점에서 나타나는 祭祀坑 중 어떤 房址는 명료한 奠基 유지가 있어 일정한 종교 색채를 띠므로 이들 지점은 당시 제사 활동이 상대적으로 집중된 장소임을 볼 수 있다. 두 지점에서는 紅白의 彩繪陶, 褐色의 花紋을 칠한 彩陶, 環首銅刀, 喇叭狀의 銅耳環, 原始瓷器, 禮器로 만든 石鉞, 石鏟과 陶鬶의 殘片, 石磬과 陶塤 등 제사와 관련된 기물이 출토되었다.[132]

이와 관련하여 內蒙古 赤峰市 敖漢旗 大甸子 묘지를 검토하면 보

---

129) 尙曉波, 「牛河梁紅山文化遺存喪葬習俗初探」, 吉林大學考古系 編, 『靑果集－吉林大學考古專業成立二十周年考古論文集』, 知識出版社, 1993.[이하 『靑果集』으로 칭함] 110쪽.

130) 于超, 「中華文明史的新曙光－朝陽地區牛河梁紅山文化遺址簡介」, 『東北地方史研究』 1987－3期. 69쪽.

131) 郭大順, 「遼西古文化的新認識」, 『祝蘇秉琦考古五十年論文集』, 文物出版社, 1989. 209쪽.

132) 王立新, 앞글, 14쪽.

다 분명하게 살펴볼 수 있다.[133] 大甸子는 1만여 ㎡의 묘장구 중 804
좌의 묘지가 출토되었는데 평균 12㎡에 1좌가 있는 꼴이다. 이로 볼
때 全 묘지는 상당히 밀집 분포되어 있으며 묘와 묘 사이의 간격은
모두 1미터를 넘지 않는다. 墓壙 사이에는 거의 상호 간의 침식 관
계가 없어서 이런 상황의 조건은 일정 순서규칙이 확정적이며 임의
적이지 않다는 점 등으로 볼 때 이러한 密集整齊된 배열 현상은 묘
지가 관리되었으며 지속적인 사용 과정 중에서 형성된 것임을 표명
한다.[134]

묘지의 분포는 3개의 大區(北區, 中區, 南區)로 나타나는데 각 大
區 중 수장물을 근거로 약간의 小區로 나눈다.[135] 각 경계마다 있는
塋域 간의 차별은 각 가족 간의 차별의 반영이라고 볼 수 있다. 또
한 塋域 구분의 주요 지표인 수장 기물 중 가장 대표성을 갖는 것
은 陶鬲이며 A, B, C의 세 가지 型이 출현한다. 이 세 가지 유형의
陶鬲은 각 집단 간의 차별성을 나타내는 기물이라고 볼 수 있는데

---

133) 社會科學院考古硏究所, 『大甸子, 夏家店下層文化遺址與墓地發掘報告』,
　　　科學出版社, 1998.[이하 『大甸子』로 칭함] 참조.
134) 『大甸子』, 209쪽.
135) 各類 도기 출현의 빈도도 다르며 기류 조합도 다종다양하다. 鬹, 爵
　　　이외의 기타 기류는 각 묘는 1~10건까지 같지 않다. 2건을 사용한 묘
　　　가 최다로 222좌이다. 3건을 사용한 묘는 191건이며 1건의 경우는
　　　151좌이다. 기류 조합은 2건 도기를 사용한 묘 중에서 1鬲1罐의 묘는
　　　167좌이며 3건 도기를 사용한 묘 중에서 鬲, 罐이 있는 묘는 179좌이
　　　다. 그중 2鬲, 1罐과 1鬲2罐의 묘는 모두 73좌이다. 이 외 1鬲1罐에
　　　별도로 1건의 다른 기류가 있는 것은 106좌가 된다. 4건을 수장한 것
　　　은 52좌이며 단지 1좌만이 鬲이 없고 동일 묘 중 또한 한 세트의 鬹,
　　　爵이 있다. 5건 혹은 5건 이상 도기 수장묘는 모두 26좌이며 한 묘도
　　　鬲이 없는 것이 없고 모두 鬲, 罐이 있다(『大甸子』, 195쪽 참조).

각기 수량 및 분포 정황이 다르다. 이를 분석한 결과 이 묘지에서 A형 鬲 집단의 인구가 가장 많았다(大區). 또한 A형 鬲 집단 중 또한 AⅠ형을 대표하는 가족의 사회지위와 재력은 분명 다른 가족에 비해 명료하여 B형 鬲, C형 鬲을 대표하는 집단이 상대적으로 종속지위에 처한다고 보았다.[136] 이와 같이 도기 중 형태가 다른 3型(A, B, C)鬲이 출현한 것은 대전자문화가 갖춘 현저한 특징이라고 볼 수 있는데 이는 大甸子뿐 아니라 赤峰 지구 夏家店下層文化의 많은 유지에서도 나타나는 공동 현상이다.[137] *[그림 12 참조]*

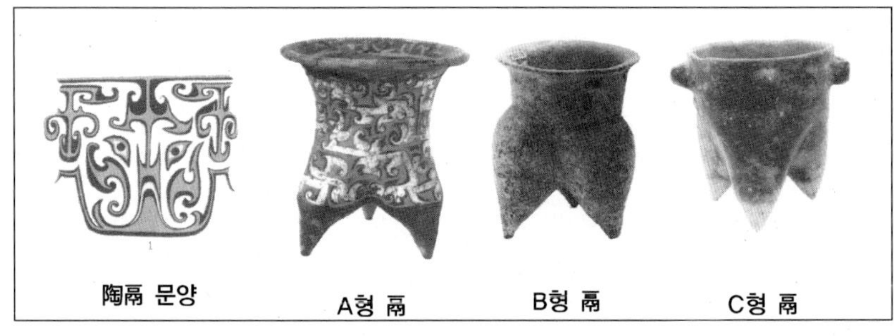

그림 12〉 大甸子 출토 陶鬲과 문양

그런데 이 세 개의 大區(A형 鬲)와 각 大區 중 보이는 小區(B형, C형 鬲) 현상은 바로 후에 『周禮』 중 기재한 '族墳墓'의 원형이 되며 각 가족 塋域 간 수장 기물 간의 등급 차이는 각 가족의 村 안의 사회 지위가 다름을 반영하는 것으로 이러한 거민점을 邑이라고

---

136) 『大甸子』, 214~220쪽 참조.
137) 『大甸子』, 214쪽.

범칭할 가능성에 주목할 필요가 있다. 大甸子 발굴보고서에는 大甸子 묘장의 북구에 매장된 것은 이런 소사회의 權貴 가족이며 북구 내 6개의 亞型區가 대표하는 各 家는 마치 春秋 시 '鄭의 七穆', '魯의 三桓'과 같이 번갈아 집정한 公族과 같은 것이지만 南區와 中b區에서 대표하는 것은 異姓 世族과 같은 것으로 보았다. 또한 만약 이와 같은 비유가 大甸子 묘지에서 드러난 현상을 이해하는 데 적합하다면 遼西 지구의 夏商之際 世族 사회의 실제 상황은 兩周之際 중원 지구 世族制 사회와 비교한다면 매우 흥미로운 주제가 될 것이라는 지적[138]은 매우 의미가 있을 듯하다.

한편 西道村에서도 종교 색채를 띤 房屋 면적이 발견되었다. 西道村의 F4의 지면은 홍색 안료를 바르고 문의 정반대 房 중에는 石臺를 쌓아 마치 제사와 유관하여 종교색채가 매우 농후하다고 볼 수 있다.[139] 이 외에도 일반적으로 夏家店下層文化 유지 중에는 제사 유지가 상견된다. 물론 이러한 제사 유지의 경우는 夏家店下層文化 시기에서 새로이 출현한 것은 아니다. 紅山文化 만기 단계에 壇·廟·冢의 종교 중심의 출현과 더 거슬러 올라가 興隆洼文化의 경우 전문적 종교 활동이 이루어졌으며[140] 趙寶溝 취락의 동부에는 이미 專用의 祭祀性 건축이 있어 이미 이 단계에 진정한 의미에서

---

138) 『大甸子』, 223쪽.
139) 王立早, 「西道村遺址發掘獲重大成果－對認識遼西地區文明發展進程具有重要意義」, 『中國文物報』 1991. 3월 31일. 제12기 (『中國考古集成: 東北 卷1』에서 재인용. 645쪽.)
140) 1989년 林西 白音長汗 유지에서 半身圓雕石人像과 전문적 종교 활동 장소가 발견되었다(郭治中, 「論白音長汗發現的女神像及其崇拜性質」, 『靑果集』. 33쪽 참조).

종교가 존재했음을 표명한다.[141]

이런 제사 유지의 존재와 더불어 城址에서 나타나는 小區 중 규모가 큰 房址의 존재는 그것이 일반 거주지와의 차별이 매우 커서 거주자의 현귀한 지위를 반영하거나 혹은 일정한 공공장소임을 시사한다. 예컨대 大山前 취락 중에서 제Ⅰ, Ⅳ지점은 대형의 圍墻과 墩溝의 설치가 되어 있어 그 위치가 두드러질 뿐 아니라 출토 유물로 볼 때 여기에 거주하는 집단의 지위는 비교적 두드러지며 취락 내 기타 집단에 비하여 그들은 분명 더욱 많은 권력(주로 神權)과 財富를 옹유[142]하였을 가능성이 있다. 또 北票 豊下 유지 중에서도 10여좌의 房址 중 일반적인 房址(2m)와는 다른 직경 4m에 달하는 대형 房址가 존재한다.[143]

이상의 현상은 당시 사회가 이미 명료한 빈부의 계급분화를 반영하고 있다는 점을 설명한다. 또한 방어시설의 보편적 설치로써 알 수 있는 대규모의 전쟁과 거대한 城의 건립을 집행하기 위해서는 이 사회에 이미 대규모의 노동력을 집행할 수 있는 권력층이 출현함을 의미한다. 이는 紅山文化 단계에서도 분명하게 확인된다. 牛河梁 2지점의 1號 冢인 M21호의 중심 大墓에서 출토된 권력 상징을 의미하는 獸面玉牌飾, 玉龜, 竹節狀器와 碧綠玲瓏, 方圓形玉璧, 2건의 雙連璧 등의 출토와 기물의 위치 등으로 볼 때, 이들은 묘주인의 권위를 반영하고 동시에 이는 일종의 禮의 함의를 내포하고 있어[144]

---

141) 劉晋祥·董新林, 앞글, 51쪽.
142) 王立新, 앞글, 14쪽.
143) 遼寧省文物干部培訓班, 「遼寧北票縣豊下遺址1972年發掘報告」, 『考古』 1976－3. 198～201쪽.
144) 遼寧省文物考古研究所, 「遼寧牛河梁第二地點一號冢21號墓發掘簡報」,

사회 구조가 이미 공동체에 기초하고 또한 공동체를 능가한 상위의 고급 조직 형성을 생산해내는 데에 도달하였음을 표명한다.[145] *[그림 13, 14 참조]*

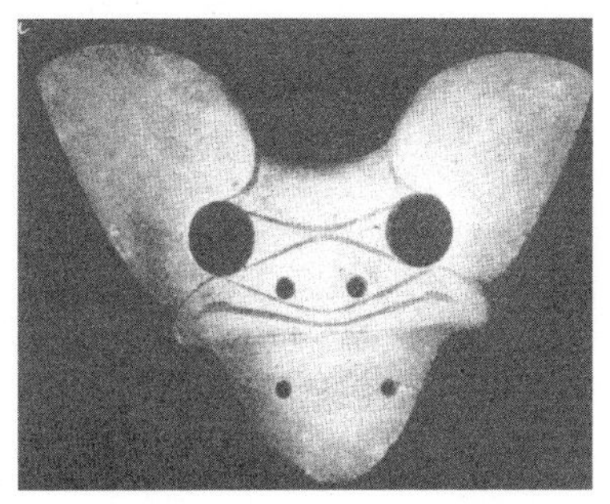

그림 13〉 紅山文化 출토옥기

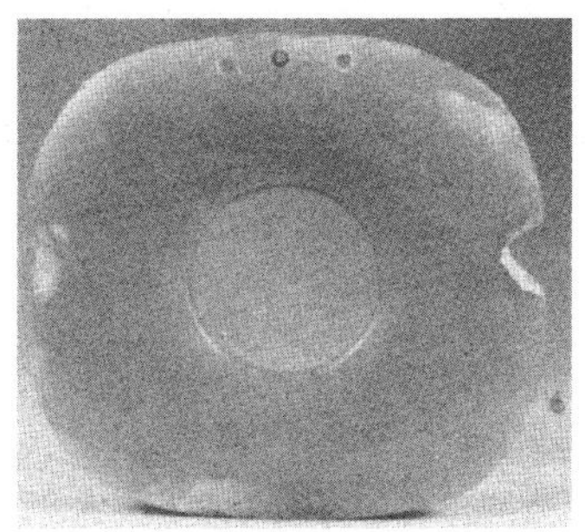

그림 14〉 紅山文化 출토옥기 옥기

夏家店下層文化 단계에서도 彩繪陶器를 禮器로 삼는 것은 보편 현상[146]으로 모두 墓葬 형식을 통해 일종의 禮制로 형성됨을 의미한다. 大甸子 묘지에서 보이는 殮葬 과정의 흔적, 수장물품과 생활용기의 차별 및 수장물품 종류, 수량의 차별 등급은 夏家店下層文化가 이 시기에 喪葬 방면에서 이미 자기의 禮制가 있었음을 표명한다.[147]

종교제사의 활동은 夏家店下層文化 중에서 매우 중요한 사회적

『文物』 1997 – 8. 14쪽.

145) 劉晋祥, 董新林, 앞글, 55쪽.

146) 劉觀民·徐光冀, 「夏家店下層文化彩繪紋式」, 『慶祝蘇秉琦考古五十五周年論文集』, 文物出版社, 1989. 233쪽.

147) 『大甸子』, 223쪽.

내용으로 특히 錦縣 水手營子의 連柄靑銅戈[148]와 [그림 15 참조] 敖漢 大甸子의 木柄銅戈의 발견으로 王權의 존재를 암시[149]하기도 하며 분명한 聚落群의 형성과 城市, 城의 출현과 禮制의 형성은 夏家店下層文化 사회조직이 일종의 古國[150]을 형성하였을 것으로 추정한다.[151] 더욱이 청동기의 출현이 이미 강력한 권력층 출현을 예고하는 것이라면 이 지역에서 청동기 주조가 이루어졌음을 볼 수 있는 豊下 문화 유지에서 출토된 鑄銅의 小陶范[152] 1건과 赤峰 四分地 窖穴에서 1건의 陶鑄范이 출토[153]된 것은 이미 冶銅金屬銅을 장악하고 상당한 수준에 도달하였음을 설명한다.

그림 15〉
水手營子 連兵
靑銅戈

이처럼 夏家店下層文化가 처한 사회조직이 수많은 부락으로 구성된 발달된 대규모 정치조직이며 이들을 묶어 주는 것은 하나의 大문화권이라는 것을 인정한다면, 夏家店下

---

148) 齊亞珍·劉素華, 「錦縣水手營子早期靑銅時代墓葬」, 『遼海文物學刊』 1991-1. 102~103쪽.

149) 劉晋祥·董新林, 앞글, 54쪽.

150) 蘇秉琦는 이 古國은 씨족부락보다 높고 안정적이며 독립적인 정치적 실체로 출현 시기는 원시사회 후기인즉 5000년 전 전후에서 4000년~5000년 전 사이로 보았다(蘇秉琦, 「遼西古文化古城古國-兼談當前田野考古工作的重點或大課題-」, 『文物』 1986-8. 42쪽). 이에 반해 劉晋祥·董新林은 夏왕조와 같은 정치적 실체로 보았다(劉晋祥·董新林, 앞글, 55쪽).

151) 劉晋祥·董新林, 앞글, 55쪽.

152) 劉觀民·徐光冀, 앞글, 209쪽.

153) 遼寧省博物館·昭烏達盟文物工作站·赤峰縣文化館, 「內蒙古赤峰縣四分地東山嘴遺址發掘簡報」, 『考古』 1983-5.

80

層文化의 발달된 조직체계는 동일 문화권 안에 있는 燕山 이남 지역에까지 그 영향을 미쳤을 것으로 생각된다. 특히 이는 이 지역에서 夏家店下層文化의 영향을 받아 발생한 토착 문화인 張家園上層文化의 鎭江營 유지를 통해서 본 거주지 특징이 夏家店下層文化의 특징을 갖추고 있는 점에서도 확인할 수 있다.

이 지역의 정치 세력에 관해서는 고사전설 중 치열한 충돌을 야기한 黃帝와 蚩尤, 炎帝와 夏代 共工氏의 流入과 先商 시기의 上甲微와 충돌하였던 有易氏 집단 등의 존재로 볼 때, 비록 이들의 존재를 그대로 믿을 수는 없지만 적어도 이들의 존재와 충돌은 문화적으로, 종족적으로 다른 두 세력의 존재를 상정할 수 있다. 이 지역의 夏家店下層文化 시기 주인공이 누구인가에 대해서는 有易氏[154] 혹은 土方이라는 거대한 정치 집단의 일부 부락일 가능성을 제시[155]하기도 한다. 曲英傑의 경우는 西周 분봉국인 匽(燕)과는 다른 燕(㷱)이라는 토착 세력의 존재가 玉田과 薊縣 일대에서 분명하게 존재하였다고 인식하기도 한다. 즉 匽의 원형은 匿에서 나온 것이며 燕은 '㷱'에서 나온 것으로 이 匽과 燕은 실제로는 北京 일대에 있던 두 세력으로 보며 匽은 姬姓 匽國이 되며 燕은 이 지역의 토착 세력으로 본다.[156] 이처럼 이를 姬姓 周族 집단의 燕國 성립 이전의 토착

---

154) 張忠培·孔哲生·張文軍·陳雍, 「夏家店下層文化研究」, 蘇秉琦 主編, 『考古學文化論集』1, 文物出版社, 1987. 78쪽.

155) 韓嘉谷은 이 문화의 주인공을 土方 연맹체의 小方國으로 본다(韓嘉谷, 「燕史源流的考古學考察」. 69~73쪽 참조). 또 韓嘉谷은 각 거대 문화권에 약간씩의 차이는 土方이라는 거대한 연맹체 속에 각각 지역에서 小方國의 형태를 띠고 있었기 때문으로 인식하는 데 주목할 만한 견해라고 생각한다. 土方에 대해서는 韓嘉谷, 「土方歷史的考古學探索」(『內蒙古文物考古文集』第二輯, 1997.) 참조.

燕族[157]으로 인식하거나 혹은 燕(匽)과 이 '龏'이 동일 기물에 동시에 있는 것에 근거하여 (<亞盉>銅器) 이를 眞族과 연관 짓기도 한다.[158] 이 '龏'가 燕과 관련되는지, 혹은 其族(眞族, 箕族)과 관련되는지는 앞으로 더 많은 연구를 통해서 확인할 수 있는 문제일 것이다. 단 '龏'가 있는 청동기는 대략 100여 건이 넘으며, 이들 기물 연대는 서주 초기 것이 많고, 상대 후기에 속하는 것이 전체의 $\frac{4}{5}$을 점한다는 통계와, 상대에 '龏'器 일부는 안양 은허에서 출토되었으며 일부는 연국 고지, 특히 북경 盧溝橋에서 출토된 <亞盉> 등으로 볼 때, 이 '龏'器의 절대 부분은 이 지역에서 출토된 것이다. 이런 정황은 아마도 '龏'와 관련된 부족과 연국 입국 이전 이 지역에서 존립하였을 토착 세력과는 분명 밀접한 관계가 있음을 반영할 것이다.[159]

아직까지 夏家店下層文化의 주인공이 누구인가는 끝나지 않은 쟁론의 하나이다. 그러나 적어도 이들은 단일 정치조직이 아닌 대규모의 부락연맹의 政體였을 가능성이 높고, 燕山 이남 지역에서 등장하는 정치 집단 역시 이러한 대단위 정치체제에 포함된 형태[160]일 것이라는 점은 대부분 동의하고 있다. 분명 주목해야 될 것은 이 지역의 일정한 정치 집단의 출현은 결국 中原과는 다른 문화권과 세력

---

156) 曲英傑, 「周代燕國考」, 『歷史硏究』 1996-5; 曲英傑, 「由銅器銘'匽'說到 '匽', '燕'有別」, 『北京文博』, 1997-2; 曲英傑, 「說匽」, 『考古與文物』, 2000-6. 참조.
157) 葛英會, 「燕國的部族及部族聯合」, 『燕文化硏究論文集』, 32~35쪽 참조.
158) 韓嘉谷, 「論北京地區爲"其"國(族)故地」, 『北京文博』 1995-1. 34쪽.
159) 葛英會, 「"晏卽匽"質疑」, 『北京文博』 1995-1. 31쪽.
160) 韓嘉谷은 이 문화의 주인공을 土方 연맹체의 小方國으로 본다(韓嘉谷, 「燕史源流的考古學考察」. 69~73쪽 참조).

권의 존재를 의미할 것이며, 적어도 남쪽의 商文化의 공세를 막을 수 있을 정도로 강력한 실력을 갖춘 집단[161]임에는 틀림없다는 점에 있다.

그런데 遼西 지역의 夏家店下層文化의 분포지역에서는 서주 시기가 되면 夏家店上層文化로 연결된다. 예컨대 大山前 유지에서도 小河沿文化, 夏家店下層文化, 夏家店上層文化로 이어지는 퇴적구가 존재한다. 즉 夏家店下層文化의 범위는 이후 하가점상층 문화의 분포구로 연결된다고 볼 수 있다. 이 夏家店上層文化는 서주 만기에서 춘추 조기로 추정되는 赤峰 南山根 유지[162]에서 분명하게 보인다. 연국이 연산 지역으로 입국할 시점에 요서 지역에서는 이러한 변화가 발생하고 있었으며 永定河 일대에서는 張家園上層文化가 분포하고 있었다. 이처럼 분명한 토착 세력과 문화적 전통이 존재한 이 지역에 입국한 연국과 토착 세력은 모종의 관계를 연출하였을 것으로 보인다. 3절에서는 연국 입국 이후 나타나는 燕文化를 검토하고 또 연문화의 분포범위를 통하여 이들과의 관계를 살펴보기로 하겠다.

---

161) 「北京考市古五十年」, 9쪽.

162) 遼寧省昭烏達盟文物工作站·中國科學院考古研究所東北工作隊, 「寧城縣南山根的石槨墓」, 『考古學報』 1973－2.

3. 姬燕文化의 形成과 燕國의 勢力範圍

1) 姬燕文化의 構成과 分布範圍

① 燕國 文化의 구성요소

1970년대에 北京 琉璃河 유지의 연속 발굴, 北京 昌平 白浮墓의 발견,[163] 遼寧 喀左 大凌河 연안 商周 窖藏 청동기의 출토,[164] 朝陽 지구와 西喇木尹河 이북의 克什克騰旗, 遼河 이동의 撫順, 新民 등 지에서 商周靑銅器의 발견[165] 등은 이 지역 청동문화와 문화 주체 에 대한 관심과 연구를 촉진시키는 계기가 되었다.

서주 시기 연국의 문화 면모는 董家林 연국 도성지의 구조와 黃 土坡 묘장의 형태 및 출토된 청동예기의 배열과 조합양식 등에서 분명하게 그 문화적 색채가 드러난다. 묘장은 서주 全 시기와 대중

---

163) 北京市文物管理處, 「北京地區的又一考古收穫－昌平白浮西周木槨墓的 啓示」, 『考古』 1976－4.

164) 遼寧省博物館, 朝陽地區博物館, 「遼寧喀左縣北洞村發見殷代靑銅器」, 『考古』 1973－4; 喀左縣文化館·朝陽地區博物館·遼寧省博物館北東 文物發掘小組, 「遼寧喀左縣北洞村出土的殷周靑銅器」, 『考古』 1974－ 6; 喀左縣文化館·朝陽地區博物館·遼寧省博物館, 「遼寧省喀左縣山 灣子出土殷周靑銅器」, 『文物』 9177－12; 靳楓毅, 「大凌河流域出土的 靑銅時代遺物」, 『文物』 1988－11.

165) 遼寧省博物館文物工作隊, 「遼寧朝陽魏營子西周墓和古遺址」, 『考古』 1977－5; 克什克騰旗文化館, 「遼寧克什克騰旗天寶同發見商代銅甌」, 『考古』 1977－5; 遼陽市文物管理所, 「遼陽二道河子石棺墓」, 『考古』 1977－5; 撫順市博物館考古隊, 「撫順地區早晚兩類靑銅文化遺存」, 『文 物』 1983－9 등 다수.

소 등급이 모두 존재하기 때문에 현재 가장 적합한 연국 문화의 분석대상은 이들 묘장 출토기물이 된다. 이에 대한 연구 결과, 유리하 유지의 출토기물에는 中原의 周文化的 요소, 商文化的 요소 그리고 이 지역의 土着文化的 속성이 모두 존재한다. 연국 문화에는 세 요소가 복합적으로 존재하며 이것이 바로 연국 문화의 특성이 된다고 파악한다.166)

우선 중원의 周文化的 요소를 살펴보자. 이 문화 요소는 琉璃河 유지 연국 문화 구성요소 중 가장 주된 것으로 이는 청동예기에서 분명하게 드러난다. 연국 묘장의 청동기 조합형식은 鼎 · 鬲 · 簋 · 爵 · 觶 · 尊 · 卣와 鼎 · 簋 · 尊 · 爵 · 觶의 조합이 된다. 이런 조합과 청동예기의 기형으로 볼 때 기타 지구 동시기, 동류의 청동예기와 커다란 차별이 없다.167) 이와 함께 도기 風格과 구조에서도 중원 풍격이 여실하게 반영되어 있다. 琉璃河 유지 출토도기는 袋足鬲 · 分襠鬲 · 聯襠鬲 · 平襠鬲의 鬲類와 簋 · 罐 · 盆 · 豆가 주류 도기이다. *[그림 16 참조]*

---

166) 韓嘉谷, 「燕史源流的考古學考察」; 陳光, 「西周燕文化初論」, 『北京文博』, 2000－1; 趙福生 · 劉緖, 「試論西周燕文化與張家園上層文化類型」, 『北京文博』 1998－1; 陳平, 「先燕文化與周初燕文化雛議」, 『北京文博』 1995－1; 李民, 「關于燕文明的溯源」, 『會議專輯』; 石英士 · 王素芳, 「燕文化簡論」, 『中國古代北方民族古文化國際學術硏討會論文集』, 1992 등등은 모두 이러한 의견을 제시한다. 다만 이들의 관계에 대한 의견은 다르다.

167) 柴曉明, 「華北西周陶器初論」, 『燕文化研究論文集』; 趙福生 · 劉緖, 「試論西周燕文化與張家園上層文化類型」, 『北京文博』 1998－1. 이 외에도 燕國 청동기가 중원과 동일한 조합을 이룬다는 것은 거의 의문이 없다.

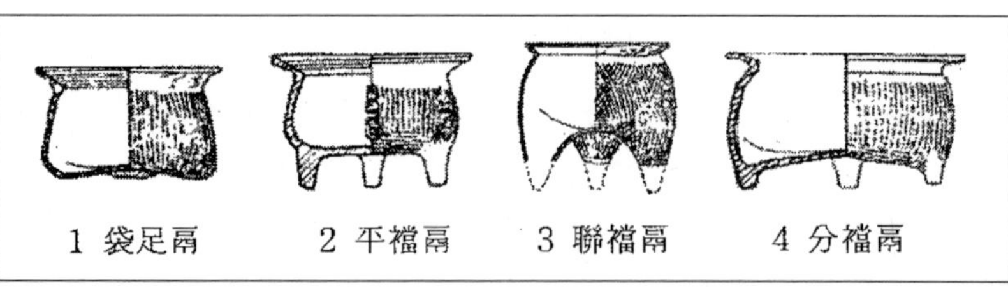

그림 16〉 西周 燕文化의 陶鬲

　이 중 琉璃河, 劉李店에서 출토된 A형 袋足鬲은 殷墟 鬲과 비슷하고, B형 袋足鬲은 董家林, 鎭江營, 燕下都, 邢臺 西關에서 출토되었으며 山西 侯馬 上馬 묘지의 것과 비슷하다. 聯襠鬲은 劉李店과 琉璃河에서 각각 출토되었는데 灃西 張家坡 서주 조기 鬲, 上馬 묘지 서주 조기 鬲과 근접하여 가장 분명하게 서주 중원의 풍격이 드러난다. 簋는 張家坡 조기 거주지의 簋와 기본상 동일하며, 罐도 張家坡 조기 居地의 罐과 서로 비슷하여 서주 중원의 풍격을 확실하게 나타낸다.[168]

　劉李店 H2, 琉璃河 M51 등은 서주 중기 진후로 파악된다. 여기에서는 聯襠鬲, 分襠鬲, 簋, 罐 등이 나타나며 이 聯襠鬲의 기형은 조기 기형에서 변화되어 편평하고 짧게 되었으며, 腹의 최대 직경은 아래로 이동하고 襠은 비교적 낮고 넓어진다. 이런 변화는 上馬 묘지의 聯襠鬲 중에서도 존재하며 簋, 罐 등도 그 形制가 豊鎬 지구의 서주 중기 동류기와 비슷하다. 특히 昌平 白浮墓에서도 Ⅱ式 分襠鬲이 출토되었는데 이는 서주 중기의 특징을 명료하게 갖추고 있다. 서주 만기 유존으로는 董家林 探溝Ⅰ 유존을 대표로 하는데 常

---

168) 柴曉明, 앞글, 109〜112쪽 참조.

見되는 기물로는 袋足鬲, 聯襠鬲, 分襠鬲, 平襠鬲이 있고 각 式의
豆와 罐, 盆 등이 있다. 그중 Ⅲ식 分襠鬲은 張家坡 서주 만기 疙
瘩鬲과 기본상 일치하고 각 식의 罐, 豆는 灃西, 洛陽 등지 서주 만
기 居地와 묘장에서 상견되는 동류기와 매우 근접한다. 이상에서 볼
때 세 시기의 도기는 상당한 일치성과 변화 관계가 있다는 것을 알
수 있다.[169]

이상과 같은 도기의 형식뿐 아니라 도기 조합에서도 중원 지구와
상당히 일치한다. 가장 상견되는 조합은 鬲・簋・罐의 조합이다.
이는 전형적인 서주 중기의 특징으로 서주 조기 기타 지구의 정황과
일치되는 것으로 灃西 張家坡는 鬲簋罐을 조합 방식으로 하는 것이
상견된다. 單種 도기 혹 鬲・簋・罐의 조합을 수장하는 것은 서주
조기 수장 도기의 중요 특징의 하나이며 燕國 墓地도 예외가 아니
다. 이런 특징은 燕墓와 灃西에서 서주 중기까지 연속된다. 다만 灃
西 유지에서 서주 중기부터 盂를 수장하는 묘장이 출현하여 盂・
豆・罐은 해당 지구의 서주 만기에 가장 대표성을 갖춘 도기 조합
이지만 이런 조합은 연국 묘장 중에서 단 한 차례도 발견되지 않는
다. 그러나 연국 묘 중 성행한 袋足鬲 수장의 정황은 灃西 지구에서
극히 드물다. 따라서 분명 兩地의 서주 묘장 수장 도기는 명료한 차
이가 점차적으로 존재한다는 것을 알 수 있다.[170]

한편 陳光에 따르면 유리하 연국 유지 및 묘지에서 보이는 문화
면모를 6개의 등급으로 구분하였고, 유리하 유지의 葬俗을 6개 등급
으로 나누었다. 제 1등급 층에 속하는 燕侯로 추정되는 묘장은 M1193,

---

169) 柴曉明, 앞글, 112~113 쪽 참조.
170) 柴曉明, 「論西周時期的燕國文化遺存」, 『會議專輯』, 279~280쪽.

M202로 그중 특히 M1193 대묘의 청동용기와 병기는 周文化의 대표성적인 器型이라 지적한다. 다음으로 제2등급 층면으로는 燕侯 宗族인 顯貴로 이들의 묘장은 M251, M253, M401이라고 지적하였다. 이들 묘의 葬俗은 연후 묘와 상동하여 殉人이 없고 腰坑이 없다. 그중 M253의 堇鼎, 圉甗, 圉卣의 명문을 살펴보면 이들 명문의 주인공과 燕侯와의 관련이 상당히 밀접하여 그 신분은 연후 종족 중의 중요 성원과 직계 친속이며 姬姓 周人으로 상정하고 있다. 이들 묘에서 출토된 청동예기는 주문화의 또 하나의 대표성 부분일 가능성이 있으며 그 鼎, 簋, 鬲, 甗, 觶 등의 기물 형태와 花紋은 周文化 요소라고 보고 있다. 동기와 공존한 도기 중 鬲, 罐은 가장 상견되어 응당 周人의 容器 범주에 속한다고 지적한다.[171] 앞에서 지적한 중원 풍격을 가진 청동예기와 도기의 출현은 바로 이 제1등급인 燕侯墓와 제2등급인 燕侯 종족 顯貴의 묘에 집중 출토되며, 이러한 중원 문화는 당연히 연국의 지배층인 姬姓 周族의 주체 문화임을 알려 준다.

유리하 유지에서 보이는 묘장은 長方形 土坑竪穴墓가 기본이 되며 대, 중, 소형 묘장이 모두 존재한다. M202의 경우에는 車馬坑도 있다. 중형 묘에는 二層土臺가 있어 여기에 수장기물이 놓여 있기도 하다. 仰身直肢가 많으며 일부는 仰身屈肢도 보인다. 頭向은 대부분 北向이 되며 일부는 殉人 현상도 보인다. 또 殉狗 현상도 보인다.[172] ***[그림 17, 18 참조]***

---

171) 陳光, 「西周燕國文化初論」, 21~25쪽 참조.
172) 北京市文物研究所, 『琉璃河西周燕國墓地, 1973－1977』 묘장 도판 참조.

(출전: 北京市文物研究所, 『琉璃河西周燕國墓地, 1973－1977』12쪽. 묘장 도판 참조.)

그림 17〉 유리하 유지 묘장 형태(M254)

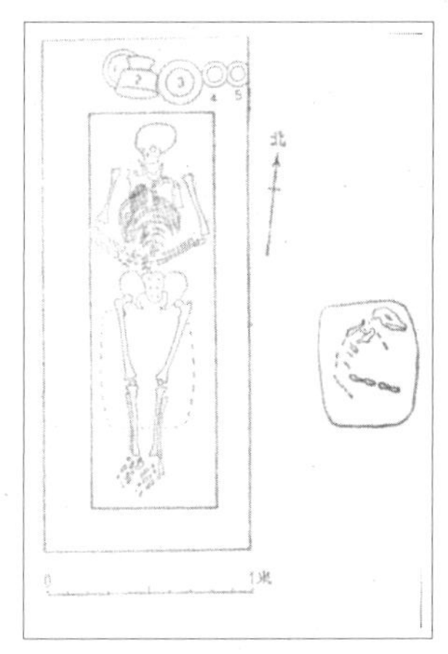

(출전: 北京市文物研究所, 『琉璃河西周燕國墓地, 1973－1977』59쪽. 묘장 도판 참조.)

그림 18〉 유리하 M4 묘장 형태

유리하 유지 조기 유존 중 殷墟 商文化의 요소가 가장 두드러진 것은 袋足鬲(無足根袋足鬲)이다. 또 M254에서 출현한 商式簋(厚唇簋)와 자주 등장하는 腰坑, 殉狗 현상도 商文化의 요소이다. 이 袋足鬲은 출현비례가 상당히 많고 분포범위가 넓어서 이것을 근거로 '西周封燕' 이전에 이 지역의 문화적 전통을 商文化圈에 넣기도 한다. 그러나 이 지역 문화의 전통을 고려하면 商 晩期 이전에는 상문화 요소가 이 지역에 영향력을 거의 미치지 못함을 알 수 있다.

그럼 상문화 요소는 어느 시기에 형성되는가. 즉 연국 유존에서 보이는 상문화 요소를 어떻게 해석할 것인가의 문제는 商代에 해당되는 시기의 이 지역 고고문화의 면모에 궁금증을 유발시켰다. 앞장에서의 고찰 결과 이 지구의 고고문화는 일반적으로 保定 이남은 商文化가 영향력을 강력하게 미치고 있었지만 북경 지구는 早商文化 시기에 夏家店下層文化가 분포되어 있었고 易水를 경계로 夏家店下層文化는 易水 이남의 先商‐早商 문화와 상대적으로 대치하였다고 볼 수 있다. 즉 이는 二里岡 시기 早商文化는 일찍이 한 차례 太行山 동록에 연하여 북쪽을 향하여 壺流河 유역까지 진행되었으나 단, 매우 빨리 위축되어 돌아오고 말았다고 보았다.[173]

따라서 유리하 지구가 일찍이 早商 시기에 商文化의 영향을 받은 적이 있어서 이러한 商文化 요소가 잔류되어 왔더라도,[174] 결코 유리하 서주 조기 유존 중의 상문화 요소의 내원이 될 수 없다.[175] 상문화의 요소는 袋足鬲과 같은 것으로 이는 그 형태가 거의 殷墟 4기 문화의 특징과 같으므로 早商 시기로부터 북경 지구에 商文化 요소가 남겨져서 거의 기 백 년의 변이를 거쳤고 더구나 기타 문화 중에서 변이로서 이와 같은 형태로 발전되었을 가능성은 크지 않

---

173) 李伯謙, 「張家園上層類型若干問題研究」, 149~150쪽. 鄭紹宗은 保定과 滄州 이남 지역에서 나타나는 商文化는 安陽과 다르지 않지만 단 保定, 大, 小淸河 이북, 拒馬河 유역에서 唐山까지는 陶鬲의 변화가 중원과 다르다고 지적한다(鄭紹宗, 「河北省考古發現研究與展望」, 『文物春秋』 1992 증간본; 鄭紹宗, 「夏商時期河北古代文化的初步分析」, 156쪽).

174) 鎭江營과 塔照 유지에서 보이는 문화요소에는 북경 지역에 진출하였던 상문화와 본지요소가 결합하여 이루어진 것이라 할 수 있다. 이는 연 시봉 전에 商民이 이곳에서 일정하게 생활하고 있었음을 의미하는 바이다(印群, 「試析琉璃河遺址商代陶器分期及殷遺民之來源」, 『2004年安陽殷商文明國際學術研討會論文集』, 社會科學文獻出版社, 2004. 610쪽).

175) 李成珪에 의하면 북경 부근에서 발견되는 상문화는 모두 상대 만기에 속한다는 사실을 근거로 상대 만기에 비로소 상왕조의 세력이 이 지

아[176] 서주 조기 유리하 유지에서 보이는 袋足鬲의 풍격은 오랜 전통을 갖춘 것이 아닌 새로이 유입된 것으로 볼 수 있을 것이다.

商 만기 保定 이북의 문화적 면모는 앞에서 이미 살펴보았듯이 張家園上層文化 유존을 대표로 하면서 1987년 淶水 경내의 漸村, 墩臺, 北村, 張家洭와 周家莊 등지에서 발견되었다.[177] 그 연대는 殷墟 1기에서 개시되어 곧장 서주 시기까지 연속되고 있다. 北京 이남~保北 지구에서 張家園上層文化가 발견된 것은 북경 지구가 晚商 시기에 張家園上層文化의 분포구였음을 증명하는 것으로 볼 수 있다. 保北 지구의 張家園上層文化는 晚商 시기에 商文化 요소가 거의 보이지 않고 그 북쪽의 북경 지구는 商文化 요소가 더욱 적게 보인다.[178] 이처럼 이 지역 문화는 만상 시기까지도 상문화와는 분명한 차이가 나타난다.[179]

이상으로 볼 때 유리하 유지 서주 조기 상문화 요소는 결코 本地 문화요소를 이은 것이 아니라는 점을 분명히 알 수 있다.[180] 이는

역으로 본격 진출하였다고 지적하고 있으며(李成珪, 「先秦文獻에 보이는 '東夷'의 性格」, 139쪽.), 이에 따라 본다면 상문화의 요소 역시 이전 시기에 이 지역에 영향을 끼쳤을 것 같지는 않다.

176) 雷興山, 「試論西周燕文化中的殷遺民文化因素」, 『北京文博』, 1997-4. 20쪽.

177) 張立東, 「試論張家園文化」, 『會議專輯』, 227~230쪽 참조.

178) 雷興山, 앞글, 20쪽.

179) 李伯謙, 「張家園上層類型若干問題研究」, 148쪽.

180) 雷興山, 앞글, 20쪽. 일반적으로 이 지역은 商의 북방 방국이 밀집하는 지역으로 인식하여 일반적으로 상문화권에 포함시킨다. 邢臺 지역의 井方, 藁城 臺西의 商代 유지, 滿城 要莊子 등 수많은 商代 유지의 분포들이 밀집되어 있고 특히 平谷 劉家河의 商代 중기 묘장의 출토와 劉李店의 商代 기물 출토, 大凌河 유역의 孤竹 명문의 동기 출

연국 성립이라는 역사적 결과로 대부분은 상말주초 이후 이 지역에 가져온 것으로 추정된다.[181] 서주 초기에 이질적 문화와 전통을 가진 지역에 분봉된 제후국은 소수의 周人만으로 개국의 기틀을 다지기는 역부족이었을 것이다. 1절에서 살펴보았듯이 연국에 사여한 6族 및 이들 이외에도 商 멸망 이후 이 지역으로 피신하여 온 상유민은 상당수였을 것으로 추정된다. 商文化 및 周文化의 존재는 바로 연국이 입국하면서 가져온 문화로 특히 商文化 요소는 바로 이런 과정으로 통해 燕山地域에 대량으로 이입된 것으로 추정할 수 있다.

연국이 입국할 당시 이 지구 토착 문화는 張家園上層文化이다. 陳光이 분류한 유리하 유지 등급 중 최하위인 제6등급 층면에 바로 張家園上層文化가 나타난다. 유리하 유지에서 1995년 沿外에 附加堆紋을 두른 夾砂褐陶 筒腹鬲을 대표로 하는 유존을 발견[182]하였는데 단 유리하 유지에서 이 문화의 기물은 유리하 성지에서만 보일 뿐이며 유리하 묘장구에서는 M26에서 한 건의 鬲만이 다른 층의 문화요소와 공존할 뿐 단독으로 존재하지도 않고 이제까지 발견된 것 중 대형 묘장은 물론 중, 소형 묘장에서 이런 유존의 기물로 확정할

토는 이 지역이 상대 방국이 있었고 당연히 이들의 문화는 商文化의 범주에 들어간다고 인식한다.

181) 雷興山, 앞글, 20쪽; 陳光, 「西周燕文化初論」, 35~37쪽.

182) 夾砂紅褐陶의 高領, 高襠, 壯大足, 附加堆紋을 한 줄 두르고 文飾은 僵直繩紋 위주의 鬲이 출토되었다(琉璃河考古隊, 「琉璃河遺址1996年 發掘簡報」, 『文物』 1997－6 10쪽). 또 1992년 농촌에서 수집한 1건의 陶鬲은 약간 侈口에다 세 개의 耳가 있으며 경부에 한 줄의 戳點紋이 둘러져 있고 分襠, 素面, 夾砂黑褐色 등으로 그 형태가 매우 특수하여 상문화 계통에 속하지 않는 張家園上層文化 계통에 속한다고 보았다(李伯謙, 「北京房山董家林古城址的年代及相關問題」, 162쪽).

만한 것이 한 건도 보이지 않는다.[183]

  이러한 현상은 연국 성립 이후 張家園上層文化는 유리하 유지에서 유리되고 있음을 반영한다. 陳光에 의하면 이 張家園上層文化는 서주 중기까지 시종 연국 묘지에 들어올 수 없었기 때문에 시종 연국 통치자가 배척한 문화였다고 지적한다.[184] 이 의견이 타당하다면 비록 삼종 요소가 모두 나타나긴 하지만 연국 지배층이 지향하는 문화는 사실 張家園上層文化라는 토착 성질을 배제한, 이 지역 문화의 전통과는 무관한 중원의 周文化와, 商 멸망과 연국 성립이라는 역사적 과정에서 가미된 商文化를 주체로 성립된 문화였다고 할 수 있을 것이다.

② 姬燕文化의 分布와 性格

  그렇다면 周文化와 商文化가 혼합된 연국의 문화는 유리하 이외의 어느 지역에까지 분포하고 있었는가. 張家園上層文化가 유리하 유지에서 배척당하였다면 다른 지역에서는 어떠하였을까. 즉 주문화와 상문화를 주체로 한 연국 문화가 연국 성립 이전까지 만연하였던 장가원상층문화와는 어떤 길항작용을 하고 있었을까. 우선 각각의 분포범위를 살펴보자.

  燕山 이남 지구에 분포된 張家園上層文化의 특징은 薊縣 張家園 上, 下層 유지에서 가장 잘 드러난다. 이 외의 대표 유지로는 琉璃河, 鎭江營, 焦莊 유지, 昌平 雪山, 白浮와 小北鄔 유지가 있다. 이

---

183) 이 M26의 묘장은 최말 등급으로 매장이 묘장 중심구에서 먼 곳에 있고 청동기예기가 없다(陳光, 「西周燕文化初論」, 32쪽).
184) 陳光, 「西周燕文化初論」, 32쪽.

외 淶水 경내에서도 풍부하게 나타나서 漸村, 墩臺, 北封, 張家涯와 周家莊에서도 유지가 발견되었다.[185) 그중 漸村 유지가 가장 풍부하며 이외 易縣 北福地, 淶水 炭山 유지에서도 張家園上層文化의 灰坑을 발견하였다.[186) 淶水 이외 지역으로는 圍坊 유지, 唐山 大城山 古冶 유지, 小官莊, 平谷 劉家河, 盧龍 雙望, 玉田 東蒙閣莊, 大廠 大坨頭 등지에서 나타나서 분포지는 燕山 이남의 太行山 북쪽의 以東의 평원지대~易水와 海濱에 이르는 광대한 지역에 이른다.[187)

연국 문화는 그 주된 분포가 이미 살펴본 바와 같이 유리하 유지를 중심으로 하여 鎭江營, 塔照, 房山區 일대와 皇后臺, 淶水 炭山 유지, 淶水 張家涯, 北封, 墩臺와 松山 등의 유지 등에서도 이런 유존을 발견할 수 있다. 東沈村 東6호 거주지는 상말주초부터 서주 만기까지에 해당되는 서주 시기의 거주지이며 출토 기물은 서주 시기 특징을 나타내서 夾砂灰陶鬲足 같은 것은 상말주초의 특징을 나타

---

185) 이 지역에서 발견되는 문화는 夏家店下層文化의 지방 변체형이 이미 易縣 南麓에 달하였고 이런 유존의 최남단의 분포지점으로 서주 시기 본지 토착 문화의 실마리를 획득하였고 이런 유존은 房山 琉璃河 燕國都城 근처에서 보이는 전형적인 주문화를 위주로 하는 성분의 유존과는 분명하게 다르며 서주 시기 토착연인의 물질문화일 가능성이 높다고 밝히고 있다(卜工, 「淶水·易縣新石器時代的西周時期遺址」, 『考古學年鑑』 1986).

186) 拒馬河考古隊, 「河北易縣淶水古遺址試掘報告」, 『考古學報』 1988－4; 河北省文物研究所, 「河北淶水漸村發掘報告」, 『文物春秋』 1992 증간본; 河北省文物研究所·段宏振 主編, 『北福地-易水流域史前遺址』, 文物出版社, 2007.

187) 張立東, 앞글, 229쪽; 韓嘉谷, 「京津地區商周時期古文化發展的一點線索」, 中國考古學會 編, 『中國考古學會第三次年會論文集1981』, 文物出版社, 1984. 220쪽.

94

내고 鬲, 深腹盆 및 盂 등의 기물은 모두 灃西 서주 중만기의 동류 기물과 상동하다고 한다. 이는 주초 연국의 통치자가 이곳에서 통치 거점을 형성하였음을 의미한다.[188]

鎭江營과 塔照의 商周시대 유지는 시기적으로 商과 서주 중기까지의 약 7, 8백 년간의 시간으로 1기—塔照 1기 유존, 2기—塔照 2기 문화, 3기—張家園上層文化와 서주 중기부터 전국 말기까지는 西周燕文化(4기)와 東周燕文化(5기)의 두 계열의 문화로 나뉜다. 3기까지 관통한 일상 기물의 기형이 비교적 高大한 鬲(甗式鬲－高領鬲－筒腹鬲)이라면 4기(袋足鬲)－5기(燕式鬲)는 그 계보를 달리하며 製法에서도 현격한 차이가 있다. 이는 아마도 1기~3기까지의 문화와 서주 중기 이후 이 지역 문화(燕文化로 대체)는 완전히 다른 두 종류의 문화 계통에 속한다고 할 수 있다. 따라서 鎭江營과 塔照 유지에서 후자(4－5기)는 전자(1－3기)의 토지를 점거하여 전자의 문화와 종족을 배척하였다[189]고 볼 수 있을 것이다. 단 河北 淶水 北封, 安新 辛莊克에서는 서주 만기까지 지속적으로 張家園上層文化가 나타나서 아직 서주의 연국 문화가 완전히 이 지역을 점거하는 정황은 발견되지 않는다.[190] 이러한 현상은 아마도 張家園上層文化의 분포권에 성립한 연국이 점거하는 과정에서 그 점거 지역에 그들의 문화 역시 이식하는 형태라고 추정할 수 있다.

그런데 연국 문화가 周文化와 商文化의 요소가 각각 존재하면서도 서주 중기부터는 이들의 융합형태가 나타나기 시작한다.[191] 이런

---

188) 河北省文物研究所, 『燕下都』(上), 文物出版社, 1996. 873쪽.
189) 北京市文物研究所, 『鎭江營與塔照』(上), 418~423쪽.
190) 陳光, 「西周燕文化初論」, 39쪽.

합체 현상은 鬲의 형태가 商式 조형의 袋足이 되는데 오히려 周式의 矮小足跟을 부가하는 현상과 簋는 비록 商式의 斂口의 형태인데 口沿, 器表, 圈足은 모두 변화가 발생하는 것과 같은 것이다. 이러한 연국 문화는 유리하 유지와 房山區 일대, 涞水 일대에서 서주 만기까지 이 지역에 張家園上層文化를 몰아내고 침투하게 되었고 이에 따라 장가원상층 문화는 永定河 이남 구역 중의 하나하나의 村莊 속에서 퇴각, 소실하였다.[192]

그러나 永定河 이북에서는 오히려 이와 같지 않았다. 昌平 白浮墓가 비록 청동예기를 수장하였고 묘장 형태가 연국 문화와 동일하지만, 단 同墓의 靑銅短劍, 獸首刀, 有銎斧, 頭盔 등은 모두 농후한 북방의 모종의 문화의 특색이 있고 墓主의 着裝, 佩帶의 병기가 본 민족의 습속을 따르고 있다. 이런 정황을 본다면 이 지역 문화는 연국의 문화에 속해 있다고 할 수 없다. 永定河 이북 지역에서는 張家園上層文化가 여전히 만연하고 있었다.[193]

이상으로 볼 때 연국 문화에는 비록 張家園上層文化가 유리하 유지 등 연국 경내에 나타나지만 연국 문화가 포섭하는 대상은 아니었다고 생각한다. 이는 유리하 유지, 鎭江營과 塔照 유지 등에서 나타나는 燕國 문화와 張家園上層文化와의 관계에서 분명하게 드러난다. 따라서 서주 시기 연국 문화는 西周 姬姓의 周文化를 지향하고 토착 세력인 張家園上層文化를 배제한다는 의미에서 '姬燕文化'[194]

---

191) 陳光, 「西周燕文化初論」, 35~36쪽.
192) 陳光, 「西周燕文化初論」, 39~41쪽.
193) 陳光, 「西周燕文化初論」, 39쪽. 또 劉連强은 이 張家園上層文化는 商周之際부터 춘추 시기까지 존속하였다고 본다(劉連强, 「建國以來冀北北方靑銅文化發展與研究」, 『文物春秋』 2000－6. 3쪽).

로 규정하고자 한다. 여기에는 燕國 立國에 공을 세운 商의 유민 문화도 대량적으로 포함된다. 그러나 商文化 요소의 유입은 당시 상말 주초라는 역사적 상황과 연국 성립이라는 정치적 상황에서 유입된 문화이므로 상문화를 지향한 것이 아니라는 점에서 주체가 될 수는 없다고 생각한다.

이렇게 본다면 이 지역 문화에는 기존의 주장처럼 이 지역이 상의 문화권이었기 때문에 상문화의 요소가 원래 존재한 것은 아니었다. 따라서 상문화 요소와 토착 문화 요소가 연국 통치범위 내에 나타난다고 해서 연국의 문화가 중원의 周文化를 중심으로 하면서도 이 지역 문화를 수용하여 지역 문화의 전통을 계승한 새로운 중원 문화가 성립된 것은 아니라고 생각한다.

명확히 정치적 색채를 띤 중원 풍격과 지배층의 문화로 대변되는 姬燕文化의 분포가 永定河 이북을 넘지 못하고 유리하 유지와 그 주변지역인 淶水, 易縣, 房山 일대에 머물러 있었다는 것은 아마도 광대한 지역에 분포한 張家園上層文化의 주인공들이 결코 姬燕文化 세력을 받아들일 수 없었음을 의미할 것이다. 이들의 문화적 전통이 몇천 년간 지속되어 형성된 강력한 토착 문화라는 점을 감안한다면, 그리고 이 문화의 주인공이 몇천 년간 이 지역에서 존립하고 역사를

---

194) 韓嘉谷은 姬燕文化라는 명칭을 사용하였고 이는 연국 정권의 주류 문화라고 지적하였다(韓嘉谷, 「燕國境內諸考古學文化的族屬探索」, 『會議專輯』, 235쪽). 陳光은 연문화란 서주 분봉부터 秦 통일까지 河北省 중북부, 遼寧省 서부와 北京, 天津 경내에서 형성·전개된 연국의 문화유존으로 이에는 양주 시기 연국 안의 燕族 문화의 의미가 포함되어 있고 이 문화의 형성은 현저한 정치변혁의 색채를 띤다고 지적하였다(陳光, 「東周燕文化分期論」, 『北京文博』, 1997-4, 5쪽 참조).

형성한 집단이었다면, 이질 문화 세력의 유입은 결코 쉽사리 허용될
수 있지는 않았을 것이다. 이는 武裝力을 앞세운 연국 세력에 대하
여, 그리고 유리하 유지와 鎭江營과 塔照 유지에서 보이듯 전면적인
문화적 대립 현상은 연국 세력과 張家園上層文化의 토착 세력이 결
코 쉽사리 융합할 수 없었음을 대변한다.[195] 따라서 서주 초기 姬燕
文化로 대변되는 연국 세력은 張家園上層文化로 대변되는 토착 세
력의 전통을 계승할 수 없었음을 보여 준다고 할 수 있다.

2) 商周青銅器 出現과 特徵

이상과 같은 연국 문화의 검토는 이질 문화권에서 立國한 연국이
강력하고 오랜 문화적 전통을 갖춘 토착 세력과 어떠한 관계를 연출
하였는가, 연국은 어느 정도까지 세력을 뻗었는가에 대한 궁금증을
야기하게 되었다. 이를 촉발시킨 것은 바로 중원 풍격의 청동기의
광범한 출현이었다. 특히 '匽侯' 명문의 동기 출현[196]은 그 출토 지
점이 바로 연국의 세력범위지로 이해될 만한 결정적 증거들이었다.[197]

---

195) 韓嘉谷은 周人이 燕山 지구에 진입하여 토착거민의 강렬한 제지가 개
　　　시된다고 지적하고 이는 孤竹君의 '不食周粟'의 정서에서도 반영된다고
　　　지적한다(韓嘉谷, 「燕國境內諸考古學文化的族屬探索」, 74~75쪽 참조).
196) 遼寧省博物館·朝陽地區博物館, 「遼寧喀左縣北洞村發見殷代青銅器」,
　　　『考古』 1973-4; 熱河省博物館籌備處, 「熱河凌源縣海島營子村發現的
　　　古代青銅器」, 「文物參考資料」1955, 8期.
197) 佟柱臣, 「考古學上漢代及漢代以前的東北疆域」, 『考古學報』 1956-1.
　　　32쪽. 서주 시기 동기의 출토는 이 지역에서의 역사적 시간을 연장하
　　　였다고 본다. 高明, 「建國以來商周青銅器的發現及研究」, 『文物』 1959
　　　-10에서는 燕侯盂의 작풍 등으로 볼 때 중원과 다르지 않아 서주 시

따라서 서주 시기 연국 세력범위는 이 청동기들이 출토된 喀左 지역을 중심으로 한 遼西 지역과 현재의 遼寧省 일대를 아우르는 광대한 지역으로 인식하는 경향[198]이 지배적이었다. 결국 이 지역은 商周 양 시기에 모두 제후국이 건립되어서 중원의 문화가 전입되었고[199] 이에 따라 周初의 영역이 이미 遼寧의 집중 출토된 상주청동기 지점까지를 포괄한다는 것이다.[200] 게다가 이들 동기 명문에서 보이는 人名(혹 族徽)은 유리하 유지 동기 명문에서도 일부 보이기 때문에 이들은 아마도 燕侯가 해당 지역에 파견한 직접 통치자일

기 동북 강역이 이미 요녕의 동부에 도달했음을 증명하다고 보았다(26~27쪽). 興隆縣文物管理所·王峰, 「河北興隆縣發現商周靑銅器窖藏」, 『文物』 1990-11; 孫思賢·邵福玉, 「遼寧義縣發現商周靑銅窖藏」, 『文物』 1982-2 등등 거의 모든 발굴보고서에서는 이러한 의견을 토로 달고 있다.

198) 晏琬, 「北京,遼寧出土銅器與周初的燕」, 『考古』 1975-5; 徐自强, 「關于北京先秦史的幾個問題」, 『燕文化硏究論文集』 참조.

199) 李學勤, 「試論孤竹」, 『社會科學戰線』 1983-2. 206쪽. 또 馬世之는 이들 大凌河 유역에서 출토된 청동기는 孤竹, 箕, 燕의 重器로 이들 간에 경제 문화교류가 진행되었기 때문이며 이 상주청동기의 출토는 현재 商王朝의 강역과 상문화 영향의 범위에 대해 새로운 인식을 하게 되어 長城之外의 지구는 일찍이 상문화가 미치는 지역으로 인식하였다(馬世之, 「遼西大凌河流域出土商周靑銅器及相關問題」, 『博物館硏究』 1988-3. 27~29쪽).

200) 喀左縣文化館·朝陽地區博物館·遼寧省博物館, 「遼寧省喀左縣山灣子出土殷周靑銅器」, 『文物』 1977-12. 27쪽; 遼寧省博物館·朝陽地區博物館, 「遼寧喀左縣北洞村發見殷代靑銅器」, 『文物』 1973-4; 喀左縣文化館·朝陽地區博物館·遼寧省博物館 北東文物發掘小組, 「遼寧喀左縣北洞村出土的殷周靑銅器」, 『考古』 1974-6. 이 외에 최근 琉璃河遺址 M1193 대묘의 내용에서 喀左 지역으로 燕侯에게 封했다는 것을 입증하는 견해도 나왔다(張亞初, 「燕國靑銅器銘文硏究」, 『燕文化硏究論文集』. 226~227쪽 참조).

가능성을 추정하기도 한다.[201] 따라서 遼寧 지역의 상주청동기 출토
지점은 이미 遼西에 미치고 遼河를 넘고 있으며 특히 山灣子 출토
의 동기와 海島營子 지역의 西周 시기 銅器인 燕侯盂의 출토[202]로
알 수 있듯이 이들은 아마도 周初 燕侯와 종속 관계를 맺고 있었을
것이기 때문에 西周 관할 지역에 대하여 북으로는 燕, 毫에 달했다
는 문헌기사[203]에 신빙성을 제공한다.[204] 만약 이러한 의견이 옳다면
商代에 이 지역에는 상의 제후국을 분봉하여 중원 상문화를 전파시
켜 이 지역 문화를 형성하였으며 서주 시기에 와서는 연국을 통하여
이러한 전통을 그대로 계승하여 연국의 문화는 이 지역 문화를 계승
한 것으로 결론짓게 된다.

그러나 상주청동기의 존재만으로 이 지역을 商周의 제후 분봉지역
으로 인식하기에는 몇 가지 문제점이 있다. 앞에서도 살펴보았듯이 이
지역은 商文化가 미치지 못하는 지역이었다. 이 지역에 독립적으로
존재한 정치 세력이 존재하기 때문에 이 지역에 수많은 독립적인 정
치 세력이 바로 商代의 商文化를 가진 方國이 포진하고 있었다고 보
는 견해는 재검토해야 할 것이다. 필자는 상말주초라는 역사적 정황은
이 지역의 역학 관계에 일정한 영향력을 행사했을 것으로 생각한다.
즉 상유민의 대거 이동이라는 점을 감안해 볼 때, 이는 상말주초 청동

---

201) 韓嘉谷, 「燕史原流的考古學考察」, 73쪽.
202) 熱河省博物館籌備處, 「熱河凌源縣海島營子村發現的古代靑銅器」, 『文
　　物參考資料』 1955－8.
203) 『左傳』 召公 9年에 "武王克商에 미처 肅愼, 燕, 毫은 우리 北土이다."
　　의 내용은 서주 시기 동북 강역에 대한 대표적 기사이다.
204) 陳芳芝・鄭必俊, 「關于上古之秦漢時期東北疆域的幾個問題」, 『先秦秦
　　漢史』(K21) 1984－12 (『北京大學學報』 1984－6에 원 게재) 30쪽.

기의 출현과 모종의 관계가 있을 것으로 충분히 예상할 수 있다.

그럼 청동기의 출토 정황과 특징을 검토해 보자. 이들 청동기는 북경을 비롯하여 하북성 북부와 요녕성 일대까지 출토되고 있는데 이 중에서도 중요한 청동기의 출토 정황을 중심으로 살펴보기로 한다. 이 상주청동기는 북경 지구에서는 유리하 이외에 북경시 順義 牛欄山에서 출토되었다.[205] 또 하북성 북부 지역에서는 承德 지구[206]와 興隆에서도 청동기 10건을 발견하였는데 이들은 모두 상주 시기 청동기의 풍격을 갖추고 있다.[207] 遼寧省 지역에서는 1955년에 凌源 海島營子村(馬廠溝)에서 '燕侯盂' 명문[208]의 청동기, 1973년 喀喇沁左翼(喀左) 北洞村의 2개의 窖藏 銅器坑 중 1호 窖藏坑에서 상대 청동기 6건, 2호 교장갱에서는 상주 시기 청동기 6건이 출토되었다. 그중 孤竹, 箕와 관련된 청동 명문이 출토됨에 따라 이 지역을 孤竹의 중요 거주지로, 또한 箕 관련 동기를 통해서는 상대 孤竹과 箕는 인근 지역에 있었을 것으로 추정하였다.[209] 또한 喀左 山灣子에서도 상주청동기가 출토되었다.[210] 이 외 기타의 河北 지역[211]

---

205) 程長新, 「北京市順義縣牛欄山出土一組周初帶銘靑銅器」, 『文物』 1983 −11.

206) 承德縣文物保護管理所, 「河北承德縣發現商代石牌飾」, 『文物』 1990−7.

207) 興隆縣文物管理所·王峰, 「河北興隆縣發現商周靑銅器窖藏」, 57쪽.

208) 요녕성 지역의 이와 관련된 청동기 출토정황에 대해서는 주 164)에서 보이는 관련자료 참조.

209) 喀左縣文化館·朝陽地區博物館·遼寧省博物館−北洞文化發掘小組, 「遼 寧喀左縣北洞村出土的殷周靑銅器」, 『考古』 1974−6. 遼寧省博物館· 朝陽地區博物館, 「遼寧喀左縣北洞村發見殷代靑銅器」, 『考古』 1973 −4.

210) 喀左縣文化館·朝陽地區博物館·遼寧省博物館, 「遼寧省喀左縣山灣子 出土殷周靑銅器」, 『文物』 1977−12.

과 遼寧 지역에서도 다수 발견되었다.[212]

　이상 연국과 관련된 지역에서 출토된 청동기는 몇 가지 특징을 가지고 있다. 우선 海島營子 출토의 16건의 청동기 중에는 族徽를 새긴 <魚父癸簋>, <蔡簋>, <史伐卣>, <戈父庚卣>와 <匽侯盂>가 보인다. 北洞村에서 출토된 청동기에도 箕, 孤竹과 관련된 동기 이외에 <□父丁罍>가 출토되어 또 다른 족휘가 보인다. 山灣子 출토의 동기 명문에도 많은 족휘가 보이며, 牛欄山에서 출토된 동기 명문에는 모두 '亞貴夨' 족휘가 보인다. 이처럼 이 지역에서 출토된 동기 중에는 많은 족휘가 나타나는 것이 첫째 특징이 된다. *[그림 19 참조]*

---

211) 晏琬, 「北京, 遼寧出土銅器與周初的燕」, 劉震, 「河北遵化縣發現一座商代墓葬」, 『考古』 1995－5; 孫思賢・邵福玉, 「遼寧義縣發現商周銅器窖藏」, 『文物』 1982－2 등지에서도 나타난다.

212) 遼寧省博物館文物工作隊, 「遼寧朝陽魏營子西周墓和古遺址」, 『考古』 1977－5; 克什克騰旗文化館, 「遼寧克什克騰旗天寶同發見商代銅甗」, 『考古』 1977－5; 撫順市博物館, 「遼寧撫順市發現殷代青銅環首刀」, 『考古』 1981－2; 撫順市博物館, 「遼寧撫順市發現靑銅短劍」, 『考古』 1981－5; 孟昭永・趙立國, 「河北灤縣出土晚商靑銅器」, 『考古』 1994－4 등 이외에도 다수 존재한다.

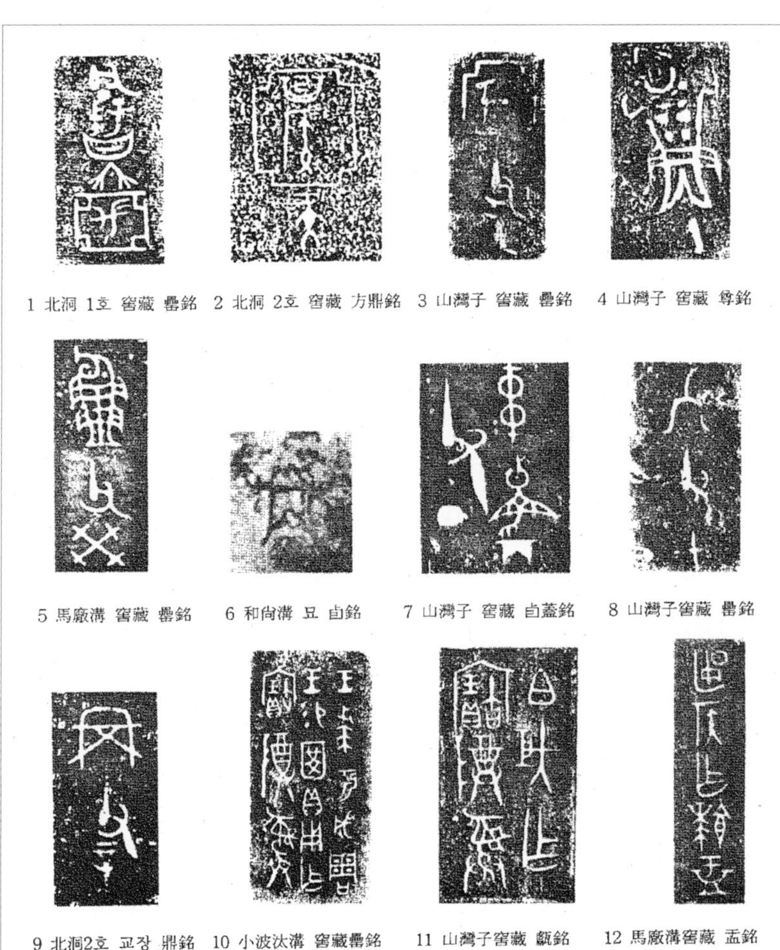

그림19〉 大凌河 유역 商周 청동기

둘째 특징으로 지적할 만한 것은 바로 이들 청동기 시대가 주로 상말주초의 것이 대부분이라는 점이다. 셋째 특징은 山灣子와 海島

營子 출토의 이들 청동예기는 하나의 匯合體로 어떤 동기는 오래 사용하여 마모되었고 어떤 동기는 그을린 흔적과 주조 시 남긴 트라 코마(기포)를 시간이 경과한 후 다시 보수한 것도 있다.[213] 이러한 흔적은 아마도 실용기로 사용[214]된 것이라고 추정할 수 있다. 이와 함께 족휘가 새겨진 동기가 여럿 함께 묻힌 정황이 山灣子, 海島營 子 등지에서 보인다. 이러한 현상이 도대체 왜 생겨난 것일까. 또한 연국과 어떤 관련이 있는 것인가.

우선 이들 족휘를 살펴보면 그 실마리를 얻을 수 있다. 이들 족휘 는 대부분 商代 방국의 족휘로 추정된다. 藁城 臺西에서 보이는 異 族의 족휘, 琉璃河에서 보이는 糾貫族, 戈族, 魚族 등의 족휘가 이 지역에서도 보인다. 이들은 아마도 상유민일 가능성이 매우 높다. 이 는 이들 청동예기의 시대가 주로 상말주초의 것이라는 현상과 맞물 려서 이들 청동기의 출현은 상유민의 북퇴와 일정한 관련이 있는 것 으로 생각된다.[215] 즉 청동예기의 주인공인 상유민들은 상말주초의 상황을 맞이하여 주의 통치를 피해 이동했을 것이고 대부분 상의 북 방 방국의 거주민이었던 이들은 더욱 북쪽으로 이동했을 가능성이 크다. 북동촌의 청동예기는 일정한 규율이 존재하기 때문에 모종의 의식과 관련된 것이라고 지적하는데[216] 상유민의 북퇴 과정과 정착 과정 중에서 나타난 모종의 儀禮와 일정한 관련이 있을 것으로 생

---

213) 喀左縣文化館·朝陽地區博物館·遼寧省博物館, 「遼寧省喀左縣山灣 子出土殷周靑銅器」, 『文物』 1977－12. 27쪽.
214) 熱河省博物館籌備處, 「熱河凌源縣海島營子村發現的古代靑銅器」, 27쪽.
215) 「北京市考古五十年」, 9쪽.
216) 喀左縣文化館·朝陽地區博物館·遼寧省博物館 北洞文物發掘小組, 「遼 寧省喀左縣北洞村出土的殷周靑銅器」, 『考古』 1974－6.

각된다. 따라서 아마도 이 지역에서 나타나는 청동기 특히 중원 풍격의 청동예기는 대부분 이들이 이동하면서 가져왔을 것으로 생각할 수 있다.

다음으로 가능한 정황은 바로 지속적인 전쟁의 상황이다. 유리하 유지에서 나타나는 족휘가 여기에서도 나타나는 것은 혹시 이 지역의 세력 집단이 연국과의 전쟁에서 취득한 전리품일 가능성[217]도 배제할 수 없다. 더욱이 山灣子와 海島營子 교장 출토 동기들의 어지러운 정황 등은 결국 이것이 어떤 특수한 상황하에서 이 지역으로 옮겨진 것[218]이라는 감을 느끼기에 충분하며 더구나 족휘를 새긴 동기들이 한 무더기로 어지럽게 묻힌 상황은 이러한 심증을 굳히기에 충분하다. 군사적 식민의 색채가 강한 연국은 유리하 묘장에서 출토된 수많은 병기에서도 알 수 있듯이 이 지역의 토착 세력과 지속적인 전쟁 상황을 야기했을 가능성이 있다.

따라서 이러한 정황을 감안한다면 수많은 족휘의 존재가 바로 이 지역에 거주했을 듯한 商代 方國의 존재[219]를 의미할 가능성은 많

---

217) 甌燕, 「燕國開拓祖國北疆的歷史功績」, 『文物春秋』 1999－4, 2쪽. 이 지역에서 출토된 서주 혹은 연국 청동기는 전쟁에서 약탈하거나 교환 혹 上層 귀족 간의 饋贈, 賞賜로 여기에 있을 가능성이 있다고 보았다. 鄭紹宗은 중원 상문화는 연산을 넘었는지에 대하여 장성 이북 지역에서 나오는 상주청동기가 주로 교장에서 출토된 점에 착안하여 이는 아마도 殷王의 賞賜, 전쟁의 약탈로부터일 가능성이 많다고 지적하고 있다(鄭紹宗, 「夏商時期河北古代文化的初步分析」, 161쪽). 이 외 이런 지적은 韓嘉谷의 글에서도 보인다(「燕史原流的考古學考察」, 69쪽).
218) 柴曉明, 「論西周時期的燕國文化遺存」, 284쪽.
219) 孟世凱, 「商代北土方國與氏族初探」, 『河北學刊』 1991－6, 36～37쪽; 金岳, 「桑乾河天黿族方國考－兼論‘先燕’民族文化」, 『文物春秋』 1991－2; 金岳, 「易水天黿族方國政－論‘先燕’民族文化(續)」, 『文物春秋』 1992－

지 않은 듯하다. 더욱이 연국이 이런 족휘를 가진 상유민을 이 지역에 한꺼번에 대거 이주 혹은 분봉시켰을 가능성도 희박한 듯하다. 사실 '燕侯' 명문이 나타나는 동기는 <燕侯盂>와 <亞盉>로 두 건에 불과하다. <亞盉>의 명문은 '犟侯亞矣. 燕侯易亞貝, 作父乙寶尊彝'로 燕侯賞賜의 내용이 있고 <燕侯盂>의 내용은 '燕侯作鎭盂'가 되어 이들 모두 燕侯와 일정한 관계가 있는 기물임을 알 수 있다. 그러나 이외 대부분 청동 명문의 내용은 族徽 혹은 이름을 주로 새겨 놓고 있을 뿐 연국(燕侯)과의 관계를 드러내는 내용은 거의 없다고 할 수 있다.

이에 따라 본다면 과연 이 청동예기가 연국과 얼마만큼 연관된 것인지도 의문이며 혹 연국 立國에 도움을 준 상유민 집단의 것으로 간주하여 연국과의 관련을 인정할지라도 이러한 정황만으로 이들이 燕侯의 命을 받아 이 지역을 통치했을 가능성은 여전히 드러나지 않는다. 결국 이러한 정황은 아마도 연국과 이 지역 세력 집단 간의 지속적인 전쟁의 결과일 가능성도 배제할 수 없다고 생각한다. 따라서 청동예기의 출현만으로 연국 세력범위로 곧장 연결될 수 없으며 이는 앞에서 살펴본 여러 상황의 전개 등으로 유입되었을 가능성이 있다는 점을 밝혀두고자 한다.

---

2 참조. 이들은 상대 북방의 방국의 범위를 연산 이북 지역까지로 확장시키고 있다.

3) 燕山 地域 勢力 再編成과 燕國의 勢力範圍地

　문화 전통이 중원의 商族과는 다른 이 지역에 연국 분봉이 가져온 결과는 어떠하였을까. 연국의 성립으로 이 지역의 세력과 문화는 일정한 변화가 발생하였을 것이다. 武庚祿父가 북방으로 도망간 것은 이 지역이 商과의 일정 관계에 있었던 여러 민족이 잡처한 곳이었다는 점과 東征 이후 서주의 지배를 거부한 상유민이 이 지역으로 이동하였다는 점에서 볼 때 만약 이 지역을 서주왕실이 장악하지 못한다면 滅商의 완성은 이룰 수 없는 것으로 보였던 것이다. 따라서 연국 분봉의 원인은 이러한 측면에서도 설명할 수 있을 것으로 보인다. 비록 상은 멸망하였지만 東征 이후에도 여전히 강력한 문화적 전통을 간직하고 있었고 토착 세력과 상유민의 존재로 저항이 뿌리 깊은 이 지역에 召公奭과 같은 강력한 大臣을 분봉해 줌으로써 이곳에 강력한 통치력을 행사한 것으로 보인다. 召公奭의 지위로 볼 때 연국 분봉은 문화, 종족 면에서 이질적으로 존재하였던 서주 분봉 이전의 연국 지역에 강력한 군사적 식민 활동이 시작되었음을 의미한다.[220) 유리하 유지 도성지의 규모와 청동기 명문에서 드러나는 대분봉의 상황은 이 지역 통치에 강력한 권위와 힘을 주고자 했던 것으로 보인다. 또한 연국 분봉 과정이 武庚祿父와 반란 세력을 진압후 봉해 준 것이라면 이 지역에 분봉한 의도는 군사적 식민의 색

---

220) 王宇信에 따르면 召公을 燕에 봉한 것은 중요한 군사와 정치의 의미가 있으며 또 하나의 중요한 목적은 북방의 箕姓朝鮮과 孤竹國 등 殷人 後嗣의 封國을 회유하기 위한 것이라고 지적한다(王宇信, 「＜史記＞‘封召公奭于燕’的武王爲宏見‘武王(時期)’說」, 88～89쪽).

채가 더욱 강조된다고 볼 수 있다. 더욱이 成王 대분봉시 韓國의 분봉은 북방 지역에 대한 전략적 위치의 중요성을 서주가 인식[221]한 것으로 볼 때 이 지역의 중요성이 입증될 것이다.

토착 문화의 전통이 강력한 연산 지역에 연국의 분봉은 이 지역 세력재편성에 일정한 역할을 하였을 것이다. 당시 이 지역에는 張家園上層文化라는 강력한 청동문명을 갖춘 정치 세력이 존재하였고 이들은 대규모 정치 집단의 각 독립적인 세력이었을 것으로 추정하고 있다. 이러한 정치 세력은 연국 성립과 상유민의 유입이라는 상황하에서 커다란 지각변화가 있었을 가능성을 보여 준다. 연산 이남 지구 永定河 이남의 유리하 유지를 중심지로 한 연국은 연산 지역에서 중요한 정치 세력이 되었다. 따라서 연국 분봉과 함께 발생한 연산 지역의 세력재편성을 검토해 보고자 한다. 서주 시기 세력범위를 고찰하는 것은 전국 시기처럼 분명한 영토, 강역이 존재하는 것이 아니기 때문에 결국 그 확정 요소는 문화의 분포범위와 함께 주변의 각 분봉제후국 간의 경계와 異民族 집단 간의 경계를 설정하는 것이라 생각한다. 우선 연국을 중심으로 그 주변의 정치 세력범위를 설정하여 세력재편성과 그를 통한 연국 범위를 정리해 보고자 한다.

保定 이남은 商代에 商文化의 분포권에 해당되는데 실제로 漳河 일대부터 保定 지역까지는 상문화와 張家園上層文化가 공동으로 나타나며 商의 方國들이 존재하였다.[222] 이러한 문화전통을 가진 이

---

221) 陳恩林은 『左傳 僖公 24년』의 成王 대분봉시 '邗, 晉, 應, 韓'을 봉하였고 그 지역은 현재 하북성 固安의 남쪽 韓寨營로 북연의 근처라고 인식한다(陳恩林, 앞글, 107쪽).

지역은 서주 시기에도 각 제후국이 세워졌는데, 邢臺 지역의 邢國[223]은 周公의 庶子에게 분봉해 준 지역으로, 그 북쪽의 元氏 西張村의 유지는 서주 시기 邢國의 세력범위를 말해 준다. 다시 그 북쪽의 藁城 臺西村 역시 商代의 방국이었을 것으로 추정된다.[224] 臺西 북쪽으로 滿城의 要莊城子는 西周 시기 甈國의 도성지로 추정하는데 거의 20만㎡의 세력범위를 형성하고 있었다고 한다.[225]

---

222) 鄭紹宗, 「商周金文和河北古代方國硏究」, 『河洛文明論文集』, 中州古籍出版社, 1993. 참조.

223) 邢은 복사 중의 井方일 가능성이 있다. 井과 邢은 통가자이다. 邢은 商都와의 거리가 비교적 가까워 盤庚이 殷으로 천도한 이후 邢地는 상의 제후인 井伯의 봉지가 된다. 元氏 西張村에서 발견된 臣諫簋는 이미 주초 주공단의 서자가 봉해진 邢이라는 기재를 명확하게 하였다. 지금의 형대시로 邢은 조기의 井方이다(鄭紹宗, 「商周金文和河北古代方國硏究」, 237쪽; 孟世凱 앞글, 36쪽).

224) 河北省博物館 文物管理處 鄭紹宗, 「河北藁城縣商代遺址和墓葬的調査」, 『考古』 1973-1; 河北省博物館·河北省文管處-臺西發掘小組, 「河北藁城縣臺西村商代遺址-1973年的重要發現」, 『文物』 1974-8; 河北省文物管理處臺西考古隊, 「河北藁城臺西村商代遺址發掘簡報」, 『文物』 1979-6.

225) 河北省文物硏究所, 「河北滿城要莊發掘簡報」, 『文物春秋』 1992 증간보.

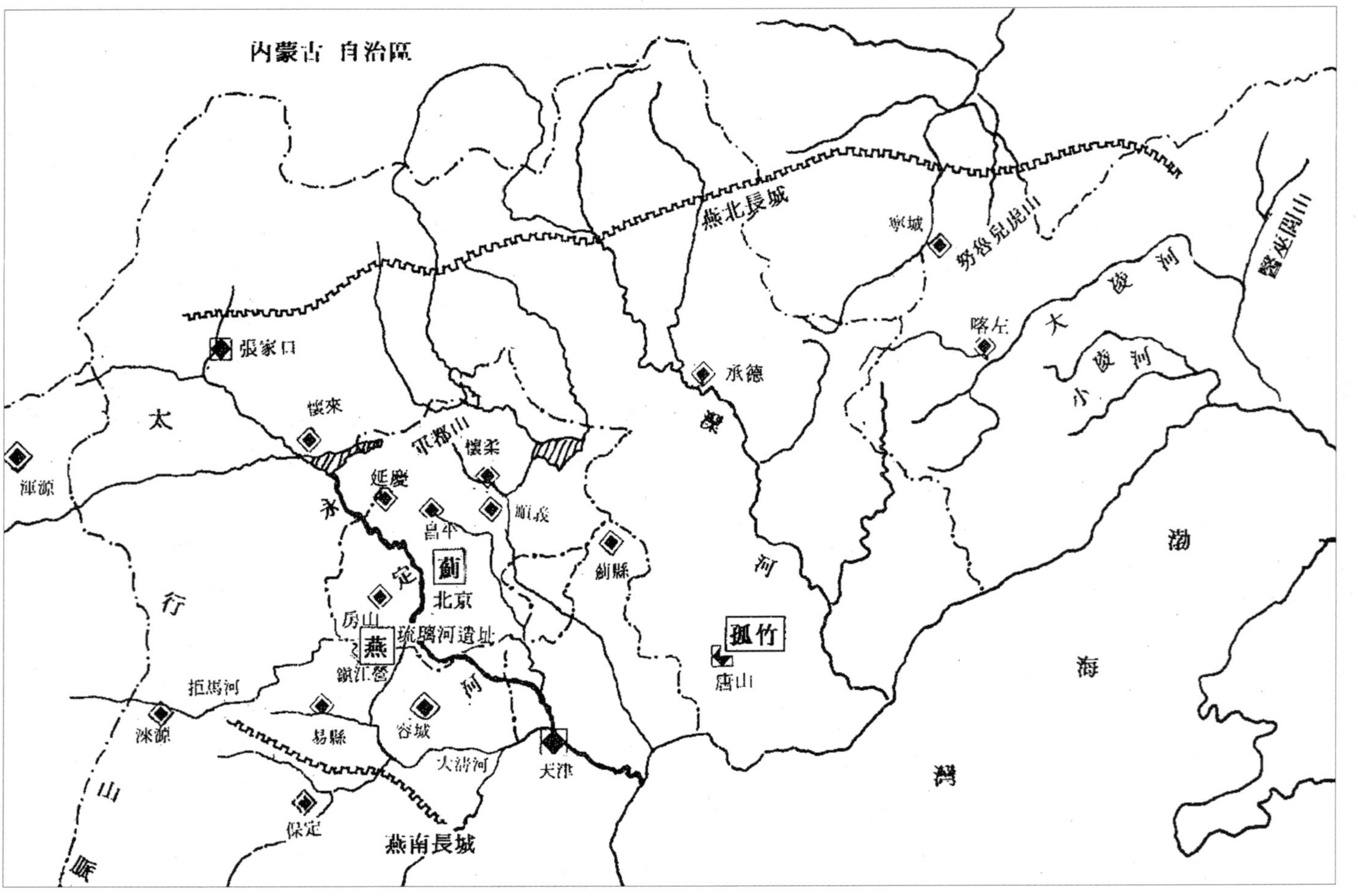

지도1〉 西周 전기 燕國 세력범위 추정도

따라서 연국의 南界는 아마도 邢國이나 軝國 세력권의 이북에 존재할 것이므로, 연국의 세력분포지는 서주 전기에는 아무리 넓어도 保定 이남으로까지는 확장할 수 없어[226] 이 지역은 연국의 세력범위에 포함되지 않을 것이다.

다음으로 연의 북쪽에 위치한 정치 세력과 北界를 검토해 보기로 한다. 최근에 山戎文化와 관련하여 甲骨文, 金文 자료에 근거하여 상말주초의 鈴首, 獸首劍의 출토지가 河北省 唐山 지역의 靑龍으로부터 시작하여 昌平, 延慶, 山西 북부의 保德, 石樓 등을 포함하고 있으며 이 지역은 상말주초에 각각 土方, 舌方 및 山西 북부의 鬼方, 玁狁, 葷粥의 활동 지구로 보는 의견[227]이 제시되었다. 만약 이 의견이 맞다면 연국의 세력범위는 이 지역을 넘지 못했을 것이다. 그렇다면 연국 세력범위지는 일단 남쪽으로는 保定 이북 지역과 북쪽으로는 昌平, 靑龍 이남 지역으로 제한될 것이다.

그런데 당시 연국의 북쪽에는 薊國과 孤竹國이 존재하고 있었다. 孤竹의 위치는 현재 河北 遷安, 盧龍 지역과 渤海 北岸에 연하여 遼寧의 興城 그리고 북쪽으로는 遼寧 北票와 內蒙古 敖漢旗 남부의 광대한 범위 내에 있었을 것으로 추정한다.[228] 즉 이 일대에서

---

226) 鄭紹宗, 「商周金文和河北古代方國研究」, 238쪽; 河北省文物研究所, 「河北滿城要莊發掘簡報」; 甌燕, 앞글, 2쪽.

227) 陳平, 「略論山戎文化的族屬及相關問題」, 『華夏考古』 1995－3. 70~72쪽 참조.

228) 陳平, 『燕史紀事編年會按』(上), 54쪽; 孟世凱, 앞글, 35쪽; 彭邦炯, 「從商的孤竹論及商代北疆諸氏」, 王宇信 主編, 『甲骨文與殷商史』 三輯, 上海古籍出版社, 1991. 384쪽. 孤竹의 지리위치와 범위에 대해서는 대부분 河北 동북부에서 長城 내외의 遼寧 서부와 內蒙古 동남 일대의 범위로 보는 데 동의하고 있다. 단 閻忠은 孤竹의 지리위치를

나타나는 상말주초 기물과 喀左 北洞村에서 출토된 ‘孤竹’ 명문의
銅罍는 이 지역이 서주 시기 孤竹과 유관한 지역이었음을 입증하고
있다.

　문제는 孤竹과 燕의 관계이다. 일반적으로 孤竹은 商의 與國으로
商 멸망 이후 孤竹君인 憑이 齊國으로 도망가면서 멸망하고 周初에
이 孤竹 지역은 燕에 의해 점령되어 직접적이든 간접적이든 燕의
관할하에 들어갔다고 여긴다. 그러나 비록 시대가 동떨어지긴 했지
만 『左傳』 및 『史記』 「匈奴列傳」, 「燕召公世家」 등 많은 기록에서
‘山戎이 燕을 침략하자……桓公이 북으로 山戎을 벌하고 令支를 치
고 孤竹을 斬하고 남쪽으로 돌아오니 海濱諸侯가 감히 복종하지 않
을 수 없었다.’는 내용으로 볼 때 기원전 664년경인 春秋 중기까지
孤竹은 여전히 존재하였고[229] 더욱이 燕과는 적대적 관계에 있었음
을 볼 수 있다. 이렇게 본다면 서주 시기부터 연과 孤竹 관계는 우
호적이거나 臣服의 관계였을 가능성은 그다지 많지 않다. 비록 喀左
지역에서 ‘孤竹’ 명문의 청동기가 출토되지만 燕과 孤竹의 관계가

　　遼西 지구로 보는 것은 周代 孤竹의 거주지이며 商의 孤竹國은 현재
　　山東 남부의 滕縣 부근이라고 주장한다(閻忠, 「西周春秋時期燕國境內
　　及其周邊各族考略」, 『會議專輯』, 368쪽). 또 韓嘉谷에 의하면 灤河 유
　　역에 위치한 盧龍 지역은 考古學文化가 圍坊3期 유형에 속하고 遼西
　　일대는 魏營子 유형에 속하므로 혈연유대를 기초로 하는 氏族 方國이
　　현재 두 개의 다른 考古學文化로 분속될 수는 없다고 보아 의문을 제
　　기하고 있다(韓嘉谷, 「燕國境內諸考古學文化的族屬探索」, 242쪽).
229) 陳平은 春秋時期의 孤竹은 商代의 孤竹이 아니라고 하였다. 春秋時
　　期 孤竹은 商代 孤竹으로부터 得名하였기 때문이며 춘추 시기의 孤
　　竹은 戎狄 집단에 속하고 商의 孤竹은 子姓의 華夏系統에 속한다고
　　보았다. 단 지리위치는 변하지 않았다고 보았다(陳平, 『燕史紀事編年
　　會按』(上), 51쪽).

臣服의 관계였다는 증거는 아직까지 찾아 볼 수 없다. *[그림 20 참조]*

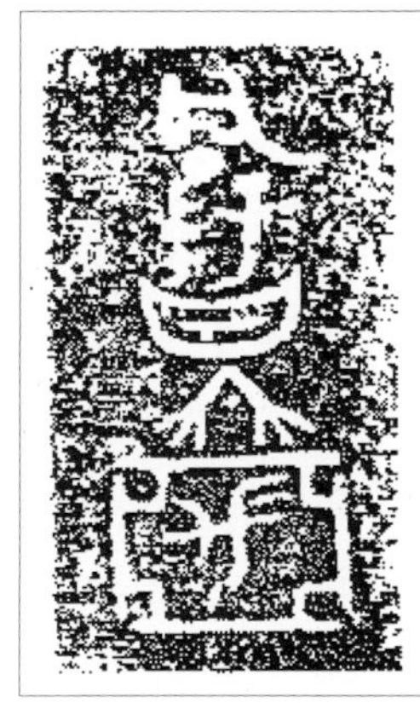

그림20〉 孤竹 명문

특히 伯夷, 叔弟의 '不食周粟'의 전승은 오히려 이들이 주의 세력범위 내에서 존재하지 않았거나 혹은 周의 통치를 거부하였던 것으로 보인다. 따라서 孤竹의 범위 내에는 역시 연국의 세력이 미치지 못하는 것으로 추정할 수 있다.

다음으로 연국 세력범위와 관련하여 薊國을 논하지 않을 수 없다. 薊國은 연국과 함께 봉해진 서주 시기 제후 분봉국으로 전해지고 있다.[230] 薊의 지리위치에 관해서는 현재 북경성 서남 모퉁이라는 점에는 학계에 이견이 없다.[231] 다만 薊에 관한 기록이 거의 전무한 상태에서 薊에

---

230) 『禮記』 「樂記」에 "……黃帝之後를 薊에 봉하였다.", 『史記』 「周本紀」에 "帝堯之後를 薊에 봉하였고……召公奭을 燕에 봉하였다."라고 하였다. 대부분 薊를 제후분봉국으로 인식하지만 薊를 국명이 아니라 燕國의 도성으로 보기도 한다(王燦熾, 「北京建都始于公元前1057年」, 『燕文化研究論文集』, 146쪽).

231) 『漢書』 卷28 「地理志」에는 "廣陽國 薊는 옛날에 燕國 召公이 봉해진 곳이다……"라고 기록되어 있다. 『水經注』 「漯水注」에 "廣陽 薊縣에 있다."고 하였고 또한 "현재 성내 서북모퉁이에 薊丘가 있는데 丘로 인해 邑名을 삼은 것이다. 魯의 曲阜, 齊의 營丘와 같다."라고 하였다. 『括地志』에서는 "燕山은 幽州 漁陽縣 동남 60리에 있는데 徐才의 『宗國都城記』에서 '周武王이 召公奭을 燕에 봉하였는데 燕山之野에 있기 때문에 국명을 취한 것이다.'라고 하였다."라고 기록되어 있다. 薊丘에 대해서는 일반적으로 현재 북경 外城의 서남부 즉 북면에는 대략 宣武門, 和平門 이북의 일선 (혹은 서쪽 長安街 이남 일선)이고 남으로는 廣安門 남쪽의 白紙坊에서 法源寺에 이르는 일선이며 동쪽은 法

관한 정황이나 燕과 薊의 관계에 대한 무수한 추측들이 생겨나기에
충분하였다. 그 결과 연국과 薊國과의 관계에 대한 이해는 두 가지
점으로 나타난다.

첫째는 서주 전기에 燕은 강대하고 薊는 미약하여[232] 燕이 薊를
점령하여 薊는 멸망한다는 관점이다. 이러한 원인은 바로 문헌에 薊
의 역사에 관계된 내용이 더 이상 나타나지 않는다는 점과 薊의 지
리위치로 여겨지는 지역을 포함하여 서주 혹은 연국의 것으로 추정
되는 청동기가 출토된 것과 연관된 것으로 이는 바로 연국의 북방으
로의 세력 확대를 의미하는 것으로 이해했기 때문이다.

따라서 초기 연국의 발전 과정에서 북방으로 뻗어나가기 위해서는
永定河 동구와 太行山 동록의 要道를 제압할 수 있고 또한 軍都山,
八達嶺 등 燕山의 천협을 빌려 병풍을 삼을 수 있는 薊國의 지리위
치는 가장 이상적인 지점이었으므로 燕은 薊를 점령하여 薊로 천도
한 것은 薊地의 더욱 나은 지리조건과 연국 경제, 정치, 군사 발전
의 강대한 필연 결과로 이해하기도 한다.[233] 더욱이 昌平 白浮墓에
서 나타나는 중원 풍격의 묘장과 청동예기의 존재[234]는 바로 이 지

源寺 동쪽으로부터 북쪽을 향하여 북선과 서로 접하고 서쪽은 廣安門
서쪽으로부터 남북을 향하여 연장되어 서로 접하는 지구라고 인식한
다(趙其昌, 「薊城的探索」, 『燕文化研究論文集』, 191~192쪽 참조; 常
征, 「召公封燕及燕都考－兼辨燕山, 燕易王, 燕昭王」, 『燕文化研究論
文集』, 127~128쪽).

232) 張守節은 『史記正義』에서 "薊燕二國俱武王立, 因燕山薊丘爲名, 其地
足自立國. 薊微燕盛, 乃幷薊居之. 薊名遂絶焉……"라고 하였다.

233) 徐自强, 「關于北京先秦史的幾個問題」, 『燕文化研究論文集』, 22쪽.

234) 北京市文物管理處, 「北京地區的又一考古收穫－昌平白浮西周木槨墓的
啓示」, 『考古』 1976－4.

역을 연국의 분봉을 받은 異族 首領의 墓葬區로 간주하여 연국의 세력범위가 여기까지 미치는 것으로 보기도 한다.[235] 또한 묘장 출토물 중 武人 성질에 속하는 것이 많아[236] 이러한 武裝의 모습은 昌平 일대를 진무하는 것이 분명히 나타나기 때문에 北京 城區 등지는 이미 연국의 소유가 되어 일찍이 이곳에 분봉한 薊國이 이미 멸망했을 가능성이 존재한다고 인식하기도 한다.[237]

한편 약간의 시간적 편차가 있지만 서주 전기 혹은 중기에 대체로 薊國은 연국에 의하여 멸망당하는 것으로 이해한다. 그러나 白浮墓에서는 중원 풍격의 청동예기와 함께 소위 오르도스식으로 칭해지는 많은 북방식 청동기물이 동시에 출토되었다.[238] 만일 이 墓主가 연에 臣屬하여 연과 일정한 정치적 관계를 가졌는지는 아직까지 단언할 수 없지만 이 묘장에서 출토된 靑銅短劍, 獸首刀, 有銎斧, 銅

---

235) 陳光,「西周燕文化初論」, 40쪽 지도 참조.

236) 白浮墓 출토 무기수는 60여 건에 달하며 戈 31건, 戟 9건, 刀 2건, 단검 6건, 匕首 1건, 斧 1건, 鉞 1건, 矛 3건, 盔 2건, 弓形器 2건, 甲, 小銅泡 145건 등이 출토되었다(北京市文物管理處,「北京地區的又一考古收穫－昌平白浮西周木槨墓的啓示」, 250～252쪽 참조).

237) 徐自强, 앞글, 23쪽.

238) 白浮墓 출토 무기는 有銎戈, 寬胡斜刃戈, Ⅱ式雙鉤戟, 靑銅短劍, 異形銅盔, 護腿甲, 帶鈴匕首斧, 鉞, 鷹首短劍, 馬首短劍 등 주로 異形兵器에 해당한다(北京市文物管理處,「北京地區的又一考古收穫－昌平白浮西周木槨墓的啓示」, 250～251쪽 참조). 한편, 1호의 경우에는 사자 허리 아래에서 한 건의 小玉系 璧 이외에 다른 수장품이 없었으며 묘주는 노년 남성으로 판명되었다. 2호의 묘주는 중년 여성이며 3호의 묘주는 중년 남성으로 이 두 묘장에서 출토물이 약 400건 나왔다. 특히 2호의 경우에는 戈·戟·刀·劍과 銅盔 등의 대량 병기가 나왔기 때문에 그 묘주를 위풍당당한 여장군으로 칭하기도 한다(陳平,『燕文化』, 72쪽).

盉 등 농후한 북방 문화적 특색은 모두 묘주의 着裝, 佩帶의 병기가 본 민족의 습속을 따르는 것을 알 수 있으며 이러한 면모는 연국의 묘장과는 분명한 차별을 갖는다. 따라서 薊가 연국에 의해 멸망되고 白浮墓 主人의 족속이 燕이 된다고 추측하는 것은 아직 설득력이 부족하다는 의견[239]에 동의한다. 또한 白浮墓의 主人은 연국에 신복한 異民族의 수령이었을 것이라는 지적에서도 과연 중원 풍격의 청동예기와 墓葬具가 반드시 연국에 臣服한 증거물로 간주할 수 있으며 이로 인해 이 지역을 바로 연국 세력범위로 연결할 수 있을지도 의문이다.

薊에 관한 두 번째로 견해는 箕와 일정한 관계가 있다는 것이다. 특히 이 묘장에서 출토된 '其' 卜辭와 '兀' 兵器[240]는 이 묘장이 薊國 혹은 異國 유지일 가능성을 보여 준다는 것이다. 이런 관점을 고수하는 韓嘉谷은 戰國과 西漢 帛書 중에서 '兀'은 '其'라고 고증하여 薊國은 아마도 其國일 가능성이 있다고 보았다.[241] 陳平도 이 묘가 周初에 압박당하여 薊邑으로부터 북천한 箕侯 즉 異國 遺民의 묘일 가능성이 극히 높다고 보았다.[242] 이상과 같은 관점은 <亞盉>의 '異侯亞矣'와 北京 順義縣 牛欄山에서 출토된 많은 '異侯亞矣'

---

239) 葛建軍, 「關于西周薊國的思考」, 『北京文博』 1997-2. 28쪽.
240) 白浮墓에서 兀자를 새긴 銅戈와 '其示', '其上下韋馭' 卜辭를 가진 甲骨이 출토되었다(北京市文物管理處, 「北京地區的又一考古收穫-昌平白浮西周木槨墓的啓示」, 250쪽).
241) 韓嘉谷, 「論北京地區爲'其'國(族)故地」, 『北京文博』 1995-1. 32~34쪽; 韓嘉谷, 「燕史原流的考古學考察」, 71쪽; 李維明, 「北京昌平白浮墓地分析」, 『北京文博』 2000-3. 54쪽; 郭大順·張星德 앞글, 446쪽 참조.
242) 陳平, 『燕事紀事編年會按』(上), 123쪽.

116

명문의 동기 출토로 볼 때 아마도 䣒國이었을 가능성을 더욱 제시하게 되어 薊國 지역으로 추정되는 이 지역이 바로 글자 연원이 동일한 䣒國이 존립하였을 것이라는 추정으로 이어지게 되었다.243)

특히 연국 성립 이전 이곳의 지역 문화와 箕와 관련된 동기 명문의 출토는 箕國의 문화와 족속을 이 지역의 토착 문화 범주로 이해하기도 한다.244) 薊를 箕와 연관시킨다는 것은 아직 학계에서는 공인을 받고 있는 것은 아니지만 召公을 北燕에 봉한 중요 목적을 箕子와 召公과의 특수 관계245)를 이용하여 箕子를 회유하기 위한 것으로 이해하는 관점246)은 箕와 薊가 모종의 연관 관계가 있었다는 추측에 설득력을 준다. 또한 연국을 봉한 이유가 북방의 통치를 강화하고자 한 것이고 薊를 봉한 것이 先聖을 追思하여 人心을 안무하기 위한 것이었다면 薊는 燕과 비록 거리가 가까웠으나 燕侯의 세력범위에 속하지 않고 자립하여 성장한 국가였을 가능성이 더욱 크다.247)

---

243) 斯維至, 「由亞箕䣒夭銘文推論燕殷文化」, 『先秦史論集－徐中舒敎授九十誕辰紀念論文集』, 中州古籍出版社, 1989. 171쪽.

244) 朱彦民은 商代 箕國은 현재 북경 지구에 있었고 상대 만기에 箕子가 燕山에서 수봉받아 箕侯가 되었으며 북경 유리하의 商周 고성은 箕子 封燕時 영건한 도성으로 아울러 서주 시기에까지 사용된 것으로 이해하였다(朱彦民, 「金甲文中的"基", "䣒"與箕子封燕考」, 『會議專輯』, 224쪽). 韓嘉谷은 燕山 남록의 圍坊 3기 유형의 유존은 응당 匼, 其, 䣒, 薊 등 國族의 문화 유존으로 보았다(韓嘉谷, 「燕國境內諸考古學文化的族屬探索」, 『會議專輯』, 239～240쪽).

245) 『史記』 卷 5 「周本紀」 '令召公奭箕子之囚'라 하여 武王이 召公에게 箕子를 석방시키도록 명령한 내용이 보인다.

246) 朱彦民, 앞글, 224쪽; 劉桓, 「從金文看燕國之始封」, 『會議專輯』, 145쪽; 또 王宇信, 「＜史記＞ '封召公奭于燕'的武王爲宏見'武王(時期)'說」, 88쪽 (주) 196 참조.

247) 李江浙, 「北京始都年代考」, 『會議專輯』, 118쪽.

따라서 이미 청동기 출토가 연국의 지표가 될 수 없듯이 이 지역에서 나타나는 중원 풍격의 청동예기와 묘장 형태만으로 연국의 관할하에 있었던 異民族 首領 혹은 연국의 武將이 이 지역을 장악하고 있었다고 할 수는 없다. 더욱이 永定河 이북에서는 장가원상층 문화가 전반적으로 나타나며 白浮의 3좌의 묘장 형태와 청동예기를 제외하면 모든 방면에서 연국 문화와는 판연히 달랐으므로 비록 周人의 예제를 접수하였더라도 연국과는 분명 다른 형태로 존재하였을 것이다. 이러한 청동예기의 존재는 문화적 교류 관계를 통해 이루어졌을 가능성이 있으며 이는 禮 문화의 교류가 존재하였을 가능성을 보여 준다.

또한 연국에 의해 薊國이 멸망했다는 것은 후인의 추측에 불과한 것으로 명확한 증거가 없기 때문에 이상과 같은 정황으로 볼 때 오히려 白浮墓의 主人은 周初에 봉해진 薊였다[248]고 이해할 수도 있을 것이다. 따라서 이 지역은 연국과는 다른 일정한 세력권(薊國 혹은 箕國 또는 다른 세력 집단, 예컨대 曲英傑이 지적한 서주의 匽國과 다른 옥전현 일대의 토착의 연국 등)이 연국과 병존[249]하고 있었을 것으로 추정된다.

따라서 연국의 세력범위는 남으로는 적어도 서주 중기까지는 保定 이남을 넘지 않았으며, 북쪽으로는 孤竹國의 세력범위지인 唐山 지역[250]과 昌平 白浮墓를 중심으로 한 北京 일대, 즉 永定河 이북

---

248) 葛建軍, 앞글, 29쪽.

249) 曲英傑은 薊國은 春秋末까지 존재했을 가능성이 있다고 보았는데 薊로 천도한 시기는 釐公之世로 이후 강국으로 발돋움하게 되었다고 보았다(曲英傑, 「周代燕國考」, 72～74쪽 참조).

250) 顧鐵山·郭景斌, 「河北省遷西縣大黑汀戰國墓」, 『文物』 1996−3. 15～

을 넘지 못했을 것으로 생각된다.

姬燕文化의 분포정황을 보면 유리하 유지를 중심으로 하여 河北 保定 이북의 淶水, 房山, 易縣 일대에 집중 분포되어 있고 더욱이 永定河 이북 지역에서는 최소한 서주 중기까지는 발견되지 않는다. 이 당시 燕山 이북은 분명 연국의 세력범위가 될 수 없다. 서주 시기부터 형성된 연산 이북의 魏營子文化 혹은 夏家店下層文化는 姬燕文化와 구별이 분명하고 문화 면모에서 볼 때 강력한 武將 세력을 주축으로 한 燕山 이북의 토착 세력의 존재를 상징한다. 또한 天津 薊縣 劉家墳에서 나타난 서주 중기 묘장 등에서 볼 때 서주 시기 唐山, 遷安 등지는 당지 토착 문화의 특징을 보유하고 있었다. 따라서 영정하 이북의 唐山 지역의 遷安, 遷西 지역과 薊縣 張家園, 圍坊, 북경 牛欄山 등 永定河 이북의 燕山 이남 지역에서는 張家園 上層文化의 토착성질이 서주 시기에도 여전히 강고하게 나타난다.

실제로 永定河 이북의 燕山산지 일대가 연국 판도 안에 들어오는 것은 최소 春秋 시기를 지나서야 가능했을 것으로 보인다.251) 그 직접 증거는 바로 이 지구에 연국의 城址와 墓葬이 전국 시기에 들어온 이후 보인다는 것이다. 그 이전 시기에는 비록 중원 풍격을 가진 기물이 보이긴 하지만 성지와 묘장, 거주구의 존재 중 오로지 北京 昌平 白浮墓에서 나타나는 중원 풍격의 묘장 3구뿐으로 이 외에는 어느 지역에서도 현재로서는 발견되지 않았다. 중원 풍격을 갖춘 청동예기의 출토가 비록 광범하게 널려 있지만 이 지역이 연국 세력범

17쪽에 따르면 토착적 성질이 매우 강렬하게 나타나며 전국 중기에야 비로소 중원 풍격이 강렬하게 나타난다고 보았다.
251) 甌燕, 앞글, 3~6쪽 참조; 韓嘉谷, 「燕史原流的考古學考察」, 76쪽.

위지가 될 수 없음을 살펴보았다. 이들과 共出되는 弓形器, 兵器 등은 모두 북방 초원 유목민족의 실용공구[252] 등으로 燕山 남북에서 출토되는 북방 색채의 청동기는 일일이 열거할 수 없을 정도로 많다.

　이상으로 볼 때 연국 세력범위는 永定河 이남과 保定 이북 지역 특히 유리하 유지를 중심으로 하여 永定河 이남과 易水 일대가 주된 세력범위지였다고 볼 수 있다.[253] 더욱이 연국의 세력범위지 내에서도 예컨대 淶水 지역 내의 인근인 北封村과 炭山의 경우 각각 姬燕文化와 張家園上層文化가 공존하는 것으로 볼 때, 이는 연국의 거점식 통치 방식에 따른 연국 세력범위의 확대 과정으로 서주 초기에는 그 세력범위 안에서도 張家園上層文化가 병존하고 있었다고 할 수 있다. 이들 지역에 姬燕文化가 나타나는 지역은 군사 점령 과정에서 나타난 문화 이식 과정이나 혹은 연국 귀족이 燕侯에게 그 지역으로 분봉되었을 것으로 추정된다.

---

252) 程長新, 「北京市揀選古代青銅器續志」, 『文物』 1984-12.
253) 曲英傑은 연국 분봉 당시는 董家林 城址를 중심으로 북으로는 현재 永定河道를 넘지 않고 남으로는 현재 하북 涿州市 남부를 넘지 않았으나 三監의 난을 평정한 이후 加封되어 연국의 강역이 넓어졌다고 보았다(曲英傑, 「周代燕國考」, 64쪽).

小 結

　본 장에서는 周初 연국 분봉이 燕山 이남 京津唐 일대에 어떤 영향을 끼치게 되었으며 연국 분봉이 갖는 의미가 무엇인가를 살펴보고자 하였다.

　연국이 입국할 당시 이 지역은(京津唐) 紅山文化 ⇒ 夏家店下層文化의 전통을 이어받은 張家園上層文化의 전통이 존재하였다. 이 文化는 保定 일대를 경계로 이남의 商文化와 대치하였던 京津唐 일대의 토착 문화로 매우 오랜 전통과 실력을 갖고 있었으며 卜辭나 金文中에 보이는 䙴族 혹은 燕毫, 有易氏 등 이 지역의 세력 집단과 일정한 관계가 있었을 것으로 추정된다. 이처럼 강고한 문화적 전통을 간직한 연산 지역에 입국한 희성 주족 세력은 강력한 군사 점령을 통하여 입국하였을 것으로 추정되며 이들은 이 지역에 서주 문화를 이식하였을 것으로 보인다.

　이런 점으로 볼 때 연국의 분봉은 燕山 이남 지역의 오랜 전통을 가진 토착 문화인 張家園上層文化와는 다른 이질적 체제와 문화를 이식하는 군사적 식민의 성격을 지니고 있었다. 즉 서주 시기 연국 분봉은 중원적 국가체제와 문화의 이식이었으며 이들 세력을 대표하는 姬燕文化는 이 지역 전통문화와는 다른 이질적 문화라고 보아야 할 것이다. 단 姬燕文化에는 상말주초 이 지역으로 대거 이동해 온 상유민의 문화가 포함된다. 따라서 姬燕文化는 周文化를 주체요소로 삼아 周文化的 요소와 商文化的 요소가 가미된 형태로 나타난다고 볼 수 있다. 그러나 姬燕文化는 유리하 유지 黃土坡 묘장 및 拒馬

河 일대의 鎭江營과 塔照 유지의 분석에서 알 수 있듯이 이 지역 토착 문화인 張家園上層文化를 배척하면서 琉璃河 연국 도성지를 중심으로 강력하고도 지배적으로 확산되었다.

한편 유리하 유지를 중심으로 하여 상주청동기가 출토되는 지역까지를 서주 시기 연국의 세력범위로 보는 것이 대부분이지만 燕山 남북 일대에서 출토되는 상주청동기는 상말주초 상유민의 北退 혹은 전쟁 등 특수한 상황에서 이동 과정 중 남겨졌을 가능성이 있다는 점과 永定河 이북 지역에 동시기에 분봉해 준 薊國의 존재 등으로 볼 때 연국 세력범위는 永定河 이북에 미치지 못하고 있었을 것으로 추정하였다.

이로써 서주 성립으로 인한 燕山地域의 정치 세력은 保定 이남 지역에서는 邢國, 軧國 등 서주 제후국이, 保定 이북에서 永定河 이남까지는 燕國이, 永定河 이북 지역에서는 혹 薊國 등이 형성되었을 것이며 唐山 지역을 중심으로 한 燕山산지는 孤竹國의 세력범위가 되어 이들 정치 집단은 燕山地域에서 각각 존립하였을 것으로 보인다. 더욱이 姬燕文化로 대변되는 서주 연국의 문화는 유리하 유지를 중심으로 淶水, 易縣, 房山 등지에서 주로 분포하여 그 대체적인 범위는 保定 이북~永定河 이남 지역을 포괄하였다. 단 永定河 이북에서는 張家園上層文化가 만연하고 있었던바, 이상의 연산 지역 정치 세력의 형성 및 문화의 대치 현상은 연국의 물리적 세력범위를 燕山 以北은 물론, 永定河 以北을 넘기 어렵게 하였고 남쪽으로는 保定 지구 이남으로 넘어설 수 없게 하였을 것으로 판단된다.

Ⅱ章 春秋時期 燕山地域文化의 展開

春秋時期 燕國(이하 春秋燕으로 약칭함)은 서주 중기 이후부터 시작하여 거의 그 존재가 드러나지 않는다. 고고 문화에서도 연국 문화라고 규정할 만한 유존이 상당히 결여되어 있다. 당시 西周 왕실은 서주 중기부터 서서히 약화되기 시작하여 춘추 시기에 이르면 더욱더 무력화된다. 왕 대신 출현한 覇者의 질서는 봉건체제의 이완과 이민족[戎狄]의 활약을 암시한다. 이와 맞물려 춘추 시기는 중국 역사상 戎狄 세력이 가장 왕성하게 활약했던 시기의 하나로 특히 북방 諸 융적의 활약이 두드러진다.

북방에 위치하여 이들과 직접 접촉이 불가피하였을 연국이 이 시기 그 존재가 미미했던 것은 이상과 같은 제반 현상들 특히 북방 제융적의 흥성과 모종의 연관이 있는 것은 아닐까. 만약 분명한 연관 관계가 있다면 그것은 어떤 것이며 그 영향은 어떠한 것이었을까. 이를 알려 줄 수 있는 이 시기의 문헌사료는 물론 고고자료 역시 매우 영성하여 春秋燕은 연국 전 역사에서 공백 지역이라고 해도 과언이 아니다. 春秋燕에 대한 검토를 어렵게 만드는 것은 燕에 관련된 영성한 사료마저 그것이 이른바 北燕에 관련된 것인지조차도 논란이 많고 이에 따라 정확한 분석을 할 수 없다는 점에 있다. 이러한 혼란이 있지만 北燕과 관련된 것으로 판단할 수 있는 사료가 일부 존재하고 이것이 春秋燕에 관련된 중요 사건을 다루고 있기 때문에 春秋燕을 초보적으로나마 재구성할 수 있는 실마리를 제공하고 있다.

Ⅱ장에서는 연국을 둘러싼 주변 諸 세력과의 관계를 통하여 春秋
燕의 像을 끌어내고자 한다. 자료의 제한으로 여기에서 다룰 내용은
춘추연의 세력범위와 연산 지역에 영향을 미쳤을 연국 북방 諸 세
력의 문화 면모를 검토하여 춘추 시기 연문화의 면모를 추적해 보고
자 한다. 이를 검토한다면 서주 초기 연산 지역에 입국한 연국과 춘
추 시기 이 지역에서 존속한 연국의 면모를 살펴볼 수 있을 것으로
기대한다.

1. 山戎의 侵入과 周邊 勢力과의 力學關係

1) 山戎과 北方 諸族과의 關係

춘추 시기 연국의 사적 중 가장 획기적 사건은 山戎의 침입이다.
山戎과 燕의 관계는 극히 크다. 어느 시기에 관계된 것인지 정확히
알 수는 없으나 연의 북방에 위치한 융적에 관련된 가장 대표적인
기록으로는 『史記』 卷110 「匈奴列傳」의 '燕北有東胡, 山戎'이다. 이
당시 山戎 침입과 그에 따른 결과는 이후 연국에 지대한 영향력을
준다. 山戎이 연을 침입하는 기사는 『左傳』과 『史記』 등 여러 문헌
에서 비교적 많이 기록되어 있다. 그에 관련된 가장 대표적 내용은
다음과 같다.

A-① 唐虞 이전에는 山戎, 獫狁, 葷粥이 있고, 北蠻에 거주하였다.
가축을 기르면서 이동을 한다. 이 후[1] 65년이 지났다. 산융이
연을 넘어 제를 벌하였다. 제의 이공이 제의 근교에서 전쟁하
였다. 그 후 44년이 지나고 산융이 연을 벌하였다. 연은 급히
제에 알리자, 제 환공이 산융을 벌하였고 산융이 도망갔다. 당
시 秦과 晋이 강국이 되었는데, …… 晋의 북쪽에 林胡, 樓煩
之戎이 있었고, 연의 북쪽에 東胡, 山戎이 있었다.[2] (『史記』 卷
110 「匈奴列傳」)

② 桓公 23년에 山戎이 燕을 벌하였다. 燕이 齊에 급히 알리자,
齊桓公이 燕을 구하고 마침내 山戎을 벌하고 孤竹에 이르러
돌아왔다.[3] (『史記』 卷32 「齊太公世家」)

③ (魯) 莊公 27년 山戎이 우리 연을 침입하였다. 齊桓公이 燕을
구해 산융을 북벌하고 돌아왔다. 燕君은 齊桓公을 배웅하여
국경까지 나갔다. 桓公은 燕君이 이른 곳까지를 떼어 주었고
연으로 하여금 천자를 받들어 조공하고 成周시의 직분처럼 연
으로 하여금 召公之法을 수복케 하였다.[4] (『史記』 卷34 「燕召
公世家」)

④ 莊公 30년 겨울에 魯濟에서 만나서 山戎을 칠 것을 모의하였

---

1) 平王 東遷을 지칭한다.
2) 『史記』 卷110 「匈奴列傳」 “唐虞以上有山戎, 獫狁, 葷粥, 居于北蠻, 隨畜
牧而轉移” “是後六十有五年, **山戎越燕而伐齊**, 齊釐公與戰于齊郊, 其
後四十四年, 而**山戎伐燕**, 燕告急于齊, 齊桓公北伐山戎, 山戎走. 當是之
時, 秦晋爲强國 …… 而晋北有林胡, 樓煩之戎, **燕北有東胡, 山戎**”
3) 『史記』 卷32 「齊太公世家」 “桓公二十三年. **山戎伐燕,** 燕告急于齊. 齊桓
公救燕, 遂伐山戎. 至于孤竹而還”
4) 『史記』 卷34 「燕召公世家」 “莊公二十七年. 山戎來侵我, 齊桓公救燕, 遂
北伐山戎而還. 燕君逆齊桓公出境. 桓公因割所至地予燕, 使燕共貢天子,
如成周時職, 使燕復修召公之法”

는데 이는 燕에게 病이 되기 때문이었다.[5] (『左傳』卷3 莊公 三十年)

⑤ 마침내 山戎을 北伐하여 令支를 공격하고 孤竹을 친 후 남쪽으로 돌아왔는데 海濱諸侯가 감히 복종하지 않는 자가 없었다.[6] (『國語』「齊語」)

⑥ 狄人이 벌하자 桓公이 제후에게 청하여 말하기를 벌할 것을 청하니 제후가 허락하였다. …… 北州侯를 벌할 것을 청하노니 이에 제후가 허락하였다. …… 桓公이 이에 북으로 令支를 벌하고 凫之山에 이르렀으며 孤竹을 공격하고 山戎을 넘었다.[7] (『管子』「大匡」)

여기에서는 山戎이 燕을 벌한 사건과 이에 따라 燕이 齊에게 도움을 청하여 齊桓公이 山戎 및 令支, 孤竹을 벌하여 燕을 구한 두 가지 내용이 보인다. 山戎이 燕을 침입한 것은 燕 莊公 27년인 기원전 664년이며 齊桓公이 山戎을 벌한 것은 기원전 663년에 발생하였다.

이 사건에서 나타나는 燕과 山戎의 관계에 대해서는 대체로 다음과 같은 쟁점이 있다. 첫째, 山戎과 燕을 포함한 중원 제후국과의 관계이다. 둘째, 山戎 및 孤竹, 令支 등 연의 북방 諸 융적들에 관한 내용이다. 세 번째는 당시 연국의 실정과 山戎 격퇴 이후의 변화이다.

---

5) 『左傳』卷3 莊公 三十年 "莊公 三十年 冬 遇于魯濟, 謀山戎也, 以其病燕故也"
6) 『國語』「齊語」 "遂北伐山戎, 刜令支, 斬孤竹而南歸, 海濱諸侯莫敢不來服"
7) 『管子』「大匡」 "狄人伐, 桓公請告諸侯曰, 請救伐, 諸侯許諾, …… 寡人請誅于北州之侯, 諸侯許諾 …… 桓公乃北伐令支, 下凫之山, 斬孤竹, 過山戎"

山戎과 燕의 관계에서 우선적으로 보이는 내용은 山戎과 燕의 충돌 관계이다. 山戎이 燕에 위협적인 존재였음을 알려 주는 내용은 위 ④번 사료에서 보이는 "……遇于魯濟, **謀山戎也, 以其病燕故也**"의 내용이다.

그런데 山戎은 燕에게만 위협 대상이 되었던 것은 아닌 듯하다. 山戎이 魯, 晋, 邢, 鄭, 齊 등 중원 북방에 위치한 제후국을 위협한 내용이 다음 기록에서 보인다.

B-① 宣王 40년에 晋人이 汾, 濕에서 北戎을 격퇴하였다.8) (『古本竹書紀年輯證』)

② 平王 2년에 邢侯는 北戎을 대파하였다.9) (『後漢書』「西羌傳」)

③ 北戎이 鄭을 침입하자 鄭伯이 이를 막았다. 戎師를 근심하여 말하기를, …… 鄭人이 戎師를 대파하였다.10) (『左傳』卷1 隱公 九年)

④ 노 莊公 18년 …… 여름에 공이 濟西에서 융을 내쫓았다.11) (『左傳』卷3 莊公 十八年)

문헌에서 보이는 山戎과 충돌하는 최초의 중원 제후국은 晋으로 사료 B-①에서 보이는 사건은 기원전 790년에 발생하였다. 다만 여기에서는 山戎 명칭 대신 北戎의 명칭이 나타나지만 『左傳』 莊公 三十年 "齊人伐山戎"에 주석을 단 杜預의 "山戎, 北戎, 無終三名,

---

8) 『古本竹書紀年輯證』 "約宣王四十年晋人敗北戎于汾, 濕"
9) 『後漢書』「西羌傳」 "平王二年邢侯大破北戎"
10) 『左傳』卷1 隱公 九年 "北戎侵鄭, 鄭伯禦之, 患戎師曰 …… 鄭人大敗戎師"
11) 『左傳』卷3 莊公 十八年 "魯 莊公十八年, …… 夏, 公追戎于濟西"

其實一也” 등을 필두로 하여 이들의 관계에 대해서는 일반적으로 北戎과 山戎은 동일 族으로 인식하였음[12]을 엿볼 수 있다. 현재 山戎과 北戎 및 無終과의 관계를 정확하게 변별할 수는 없지만 이들은 일정한 관련성을 가지고 있었을 것으로 추정되며 동일 사건에 대해서 북융과 산융 명칭을 동시에 사용한 것으로 볼 때,[13] 북융과 산융에 대한 기존사료에서 보이는 명칭이 일종의 보완 관계를 이루고 있었을 것으로 보여 대체로 산융 세력과 북융 세력을 같은 집단[14]의 범주로 봐도 대과가 없을 것으로 생각된다. 한편 ②의 사료에서 보이는 사건은 기원전 769년에 발생한다. 이는 서주 만기에서 춘추 초년의 일이다. ③에서 보이는 내용은 기원전 714년, 燕 繆侯 15년의 일이다. ④는 기원전 676년 戎이 魯를 공격하는 내용이다. 이 외에 山戎이 齊를 공격하는 기사는 다음과 같다.

---

12) 北狄, 山戎, 無終의 관계에 대해서는 몇 가지 의견이 보인다. ① 山戎, 北戎, 無終을 하나로 보는 설, ② 山戎은 北戎이라는 설, ③ 山戎을 獫狁, 葷粥, 匈奴의 전신으로 보는 견해, ④ 山戎을 東胡의 별종인 鮮卑의 전신으로 보는 견해, ⑤ 狄, 胡, 戎은 山戎의 별명이라는 견해 등이다. 이와 관련된 내용은 陳平, 「試論歷史上山戎及其有關問題」, 北京市文物研究所 編, 『北京文物與考古(第四輯)』, 北京燕山出版社, 1994. 102~106쪽 참조.
13) 다음 사료에서 보이는 C−①, ②의 내용 참조.
14) 常征, 「‘燕桓侯徙臨易’與齊桓公伐山戎」, 『古燕國史探微』, 聊城地區新聞出判局, 1992. 232쪽. 이외 徐大剛은 북융, 산융, 무종을 동일족으로 보며(徐大剛, 「山戎・北戎與無終」, 『春秋少數民族分佈研究』, 文津出版社, 1994. 88쪽.), 鄭紹宗 역시 북융과 산융이 동일족이라고 인식한다(鄭紹宗, 「山戎及其文化考 ─關于夏家店上層文化性質問題─」, 『會議專輯』, 397쪽).

C-① 燕 宣侯 5년, …… 齊表: 山戎이 우리를 벌하였다. 鄭表: 太子
忽이 齊를 구하였고 齊가 그를 사위로 맞이하고자 하였다.[15]
(『史記』卷14「十二諸侯年表」)

② 桓公 6년에 北戎이 齊를 벌하자 제후가 鄭에게 병사를 요청하
였다. 鄭太子 忽이 군대를 거느리고 齊를 구하였다. 6월에 戎
師를 대패시켜 장수 大良, 小良 및 甲首 삼백을 사로잡아 齊
에게 주었다.[16] (『左傳』卷2 桓公 六年)

③ 鄭 莊公 38년에 北戎이 齊를 벌하자, 齊가 사신을 보내 구원
을 요청하니 鄭은 太子 忽을 보내 齊를 구하였다.[17] (『史記』卷
42「鄭世家」)

④ 山戎이 燕을 넘어서 齊를 벌하였다. …… 산융이 연을 벌하였
다. …… 제 환공이 북으로 산융을 벌하자 산융이 도망갔다.[18]
(『史記』卷 110「匈奴列傳」)

⑤ 莊公 30년 겨울에 魯濟에서 만나 山戎을 벌할 것을 모의하니
燕에 병이 되기 때문이다.[19] (『左傳』卷3 莊公 三十年)

당시 齊는 桓公이 覇業을 이룬 상태로 강력한 군사 실력을 구비
하고 있었다. 鄭 역시 춘추 초기에 覇者로 필적될 만한 강대국이었
던 점을 감안한다면 이와 같은 중원의 강대국을 공격한 山戎 역시

---

15) 『史記』卷14「十二諸侯年表」“燕宣侯五年, …… 齊表 : 山戎伐我, 鄭表
: 太子忽救齊, 齊將妻之”
16) 『左傳』卷2 桓公 六年 “桓公 六年 北戎伐齊, 齊侯使乞師于鄭. 鄭太子忽
帥師救齊, 六月, 大敗戎師, 獲其二帥大良, 小良, 甲首三百, 以獻于齊”
17) 『史記』卷 42「鄭世家」“鄭 莊公 三十八年 北戎伐齊, 齊使求救, 鄭遣太
子忽將兵救齊”
18) 『史記』卷 110「匈奴列傳」“山戎越燕而伐齊 …… 齊桓公北伐山戎, 山戎走”
19) 『左傳』卷3 莊公 三十年 “莊公 三十年 冬 遇于魯濟, 謀山戎也, 以其病
燕故也”

막강한 군사 실력을 갖추고 있었을 것이다. 사료 ①, ②, ③에서 보이는 사건은 기원전 706년으로 山戎의 공격을 받은 齊가 鄭에게 도움을 청한 것은 이전 山戎이 鄭을 공격한 일을 고려한다면 鄭의 원조를 받을 가능성이 매우 높았을 것이다. 더욱이 이 당시 鄭은 北戎을 大敗시켰을 정도로 막강한 군사실력을 갖추고 있었던 점을 감안한다면 매우 적절한 조치였다고 볼 수 있다. 또 ④, ⑤에서 보이는 사건은 기원전 664년 齊가 燕을 구하고 山戎을 벌하기 전 魯에게 援軍을 구한 점[20], 그리고 魯濟에서 山戎을 벌할 것을 모의한 점에서 볼 때 山戎에게 공격당한 중원 제후국이 연합하여 山戎에 대항하고 있었던 점을 알 수 있다. 기원전 664년 山戎 北伐 때 魯가 비록 실행에 옮기지는 않았지만 齊의 원군요청을 허락한 것으로 볼 때,[21] 이들이 燕을 구하고자 한 것은 바로 燕의 북방에 위치한 막강한 山戎의 세력을 저지시키고자 한 것으로 보인다.[22] 이상에서 볼 때 山戎은 연의 북쪽에 위치하였던 강력한 세력이었던 것으로 보인다.

　이러한 막강한 실력을 갖춘 山戎은 어떠한 집단이었으며 이들의 위치는 어디인가. 이는 현재까지도 통일된 결론에 도달하지 못한 쟁점이다. 단 앞서의 사료에서 山戎 모습의 일부를 추정해 볼 수 있다. 기원전 706년 齊를 공격하여 패배당한 山戎은 小良, 大良 및 甲

---

20) 주21)의 『戰國策』 원문 내용 참조.
21) 『戰國策』 "齊桓公將伐山戎, 孤竹, 使人請助于魯, 君進群臣而謀, 皆曰 師行千里, 入蠻夷之地, 必不反矣. 于是魯許助之而不行……"이라 하여 魯가 원조하기로 하였으나 실행하지 않아 山戎 등 諸族을 벌한 이후 齊桓公이 魯를 칠 것을 고려하고 있는 내용이 나온다.
22) 鄭紹宗, 「山戎及其文化考 —關于夏家店上層文化性質問題—」, 379쪽 참조.

首 300명이 齊의 포로가 된다. 이때 大良, 小良은 이들 군대 조직의 통솔자로 추정해 볼 수 있다.23) 이에서 軍將의 존재와 서열을 알 수 있으며 무장을 갖춘 무사의 존재는 山戎에게 체계적인 군대조직이 이미 존재하였음을 알 수 있다.

이런 군대조직의 존재는 이를 뒷받침할 만한 체계적인 사회조직을 또한 상정해 보지 않을 수 없다. 당시 霸業을 이룬 齊가 상당 기간의 정벌24)을 통하여 간신히 北伐을 성공시킨 점에서 볼 때 이들은 막강한 군사력과 동시에 이를 뒷받침할 수 있는 사회조직 및 경제체제가 존재하였을 것이다. 이 산융의 사회조직체계가 어떠한가는 기록에서 전혀 보이지 않지만 이들의 존재는 적어도 조직적 체계를 갖춘 대규모의 정치 집단 혹 세력이었음을 미루어 짐작할 만하다.

그렇다면 이들은 누구인가. 비록 많지는 않지만 기록에 따르면 山戎은 古老의 민족이며 일반적으로 夏代 이전부터 존재하여25) 춘추시기가 최흥성기가 된다는 점을 알려 준다. 이 사건으로 山戎은 춘추 중기 혹은 만기에 사라진다고 보는 것이 일반적이다. 하지만 사료를 더욱 검토하면 山戎이 齊에게 타격을 받긴 하지만 여전히 존재하고 있으며 이후에는 晋, 齊와의 관계가 계속 나타나는 점을 알 수 있다.26)

---

23) 鄭紹宗, 「山戎及其文化考 ― 關于夏家店上層文化性質問題 ―」, 380쪽.
24) 『韓非子』 「說林上」의 "管仲, 隰朋從于桓公而伐孤竹, 春往冬反, 速惑失道……"에서 보면 봄에 가서 겨울에 돌아왔다고 기록되어 있다.
25) 『史記』 卷110 「匈奴列傳」 "唐虞以上有山戎", 『史記』 卷1 「五帝本紀」 (帝舜時) "南撫交阯, 北發. 西, 戎, 析枝, 渠庾, 氐羌. 北, 山戎, 發, 息愼. 東, 長, 鳥夷"
26) 杜預의 의견을 따라 山戎, 北戎, 無終을 실제로는 하나의 세력 집단으로 볼 수 있다면 이후 출현하는 北戎, 無終의 명칭과 그 존재 역시 山

D-① 僖公 10년 여름에 齊侯는 許男으로 하여금 北戎을 공격하도록
　　하였다. (杜注: 北戎은 山戎이다)[27] (『左傳』卷5 僖公 十年)
　　② 襄公 4년에 無終子 嘉父가 孟樂로 하여금 晋에 가서 魏莊子
　　　가 虎豹의 가죽을 선사한 것을 빌미로 諸戎과 화평을 청하
　　　니……公(晋侯)이 기뻐하여 魏絳으로 하여금 諸戎과 맹약을
　　　맺게 하였다.[28] (『左傳』卷14 襄公 四年)
　　③ 晋의 中行穆子가 無終과 群狄을 大原에서 격퇴하였다.[29] (『左
　　　傳』卷20 昭公 元年)

　①은 기원전 650년, ②는 기원전 569년, ③은 기원전 541년으로
모두 齊가 山戎을 벌한 이후에 발생하는 것이다. 이에 따라 본다면
山戎 세력은 결코 기원전 663년 이후 역사무대에서 사라지는 것이
아님을 알 수 있다. 이들은 중원의 燕, 趙, 齊와 각축을 벌이며 북부
의 강대한 역량이 되어 곧장 전국 중만기까지 발전하여 비로소 쇠락
하기 시작하여 3천 년의 역사를 갖추고 있다고도 한다.[30]

　戎 세력으로 볼 수 있다. 이 無終은 山戎과 같거나 혹은 그 支族으로
　보는 것이 타당한 듯하다.

27) 『左傳』卷5 僖公 十年 "僖公十年 夏, 齊侯, 許男伐北戎" (杜注:北戎,
　　山戎)

28) 『左傳』卷14 襄公 四年 "襄公四年 無終子嘉父使孟樂如晋, 因魏莊子納
　　虎豹之皮, 以請和諸戎. ……公悅使魏絳盟諸戎"

29) 『左傳』卷20 昭公 元年 "晋中行穆子敗無終及群狄于大原"

30) 張秀榮는 山戎은 조, 중, 만기의 세 시기가 있다고 분류한 후 조기는
　　西周 이전 시기로 이 시기는 중원과 교왕이 많지 않다고 하였다. 중기
　　는 춘추에서 전국 초기에 해당하는 시기로 산융족의 최흥성기이며 만
　　기는 전국 중만기에 상당하여 이 시기에 산융은 문헌 중에 기록이 적
　　고 고고발굴로 볼 때 이 시기의 기물 특징은 중원 문화의 흔적이 더욱
　　많아 기물의 혼잡과 특징이 불명확하여 이미 일부 산융이 점차 기타

山戎의 지리위치는 孤竹, 令支 등에서 그 실마리를 찾아볼 수 있
다. 춘추 시기 孤竹은 I장에서 지적한 바와 같이 현재 唐山 지역의
盧龍 일대가 된다. 令支는 孤竹 인근으로 현재 遷安 일대[31]라는 견
해가 지배적이다. 齊가 山戎을 정벌하는 과정에서 令支, 孤竹 등을
동시에 공격한 것에서 볼 때 이들 집단은 연국과는 적대 관계에 있
었던 燕의 주변국이었을 가능성을 시사한다. 또 薊縣, 玉田 일대에
있을 것으로 추정되는 無終[32] 역시 '山戎, 北戎, 無終은 기실 하나'
에 근거한다면 山戎과 밀접한 관련이 있다. 無終은 山戎이라고도 하

민족과 융합한 역사 흔적을 고찰할 수 있다고 지적한다(張秀榮, 「古山
戎考略」, 北京市文物研究所 編, 『北京文物與考古(第四輯)』, 109쪽). 이
외 靳楓毅·王繼紅, 「山戎文化所含燕與中原文化因素之分析」, (『考古學
報』 2001－1) 참조.

31) 令支는 춘추 시기 산융으로 본다. 令支城은 遼西 令支縣의 孤竹城으로
본다. 이곳은 淸代에 北直豫 遷安縣에 속하기 때문에 현재 河北 遷安
縣城 서쪽에 있다고 볼 수 있다(李學勤, 「試論孤竹」, 『社會科學戰線』
1983－2. 206쪽).

32) 『左傳』 卷14 襄公 4년 條에 의하면(위의 사료 D－② 참조) 춘추 중만
기 燕, 晉의 북쪽은 無終之戎이 있었다는 것을 알 수 있다. 李學勤은
無終의 지리위치를 현재 薊縣으로 인식하였다(李學勤, 「試論孤竹」, 206
쪽). 『國語』 「晉語 7」에서도 衛昭가 주석하기를 "無終은 山戎之國이
다."라고 하였다. 陳平은 춘추전국 시기 東胡族의 고고 문화는 遼西 지
구를 중심으로 한 남쪽 및 河北 동북부의 燕山 동단에 분포되었고 曲
刀匕首式 靑銅短劍을 대표적 기물로 한 문화이지만 춘추전국 시기, 동
으로는 하북 동북부 산구 古孤竹, 令支가 소재한 현재 河北 盧龍, 遷
安을 포괄하고 無終이 소재한 현재 河北 薊縣, 玉田과 北京 延慶, 河
北 宣化, 蔚縣, 張家口, 山西 大同, 太原 지구를 거치는 곳은, 즉 역사
상 無終戎이 활동한 지역이라고 지적하면서 여기에서 존재한 것은 直
刀匕首式 靑銅短劍을 대표로 하는 北狄文化로 東胡文化의 면모와는
분명 같지 않다고 보았다(陳平, 『燕事紀事編年會按』(上), 238~239쪽.
참조).

고[33) 山戎의 국명이라고 보기도 하며 山戎 활동의 중심[34)으로 보기도 한다. 이들 간의 관계는 현재로서는 확실하게 밝힐 수는 없지만 山戎은 이들과 일정 관계가 있을 것이며 山戎의 위치도 정확하게 추정할 수는 없으나 이들과 멀지 않는 곳에 있었을 것으로 생각할 수 있다.

한편 사료에서 나타나는 山戎 명칭에 대해 몇 가지 의문점이 든다. 위에서 든 문헌기록에 의한다면 齊桓公이 山戎을 칠 경우 그 대상은 세 가지 형태로 나타난다. ① 山戎이라고만 했을 경우, ② 孤竹, 令支라고만 명칭 했을 경우, ③ 山戎, 孤竹, 令支를 모두 칭했을 경우이다. 이에 따른다면 山戎이라는 명칭은 여러 부족집단을 통칭한 명칭, 즉 부락연맹체의 명칭이거나 아니면 孤竹, 令支와 같은 특정 정치 집단의 명칭인지는 여전히 확실치 않다. 『史記』「匈奴列傳」에서 "燕의 북쪽에 東胡, 山戎이 있다. 각각 계곡에 분산 거주하여 각자 군장이 있었으니 종종 모이면 100여 戎狄이 되기도 하지만 서로 하나의 세력으로 통합하지는 못한다."[35)라는 내용에서 볼 때도 山戎이라는 명칭은 동북 諸戎族 부락을 연합[36)한 대규모의 부락연맹 집단을 의미할 가능성이 높다.

이와 관련하여 당시 齊桓公은 霸業을 이룬 직후로 그의 권위와

---

33) 蒙文通, 『周秦少數民族研究』, 145쪽.

34) 鄭紹宗, 「山戎及其文化考－關于夏家店上層文化性質問題」, 379쪽.

35) 『史記』卷110「匈奴列傳」"燕北東胡山戎, 散居谿谷, 自有君長, 往往而聚者百有餘戎, 然莫能相一"

36) 韓嘉谷은 燕山 지구의 융적 집단은 주로 孤竹, 令支, 無終으로, 이들을 총칭하여 山戎이라 한다고 지적하고 있다(韓嘉谷, 「京津地區商周時期古文化發展的一點線索」, 中國考古學會 編, 『中國考古學會第三次年會論文集(1981)』, 文物出版社, 1984. 227쪽).

명분을 지키기 위하여 尊王攘夷를 내세워서 사방의 異族에 대하여
정벌을 행하고 이런 선상에서 燕北에 있던 융적부락을 정벌한 점을
참작해야 할 것이다. 『逸周書』「王會解」에서 孤竹, 令支를 山戎과
병렬[37]한 것은『國語』「齊語」의 ‘遂北伐山戎, 制令支, 斬孤竹’을 부
연한 것으로 王會가 지칭한 것은 대개 일종의 각 國族이 周를 朝覲
하는 열렬한 분위기를 과장하기 위한 것으로, 國族名을 열거했을 때
많게 보이기 위하여 한 國族을 나누어서 많게 한 것인데 이 때문에
孤竹, 令支, 山戎을 세 國族으로 병렬하였을 가능성이 있으며 이들
이 세 국족이 되는 증거가 되기에는 부족하다는 지적[38]은 참고할 만
하다. 사실 상말주초 孤竹은 상유민 계통으로 볼 수 있었지만 이 시
기에 이르면 단지 商代 孤竹의 古地名을 이었을 뿐 이미 이들과는
연원 관계가 없는 북방 소수민족으로 아마도 孤竹, 令支, 無終 등은
山戎 집단에 속하거나 혹은 그 支族일 가능성이 있다.[39] 현재 孤竹,
令支, 無終은 산융족이라는 견해가 지배적이다. 현재로서는 연에 침
입한 산융이 어느 형태의 집단을 지칭하는지는 아직 확실치 않으며
어느 특정 지역에 거주하는 특정 집단을 칭하거나 이들 집단의 통칭
일 가능성도 존재한다. 단 濊貊의 아래에 있었고 孤竹, 令支, 無終
등과 인근 지역에 존재하였던 것만은 확실하다.[40]

---

37) 『逸周書』 卷7 「王會解」 第59 "北方臺正東孤竹距虛不令支兮不屠何靑
　　熊東胡黃羆山戎戎菽……"
38) 陳平, 『燕事紀事編年會按』(上), 215쪽.
39) 陳平, 『燕事紀事編年會按』(上), 215～216쪽 참조; 韓嘉谷, 「燕史源流的
　　考古學考察」, 75쪽.
40) 『管子』「小匡」 "……北伐令支,斬孤竹, 二九夷始聽. 海濱諸侯莫不來服……
　　北至于孤竹, 山戎, 濊貊"

山戎에 대해서는 고고학 문화와 관련하여 매우 복잡한 논쟁의 양상을 띠고 있다.[41] 이 논쟁은 아직 해결될 기미가 보이진 않지만 분명한 것은 燕의 북쪽에는 두 계통의 문화가 병존하고 있었다는 점이다. 이들 문화는 단순히 연의 북쪽에 있던 북방 소수 종족의 문화 계통이 아니라 直刃匕首式 청동단검 문화와 曲刃匕首式 청동단검 문화라는 大문화권이 존재하였고 이러한 문화의 주체 세력은 오랜 문화적 전통과 군사실력을 갖추었을 막강한 정치 집단이었을 것으로 추정된다. 이 집단은 연국과 비교적 가까운 거리에 놓여 있으며 강력한 군대체계를 갖춘 대규모의 정치 집단인 것이 분명하기 때문에 중원 세력을 대표하는 연은 연산 지역에서 이들과 각각 대치하고 있었을 것으로 생각된다.

한편 北狄의 한 支族인 白狄 계통의 代戎, 肥子, 鮮虞 등은 太行山 東麓 지역에서 거주하였고 이 지역에 代國, 肥國, 中山國 등 白狄 국가를 건립하였다.[42] 현재 山戎과 이들과는 어떤 관계인지 역시

---

41) 山戎의 문화는 다음과 같은 두 문화 계통과 연관 지어서 논의되고 있다. ① 軍都山 묘장을 중심으로 보이는 直刃匕首式 청동단검을 대표로 하는 문화와 ② 曲刃匕首式 청동단검을 대표로 하는 夏家店上層文化이다.

42) 『史記』卷43「趙世家」"趙襄子元年. 襄子姊前爲代王夫人. 簡子旣葬, 未除服, 北登夏屋, 請代王. 使廚人操銅枓以食代王及從者, 行斟, 陰令宰人各以枓擊殺代王及從官, 遂興兵平代地. 其姊聞之, 泣而呼天, 摩笄自殺. 代人怜之, 所死地名之爲摩笄之山. 遂以代封伯魯子周爲代成君, 伯魯者, 襄子兄, 故太子. 太子蚤死, 故封其子"의 기록에 의하면 전국 초(기원전 457년)에 趙의 북쪽에는 代戎이 있었음을 알 수 있다. 『左傳』에 의하면 晋, 燕, 齊, 魯 사이에는 또한 鮮虞, 肥, 鼓 등 白狄의 별종의 戎이 있었다고 한다. 『史記』에 의하면 전국시의 趙, 魏, 燕, 齊 사이에 白狄 中山之戎이 있었다.

분명치 않지만43) 太行山 東麓에서 보이는 상말주초의 獸首, 鈴首劍의 분포범위와 直刃匕首式 청동단검의 분포범위가 대부분 중첩된다는 점으로 볼 때 연국은 그의 북방 지역의 山戎으로 대표되는 異族집단과 일정한 관계를 연출하면서 존립하였을 것이다.

그런데 몇 가지 의문점이 남는다. 山戎은 鄭, 齊 등 중원 諸國과는 비교적 적대적 관계였다. 그렇다면 燕과는 어떤 관계였을까. 山戎 세력이 그토록 강력하였고 중원 제국과 대치한 적대적 관계였다면, 그리고 山戎의 공격에 齊에게 도움을 청할 정도의 실력을 갖고 있었던 연국이 齊, 鄭의 북쪽에서 山戎과 보다 근접한 지역에서 존재하였다면 山戎은 혹 연국을 자주 공격하거나 혹은 완전히 섬멸할 수도 있었을 것이다. 그런데 연국은 여전히 그 지역에서 존립하고 있었다. 과연 山戎은 燕과 지속적으로 대치 관계에 있었을까. 이런 문제와 관련하여 山戎과 燕과의 관계에 또 다른 면모를 보여 주는 내용이 보인다.

山戎은 燕을 넘어서(越) 齊를 벌하였다. 山戎이 燕을 伐하자 齊桓公이 山戎을 伐하였고 山戎은 도망갔다.44) (『史記』卷110 「匈奴列傳」)

이는 앞에서 살펴본바 기원전 706년 山戎이 齊를 공격하는 내용

---

43) 陳平은 『戰國策』 「趙二」의 "昔者先君襄主與代交地, 城境封之, 名曰無窮之門"의 기록에 의하여 代戎은 無窮戎이며 '終'과 '窮'은 상통하여 無窮이 바로 無終으로 代戎도 無終戎이라고 이해한다(陳平, 『燕事紀事編年會按』(上), 275쪽 참조).
44) 『史記』 卷110 「匈奴列傳」 "山戎越燕而伐齊, …… 山戎伐燕 …… 齊桓公北伐山戎, 山戎走"

으로 여기에는 '山戎이 燕을 넘어('越') 齊를 공격('伐')하였다'고 기록하고 있다. 필자는 이 '越'과 '伐'이 燕과 山戎 관계를 새롭게 정립시킬 수 있는 실마리가 될 수 있다고 생각한다. 여기에서 보이는 山戎의 공격 대상은 齊에 국한되었다. 山戎의 위치가 燕의 이북에 있다면 그리고 齊, 鄭이 燕의 남쪽에 위치하고 있는 상황하에서 山戎은 어떤 경로를 통해 이들을 공격할 수 있었을까. 바로 山戎에 있어 燕은 중원으로 가는 창구[45]였을 것이다. 그런데 山戎은 燕, 齊를 '伐'하는 것이 아니라 燕을 넘어서('越') 齊를 공격하는('伐') 것이다. 여기에서 제시된 '伐'과 '越'은 분명 차이가 있다고 생각한다. 山戎은 기원전 664년 燕을 벌하지만 그 이전에 燕을 벌하는 내용은 사료상에서는 보이지 않는다. 齊, 魯가 山戎이 燕에 病이 된다고 여겼던 시기도 바로 기원전 664년에 발생한 사건으로 말미암은 것이다.

앞서 살펴본 사료에 의하면 山戎은 燕 이외의 중원 제국과는 대체로 '伐'로서 대변되는 적대 관계를 나타낸다. 그러나 중원 제국과는 달리 山戎과 燕은 '越'(假道)의 관계가 맺어졌던 것이다. 山戎이 燕을 넘어서서 齊를 쳤다는 것은 바로 燕이 山戎에게 길을 내주었다는 것을 의미한다고 볼 수 있을 듯하다. 이는 기원전 663년 齊가 山戎을 정벌하는 다음의 기록에서도 확인할 수 있다.

> 大夫 曰 齊桓公은 燕을 넘어서(越) 山戎을 伐하고, 孤竹을 치고 令支를 공격하였다.[46] (『鹽鐵論』「伐攻」)

---

45) 張秀榮, 앞글, 110쪽.
46) 『鹽鐵論』「伐攻」 "大夫曰 齊桓公越燕伐山戎, 破孤竹, 殘令支"

즉 齊桓公은 燕을 '越(假道)'하여 山戎을 '伐(공격)'하는 것이다. 물론 이때 齊가 燕을 공격한 것은 아니다. 따라서 분명 '越'과 '伐'은 차별적이다. 그러므로 山戎이 燕을 '越(넘어서)'하여 齊를 '伐(공격)'하는 기록을 무심히 넘겨 버릴 수 없다. 이에 근거한다면 山戎과 燕의 관계는 山戎과 중원 諸國과는 다른 모종의 특수 관계가 성립되었을 가능성을 나타낸다고 볼 수 있다. 더욱이 이를 확인할 수 있는 것은 山戎의 침입에 따라 중원 제국이 鄭, 齊 혹은 齊, 魯 등 일종의 연합전선을 구성하여 山戎에 대항하였는데 그 과정에서 燕은 제외되었다는 점이다. 물론 당시 燕은 山戎의 공격 과정 중에 국토를 유린당하여 약화되었기 때문에 연합구성이 불가능하였을 가능성도 존재한다. 그렇다면 적어도 山戎이 燕을 공격하거나 燕의 저항 등과 같은 내용이 한번이라도 나타났어야 할 것이다. 그러나 齊, 魯, 鄭이 山戎을 벌하는 과정에서 기원전 664년 공격 이전에는 이런 내용은 보이지 않는다. 따라서 필자는 첫째, '越(假道)'과 '伐(공격)'의 차별적 관계와 둘째, 山戎의 침입에 대한 중원 제국의 연합전선에 燕이 포함되지 않는다는 점에서, 즉 燕이 覇者 그룹에 끼어 있지 않다는 점에 의하여 山戎이나 燕의 입장에서 이들이 굳이 적대 관계에 있었다고는 여겨지지 않는다. 필경 燕은 중원 제국과 다른 형태로 山戎과의 관계를 맺고 있었을 것으로 추정할 수 있다.

그렇다면 기원전 664년 이전의 燕과 山戎의 관계는 어떠하였을까. I장에서 살펴보았듯이 燕의 분봉 지역인 燕山地域 혹은 燕山 이남 지역은 오랜 문화적 전통과 강고한 토착 세력이 거주한 지역으로 특히 燕國은 북방 문화와 중원 문화가 교차하는 중간지대에 속하기 때문에 그 문화나 정치적 機制 역시 매우 이중적이거나 혹은 重合

的인 형태를 띠고 있었을 가능성이 매우 높다. 연국은 周初에 매우 강력한 군사 식민과 문화 이식을 통하여 立國에 성공하였다. 단 강압적으로 실시되었던 立國 과정에서 토착 세력의 저항은 강고하였고 이는 지속적인 투쟁의 상황을 연출했을 것으로 추정된다. 따라서 연국이 무력기반을 상실하였다면 연국은 존립하기 위해서는 토착 세력과의 결탁 혹은 그 지역 문화 속에 동화되었을 가능성도 배제할 수 없다.

『史記』「貨殖列傳」의 "(燕에는) 魚鹽棗粟之饒가 있고 烏桓, 夫餘, 濊貊, 朝鮮, 眞番之利가 있다."47)는 기록으로 보면 연국은 북방 諸族과의 경제 관계를 형성하였을 것으로 추정된다. 齊가 燕을 탐하는 이유 중의 하나는 연의 지리적 위치의 중요성과 연의 물품인데 이것은 대부분 요동 지역에서 생산된 산물이다. 무역 관계가 연의 북방에 있었던 山戎 등 융적과의 관계에서 이루어진 것이었다면 이들과 굳이 적대 관계를 이룰 필요가 없을 듯하다. 더욱이 軍都山 묘장에서 드러난 매우 체계화된 사회조직을 갖춘 일정 정치 세력과 夏家店上層文化로 대표되는 燕山 이북의 강력한 정치 집단은 당시 晉, 齊, 鄭, 魯 등 중원 제국을 수시로 공격할 정도로 중원 제국과 대치 국면에 있었다고 했을 때 산융 집단이 연국을 만약 이들 중원 제국과 동일한 대상으로 여겼다면 연국 역시 시종 공격 대상이 되었을 것이다. 따라서 山戎을 대표로 한 북방 융적과 연국은 모종의 관계를 수립하고 있었을 것으로 생각된다. 그렇다면 춘추 시기 尊王攘夷를 내세우던 중원 제국과 연국은 동일한 마인드를 간직하고 있었을

---

47) 『史記』 卷129 「貨殖列傳」 "有魚鹽棗粟之饒北嶺烏桓夫餘東綰濊貊朝鮮 眞番之利"

까. 異族을 막아내는 최전방의 임무를 연국은 수행할 수 있었으며 또한 하고자 했던 것이었을까.

山戎 세력과 太行山 東麓 지역의 白狄 세력 등의 존재는 당시 연국이 중원으로 향하는 통로를 차단[48]하였을 가능성이 매우 높다. 더욱이 주왕실의 쇠락과 각 제후국의 할거 등은 서주왕실 혹은 중원 제후국이 연국을 원조할 수 없었던 상황이었을 것이다. 특히 북방에서 山戎은 중원 제국과 각축을 벌이고 있으면서도 연국이 제외된 사실은 결과적으로 당시 연국이 공격의 대상에서 제외된 약소국이었거나 혹은 山戎과 모종의 관계를 형성하였을 가능성을 보여 준다. 이상의 상황으로 본다면 연국은 山戎族으로 대표되는 燕의 북방, 즉 燕山 지역의 諸 세력과의 관계에서 결코 유리한 고지를 점하지 못하였던 것 같다. 특히 당시 중원에서는 제후국 각자의 상황은 결코 이들로부터 구원을 청할 처지에 있지는 않았을 것이다. 결국 이는 춘추 시기 覇者의 출현 이후에나 주변의 異族에 대한 견제가 가능했을 것으로 생각된다.

기원전 664년 발생한 山戎과 燕과의 관계 변화의 원인은 현재로서는 고찰할 수 없다. 단 이들 戎狄과 연국과의 관계는 이번 사건으로 완전하게 변화하지는 않았을 것으로 생각된다. 비록 이 사건의 수습이 燕을 내세워 북방 융적을 막고 스스로의 존립을 구하고자 했던 齊, 魯 등 기타 중원 제후국에 의해 이루어졌고 그들 관계가 변화되었을 것은 분명한 사실이다. 그러나 과연 이후 燕이 중원 제 세력과 바로 親緣關係를 이루고 있었던 것일까. 山戎 세력은 이후

---

48) 李學勤, 「燕」, 『東周與秦代文明(增訂本)』, 文物出版社, 1983. 86쪽.

燕과는 절연된 것일까.[49] 山戎의 침입이 춘추 시기 연국에 있어 매우 획기적 사건이었음에는 분명하다. 그렇다면 이 사건 수습 이후 燕에는 어떠한 변화가 발생하였을까. 다음에서 살펴보기로 하겠다.

2) 中原 諸國과의 關係

앞 절에서 살펴본 바에 의하면 연국은 기원전 664년 山戎의 침입 이전에는 이들 제 융적부락과 밀접한 관계를 연출하고 있었을 것으로 추정된다. 그렇다면 연국과 중원 제국과의 관계는 어떠하였을까. 이를 고찰하는 데에는 사료의 부족과 난해함[50]이라는 적지 않은 어려움이 따른다. 하지만 山戎의 침입은 연과 中原과의 관계에서도 커다란 지각변화를 일으킨 것만은 분명하다. 이는 齊가 山戎을 정벌한 이후 燕에 내린 명령에서 분명하게 나타난다.

> E-① 莊公 27년 山戎이 우리 연국을 침입하였다. 齊桓公이 燕을 구해 산융을 북벌하고 돌아왔다. 燕君은 齊桓公을 배웅하여 국경까지 나갔다. 桓公은 燕君이 이른 곳까지를 떼어 주었고 연으로 하여금 천자를 받들어 조공하고 成周시의 지분처럼 연으로 하여금

---

49) 무공 5년(기원전 569년)에 『史記』卷14「十二諸侯年表」晋表; "魏絳이 戎, 狄에게 유세하여 狄이 晋에 朝覲하였다."고 하였다. 또 『左傳』襄公 4년에 "無終子 嘉父가 孟樂으로 하여금 晋에 가게 하여 魏莊子가 虎豹之皮를 들인 것으로 인하여 諸戎과 화평을 청하였다."는 기록이 있다. 杜預는 無終은 山戎의 國名이며 孟樂은 그 사신이라고 보았다.
50) 춘추 시기 연국 기사는 北燕과 南燕의 사료가 혼재되어 있어 이에 대한 구분조차도 현재 정확한 설이 없는 실정이다.

召公之法을 수복케 하였다.51) (『史記』卷34 「燕召公世家」)

② 桓公이 말하기를 천자가 아니라면 제후는 서로 국경에 나와
   배웅할 수 없음에 내가 연에 無禮할 수 없으니 이에 경계를
   그어 燕君이 이른 곳까지를 떼어서 燕에게 주고 연국에게 召
   公之法을 수복할 것을 명하노니 周에 공납하고 成康之時와 같
   이 하게 하였다.52) (『史記』卷32 「齊太公世家」)

③ ……桓公이 실제로 산융을 북벌하자 管仲은 이로 인하여 연
   에게 召公之政을 따를 것을 명하였다.53) (『史記』卷62 「管晏
   列傳」)

④ 齊桓公이 처음 伯이 되었는데 翟人이 燕을 벌하였다. 桓公은
   연을 위해 翟을 북벌하고 이에 孤竹에 이르렀다. 돌아와서 燕
   君으로 하여금 召公職을 수복케 하였다. 桓公이 돌아감에 燕君
   이 桓公을 배웅하여 齊地 160리까지 들어가자 …… (환공이) 燕
   君이 이른 곳까지 나누어서 주었으며,…… 54) (『新序』「春秋」)

⑤ 桓公이 산융을 북벌하자 管仲은 이로 인해 연으로 하여금 召
   公之政을 수복시킬 수 있었다.55) (『管子』「劉向序」)

---

51) 『史記』卷34 「燕召公世家」 “莊公二十七年. 山戎來侵我, 齊桓公救燕, 遂
    北伐山戎而還. 燕君送齊桓公出境. 桓公因割所至地予燕, 使燕共貢天子,
    如成周時職, 使燕復修召公之法”

52) 『史記』卷32 「齊太公世家」 “桓公曰非天子, 諸侯相送不出境, 吾不可以
    無禮于燕, 于是分溝割燕君所至與燕, 命燕國復修召公之法, 納貢于周,
    如成康之時”

53) 『史記』卷62 「管晏列傳」 “…… 桓公實北征山戎而管仲因而令燕修召公之政”

54) 『新序』「春秋」 “齊桓公之始伯也, 翟人伐燕, 桓公爲燕北伐翟, 乃至于孤
    竹, 反而使燕君復召公職. 桓公歸, 燕君送桓公入齊地百六十里, …… 乃
    割燕君所至而與之……”

55) 『管子』「劉向序」 “桓公北伐山戎, 管仲因而會燕修召公之政”

여기에서 주목해야 할 부분은 바로 연을 구원해 준 당시 覇者의 위상을 가진 齊가 연에게 **"召公之政(召公之法)을 수복할 것을 명하는 것"**이다. 여기에는 다음과 같은 세 가지 시사점이 있다고 생각한다.

첫째는 연과 중원과의 관계이다. 여기에서 가장 중요하고도 분명한 점은 산융 침입 이전에 연은 召公之法을 수행하지 않았다는 것을 역설적으로 볼 수 있다는 점이다. 왜 이런 상황이 연출되었는가. 유리하 유지의 검토를 통해 봤을 때도 연국 분봉 초기에는 召公之法, 즉 중원의 제후 분봉국으로서의 역할을 다하였을 것이다. 그러나 일정시간이 지나고 적어도 山戎 침입 이전까지 연국은 분봉 초기에 행해지던 召公之法의 수행을 포기할 수밖에 없는 상황이 연출되었을 가능성이 있다. 이는 서주의 대분봉국으로 立國하였지만 중원의 제후국과 같은 봉건체제 혹은 중원적 질서 속에서 존립하지 못하였을 가능성을 의미한다. 그렇다면 이 당시 연의 존재형태는 어떠하였을까. 중원적 질서 속에서 존립할 수 없었지만 분명 燕山地域 내에서 미약하나마 존재하고 있었을 연국은 어떤 형태의 역사가 진행되었던 것일까.

이와 관련하여 두 번째 시사하는 바는 연과 북방 戎狄과의 관계이다. 앞에서 지적한 중원과 연과의 관계가 서주 초기 연국 분봉 당시의 상황과는 다르게 전개되었다면 그 배경에는 분명 이 지역 문화와 토착 세력 및 북방 제융적과 밀접한 관계가 있었기 때문으로 보인다. **'伐'** 및 **'越'**과의 관계를 통해 고찰한 바에 의하면 山戎과 燕과의 관계는 기타 중원 제국과의 관계와는 달랐다. 즉 연국의 주체 세력은 燕山 이북 지역과 軍都山, 太行山 기슭에 거주한 諸戎狄 세력과 토착 세력 속에서 이들과는 다른 이질 문화적 전통을 가진 소

수의 세력이었다. 더욱이 이 지역의 토착 세력이든 북방 융적 세력
이든 모두 강력한 문화적 전통과 세력을 갖고 있었고 立國 과정에
서 강압적 식민정책을 행사한 연국은 이들의 강력한 저항을 만나게
되었던 것이다.

　강고한 이질 문화권 속에서 연국이 존립하기 위해서는 강력한 군
사력으로 무장하였을 것이다. 유리하 유지 黃土坡 묘장에서 나온 수
많은 병기류의 존재는 연국 분봉 초기에 무장력의 존재를 보여 준
다. 그러나 서주 왕실의 지원 약화와 소수의 연국 주체세력으로는
이를 막아내기에는 끝내 역부족이었을 가능성이 있음을 살펴보았다.
따라서 연국이 이들 세력의 저항 속에서 끝까지 존재하였다는 것은
연국의 주체세력이 토착 세력 혹은 북방 융적 세력과 일정한 결탁을
통해서만이 그 명맥을 유지했을 가능성이 있었을 것으로 보인다. 당
시 중원의 정세로 볼 때 중원 제국의 도움을 얻기는 매우 어려운
상황이었다. 즉 諸 융적 속에 둘러싸인 燕은 중원으로 향하는 통로
를 차단당했을 가능성이 높고 더욱이 이 시기는 각 제후국이 각자의
분봉지에서 개국의 기틀을 다지는 시기였다는 점, 또한 연국이 중원
에서 먼 곳에 위치하고 있었다는 점에서 볼 때 중원 제국의 지원은
사실상 어려웠을 것으로 추정된다. 결국 춘추 시기 연국은 고립된
상황하에서 산융 침입 이전에는 분명 북방 제융적과의 관계에 역점
을 둘 수밖에 없었을 것이다. 이와 같은 상황에 비추어 볼 때 대분
봉국 연국은 북방 諸 융적 세력 속에서 이들을 제압할 정도의 실력
을 구비하지 못한 채 이들 속에서 간신히 명맥을 유지하고 있었을
것으로 추정된다. 이것은 서주 중기 이후부터 춘추 중기까지는 연국
의 실체가 중원인들에게는 거의 드러나지 않게 된 이유였고 드러난

모습은 주로 융적과의 관계에서 매우 곤란을 당하고 있었던 것으로 비쳐졌을 가능성이 있었다고 볼 수 있다.

바로 이런 입장에서 봤을 때 召公之法의 修復은 또 다른 시사점을 준다. 이는 바로 춘추 시기 연국 연구를 더욱 곤란하게 만드는 연국 관련 사료 분석의 난해함에 대해 어느 정도 해결의 실마리를 제공한다는 점이다. 즉 세 번째 시사하는 바는 바로 춘추 시기 연국에 관련한 사료의 검토문제와 연결된다. 춘추 시기에 관련된 연국 사료는 그것이 召公이 봉해진 北燕에 해당되는 내용인지 혹은 姞姓의 南燕56)에 관계된 것인지 확실하지 않다. 대부분 山戎 침입 이전의 사료를 南燕이라고 고증한 것이 많은데 이는 당시 北燕은 중원에서 멀리 떨어진 곳에 위치하여 燕과 중원 제후국과의 관계가 긴밀할 수 없어 이 시기 燕이라 칭한 것은 대부분 南燕이 될 수밖에 없다고 인식한다. 그러나 이와 같은 南燕, 北燕을 정하는 기준이 모호하며 또한 이들 간의 관계에 대해서도 선학자들 역시 꽤 많이 혼란스러워했던 것만은 분명한 듯하다.57) 현재 南燕, 北燕 기사라고

---

56) 南燕, 北燕에 관해서는 여러 의견이 있다. 童書業은 南燕은 춘추 전기에만 보이고 北燕은 춘추 후기에만 보여 아마도 전후로 서로 이어서 北燕은 南燕의 餘支가 北遷한 것으로 보았다(童書業, 『春秋左傳研究』, 上海人民出版社, 1980. 243~245쪽 참조). 陳平은 南燕과 北燕은 무관하며 이 둘에 燕稱이 있는 이유는 偃姓之民의 遷徙, 居留와 직접 상관된 것으로 그들이 옮기는 것에 따라 머무르던 곳을 명칭한 결과로 南燕(姞姓)과 北燕(姬姓)은 단지 예부터 있던 舊名을 계속하여 사용하였기 때문으로 인식하였다(陳平, 『燕事紀事編年會按』(上), 80~81쪽).

57) 陳平은 이에 대하여 杜預의 경우에는 『左傳』隱公 5년의 "衛人以燕師伐鄭……", 莊公 19년, 20년의 "……五大夫封子頹以伐王, 不克, 出奔溫, 蘇子封子頹以奔衛, 衛師, 燕師伐周, 冬, 立子頹, ……莊公二十年春, 鄭伯和王室不克執燕仲父"에서 나오는 燕을 모두 南燕으로 보았는데 그

규정한 것을 그대로 따를 수는 없으며 연국의 구체적 상이 분명하게 드러날 때 이것이 밝혀질 수 있을 것이다. 다만 당시 北燕이 戎狄 속에 있었고 또한 중원 제국과 단절된 정황을 고려해 볼 때 연국의 위상이 매우 약하여 會盟이나 周王을 모살하려는 계획에 참가할 수 없었을 것으로 추정된다.[58] 어찌되었건 召公之法의 수복은 그 이전에는 北燕과 중원 제국과의 관계가 거의 단절되었음을 의미하기 때문에 이는 南燕, 北燕 관련 사료의 검토에 일정한 실마리를 제공한다고 볼 수 있을 것 같다.

한편 北燕이라고 분명하게 밝힌 사료의 존재는 山戎 침입 이후 연국에 대해서도 어느 정도 추정해 볼 수 있는 실마리를 제공한다. 최초의 '北燕' 기사는 기원전 545년 『左傳』 襄公 28年의 "襄公二十

이유는 바로 "北燕路遠而南燕路近"로 이에 근거하여 北燕이 국력이 약하여 春秋 조기에 중원의 각국과 경쟁하지 않았다는 점과 南燕은 衛와 가까워 衛에 의지하였기 때문에 衛의 前驅가 될 수밖에 없었다는 점이라고 지적하고 있다(陳平, 『燕事紀事編年會按』(上), 66쪽). 그러나 『史記』의 「索隱」을 쓴 唐人 司馬貞의 경우에는 杜預가 본 南燕을 모두 燕으로 보았는데 그 이유는 燕, 衛가 모두 姬姓이기 때문에 周를 벌하고 王을 들인 일이 있을 수 있으며 南燕은 外人으로 姞姓의 小國이므로 姬姓 왕실 天子의 廢立과 같은 大事는 姞姓 燕國은 근본적으로 참여할 수 없다는 것이 그 이유였다고 정리하고 있다(陳平, 『燕事紀事編年會按』(上), 198~199쪽 참조).

58) 周王(惠王)을 모살하려는 내용은 앞의 주 57)의 『左傳』 莊公 十九年條 (기원전 675년)의 내용 참조. 常征은 이 기사 내용은 착오라고 인식한 다. 당시는 산융의 최강성기이며 산융 침입으로 인해 연이 천도하였는 데 북방을 향하지 못하고 남쪽을 향한 이유는 바로 山戎이 강성하였기 때문이며 이처럼 연의 장공시기는 매우 곤란하였기 때문에 주왕실 내분에 간여할 수 없었다고 보았다(常征, 『古燕國史探微』, 聊城地區新聞 出判局, 1992. 234쪽 참조).

八年, 夏, 齊侯, 陳侯, 蔡侯, **北燕伯**, 杞伯, 胡子, 沈子, 白狄朝于晋, 宋之盟故也”로 여기에서 北燕伯은 召公이 봉해진 燕을 지칭함에는 틀림없다. 이 외에도 산용 침입과 관련된 내용 등 召公封燕의 燕과 관련된 사료에 근거하면 적어도 산용 침입 이후부터 연국과 중원 제국과의 관계를 풀어낼 수 있을 것으로 생각된다. 사실 南燕, 北燕이 든 산용 이전의 연국 관련 사료를 통해 보더라도 산용 침입 이전에 는 연국과 중원 제국과의 관계는 중원 제국들 간의 긴밀한 연관 관계에 있었던 것에 비해 매우 미약하게 나타난다.

이상의 분석을 통하여 다음과 같은 내용을 추정할 수 있었다.

첫째, 산용 침입과 그로 인한 燕, 齊 관계로부터 시작된 연국은 이 사건이 하나의 분기점을 이루어 점차 중원으로 진출하게 된다. 연이 분명 大分封國으로 立國하였으나 山戎 등으로 대변되는 북방 제족과 태행산 동록의 백적 세력 및 토착 세력의 존재는 立國 이후 연이 지난한 과정을 거치고 있었음을 대변할 것이다. 특히 강력한 산용은 연으로서는 결코 물리칠 수 없는 세력이었음을 의미한다. 齊 桓公이 연에게 말한 召公之法의 수복은 결국 이런 맥락에서 이해될 수 있으리라 생각한다.

둘째, 연은 당시 중원 제국과는 다른 역사가 진행되었을 가능성이 높으며 중원 제국과의 관련성 역시 긴밀하지 않았다. 결국 연이 북 방 제융적과 주로 관련을 맺었다는 것을 바로 이 대목에서 찾을 수 있으리라 생각한다.

따라서 山戎 침입을 기점으로 연은 중원 제국으로 再編入하게 된 계기가 된 것으로 추정해 볼 수 있다. 물론 이후 山戎 세력은 여전 히 존재하고 있었고 연과 중원 제국의 관계가 이 사건을 계기로 급

격히 밀접해지는 것은 아니다. 일정 시간이 흐른 후에 연은 중원 제국 특히 齊와 晉과의 긴밀한 관계가 이루어졌던 것이다. 당시 晉과 齊는 강국으로 연의 內政에도 일정하게 관여하고 있다.

그렇다면 이와 관련하여 齊의 산융 정벌 이후 연은 중원 제국에 어떻게 재편입되는가. 연과 齊의 기록된 관계에서 비교적 큰 사건은 이로부터 거의 100여 년이 흐른 후로 연의 23대 文公 3년(기원전 552년)에 발생한 사건이다.『左傳』襄公 21년에 "齊侯는 慶佐를 대부를 삼고 다시 公子 牙의 黨을 토벌하여 公子 買를 句瀆之丘에 잡아 두었다. 公子 鉏는 (魯로) 도망 왔고 叔孫還이 연으로 도망갔다"59)라고 하였다. 이들 牙, 買, 鉏 세 명은 모두 齊의 公族으로 莊公이 친척을 축출하는 것을 말하는 것이다. 이 사건은 아마도 꽤 파장이 컸던 것으로 보이는데 傳世 靑銅器인 <庚壺>에 이 사건이 나타난다.60) 銘文의 내용으로 볼 때 器의 주인인 庚將은 齊師와 百餘乘의 배를 이끌고 河를 넘어서 燕의 일정 지역을 단숨에 伐하고 심지어 여러 명을 사로잡고 죽이는 사건이 기록되어 있어 아마도 齊, 燕 양국 간의 戰取功伐과 유관한 일을 기록한 것으로 추정된다.61) 기사 중에 보이는 '唯王正月初吉丁亥'를 통해 張政烺은 <庚

---

59) 『左傳』 卷16 襄公二十一年 "齊侯使慶佐爲大夫, 復討公子牙之黨, 執公子買于句瀆之丘, 公子鉏來奔, 叔孫還奔燕"

60) 『殷周金文集成』 15.9733 "唯王正月初吉丁亥, 殷王之孫, 右師之子, 武叔曰庚, 擇其吉金, 以鑄其朕壺, …… 庚率百乘 舟, 大擧從河以亙伐燕□丘, 殺其□□□□, 𣪊者俘□□□□□其士女, □𦔻舟□□丘, □牡于梁, 歸獻于靈公之所, 賞之以兵介車馬. 庚戌陸寅, 其王馴虢方綾□相乘牡釗不□, 其王乘牡與以□燕師……"

61) 張政烺, 「庚壺釋文」, 文化部文物局古文獻研究室　編,『出土文獻研究』, 文物出版社, 1985.

壺>를 齊 莊公 2년에 만들어진 것으로 추정하고 있다. 이는 바로 齊 莊公 2년(燕 文公 3년)인 기원전 552년의 일인 듯하다고 陳平은 지적한다.[62] 그런데 『左傳』, 『史記』 등으로 볼 때 이 해 및 이 해로부터 10년 전까지는 모두 齊가 대규모의 군대를 이끌고 燕을 벌한 기사가 없다. 이 기재에서 齊가 燕을 벌한 전쟁은 사적에서 없어진 내용으로 볼 수 있다. 또 齊의 叔孫 環이 燕으로 도망간 기사는 齊 莊公 2년, 燕文公 3년의 일이 되는데 <庚壺>명문 내용이 齊가 叔孫 還이 燕으로 도망갔기 때문에 燕을 벌한 것인가는 아직 단언하기 어렵다. 다만 이 해에 제가 연을 공격하는 내용 등의 사건은 어찌되었건 이미 연이 중원 제국과의 관계가 밀접해지고 있었음을 잘 보여 준다.

　　晋과의 관계도 보이는데 앞서 든 기원전 545년인 魯襄公 28년, 燕懿公 北燕伯[63]이 여러 중원 제후들과 함께 晋에 朝覲하는 내용은 단지 연이 제와의 관계뿐 아니라 이미 연이 중원 각국과의 관계를 통하여 중원에 편입하고 있었던 것을 보여 주는 예라 할 수 있다.

　　더욱이 다음의 惠公(簡公)[64] 시기의 연국 내의 정치적 암투에는

---

62) 陳平, 『燕史紀事編年會按』(上), 227～228쪽.

63) 北燕伯이 누구인가에 대해서는 懿公과 惠公의 의견이 있다. 陳平은 죽지 않은 의공이라고 보았다(陳平, 『燕事紀事編年會按』(上), 230쪽 참조).

64) 역대 북연국 諸君 중에 주 령왕 27년에 죽은 燕懿公을 계승하여 세워진 자는 『史記』「燕世家燕世家」, 「십이제후년표」에서는 惠公이라 칭하고, 『左傳』昭公 3년에서는 齊로 도망간 이름이 款인 簡公으로 칭해져서 문제가 복잡하다. 이 諡號 문제에 대해서 梁玉繩은 『史記』에서 惠公이라 한 것이 오류로 『左傳』을 따라 簡公이라고 해야 한다고 지적하였는데 그 오류의 원인은 혜공과 간공의 위치가 전도되었기 때문으로 보았다. 이러한 의견은 대체로 일치된 긍적적 견해로 常征 역시 惠公

이들 齊, 晉이 깊숙이 관여하는 내용이 보인다.

    F-① 齊의 高止가 도망왔다.65) (『史記』卷34 「燕召公世家」)

     ② 소공 3년이다. 燕 簡公은 嬖寵이 많아 여러 대부들을 제거해서
        그 총애하는 자를 대부로 삼고자 하였다. 겨울에 燕大夫는 서
        로 짜고서 簡公의 총신을 죽이니 簡公이 겁을 먹고 齊로 도망
        갔다. 經文에 北燕伯 款이 제로 달아났다고 말한 것은 그에게
        죄가 있음을 나타낸 것이다.66) (『左傳』卷20 昭公 三年)

     ③ (惠公) 6년에 惠公은 총애하는 寵姬가 많아 公이 제 대부를 제
        거하고 그 총희 宋을 세우고자 하였다. 대부가 모두 함께 姬宋
        를 주살하니 혜공이 놀라서 齊로 달아났다.67) (『史記』卷34「燕
        召公世家」)

     ④ 燕 惠公은 9년에 사망하였다. 당시는 주 경왕 9년이며 노 소공
        6년이며 제 경공 12년, 진 평공 22년이다. 燕表: 齊가 우리를
        벌하였다. 齊表: 공이 진에 가서 연을 벌하고 그 군을 들일 것
        을 청하였다. 晉表: 제경공이 와서 연을 벌하고 그 군을 들일
        것을 청하였다.68) (『史記』卷14 「十二諸侯年表」)

     이 簡公으로 4대 후의 簡公이 惠公으로 위치의 전도를 주장하였다. 常
     征, 「古燕國史探微」, 277쪽; 그런데 陳平은 『左傳』, 『史記』 모두 맞는,
     즉 北燕伯 款의 시호는 본래 '簡惠公'이었을 가능성이 높으며 각기 간
     칭하여 簡公, 惠公이라 하였다고 주장하였다(陳平, 『燕事紀事編年會按』
     (上), 242~246쪽 참조).

65) 『史記』卷34 「燕召公世家」 "齊高止來奔"

66) 『左傳』卷20 昭公 三年 "昭公三年, 燕簡公多嬖寵, 欲去諸大夫, 而立其
    寵人. 冬, 燕大夫比以殺公之外嬖. 公懼, 奔齊. 書曰; 北燕伯款出奔齊 ,
    罪之也"

67) 『史記』卷34 「燕召公世家」 "六年, 惠公多嬖寵姬, 公欲去諸大夫而立寵
    姬宋. 大夫共誅姬宋, 惠公懼, 奔齊"

⑤ 4년에 齊의 高偃이 進에 가서 함께 연을 벌하여 그 군을 들일
것을 청하니 진 평공이 제와 함께 연을 벌하고 혜공을 들일 것
을 허락하였다. 혜공이 연에 이르러 사망하자 연은 悼公을 세
웠다.69) (『史記』卷34 「燕召公世家」)

①에서 보이는 사건은 燕惠公 원년인 544년에 발생한 것이다. ②,
③의 사건은 惠公 6년인 기원전 539년에 발생한 燕의 내부 암투 관
계를 기록하고 있다. 이런 연의 내부 암투 관계에 晋과 齊가 적극
개입하는 모습은 ④, ⑤의 사료에서 보이며 이는 기원전 536년이다.
이 일은 燕惠公과 卿大夫 간의 투쟁으로 惠公이 齊로 도망가고 晋,
齊가 연합하여 燕에 惠公을 다시 들일 것을 모의하게 되었는데 이
를 燕의 卿大夫가 막으려고 悼公을 세우게 되는 사건이다.70)

---

68) 『史記』卷14 「十二諸侯年表」 "燕惠公九年盡. 當周景王九年, 魯昭六年,
齊景公十二年, 晋平公二十二年. 燕表: 齊伐我. 齊表: 公如晋, 請伐燕.
入其君. 晋表: 齊景公來, 請伐燕. 入其君"

69) 『史記』卷34 「燕召公世家」 "四年, 齊高偃如晋, 請共伐燕, 入其君, 晋平
公許與齊伐燕入惠公. 惠公至燕而死, 燕立悼公"

70) 陳平에 의하면 悼公(26대) 즉위년인 기원전 536년은 燕惠公 9년이며
魯昭公 6년이다. 이해에 悼公은 즉위하였다. 惠公이 魯昭公 3년에 齊
로 도망간 때부터 魯昭公 6년 12월에 齊軍이 燕을 벌하기 전의 3년여
시간에 燕國은 군주가 없었다. 國政은 諸大夫가 공동으로 집정하여 齊
가 燕을 벌하기 전 燕은 新君을 세우지 않아 齊가 비로소 군대를 일으
켜 燕을 벌하여 燕簡公을 들이는 일을 할 수 있었다. 晋平公도 통쾌하
게 중원 맹주의 신분으로서 燕을 벌하여 君을 들이는 행렬에 참가하는
것에 동의할 수 있었던 것이다. 만일 燕이 魯昭公 3년에 新君을 세웠
다면 晋, 齊도 魯昭公 6년 12월의 공동으로 燕을 벌하여 君을 들이는
것을 거행할 수 없었을 것이라고 보았다. 燕國 내의 집정 제대부를 변
화시킨 돌발적 요소가 바로 魯昭公 6년 겨울 晋, 齊가 君을 들이고 燕
을 벌하게 한 것으로 연국의 제집정대부는 결코 惠公이 돌아와 복벽할

154

이 사건을 증명할 내용이 馬王堆 3호 묘에서 출토된 帛書 <春秋事語>에서 보인다. 그중에 "연대부 자□가 군대를 거느리고 진나라 사람을 막아 승리하였다. 돌아와서 음탕하였고 향락에 빠졌다. …… 11월이 되었다. 진나라 사람이 연의 남쪽을 □하여 연나라사람을 대패시켰다.[71]"라고 되어 있는 문장이 있는데 이는 아마도 晋, 齊가 燕을 벌하여 簡公을 들이려고 한 일과 관계된 것으로 볼 수 있다.[72]

아마도 이런 사건은 연국이 중원 再編入과 관련하여 중요한 작용을 하였을 것으로 보인다. 齊, 晋과의 관계는 이외에도 발견된다. 晋과도 29대 簡公 5년인 기원전 500년에 『左傳』에 의하면 "……晋人이 涉陀를 죽이니 成何가 燕으로 도망갔다."[73]는 기록이 있다. 또 30대 獻公 3년인 기원전 490년 『左傳』 哀公 5년의 기록에서는 "齊 燕姬生子, 不成而死"라고 하였다. 이는 燕과 齊가 혼인 관계에 처하였음을 알려 준다. 또 獻公 13년인 기원전 480년에는 『左傳』 哀公 15년에 의하면 『左傳』 哀公 15년에 의하면 "齊의 高無丕가 北燕으로 달아났다."[74]라고 기록되어 있다.

이상의 기록들에서 볼 때 연국은 기원전 500년을 전후로 중원 제국과의 활발한 관계가 이루어지고 있음을 알 수 있다. 비록 齊, 晋의 관계가 주된 내용이지만 이 두 국이 춘추 시기 중원 제후국을 대표

것을 양보할 수는 없었기 때문에 급하게 新君 燕悼公을 세운 것으로 보았다(陳平, 앞글, 252~253쪽 참조).

71) <春秋事語> "燕大夫子□率師以御晋人, 勝之. 歸而飮至而樂. ……處十一月, 晋人□燕南, 大敗燕人."

72) 張政烺, 「<春秋事語>解題」, 『文物』 1977-1, 38쪽.

73) 『左傳』 卷28 定公 十年, "晋人邃殺涉佗, 成何奔燕……"

74) 『左傳』 卷30 哀公 十五年 "齊高無丕出奔北燕"

할 정도의 강국이었음을 염두에 둘 때 연국의 활약은 이전 시기에 비교한다면 매우 두드러졌다고 볼 수 있다. 齊, 晉과 燕의 관계는 특히 당시 春秋 覇者였던 齊, 晉를 견제하기 위한 수단으로써 연은 좋은 대상이었을 가능성이 있다. 이런 정황은 전국 시기에 들어간 이후 분명하게 나타난다. 따라서 춘추 시기 연국은 중원과의 관계가 거의 단절되었지만 齊의 도움으로 겨우 명맥을 회복한 연국이 중원과의 관계를 미약하나마 재개하게 되면서, 또 당시 중원의 역학 관계 변화에 따라 연국의 중원 진출이 점차 이루어지게 된다고 볼 수 있다.

2. 燕山地域 文化의 構成과 特徵

서주 시기와 달랐을 연국 주변의 戎狄 세력 및 中原 諸國과의 대외 관계의 변화는 춘추전국 시기 연국 문화에 어떠한 변화상을 초래하였을까. 북방 융적 세력의 발호와 南下, 연국과의 관계 등으로 볼 때 이들 문화의 상호 교류와 접촉은 불가피하였을 것이며 그것이 연국 문화에 미쳤을 영향력은 지대했을 것으로 보인다. 또한 중원 제국과의 일정 시간의 단절은 연국 성립 초기 중원적 성격을 견지한 姬燕文化의 계승에 모종의 변화를 초래하였을 것으로 추정된다. 이와 같은 연국 주변 세력의 변화와 관계는 연국 문화에 어떠한 파장을 야기하였던 것일까? 더욱이 기원전 663년 이후 점차적인 중원과의 관계 재개는 연국 문화에 상당한 변화상을 예상할 수 있다. 또한 張家園上層文化로 대변되는 서주 시기 永定河 남북 일대의 이 지역 토착 세력의 문화에는 어떠한 변화가 있었을까. 춘추 시기 연국의 문화를 고찰하는 것은 이상과 같은 일련의 문화의 변화 과정을 이해하기 위해서, 또 춘추 시기 연국을 이해하기 위한 하나의 관건이 될 것으로 예상된다. 따라서 서주 중만기 이후 燕山地域 일대에서 보이는 문화의 면모를 검토하고 이와 함께 춘추 시기 연문화의 면모를 살펴보기로 하겠다.

1) 玉皇廟文化(軍都山 一帶)

연국이 立國한 시기에 永定河 이북의 北京 일대에서는 薊國이 존립하고 있었다. 이들 문화가 어떤 형태인지 정확히 알 수는 없다. 단 昌平 白浮墓가 薊國 혹은 箕國과 일정한 관련이 있는 것이라면, 이들 문화는 이른바 오르도스 계통의 獸首形 短劍 및 북방식 銅牌飾과 장식 등의 존재로 볼 때 북방 戎狄 계통에 속할 가능성이 매우 높다. 한편 永定河 이북에서는 연국 성립 직후에 張家園上層文化가 만연하고 있었다는 것은 앞에서 이미 지적한 바 있다. 그런데 서주 만기부터 시작하여 북경 일대에서는 張家園上層文化와도 다른 문화가 발생하였다. 이른바 玉皇廟文化 혹은 山戎 문화로 지칭되는 이 문화의 면모를 軍都山 묘장의 출토정황을 통해 살펴보기로 하겠다.

北京市 서북부에 위치한 延慶 분지 북부의 軍都山 남록에서 반경 50㎞ 범위 내에 있는 延慶縣 일대의 葫蘆溝, 西梁垸, 玉皇廟 세 곳에서 春秋時期와 春秋戰國之際의 文化 묘장 500여 좌를 정리하였고 각 종류의 문물 1만여 건이 출토되었다.[75) 여기에서는 다음과 같

은 특징을 볼 수 있다.

 첫째, 墓葬 형태와 葬俗이다. 葫蘆溝, 西梁垙, 玉皇廟 묘지의 묘장
형태는 배열에 질서가 있고(玉皇廟, 葫蘆溝) 東西 방향의 밀집된 長
方形 竪穴土坑墓로 墓道, 腰坑, 壁龕이 없다. 葬式은 보편적으로 單
人의 仰身直肢葬, 頭東足西가 된다. 이 문화의 葬俗 중 가장 특징적
인 것은 殉牲 습속과 覆面 습속이다. 玉皇廟의 60%, 葫蘆溝와 西梁
垙 묘지는 25%는 殉牲이 있다. 狗, 羊, 牛, 馬 중 殉狗 현상이 가장
보편적이다. 특징적인 것은 頭, 身과 四肢 등을 부분적으로 肢解한
후 頭와 腿部만을 상징적으로 사용하는 점이다. 覆面 습속은 玉皇廟
묘지 ⅓, 西梁垙 묘지 ¼, 葫蘆溝 묘지 ⅙의 묘장이 死者 얼굴 부위
에 覆面 銅扣 裝飾物을 남겼는데 銅扣(단추와 같은 장식물)는 종종
死者의 앞이마, 눈의 움푹 들어간 곳, 코끝에서 턱 사이에서 나오며
혹은 아래 턱골 부근에서 떨어지기도 하는데 아마도 死者는 원래 麻
布類의 방직물로 꿰매서 만든 覆面布가 있었고 이런 종류의 小銅扣
는 응당 覆面布 위에 장식물로 붙어 있었던 것으로 추정할 수 있다.
 다음으로는 수장 기물의 특징이다. 우선 수장품은 死者의 머리 측
면에 두는 것이 보편적이다. 출토물로는 장식물, 청동기, 도기 등이
있다. 장식물 중의 耳環은 독특한 銅絲耳環이다. 간혹 金絲耳環이

---

75) 延慶縣 城關米家堡, 大柏老(舊縣)鄕 古城村 葫蘆溝, 西梁垙, 小西坡,
　　常里營, 靳家堡鄕 玉皇廟, 永寧鄕 新華營, 東灰岭, 靑泉鋪鄕 馬蹄灣,
　　康莊鄕 大營村 및 西撥子鄕 東河灘 등 7개 향 10여 지점에서 북방소
　　수민족 문화 특색의 동주 청동유물 200여 건을 수집하였고 형식이 다
　　양한 直刃匕首式靑銅短劍, 削刀, 鏃, 鍑, 鼎, 豆, 舟, 錛, 鑿, 斧, 錐 및
　　馬具, 各式 牌飾, 帶飾 등이 포함되어 있었다(北京市文物硏究所山戎文
　　化考古隊, 「北京延慶軍都山東周山戎部落墓地發掘記略」, 北京市文物硏
　　究所 編, 『北京文物與考古』 3輯, 1992. 참조).

있기도 한데 아래에 綠松石珠 혹 瑪瑙珠 종류의 墜飾이 부착되어 있다. 각종 동물형 銅牌飾, 金璜飾, 金虎牌飾 등이 있다. 도기는 夾砂陶와 泥質陶의 두 계통이 한 墓에서 공출된다. 가장 보편적이며 특징적인 기물은 夾砂(紅)褐陶素面罐이 있고 이외에 葫蘆溝 묘지에서는 指甲紋三足罐이 출토되었다.

청동 병기는 이 문화의 특징을 가장 잘 보여 주는 것으로 直刃匕首式 靑銅短劍 및 銅削刀 등이 보인다. 또한 청동 容器로는 鼎, 豆, 罍, 簋, 鍑, 盤, 匜, 舟, 杯 등이 나왔다. 단 葫蘆溝 묘지에서는 청동 용기가 출토되지 않았으며 西梁坑 묘지는 1건의 銅舟가 보이고 절대 다수의 청동용기는 玉皇廟 묘지에서 보인다. 이 용기의 대다수가 중원 풍격을 지니고 있다는 점은 이 문화의 족속과 중원 문화가 교류한 것을 의미할 것이다. 또 玉皇廟, 葫蘆溝 묘지 만기 묘장 중에 소량의 尖首刀幣가 출토된 점도 주목할 필요가 있다.

이와 같은 북경 延慶의 軍都山 玉皇廟 유지를 중심으로 하여 나타난 直刃匕首式 靑銅短劍을 가장 특징으로 삼는 玉皇廟 문화는 頭東足西의 묘장, 夾砂(紅)褐陶素面罐, 覆面 습속, 殉牲 습속, 環首刀, 동물형 牌飾 및 각종 동물형 소형 장식물과 단검의 劍首에 있는 다양한 형태의 동물장식, 나선형 銅, 金耳環 등으로 봤을 때 연국의 문화와는 분명 이질적인 면모를 갖추고 있다. 동시에 鼎, 豆, 壺, 盤, 匜 등이 중원의 풍격을 갖추고 있다[76]는 점은 염두에 두어야 할 것

---

76) 이들의 묘지는 모두 산 남록 양지바른 산기슭을 향한 풍수가 좋은 곳에 있다. 묘장이 비교적 밀집되어 있으며 기본적으로는 산세에 의해 고→저, 북→남, 조→만에 이르는 순서의 매장으로 대체로 모두 수십, 수백 좌가 집중하여 일군의 비교적 대규모가 된다(陳平, 「略論山戎文化的族屬及相關問題」, 『華夏考古』, 1995 － 3. 64쪽).

이다. *[그림 21 참조]*

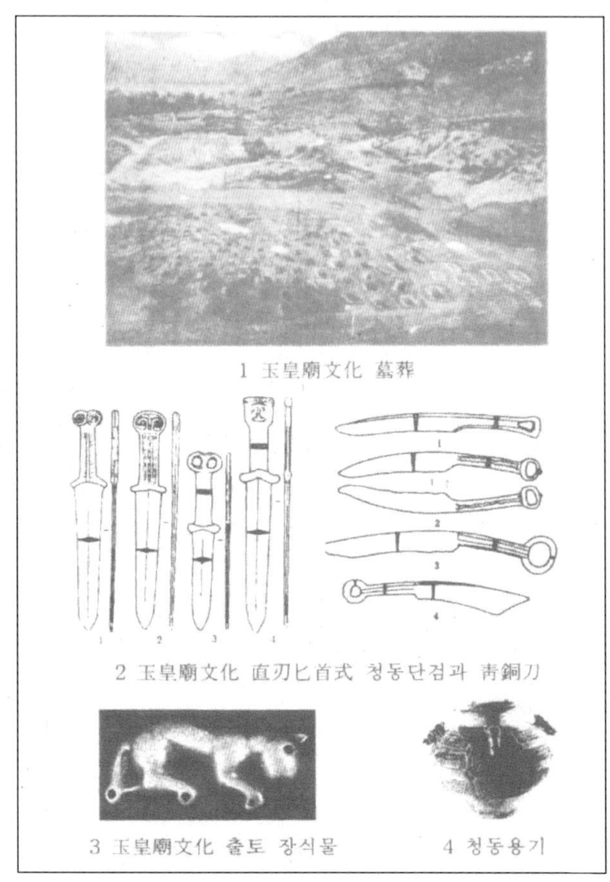

그림 21〉 玉皇廟文化 묘장과 출토 기물

이 直刃匕首式 청동단검을 대표로 하는 문화 면모는 灤平 梨樹溝門[77], 虎什哈[78], 苗子溝 등지에서도 널리 보인다. 延慶, 懷來, 赤城,

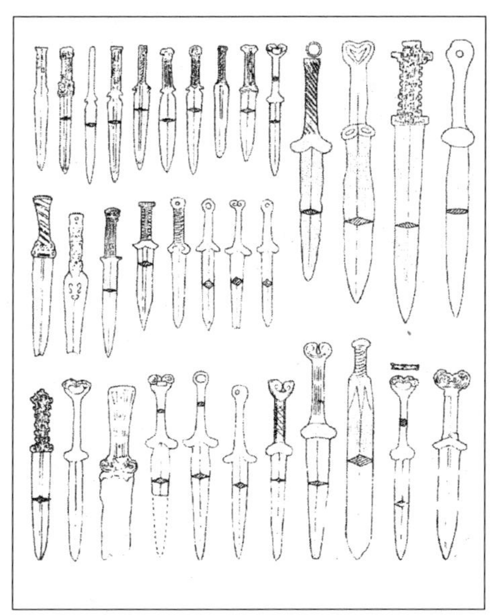

(출전: 陳平, 「略論山戎文化的族屬及相關問題」,
『華夏考古』, 1995 - 3. 69쪽.)

그림 22〉 直刃匕首式 靑銅短劍

灤平, 隆化, 平泉, 豊寧, 承德, 青龍, 張家口, 宣化, 蔚縣, 沽源, 崇禮, 康保, 張北, 平山, 涿鹿 등 19개 市, 縣 경내로 분포 지역은 太行山 이북의 軍都山과 燕山山脈 주위로 모두 冀北 구릉 산지에 속하며 伊遜河, 灤河, 潮河, 白河, 古城河, 洋河, 桑干河 유역 일대를 포괄한다.[79] 한편 青龍 抄道溝에서는 羊首曲柄劍, 鹿首 彎刀, 玲首 弧背刀, 曲柄匕形銅器, 銅戚, 環首刀 등이 출토되었는데 이는 매우 지역성이 강렬한 오르도스식 청동기라고 볼 수 있다.[80] *[그림 22 참조]*

---

77) 灤平縣博物館, 「河北省灤平縣梨樹溝門山戎墓地清理簡報」, 『考古與文物』 1995 - 5.

78) 河北省文物研究所承德地區文化局灤平縣文物管理所, 「灤平縣虎什哈炮臺山山戎墓地的發現」 『文物資料叢刊』 4輯; 鄭紹宗, 「灤平縣虎什哈炮臺山山戎墓地的發現」, 『文物資料叢刊』(7輯), (『中國考古集成』 [華北: 卷11』 재인용).

79) 靳楓毅, 「軍都山山戎文化墓地的發現及埋葬制度特徵」, 北京市文物研究所編, 『北京文物與考古(3輯)』, 1992.

80) 河北省文化局文物工作隊, 「河北青龍縣抄道溝發見一批靑銅器」, 『考古』

玉皇廟文化의 시기는 서주 시기로부터 시작하여 춘추 시기를 거쳐 春秋戰國之際에 가장 왕성한 문화 내용을 이루고 있으며 전국 조기 혹은 중만기에 비로소 소멸되는 현상을 보여 준다. 예컨대 軍都山, 燕山 남록, 延慶 분지 등에서는 전국 早中期 이후에는 이러한 문화유존은 보이지 않고 青龍河 유역의 凌源 五道河子 묘장에서 최만기 형태가 나타난다는 점으로 볼 때 전국 이후에 이 문화의 족속은 점차 쇠약해져서 서서히 이 지역으로부터 퇴거하기 시작하였고 전국 중만기에 이르면 이 문화의 고유 전통은 연국 문화의 영향을 받아 융합되기에 이르고 이후에는 소멸되었다고 보기도 한다.[81] 따라서 이 문화는 서주 시기 姬燕文化의 형성과 춘추전국 시기 연국 문화의 전개와는 동보적으로 진행되었다고 볼 수 있을 것이다. 이 문화의 주인공에 대해서는 山戎[82], 白狄 계통[83] 無終戎[84] 혹은 代

1962-12.

81) 전국 중만기에 해당하는 요녕 凌源 五道河子의 묘장 중 보이는 直刃銅劍, 柳葉形 銅劍, 直刃短劍, 蟠螭紋 銅鐘 등은 모두 燕과 중원 문화의 요소이며 頭向은 일률적으로 동향이 아니라 모두 북쪽을 향하고 있는 점 및 순생습속은 간화된 상징성 의의만을 나타낸다는 점으로 볼 때 이 문화의 전통요소가 점차 사라지고 연문화로 대체되는 현상이 나타난다고 지적하고 있다(靳楓毅·王繼紅, 「山戎文化所含燕與中原文化因素之分析」, 『考古學報』 2001-1. 58~61쪽).

82) 北京市文物研究所山戎文化考古隊, 「北京延慶軍都山東周山戎部落墓地發掘記略」, 北京市文物研究所 編, 『北京文物與考古(第三輯)』; 靳楓毅, 「軍都山山戎文化墓地的發現及埋葬制度特徵」, 北京市文物研究所 編, 『北京文物與考古(第三輯)』.

83) 韓嘉谷, 「從軍都山東周墓談山戎, 胡, 東胡的考古學文化歸屬」, 內蒙古文物考古研究所 編, (李逸友·魏堅 主編), 『內蒙古文物考古文集』, 中國大百科全書出版社, 1994.

84) 陳平, 「略論山戎文化的族屬及相關問題」, 74~76쪽.

國의 문화 유존[85] 등으로 각기 다른 의견을 갖고 있지만 아직까지 이들 세력의 문화 유지가 확정되지 않았기 때문에 이 일대의 문화를 임시적으로 玉皇廟文化라고 칭하고 그 족속의 귀속문제는 아직 유보하는 것이 바람직하다고 생각된다.[86]

2) 夏家店上層文化 (燕山以北地域)

한편 연국의 북방에 있던 문화 중에는 玉皇廟文化 이외에도 大凌河, 小凌河 일대를 중심으로 曲刃匕首式 靑銅短劍을 특징으로 하는 夏家店上層文化의 거대한 분포구가 존재하고 있었다. 內蒙古 寧城 南山根 유지는 서주 만기 혹은 춘추 초기부터 나타나는 夏家店上層文化의 대표적 유지라고 볼 수 있다. 그중 101호[87] 유지를 통해서 이 문화의 면모를 보기로 하겠다.

南山根 101호 묘장 형태는 장방형 竪穴내에 石塊를 사용하여 층층이 쌓은 대형 石槨墓이다. 수장기물은 주로 청동기이며 이외 소량의 金飾品과 石, 骨器가 있다. 여기에서 출토된 청동기의 종류는 상당히 많아 총수는 500여 건에 달한다. 청동용기는 簋, 簋, 鼎, 鬲, 甗, 杯, 豆形器와 雙聯罐 등과 靑銅兵器 및 工具類, 車馬器 등이

---

85) 林沄, 「關于中國對匈奴族源的考古學研究」, 『內蒙古文物考古』 1993 −
   1, 2期合刊; 林沄, 「東胡與山戎的考古探索」, 『環渤海考古國際學術討論
   會論文集』, 知識出版社, 1996; 韓嘉谷, 「從軍都山東周墓談山戎, 胡, 東
   胡的考古學文化歸屬」 등.
86) 陳平, 「略論山戎文化的族屬及相關問題」, 70∼76쪽 참조.
87) 遼寧省昭烏達盟文物工作站・中國科學院考古研究所東北工作隊, 「寧城
   縣南山根的石槨墓」, 『考古學報』 1973 − 2.

있다. *[그림 23 참조]* 이 문화는 상당히 복잡하여 그 내용을 세 가
지로 분류할 수 있다.

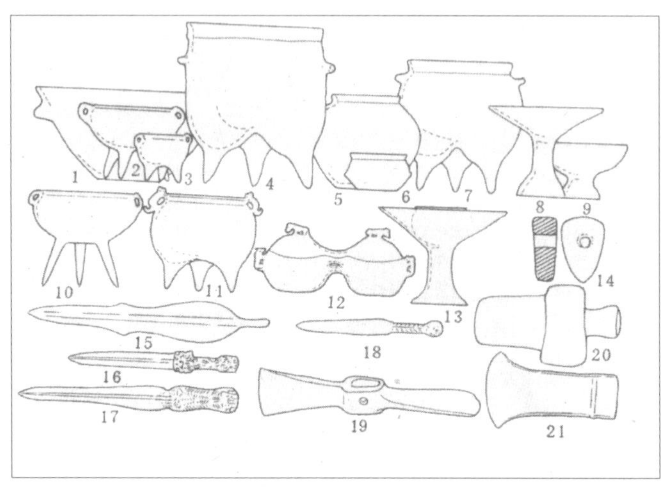

그림 23 〉 夏家店上層文化 출토 기물

첫째, 현저한 지역적 특색을 갖춘 기물로는 예컨대 Ⅲ式 鼎, 鬲,
甌가 있는데 赤峰 紅山 일대에서 출토된 陶鼎, 陶鬲과 雙耳陶罐은
완전히 일치하거나 기본적으로 유사하다고 한다. 南山根에서도 똑같
은 형태의 陶鼎이 발견되었고 이런 기물은 전형적인 夏家店上層文
化 유존에 속한다고 할 수 있다. 기타 雙聯罐, 豆形器, 勺, Ⅰ-Ⅳ式
刀, Ⅰ, Ⅱ式 斧, Ⅰ-Ⅲ式 劍, 劍鞘, 盔, 盾, 牌飾, 馬具 등은 모두
다른 지역에서 드물게 보이는 것들이다. *[그림 24 참조]*

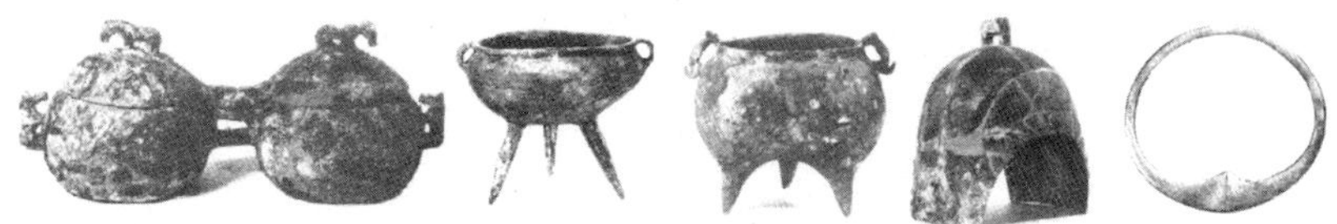

그림 24〉 夏家店上層文化 출토 기물

둘째, 인근 지구와 유사한 기형으로는 예컨대 Ⅳ式 劍은 錦西 烏金塘, 朝陽 十二臺營子, 旅大 侯牧城驛 등지 출토의 凸脊曲刃劍(曲刃短莖式)과 비슷하지만 여기에서는 石質의 枕狀器와 T形 銅柄이 발견되지 않았다. 단 주의해야 할 것은 여기의 凸脊곡인검 중 어떤 것에는 雙虎紋銅柄(Ⅰ식)은 그들 자체의 특징을 분명하게 갖추고 있음을 알 수 있다. 동시에 그들은 河南 三門峽 虢國墓, 洛陽 中州路 출토의 조기 凸脊劍과도 자못 유사한 것이 있다. Ⅴ식 刀의 柄의 상부에 突齒가 있는데 이는 하북 唐山 雹神廟 출토의 刀范 및 吉林시 騷達溝 출토의 銅刀와 일치한다. Ⅲ식 斧는 河南 汲縣 山彪鎭에서 보인다고 한다. Ⅰ式 三稜鏃은 중원 지구 東周 유물중 비교적 보편적이지만 단 여기의 형태는 분명 원시적이라고 지적하고 있다.[88] 똑같은 형태

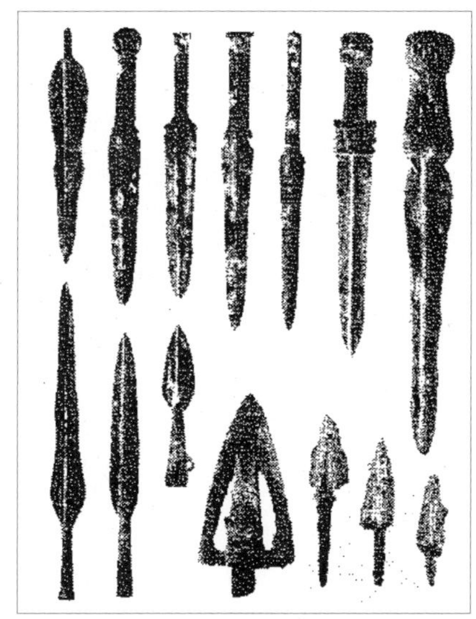

그림 25〉 하가점상층 문화 곡인비수식
청동단검

의 素銅鏡은 또한 河南 三門峽의 虢國墓 중에서도 보여서 이러한 현상은 南山根 출토 유물이 주변의 청동 문화와 일정한 연계가 있다는 점을 설명하는 것이다. *[그림 25 참조]*

셋째, 중원 문화의 전형기물인 Ⅰ, Ⅱ식 鼎, 簋, 簠, 戈, Ⅰ, Ⅱ式 矛 등과 같은 것은 모두 西周末 東周初의 동기와 기본상 일치한다고 볼 수 있다.

기형에 대한 이상의 분석에 근거하면 이곳의 청동 문화가 현저한 지역적 특색을 갖춘 동시에 청동예기 등에서 볼 때 중원 문화와도 일정한 관계를 맺고 있었음을 분명하게 볼 수 있다. 이 101호 묘의 연대는 서주 만기에서 춘추 조기가 되며 대략 기원전 9세기 중엽에서 8세기 초로 추정하고 있다.[89]

南山根에서 보이는 청동기물군은 寧城縣 경내에서도 상당수 존재한다.[90] 寧城縣 경내의 6좌의 石槨墓[91]는 모두 夏家店上層文化로 그 연대는 서주 만기에서 춘추 조기 단계에 해당하여 南山根과 동일하다는 점을 알 수 있다. 또 소량의 直刃匕首式 청동단검이 공출된 것 이외에는 이곳에서 대부분 曲刃式 청동단검이 출토되었다는 점으로 볼 때 이 지역은 曲刃式 청동단검이 보편적으로 출토되었던 지역이라고 볼 수 있을 것이다.[92]

---

88) 安志敏, 「唐山石棺墓及其相關的遺物」, 『考古學報』 1954−7. 81~82쪽.

89) 「寧城縣南山根的石槨墓」, 37~38쪽 참조.

90) 寧城縣文化館·中國社會科學院研究生院考古系東北考古專業, 「寧城縣新發現的夏家店上層文化墓葬及其相關遺物的研究」, 『文物資料叢刊』 第9輯, 1985.

91) 㲿子北山嘴 7501호, 瓦房中 792호, 小黑石溝 8062호, 天巨泉 7302호, 梁家營子 8072호, 孫家溝 7372호 등이다. 앞의 주 90) 논문 참조.

92) 이곳에서 출토된 곡인검은 세 가지 유형이 있는데 曲刃銎柄式 청동단

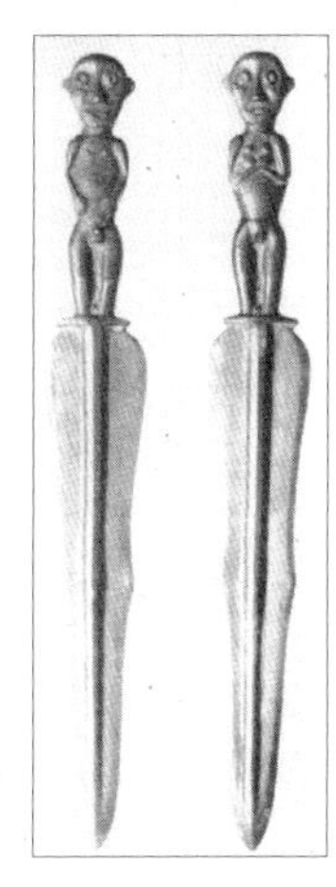

그림 26〉 曲刀匕首式 陰陽 短劍

　　한편 눈에 띠는 기물은 南山根 石槨묘에서 출토된 曲刀匕首式 陰陽短劍으로 劍柄에 한 쌍의 등을 대고 있는 남녀 전신 나체 雕像이다. 광대뼈의 각도가 비교적 크고 코뼈도 넓으며 안구와 광대뼈가 튀어나오는 등의 형상은 전형적인 몽고 인종의 특징으로 이러한 사람 얼굴의 형상은 遼寧 朝陽 十二臺營子 제1호 묘 출토의 6건의 人面 銅牌[93]와 赤峰 紅山 부근에서 출토된 人面 銅牌의 인물 형상과 거의 일치한다는 주장은 주목할 만하다.[94] 또 赤峰 紅山後, 寧城 南山根, 夏家店上層 諸 石槨墓에서 출토된 夏家店上層文化 人骨의 감정결과도 들어맞는다고 한다.[95] 이 陰陽短劍은 실전 병기로 사용된 것이 아니라 夏家店上層文化의 족속들의 원시종교 숭배의 대상물로 추정되며 이 검의 주인은 이 夏家店上層文化의 족속을 주재하는 귀족으로 볼 수 있다.[96] *[그림 26 참조]*

　　이처럼 寧城縣 경내에서 출토된 유물을 통해서 본 夏家店上層文化는 直刀 계통의 靑銅短劍과 분명하게 구분되는 曲刀匕首式 靑銅短劍을 가장 특색으로 하는 문화이다. 청동기 이외에도 이 문화의

　　검, 曲刀短莖式 청동단검, 曲刀匕首式 청동단검이다(「寧城縣新發現的夏家店上層文化墓葬及其相關遺物的研究」, 44쪽).

93) 朱貴, 「遼寧朝陽十二臺營子靑銅短劍墓」, 『考古學報』 1960－1. 67쪽.

94) 「寧城縣新發現的夏家店上層文化墓葬及其相關遺物的研究」, 46쪽.

95) 中國科學院考古研究所體質人類學組, 「赤峰寧城夏家店上層文化人骨研究」, 『考古學報』 1975－2. 163쪽.

96) 「寧城縣新發現的夏家店上層文化墓葬及其相關遺物的研究」, 47쪽.

특징으로 들 수 있는 것은 대표 도기로는 夾砂紅褐陶 계통의 鬲이
되며97) 묘장은 수혈토갱도 있지만 보편적으로 石棺墓를 전형적 특
징으로 한다.98) 頭東足西, 각종 동물형 牌飾 및 靑銅禮器가 출토되
었으며 石器가 비교적 많이 출토되는데 半月形 弧背雙孔石刀가 주요
석기이다.99) 이상이 夏家店上層文化의 주체 내용을 이룬다.

寧城縣 경내의 夏家店上層文化는 대체로 서주 만기에서 춘추 조
기에 해당되지만100) 西拉木倫河 유역의 克什克騰旗 龍頭山 유지는
서주 조기이며101) 翁牛特旗 大泡子 夏家店上層文化 연대는 서주
중기의 조기 단계102), 林西 大井은 서주 중기의 만기 단계가 되어
서103) 夏家店上層文化는 서주 조기부터 형성되었음을 알 수 있다.

한편 夏家店上層文化의 분포범위는 夏家店下層文化의 분포범위
와 대체로 일치하여 그 계승성을 일부 엿볼 수 있다.104) 玉皇廟文化

---

97) 夏家店上層文化의 도기는 모두 협사도이며 협사홍갈도가 된다. 制法은
    手制이다. 주요 炊器는 鬲으로 그중 鼓腹鬲과 筒腹鬲이 양종의 기본
    형식의 陶鬲이며 鬲, 罐, 豆, 盆의 출현 비율이 비교적 높아 기본 도기
    조합이 된다고 볼 수 있다(朱永剛, 「夏家店上層文化的初步研究」,『考古
    學文化論集』(1), 105〜107쪽).
98) 묘장은 大型 石槨木棺墓, 小型 石槨木棺墓, 石棺墓, 木棺墓 등 4종류
    로 나눈다(朱永剛, 앞글, 110쪽).
99) 朱永剛, 앞글, 110쪽.
100) 劉國祥, 「夏家店上層文化靑銅器研究」,『考古學報』 2000－4. 478쪽.
101) 內蒙古自治區文物考古研究所·克什克騰旗博物館, 「內蒙古克什克騰
     旗龍頭山遺址第一,二次發掘簡報」,『考古』 1991－8.
102) 賈鴻恩, 「翁牛特旗大泡子靑銅短劍墓」,『文物』 1984－2.
103) 遼寧省博物館文物工作隊, 「遼寧林西縣大井古銅鑛1976年發掘報告」,『文
     物資料叢刊』第7輯, 文物出版社, 1983.
104) 하가점하층문화에 서북계통의 융적 문화가 대량 유입됨에 따라 수렵,
     목축문화 요소와 농경문화의 요소가 결합된 하가점상층문화가 출현하

유지와 연접하는 하북의 承德지구, 平泉의 東南溝묘지, 灤平 后臺子 유지는 아직까지 정식 발굴된 것은 많지 않지만 문화유존은 遼西지구와 기본적으로 비슷하여 동일 문화 계통에 속한다고 볼 수 있다. 이 문화의 분포범위는 광범하여 大小凌河 유역에서 가장 밀집분포하고 있으며 遼河 유역에 이른다. 赤峰 蜘蛛山[105], 寧城 南山根, 小黑石溝, 建平 水泉, 喀左 등지에서 모두 보이며 隆化, 灤平, 平泉, 豊寧 등지를 포괄한다. 한편 唐山 지역은 石棺墓가 발견되었으며[106] 赤峰 紅山後에서 채집한 罐形豆[107]가 唐山 賈各莊 묘장에서 출토된 Ⅱ식 陶豆[108]와 매우 흡사하다는 점은 주목할 만하다.[109] 이러한 罐形豆는 河北 懷柔에서도 발견된다.[110] 이상으로 볼 때 夏家店上層文化의 분포범위는 大小凌河를 중심으로 하여 그 남북 일대까지를 포괄하였을 것으로 추정된다.

이 夏家店上層文化의 주인공에 대해서는 일치된 시각이 존재하지 않아 60년대 초부터 주장되던 山戎[111]설과 현재 학계에서 일반적으

였다고 본다. 특히 하가점하층문화의 지층과 하가점상층문화의 지층사 이에는 일정한 공백이 존재하여 이를 뒷받침한다고 볼 수 있다.

105) 中國科學院考古研究所內蒙古工作隊, 「赤峰蜘蛛山遺址的發掘」,『考古學報』 1979 – 2.

106) 安志敏, 「唐山石棺墓及其相關的遺物」,『考古學報』 1954 – 7.

107) 원보고서에는 圈足壺라고 칭하였다(呂遵諤, 「內蒙古赤峰紅山考古調査報告」,『考古學報』 1958 – 3; 朱永剛, 앞글 114쪽 참조).

108) 安志敏, 「河北省唐山市賈各莊發掘報告」,『考古學報』 1953 – 4.

109) 朱永剛, 앞글, 114쪽 참조.

110) 北京市文物工作隊, 「北京懷柔省北東周兩漢墓葬」 참조.

111) 朱永剛, 앞글, 124~126쪽; 鄭紹宗, 「山戎及其文化考－關于夏家店上層文化性質問題」,『會議專輯』; 韓嘉谷, 「長城地帶靑銅短劍的考古學文化和族屬」, 中國考古學會 編輯,『中國考古學會 第8次年會論文集』, 文物出版社, 1991;

로 인정되는 東胡說[112] 혹은 濊貊, 朝鮮[113]으로 보기도 하여 매우
복잡한 양상을 띠고 있다. 이 문화가 누구의 문화유산인가에 대해서
는 더욱 많은 검토와 연구가 축적되어야 할 문제이고 이 두 문화
간의 연관성에 대한 연구 역시 축적되어야 할 문제이지만 이 문화
역시 연국의 문화와는 커다란 차이점이 존재한다는 점은 분명하다.

燕山 일대의 曲刃匕首式 靑銅短劍을 전형 기물로 하는 夏家店上
層文化와 直刃匕首式 靑銅短劍을 전형 기물로 하는 玉皇廟文化를
비교하면 그 상동점은 다음과 같다.

① 양자의 묘장 방향은 기본상 상동하여 頭東足西의 추세이며, ②
도기 중의 三足器는 비중이 비교적 크고 玉皇廟文化는 銅 三足雙
耳鬲과 夾砂褐陶指甲紋三足罐을, 夏家店上層文化는 발달한 銅, 陶
三足鼎, 鬲이 있다. ③ 양자는 모두 대량의 彈簧形 혹 螺旋形 銅絲
혹 金絲의 耳環이 있고, ④ 玉皇廟에 소형의 상징성 石槨 혹 木槨
에 상징성 石槨을 葬具로 삼은 묘장이 있는데 이는 분명 夏家店上
層文化 중 石槨墓 葬制의 영향을 받은 것이다.

반면 그 차이점은 다음과 같다. ① 玉皇廟文化는 도기에서 볼 때

韓嘉谷,「從軍都山東周墓談山戎, 胡, 東胡的考古學文化歸屬」 등.

112) 靳楓毅가 대표적이다(靳楓毅,「論中國東北地區含曲刃靑銅短劍的文
化遺存」(上),『考古學報』 1982−4; 靳楓毅,「論中國東北地區含曲刃
靑銅短劍的文化遺存」(下),『考古學報』 1983−1; 靳楓毅,「大凌河流域
出土的靑銅時代遺物」,『文物』 1988−11; 靳楓毅,「夏家店上層文化
及其族屬問題」,『考古學報』 1987−2; 靳楓毅,「夏家店上層文化及其
族屬問題之探討」, 北京市文物研究所 編,『北京文物與考古(第二輯)』,
北京燕山出版社, 1991. 등 참조.

113) 林沄,「中國東北系銅劍再論」, 蘇秉琦 主編,『考古學文化論集』(4), 文
物出版社, 1997.

夾砂와 泥質陶의 두 계통이 있지만 夏家店上層文化는 단지 夾砂陶의 한 계통만 있고, ② 夏家店上層文化가 모두 三足器이지만 玉皇廟文化의 夾砂褐陶指甲(紋淺襠短足雙耳)三足罐은 夏家店上層文化에서는 보이지 않고 夏家店上層文化의 分襠夾砂陶鬲, 陶甗도 玉皇廟文化에서 보이지 않는다. ③ 양자는 비록 石槨墓(石棺墓)와 土坑竪穴墓 양종의 매장 형태를 모두 갖추었으나 夏家店上層文化는 石槨墓가 많고 玉皇廟文化의 石槨墓는 극소하며 있을 경우에는 象徵性의 성질이 있다. ④ 夏家店上層文化는 대량의 石工具가 있어 有孔石錘斧, 石刀 등이 있는데 玉皇廟文化는 礪石을 제외하면 다른 石製 공구가 없다. ⑤ 가장 근본적 차이는 夏家店上層文化에서 출토된 청동단검은 양측이 대칭된 曲刃匕首式이 많고 玉皇廟文化를 대표로 하는 冀北 산구의 북방초원청동 문화에서 출토된 것은 양측이 直刃 匕首式이 많다는 점이다.[114]

한편 直刃匕首式 靑銅短劍과 曲刃匕首式 靑銅短劍 두 문화의 양자의 접합부는 소량의 양종 형태의 청동단검이 공출된 일부 현상이 존재하는데, 즉 曲刃劍 범위내에 속하는 內蒙 혹 遼寧의 寧城 南山根 101호 묘에서는 곧 소량의 直刃劍이 반출되었고 直刃劍 범위내에 속하는 冀北 산구에서도 일찍이 8건의 曲刃劍 표본이 수집되었다. 이런 것들은 모두 응당 두 개의 서로 인근한 문화의 접합부에서 정상적으로 발생되는 물질문화의 교류, 침투현상이라고 볼 수 있다.[115]

---

114) 陳平, 「試論歷史上山戎及其有關問題」, 66~68쪽.
115) 陳平, 「試論歷史上山戎及其有關問題」, 66쪽.

3) 白狄文化 (太行山 一帶)

한편 太行山 東麓에는 오래전부터 代戎, 鮮虞, 鼓, 肥 등 白狄 계통의 족속이 거주하였다. 이들은 상말주초 獸首形劍 및 鈴首劍 계통의 戎狄 문화와 모종의 관련이 있는 족속으로 볼 수 있다. 특히 이 문화는 直刃匕首式 청동단검 문화와는 그 분포범위상에서 매우 밀접한 관련성을 보이며 대체적인 지리범위가 일치한다.[116] 玉皇廟 文化와 太行山 白狄 계통의 문화가 어떤 관련성이 있는지는 아직 밝혀지지 않았지만 밀접한 관련이 있을 것으로 보인다. 특히 白狄의 주체 도기의 기물은 雙耳陶罐이며 가장 특징이 되는 것은 動物紋樣을 특징으로 하는 銅質 혹은 金質의 장식물로 이는 玉皇廟文化의 獸首直刃短劍과 비록 雙耳는 없지만 罐을 주체 기물로 한다는 점에서 모종의 유사성을 엿볼 수 있다.

춘추 시기에 이 지역에서 드러나는 白狄 계통의 두드러진 문화적 면모는 代戎이 세운 代國 문화로 확인된[117] 山西 渾源 李峪村 출토 기물이 있다.[118] 이곳 출토 기물의 연대는 春秋 중기에서 말기[119]로 정할 수 있다.

---

116) 陳平, 「試論歷史上山戎及其有關問題」, 70쪽.

117) 춘추 중만기에 晉의 북부에는 代國이 있었는데 趙襄子에 의해 기원전 475년 멸망하기까지 이 지역은 代國의 지역으로 볼 수 있으며 李峪村 출토 동기는 춘추 중기에서 만기에 해당되므로 당연히 代國의 기물이 된다고 보았다(李夏廷, 「渾源彝器研究」, 『文物』 1992－10. 74쪽; 趙化成, 「東周燕代靑銅容器的初步分析」, 『燕文化研究論文集』, 219쪽).

118) 李夏廷, 「渾源彝器研究」, 山西省考古研究所, 「山西渾源縣李峪村東周墓」, 『考古』 1983－8 참조.

119) 趙化成, 앞글, 222쪽.

李峪村 출토 기물은 북방초원 청동 문화 범주에 속하지만 중원계통의 동기가 또한 있다.[120] 따라서 그 기물 형태와 문양 등으로 볼 때 三晋兩周지구 中原式 동기류[121], 京津唐 출토의 동기류, 북방 소수족 동기류 등의 세 형태로 구분할 수 있다.[122] 이 중 京津唐에서 출토된 동기류와 비슷한 유형으로는 獸首飾蓋嵌珠錯紋鼎과 鳥獸飾有蓋敦(簋), 橢圓大蓋簋, 提梁附結紐紋壺 등이 있다. *[그림 27 참조]* 또 타지에서 보이지 않는 異形敦, 有蓋角系器 등은 鍑이라고 하여 이런 기물은 內蒙古 등지에서 많이 출토되는 북방 유목민족의 전형 器類에 속하다고 한다.[123]

---

120) 李夏廷, 앞글, 62쪽. 또 지적하기를 이곳 출토의 청동 용기를 晋器, 燕器, 북방계 청동기의 세 형태로 구분하고 있다.

121) 禽獸飾蓋 蟠螭紋鼎, 怪獸飾蓋蟠螭紋長形鼎, 蟠螭花紋鼎, 怪獸飾蓋, 蟠螭紋鼎, 雙環座飾鬲, 蟠螭紋甗, 蟠螭紋鼎, 怪獸飾蟠螭紋有蓋豆 3건, 蟠螭紋犧形飾尊 2건, 蟠螭紋匜, 蟠螭紋水禽魚鱉飾盤, 蟠螭紋畵像盤, 結紐蟠螭紋罍 2건, 有蓋豆 등이 있다.

122) 趙化成, 앞글, 219~222쪽 참조. 원 보고서에는 중원식 동기, 燕式 동기, 독자 풍격의 동기로 보았는데 필자는 여기에서 燕式을 京津唐 지구의 것으로 보았다.

123) 趙化成, 앞글, 221쪽. 李夏廷는 이를 銅簋形器라고 지칭하고 이는 山西 평원 및 內蒙古에서도 발견되며 북방계 동기 중 상견되는 銅鍑과 유사한 점이 있다고 보았지만 문식은 춘추만기 晋器에서 상견되는 勾連雲紋이며 이는 북방계 동기에 속한다고 지적한다(李夏廷, 앞글, 62쪽).

그림 27〉 李峪村 동기

   이 李峪村 동기군의 특징을 보면 청동예기의 경우에 중원 제국과 기본상 일치하여 鼎·豆·簋·壺·盤·匜의 조합을 이루지만 기형 방면에서는 특징이 매우 두드러진다. 특히 環耳圈足簋의 조형은 특별하여 스스로 계통을 이룬 것으로 볼 수 있다. 문양 장식 면에서는 중원에서 유행한 蟠螭紋 이외에는 특히 동물장식이 유행하여 鼎, 豆, 簋 등의 뚜껑 위에 鳥, 獸形飾이 있다.[124]

   山西 李峪村 代國 동기 이외에 唐縣 北城子 출토의 동예기가 있다. 이곳 예기의 기물조합은 鼎·豆·壺·盤·匜·甗 위주로 출토된 동기의 문양과 형태상으로는 李峪村 동기와 근접한다고 본다. 특히 綯紋은 가장 지역적 특징을 갖는 것으로 渾源 李峪村의 提梁銅壺의 綯紋은 北城子의 扁方銅壺와 簋의 기물에서 보인다. 그러나 北城子의 두 좌의 묘에서 출토된 청동기는 渾源 彝器와 서로

---

124) 趙化成, 앞글, 222쪽 참조.

174

비슷하지만 그중에 斜收銅圓壺, 扁方壺, 大形銅釜 등은 李峪村에서 보이지 않은 것이므로 두 곳의 동기는 각자 특징이 있다고 볼 수 있다. 그 시대는 대체로 李峪村 동기와 비슷하여 춘추 만기에 해당한다.125) *[그림 28 참조]*

그림 28〉 당현 北城子 출토 동기

125) 鄭紹宗, 「唐縣南伏城及北城子出土周代靑銅器」, 『文物春秋』 1991－
1. 18쪽.

北城子 출토 청동기를 보면 명료한 지역 특징이 나타나는데 釜, 匜, 甗, 鼎, 雙耳小銅釜 등 청동기의 网絡式 접합의 絢索紋 등은 太行山區 西北의 陽原, 渾源으로부터 남으로는 保定, 石家莊의 서부 일대의 춘추 이래 묘장 중 유행한 문식과 풍격으로 볼 수 있다. 鄭紹宗은 이런 동기는 중원식 청동예기와 세트의 조합을 이루고 또 '北方靑銅器' 중 유행한 雙耳銅釜 및 일부 虎形 金牌飾, 獸柄首 直刃短劍 등의 북방식 동기가 함께 출토되는 점으로 볼 때, 이런 특징은 춘추 시기 중원 周文化와 北方 戎狄 문화가 혼합된 후 생산된 일종의 새로운 문화요소로 보았다.[126] 또 北城子 묘지의 지리위치로 볼 때 이 묘장은 춘추 시기 태행산구에서 활약한 狄族과 유관하다고 지적하였다. 특히 『左傳』 襄公 18년 (기원전 555년) '白狄始來'의 기록에서 볼 때 이 지역에서 존립한 鮮虞는 白狄의 일지로 肥, 鼓 등과 태행산구에 진입하여 대동소이한 국가를 건립하였고 正定 新城鋪, 唐縣 일대는 鮮虞族이 진입한 지역으로 北城子 기물의 출토 시기는 이와 비슷하여 여기에서 보이는 北城子 청동기와 이 시기의 鮮虞족과는 일정한 관련이 있을 것이라는 지적[127]은 참고할 만하다고 생각된다.

---

126) 鄭紹宗, 「唐縣南伏城及北城子出土周代靑銅器」, 19쪽.
127) 鄭紹宗, 「唐縣南伏城及北城子出土周代靑銅器」, 19쪽.

3. 春秋燕文化의 展開

2절에서도 살펴본 바에 의하면 山戎의 침입과 중원 제국과의 관계 등은 연국에 일정한 변화를 야기하였을 것으로 추정된다. 또한 2절에서 살펴본 바에 의하면 연국을 둘러싸고 燕山 일대에서는 軍都山 일대의 玉皇廟文化, 遼西 大凌河 일대의 夏家店上層文化, 太行山 일대의 白狄 계통의 문화 등이 존재하였던 것으로 알 수 있었다. 아마도 이러한 정황으로 볼 때 西周 중만기 이후로부터 연국은 이들 문화의 세력 집단과 접촉이 불가피하였을 것이며 연국을 둘러싼 제 세력 집단과 문화와의 활발한 교류와 접촉이 예상된다. 연국의 내부 변화는 어떠하였을까? 이를 알려 주는 단서는 그리 많지 않다. 또 실제 춘추 시기 연국 문화의 면모를 보여 주는 유존은 많지 않은 실정이며 춘추연 문화의 계통이 체계적으로 설정되어 있는 것은 아니다. 그러나 연국 내부의 변화상을 알려 주는 기록이 있다. 본 절에서는 춘추 시기 연국의 변화상을 추적해보기로 하되, 이는 연국의 세력범위와 일정한 관련이 있다고 본다. 또한 현재 답보상태에 놓여 있는 춘추연 문화는 춘추 연국의 세력범위를 설정한 후 그 범위 내 유지 출토 기물을 통해서 어떤 면모를 지니고 있었는가를 비록 한계가 분명하지만 짚고 넘어가고자 한다.

1) 都城 遷都와 燕國의 勢力範圍

山戎의 침입이라는 대사건은 연국의 대외 관계를 변화시킨 획기적 사건이었다. 이와 같은 산융의 침입과 중원 제국과의 관계변화는 연국 내부에 어떤 변화를 야기하였을까. 산융 침입과 함께 춘추 시기 연국에 있어 가장 두드러진 변화는 都城址 천도라고 볼 수 있다. 도성지 천도가 이루어진 시기는 언제이며 그 원인은 무엇인가. 이것이 연국사에서 갖는 의미를 추적해보고자 한다.

『史記』나 『左傳』 등에서 춘추 시기 연국 도성지 천도에 관해서 직접 기록한 것은 없다. 이에 대한 근거는 『史記』 「燕召公世家」에서 16대 桓侯 기사[128]의 주석에 실린 『世本』의 "桓侯徙臨易"이라는 문구에서 찾아볼 수 있다. 이를 인용한 『史記集解』에서는 "徙臨易"의 桓侯를 춘추 조기 燕宣侯의 아들이며 연 莊公의 父인 燕桓侯(기원전 697-691)라고 보아 그 지점에 주석을 달아 놓았다. 그런데 이와 관련하여 『水經注』 「易水」에서는 "易水는 동쪽으로 易縣 故城의 남쪽을 거치는데 옛날에 燕文公이 易으로 옮겼다는 것이 바로 이것이다."[129]라고 전하고 있다. 여기에서 기록된 燕의 文公은 戰國 중기의 燕君으로 그 父는 桓公이다. 따라서 淸의 張澍는 『世本』의 '桓侯徙臨易' 조 아래에 주석하기를 『水經注』의 상술한 注文을 인용하여 덧붙여서 "易으로 옮긴 자는 桓侯가 아니다. 桓侯의 父는 宣侯, 아들은 莊公이다."라고 기록하였다.[130] 아마도 『世本』에 있는 '徙臨易'의 燕桓侯는 전국 시기 文公의 父인 燕 桓公이라는 뜻으로

---

128) 『史記』 卷34 「燕召公世家」 "桓侯七年卒, 子莊公立" 기사에서 주석을 단 「集解」에서 인용되었다("「集解」 '『世本』曰: 桓侯徙臨易. 宋忠曰: 今河間易縣是也'").
129) 『水經注』 「易水」 "易水又東逕易縣古城南, 昔燕文公徙易, 卽此城也"
130) 『世本』 『張澍釋集補注』本 "澍按水經注易水又東逕易縣故城南昔燕文公徙易. 卽此城也. 是徙易者 非桓侯矣. 桓侯父宣侯子莊公"

기록한 듯하다.[131] 이처럼 이 "桓侯徙臨易"과 "燕文公徙易"의 기록은 두 가지 의문을 제기하였다. 즉 '(臨)易'은 어디이며 어느 시기에 옮겼는가에 대한 것이다.[132]

그런데 이와 관련된 고문헌의 기록을 증명할 수 있는 실마리가 발견되었다. 바로 1966년과 1979년에 河北 容城縣 晾馬臺 西北陽村에서 춘추전국 시기의 銅壺1, 銅鼎1, 銅壺蓋 2개를 발견한 것이다.[133] 그중 '左征', '西宮', '右征尹'[134] 등의 글자가 새겨진 기물의 발견과 기물 연대가 춘추전국 시기라는 점[135]이 주목된다. 또 1981년과 1984년 재 실시된 고고 발굴 조사에서 容城縣 晾馬臺鄉 南陽

---

131) 연국에는 역대로 두 명의 文公이 있다. 23대 문공(기원전 555－545년)과 36대 文公(기원전 362－327년)이다. 『水經注』 「易水」의 "燕文公徙易"으로 볼 때 보면 37대 燕王의 호칭이 易王인 것에서 볼 때 徙易한 燕文公은 전국 중기 易王의 父인 文公이며 춘추 중만기 武公의 子이며 懿公의 父인 연 文公이 아님을 알 수 있다. 한편 『世本』의 "桓侯徙臨易"를 인용한 『集解』에 왈 "전국 중기 莊公 → 桓公 → 文公"의 桓公이라 하였다. 陳平은 '春秋 초기 宣侯(15대) → 桓侯(16대) → 莊公(17대)의 桓侯'라고 보았다(陳平, 『燕事紀事編年會按』(上), 192～195쪽 참조).

132) 宋忠은 燕都 臨易은 漢의 河間 易縣이라 하였다. 또 『括地志』 「幽州 歸義縣」 條에 曰: "易縣古城在幽州歸義縣東南十五里燕桓侯徙都臨易是也"라고 기록하였다.

133) 孫繼安・徐明甫, 「河北省容城縣出土戰國銅器」, 『文物』 1982－3.

134) 小銅壺 뚜껑 口沿에 '左征'라는 두 개의 글자 새겨져 있고 銅壺에는 '西宮'의 두 글자가 새겨져 있었다. 또 壺口와 덮개에 모두 '右征尹'이 새겨져 있다(孫繼安・徐明甫, 앞글 참조). 그런데 이 중 '征'은 李學勤, 鄭紹宗의 경우 이는 전국 시기 '冶' 자의 연국의 寫法으로 보았다(李學勤・鄭紹宗, 「論河北近年出土的戰國有銘青銅器」, 『燕文化研究論文集』, 384쪽) 본고에서는 발굴보고문에 따라 征으로 표시한다.

135) 孫繼安・徐明甫, 앞글, 91쪽 참조.

村 부근의 고성(燕國城)과 '晾馬臺'의 두 좌의 대형 춘추전국시대의 臺地에서 문화 유지를 발견하였고 이곳에서는 40여 건의 문물이 출토되었다. 이 중 고성(燕國城) 유지에서 '易市' 陶文을 가진 陶碗 1건, 陶罐 1건이 출토된 점으로 볼 때 이 지역은 易都 소재지가 될 가능성을 보여 준다.[136]

그렇다면 이 '易市'의 '易'이라는 명칭과 桓侯가 옮긴 臨易 혹은 文公이 옮긴 易은 어떤 연관성이 있는 것일까. 이와 관련하여 '桓侯徙臨易'의 易은 易水의 지칭인데 易이라는 명칭에 근거하여 이를 현재의 易縣 일대로 봐서 현재 易縣의 燕下都로 천도한 것이라고 주장[137]하기도 한다. 특히 燕下都에서 나오는 춘추 시기 유존의 발견은 이를 뒷받침한다. 그러나 燕下都의 춘추 시기 유존 범위는 극히 협소하며 또한 이 시기에 해당되는 규모 있는 건축유적과 대중형 묘장이 발견되지 않았다는 점에 주목할 필요가 있다.[138] 더욱이 현

---

136) 孫繼安, 「河北容城縣南陽遺址調査」, 『考古』 1993－3.

137) 石英士, 「姬燕國號的由來及其都城的變遷」, 『會議專輯』, 178쪽. 또 石英士는 臨易이 容城 부근이 될 수 없는 이유로 들고 있는 것은 그 지점이 山戎이 齊를 공격하는 要道上에 있기 때문에 그곳으로 옮길 이유가 없다는 것이다. 현재 易縣 燕下都만이 山戎이 齊를 격파하는 선에서 피할 수 있다고 보았다.

138) 연하도 범위 내의 동주시기 유존은 춘추 시기까지 거슬러 올라갈 수 있으며 가장 풍부한 단계는 전국 시기이다. 단 춘추 시기의 유존은 東城 서남부의 北枕村에서 西貫城村(6－8호 거주지) 및 東城 중부의 郎井村에서 高陌村 일대(13호 거주지)에 분포하고 이 시기의 유존은 분포범위가 극히 유한하며 유적은 소형의 방지, 묘장 및 회갱 등이 있어 이 시기에 속한 영성한 동기는 모두 채집할 수 있었지만 그중에는 규격이 비교적 높은 건축유적과 대중형 묘장이 발견되지 않았다(許宏, 「燕下都營建科程的考古學考察」, 『考古』 1999－4 참조).

180

재 易縣은 兩漢之世에 故安縣으로 칭해져 易으로 이름하지 않았고 고대의 易水는 현재 易水와 그 하류인 白溝河와 大淸河를 지칭하기 때문에 臨易의 城은 현재의 易縣에 있지 않았다고 볼 수 있다.

한편 현재의 雄縣은 西漢시대에는 비록 涿郡에 속하지만[139] 春秋 만기에 臨易이라 불렸고[140] 이들 기물의 출토지점 또한 지리위치상에서 보면 燕地 易京 일대라는 점에서 볼 때 여기에서의 易은 현재의 雄縣에 위치하였고 臨易은 北燕의 국도가 된다[141]고 볼 수 있다. 따라서 16대 桓侯가 천도한 臨易은 바로 현재의 雄縣, 容城 일대로 볼 수 있다. 더욱이 『史記』 「齊太公世家」에서 "齊桓公이 이에 燕君이 이르렀던 곳을 나누어서 燕에게 주었다."[142]라는 기록이 있다. 그 후 燕은 그곳에 燕의 柳城을 축건하였는데 그곳은 현재 山東 滄州시 경내가 된다. 그런데 이곳은 容城縣과 불과 200여 리 거리로 車馬로 1日行 내에 있어 만약 당시의 도성지가 이 容城縣이 아닌, 예컨대 琉璃河였다면 이곳까지의 거리가 이미 300리를 초과한다는 분석은 흥미롭다. 즉 燕莊公이 齊桓公을 환송하는 것은 1일이 한계라는 것이다. 따라서 환송하기 이전에 이미 燕人이 容城縣 臨易으로 천도하였을 가능성이 있기 때문에 燕文公 시기에 이곳에 왔다면 이러한 1日行의 還送은 불가능하였을 것으로 인식하고 있다.[143] 또한

---

139) 『太平寰宇記』 卷70 "歸義縣, 漢易縣之地. 屬涿郡, 按今縣東南十五里 有大易故城, 是燕桓侯之別都……"
140) 『括地志』 「幽州 歸義縣」 條에 曰: "易縣古城在幽州歸義縣東南十五里 燕桓侯徙都臨易是也"라고 기록하였다. 孫繼安·徐明甫, 「河北省容城 縣出土戰國銅器」, 92쪽.
141) 陳平, 『燕事紀事編年會按』(上), 193쪽 참조.
142) 『史記』 卷32 「齊太公世家」 "齊桓公…… 于是分溝割燕君所至與燕"
143) 曲英傑, 「周代都城比較硏究」, 288쪽.

‘西宮’銅壺에서는 고대 ‘燕’字의 寫法인 “匽”이 보이는데 바로 이 사법은 春秋 이전 시기에 燕國의 명칭으로 쓰인 것이다.[144] 이런 점으로 미루어 볼 때 臨易으로의 천도는 바로 춘추 시기 燕桓侯 시기에 행해진 것이며 그 지역은 雄縣, 容城 일대로 볼 수 있다.

따라서 춘추 시기 연국 도성지가 臨易이 된다는 점은 분명한 듯하다. 銅壺에 새겨진 ‘左征’, ‘右征尹’ 명문 중의 ‘征’은 燕國 내부 官署 명칭으로 추정되며 또 ‘左’, ‘右’로 볼 때 分工司職이 있었으며[145] 아마도 이들은 국가 職官의 명칭이었을 것[146]으로 추정해 볼 수 있다. 西北陽村 ‘西宮’ 銅壺의 발견은 특히 燕王 도성의 궁성과 직접 관련이 있는 것[147]으로 추정되어 해당지가 國都의 소재가 된다는 것을 표시한다. 또 이들 기물이 출토된 南陽村 南臺地는 주위 地面보다 2~3m 높고 또한 ‘城坡’라는 칭호가 있는 점으로 볼 때[148] 비록 城墻은 발견되지 않았으나 궁성이었을 가능성을 보다 높여 준다.[149] 이곳에서는 ‘西宮’ 銅壺를 위시한 청동용기뿐 아니라 鬲,

---

144) 孫繼安, 「河北容城縣南陽遺址調查」, 236~238쪽 참조.

145) 右冶尹, 左冶은 당연히 『韓非子』「外儲說左上」에서 기재한 ‘右御冶工’에 속하는 것으로 연군 소속의 冶鑄 기구 및 그 관리자가 된다(曲英傑, 『周代燕國考』, 66쪽 참조).

146) 主事의 관칭 尹은 楚制와 매우 비슷하여 춘추전국의 부분적인 국가직관의 총칭이었을 가능성이 높다고 한다(陳平, 『燕事紀事編年會按』(上), 194쪽).

147) 曲英傑에 따르면 西北陽村 유지에 西宮 銅壺 출토에 의하면 이 일대는 원래 西宮이 건설되었고 離宮의 성질에 속한다고 추측할 수 있다(曲英傑, 『周代燕國考』, 66쪽).

148) 孫繼安, 앞글, 235쪽.

149) 曲英傑은 이를 통하여 궁성의 대체적인 윤곽을 추정하기도 하였다(曲英傑, 「燕都燕城及臨易考」, 『河北學刊』 1996−6(『中國考古集成: 華北

182

鼎, 豆, 壺, 盤, 罐 등의 陶器片이 출토되었으며 주변에서는 銅鏃, 礪石, '易市' 陶碗 및 '燕王職戈' 1건, 燕首刀幣 100여 건, 銅鑿 1건, 銅帶鉤 1건, 燕刀幣 200여 건 및 도기류와 筒瓦 등도 출토되었다.150) 그런데 출토기물 연대가 주로 춘추 만기, 전국 시기 등이라는 점을 볼 때151) 춘추 조기에 해당하는 燕桓侯 시기의 기물과는 일정한 시간적 거리가 존재한다. 그러나 현재 이 유지의 퇴적이 아직 완전하게 드러난 것이 아니어서 앞으로 桓侯 시기에 해당하는 기물의 출토 가능성도 여전히 남아 있다는 점 등으로 볼 때 적어도 이 지역이 춘추 시기 臨易의 소재지가 된다는 점은 분명할 듯하다.

한편 출토기물의 연대는 臨易이 춘추전국 시기 도성지였을 가능성과 관련이 있을 듯하다. 즉 전국 시기 燕文公이 옮긴 易과 관련하여 이해할 수 있는 여지를 보여 준다는 점이다. 더욱이 이와 관련하여 현재 이 지역에서는 두 곳의 유지가 확인되었는데 혹시 '(臨)易'과 관련하여 보이는 桓侯와 文公은 이들과 각각 모종의 관련이 있는 것은 아닐까? 이곳의 유지를 살펴보자. 앞서 살펴본 '西宮' 銅壺를 위시한 문물이 출토된 지역은 晾馬臺鄉 南陽村의 古城과 晾馬臺이며 이 외에 南陽 유지에서 동쪽으로 3㎞에 위치한 古易水인 현재 大淸河 서쪽에 위치한 古賢村에는 大城 유지 1좌가 있다. *[그림 29 참조]*

卷8』에서 재인용, 885~886쪽 참조).

150) 孫繼安, 앞글, 235~236쪽.

151) 1982년 발굴보고문에서는 이들 기물 연대는 춘추전국 시기로 보았고 (孫繼安·徐明甫, 앞글, 91쪽) 1993년의 발굴보고문에서는 '西宮' 銅壺의 형태는 일반적으로 春秋 시기의 작풍으로 보았으며 銅鼎의 重環紋 등은 춘추 만기 혹은 전국 조기의 특징으로 보았다(孫繼安, 앞글, 238쪽 참조).

(출전: 孫繼安, 「河北容城縣南陽遺址調查」, 『考古』 1993-3. 235쪽.)

그림 29〉 춘추 시기 연국 臨易 도성지

古賢은 원래 명칭이 古縣으로 이 좌의 고대의 縣城은 원 명칭이 易인데 易水 가까이 있기 때문에 得名한 것이며 이 古城은 북쪽의 大城과 南城으로 나누어져 있다. 南城은 북쪽의 大城과 연결되어 있으며 남북 넓이는 약 1,000m, 동서 길이 약 1,200m이다. 현재 南城 내에는 高地가 하나 있는데 지명이 '倉廠'인 점으로 볼 때 城안의 粮倉일 가능성이 있다.[152] 南陽 유지는 容城縣 동쪽 14km, 雄縣 서북 11km에 있다. 원래는 雄縣에 속했는데 현재 容城縣에 들어가는

---

152) 孫繼安, 앞글, 236쪽. 이렇게 남북 양성을 나누는 구조는 현재 河北 易縣 燕下都 武陽城이 東西 2성으로 나누어져 있고 趙의 邯鄲이 南北 大小 2성으로 나누어져 있는 것과 매우 비슷하다고 한다(陳平, 『燕事紀事編年會按』(上), 194쪽).

古賢村 유지는 雄縣 서북 8㎞에 처하여 이들 유지는 모두 다『大靑
一統志』에 지칭한 燕都臨易이 "현재 保定府雄縣西北에 있다."는 기
재153)와 부합한다.

　이상의 발견에서 볼 때, 南陽村의 古城(燕國城) 유지는 燕桓侯가
옮긴 臨易城의 소재지일 가능성이 높다.154) 여기에서 출토된 '燕侯
載' 명문의 銅戈는 南陽 유지가 燕侯載 시기에도 사용되었을 가능
성을 설명한다. 『竹書紀年』의 '成侯名載'의 기사에 의하면 '載'는
36대 燕文公보다 5대 빠른 32대 燕成公(侯)(기원전450－434년)의 이
름임을 알 수 있다. 따라서 이 기물은 춘추 말기 전후에 해당하는
기물임을 알 수 있다. 이는 이곳이 연 文公이 易으로 옮기기 4대 전
에 혹은 더욱 빠른 시기에 사용되었음을 표명한다. 그 북쪽의 晾馬
臺 유지는 『水經注』「易水」에 따르면 公孫瓚이 축건한 易京城의
소재가 되며155) 후세에 이를 小易城이라 칭하였다고 한다.156) 古賢
村의 잔존 고성지는 古 '易城縣'의 소재가 된다고 볼 수 있는데 이
는 『漢書』卷28「地理志」에 따르면 "秦代에 이곳에 易城縣을 두었
으며 河間國에 속한다."라는 점과 부합된다고 볼 수 있다.157) 즉 桓

---

153) 『大淸一統志』卷14 "(臨易)故城, 今保定府雄縣西北"
154) 曲英傑은 南陽村의 '燕國城' 유지는 燕桓侯가 옮기 臨易城의 소재지
　　이며 『太平寰宇記』의 '大易故城'이 된다고 보았다(曲英傑, 『周代燕國
　　考』, 66쪽).
155) 曲英傑, 「燕都燕城及臨易考」, 『河北學刊』 1996－6. 885쪽.
156) 曲英傑, 『周代燕國考』, 66쪽.
157) 酈道元이 "易京城은 易城 서쪽 4～5리에 있다."라고 하였는데 이에
　　대해 陳平은 그 易城은 바로 易城縣의 소재를 지칭한 것이며 易城縣
　　이라 말하지 않은 것은 당연히 이때 縣治가 이미 북으로 이동하였기
　　때문이라고 지적한다(원래 역현 서북 15리는 현재 하북 新城縣의 경

侯가 옮긴 臨易과 文公이 옮긴 易은 본래 한곳으로 모두 漢의 河間
易縣에 있으며 그 지역은 모두 현재 河北 雄縣의 두 지역이 된다.
이렇게 볼 때 이 지역에서 춘추 시기의 기물뿐 아니라 燕刀幣, 燕王
職戈 등 전국 시기 유물이 나오는 것은 바로 이러한 상황에서 비롯
된 것일 가능성이 높다.

　특히 『墨子』「明鬼 下」158)에 근거하면 29대 燕簡公(기원전 505 –
493년)이 재위 시 祖祭를 지내기 위해 柤塗를 지나 도달하려 한 祖
澤(昭余祁)은 현재 白洋淀 일대의 水面을 지칭한다는 지적159)과 그
白洋淀이 容城과 文安 사이에 있다는 점에서 볼 때 祖澤은 바로 燕
의 경계에 있어 당연히 祖祭之川에 속하며 臨易으로 천도하여서 祖
澤을 가까이 두어 제사에 임하게 된 것이라고 볼 수 있다. 따라서
적어도 이 簡公 시기까지는 臨易이 도성지로 기능하였을 것으로 생
각된다. 成公(成侯) 시기 '燕侯載戈' 등은 臨易이 폐기되지 않고 사
용하였을 것으로 보이는데 成公으로부터 4대 후인 文公 시기에 易
으로 천도하기까지, 즉 簡公 이후부터(기원전 493년 이후) 文公 이
전까지(기원전 362년) 약 130년간 臨易이 도성지였는지 아니면 잠시

　계에 있고 후에 禠의 歸義縣의 所沿이 된다) 그런데 이 易京城이 언
　제 시건되었는지는 확실치 않고 이를 文公 시기에 만든 것으로 보았
　다(陳平, 『燕事紀事編年會按』(上), 194쪽 참조).
158)『墨子』「明鬼下」"昔者燕簡公殺其臣莊子儀而不辜, 莊子儀曰吾君王殺
　　我而不辜, 死人毋知亦已, 死人有知, 不出三年, 必使吾君知之. 期年燕
　　將馳祖. 燕之有祖, 當齊之有社稷, 宋之有桑林, 楚之有雲夢也. 此男女
　　之所屬而觀也. 日中, 燕簡公方將馳于祖塗, 莊子儀荷朱杖而擊之, 殪之
　　車上, 當是時, 燕人從者莫不見, 遠者莫不聞, 著在燕之＜春秋＞."
159) 曲英傑은 여기에서의 祖는, 즉 祖澤이라고 보았다(曲英傑, 『周代燕國
　　考』, 69～70쪽 참조).

186

다른 곳으로 천도하였다가 文公 시기에 臨易으로 다시 왔는지는 현재로서는 알 수 없다. 하지만 만약 "桓侯徙臨易"과 "文公徙臨易"이 모두 틀리지 않았다면 서로 거리가 3㎞ 정도 떨어진 두 곳에서 동시에 大小 2좌의 易都가 발견된 것을 미루어 봤을 때 이들에 대하여 그중 한번은 춘추 시기 桓侯가 축조하여 옮긴 것이고 다른 하나는 전국 중기 桓公 혹 文公이 축조해서 옮겼을 가능성을 제시한 견해[160]는 일견 타당성이 있다고 보인다. 즉 실제 桓侯가 옮긴 臨易과 文公이 옮겼을 易은 본래 한곳으로 그중 하나는 현재 容城縣 南陽村으로 春秋戰國 燕都邑 유지였고 다른 하나는 南陽 유지로부터 동쪽으로 3㎞ 떨어진 古賢村의 戰國 燕都邑 유지였을 가능성이 있다는 점이다. 이와 관련하여 文公 6년(기원전 356년)에 燕은 趙와 阿에서 會盟하였고[161] 7년(기원전 355년)에는 齊와 泃水에서 충돌하였다는 기록이 있다.[162] 또 14년(기원전 348년)에 趙 公孫裒가 燕을 벌하였으며[163] 24년(기원전 338년)에는 陰司馬가 燕公子 翌을 패퇴시키는 등[164] 전쟁이 비교적 많았는데 이것이 혹 古賢村의 易으로 천도한 것과 일정한 관련이 있을 가능성도 보인다. 이렇게 본다면 앞으로 더 많은 근거를 가지고 검토해 봐야 할 문제이지만 아마도 南陽 유지는 桓侯가, 古賢村은 文公이 축조하였을 가능성은 매우

---

160) 陳平, 『燕事紀事編年會按』(上), 192~195쪽 참조. 그는 또 대개 춘추 조기 桓侯가 臨易으로 옮긴 후 燕君이 또 다른 곳으로 천도하였고 戰國 중기 文公 시기에 다시 易으로 돌아온 것으로 추정하였다.

161) 『史記』 卷43 「趙世家」 "成侯十九年, 與齊, 宋會平陸, 與燕會阿"

162) 『古本竹書紀年』 "梁惠成王十六年, 齊師及燕師戰于泃水, 齊師遁"

163) 『古本竹書紀年』 "魏殷臣, 趙公孫裒伐燕, 還, 取夏屋, 城曲逆"

164) 『古本竹書紀年』 "陰司馬敗燕公子翌于武垣"

높다고 볼 수 있을 것이다.[165]

  그렇다면 臨易으로 천도를 단행한 이유는 무엇인가. 이 부분에 대해서는 어떠한 기록도 없다. 단지 桓侯가 臨易으로 천도한 사실만을 기록했을 뿐이다. 사실 춘추 시기 연국사에 있어 山戎 침입과 천도의 사실이 있음에도 연구가 공백인 이유는 더 이상의 자료가 없고 그것을 극복할 만한 춘추 시기 연국 사적 역시 거의 기록되지 않았기 때문이다. 비록 臨易으로 천도하였고 또 그것이 고고 발견으로 증명되었다 할지라도 천도의 원인에 대해서는 추정하기란 실로 난해하다고 할 수 있다.

  이에 대해서는 다음과 같은 가능성을 추정해 볼 수 있다.

  첫째는 당시 연국이 山戎 제 세력에 의해 곤란[病]을 당하였다는 기록에 근거한 山戎 침입의 가능성이다. 대부분 이것을 연국 천도의 가능성으로 인식한다.[166] 즉 『左傳』과 『史記』「齊太公世家」 등에 근거하면 山戎 부락 연맹이 강성하여 연국 및 기타 중원 제후국을 위협하는 상황이 연출되었고 그 과정에서 山戎에게 연국은 도성지

---

165) 陳平, 『燕事紀事編年會按』(上), 192~195쪽.

166) 常征에 의하면 연 桓侯가 舊邑 燕城(유리하 유지)을 버리고 易城(臨易)으로 천도한 이유를 山戎 부락연맹에게 파괴당하였기 때문으로 보았다. 山戎은 현 軍都山 이서의 蔚縣, 靈丘 지구에 거주하였는데 대규모 부락연맹을 성립하여 薊國을 격멸하고 燕侯를 위협하여 공격하고 황하를 건너 齊를 공략하였다고 지적하였다. 따라서 燕宣侯가 죽고 燕城이 함락되자 桓侯가 어쩔 수 없이 雄縣의 易城으로 피할 수밖에 없었다고 보았다(常征, 「召公封燕及燕都考-兼辨燕山, 燕易王, 燕昭王」, 『燕文化研究論文集』, 135쪽). 曲英傑, 韓嘉谷, 石英士 등 대부분의 경우 역시 山戎의 침입으로 보았다(曲英傑, 「燕都燕城及臨易考」, 886쪽; 韓嘉谷, 「燕國境內諸考古學文化的族屬探索」, 『會議專輯』, 235쪽; 石英士, 「姬燕國號的由來及其都城的變遷」, 『會議專輯』, 177쪽).

를 함락 당하게 되자 천도를 단행하였다는 것이다.[167] 연국을 곤경
에 처하게 한 세력이 山戎 세력이든 혹은 白狄 세력이든지에 관계
없이 연국을 둘러싸고 太行山, 軍都山, 燕山 일대에 무수한 諸 융적
세력이 웅거하고 있었다는 점과 연국이 이들과 밀접한 관계를 이루
어서 모종의 관계를 이루었다 할지라도 세력의 강약에 따라 수시로
적대적 관계를 형성하는 길항 관계를 이루었다는 점에서 이 의견은
일면 타당한 것처럼 보인다.

천도의 두 번째 가능성은 유리하 유지 黃土坡 묘장에서 보이는
정황으로부터 추정할 수 있다. 즉 張家園上層文化의 기물이 묘장에
서 단 한 차례 출토된다는 점으로 볼 때, 장가원상층문화로 상징되
는 토착 집단이 연국 주체 세력에 의해 대부분 배척당하였던 상황이
연출되었던 것은 앞에서 이미 살펴보았다. 그러나 당시에 장가원상
층문화는 永定河 남북에서 상당한 분포범위를 갖고 있었음도 지적
하였다. 따라서 유리하 유지에서 보이는 정황은 연국 주체 세력에
대해 장가원상층문화 토착 세력의 저항을 야기하였을 가능성을 보여
준다. 이 때문에 연국 주체 세력이 천도를 단행하였을 가능성도 생
각해 볼 수 있다.

세 번째 가능성은 바로 河水의 범람이라는 자연재해로 인한 유리
하 유지의 폐기이다. 이러한 인식에는 시봉지인 유리하 유지의 폐기
시기와도 연관된다. 유리하 도성지의 폐기 연대에 관해서 해자 내의
퇴적물 정황을 통해 살펴볼 수 있다. 즉 서주 조기와 중기에 형성된
해자는 河內에 방어의 기능을 하는 물이 가득 찼을 때 사용된 반면

---

167) 常征, 「召公封燕及燕都考 - 兼辨燕山, 燕易王, 燕昭王」, 135쪽.

그 바로 위에 있는 퇴적층은 흙탕물로 가득 찼으며 동시기의 유적 단위 내에 고급 등급의 유물이 보이지 않는 점에 미루어 볼 때 유리하 도성지는 서주 만기에 이르면 성시 기능의 변화가 발생하여 도성으로부터 일반 거민점이 되고 있다는 점이다.[168] 따라서 유리하 고성이 연국 도성으로 사용되었던 시기는 서주 조중기이며 이후에는 그 기능을 점차 상실했을 것으로 추정된다. 서주 만기까지는 유존이 나타나는 점으로 미루어 보아 일반민이 거주하고 있었던 것으로 보이지만 이후에는 중소형 묘장마저도 사라지게 되고 조사 결과 이는 서주 만기 하수의 범람에 의해 발생하였을 가능성이 있다.[169] 즉 유리하(聖水, 大石河)가 서쪽에서 동쪽을 향해 董家林 고성의 남쪽으로부터 흘렀는데 유리하가 항상 범람하여 재앙을 이루었기 때문에 고성 남쪽에 웅덩이가 만들어지고 지금은 고성의 남북 길이를 탐색할 수 없게 되었다는 것이다. 따라서 홍수의 범람을 피하기 위해 천도하였다는 것이다.[170] 이에 의해 본다면 유지가 완전히 폐기되는 시기는 서주 만기 혹은 춘추 초기에 해당한다고 볼 수 있다.

---

168) 琉璃河考古隊, 「琉璃河遺址1996年度發掘簡報」, 『文物』 1997-6.

169) 琉璃河考古隊, 「琉璃河遺址1996年度發掘簡報」 참조.

170) 王燦熾, 「北京建都始于公元前1057年」, 『燕文化研究論文集』, 145쪽. 단 동북을 향하여 천도하여 춘추전국 시기에 이르면 城址는 현재 北京 外城의 서남부로 廣安門 白雲觀 일대로 보았다. 또 徐自强은 薊城으로 천도한 이유는 연국의 강성과 북방으로 향한 발전으로 통치중심구를 북쪽을 향해 이동하고자 한 것이 주된 이유이며 하수범람도 천도하게 된 원인이라고 지적하였다(徐自强, 「關于北京先秦史的幾個問題」, 22쪽). 약간 인식을 달리하긴 하지만 常征의 경우에는 燕惠侯가 董家林 고성을 버리고 새로이 良鄕에 도읍을 건설한 이유를 大石河(琉璃河)로부터 훼손된 것에서 찾고 있다(常征, 『古燕國史探微』, 247쪽).

유리하 도성의 폐기 연대가 이상과 같고 西周 조중기 이후 燕侯의 世系가 드러나지 않는다는 점, 서주 중기 이후 융적 세력의 발호, 군사력을 동원한 강제적 입국 과정 등의 모든 정황이 서로 맞물려서 천도의 원인으로 위의 세 가지 가능성을 보여 준다. 이 세 가지 가능성 중 어느 것이 더 많은 개연성을 갖는지는 현재로서는 확실치 않다. 그러나 분명한 점은 바로 이 모든 가능성이 연국에는 도사리고 있었다는 점이다. 즉 연국 주체 세력의 강력한 군사식민 과정에서 저항한 수많은 토착 세력의 존재와 연국을 둘러싼 제 융적 세력의 존재, 그리고 서주 만기에 발생한 하수의 범람 등의 이러한 상황은 모두 연국에게는 천도를 단행할 수밖에 없는 원인이 될 수 있었다는 점이다. 서주 말기에 연국의 주체 세력은 유리하 유지에서는 더 이상 존립이 불가능하였고 도성이 폐기되었던 것은 분명한 사실이다. 그리하여 기원전 690년 즈음인 燕桓侯 시기에 臨易으로 천도를 단행하게 되었던 것이다. 연국의 천도가 어떤 원인 때문인지는 앞으로 풀어야 할 과제이겠지만 이런 과정에서 연국은 어떤 형태로든 약체화될 수밖에 없는 조건을 이루었을 것이다.

한편 이와 관련하여 검토해야 될 것은 薊城으로의 천도문제이다. 연국이 薊城으로 천도한 시기에 대해서는 두 가지 의견이 있다. 첫째 의견은 서주 중기에 薊城으로 천도하였는데 山戎의 침입으로 臨易으로 임시 천도하였다가 山戎의 세력이 쫓겨 감에 따라 薊城으로 다시 돌아왔다는 견해이다.[171] 두 번째 의견은 山戎의 침입 이후 襄公 시기에 薊城으로 천도하였다고 본다. 즉 이 의견에는 유리하 유

---

171) 徐自强의 경우 燕이 북방으로 발전하는 과정에서 서주 중기 이후 薊國을 멸망시켜 薊城으로 천도하였다고 보았다(徐自强, 앞글, 20~23쪽).

지에서 臨易으로 천도한 이후 薊城으로 재천도를 단행한 것으로 본
다. 이 역시 山戎 등의 침입으로 인한 유리하 유지의 폐기로 인해
臨易으로 천도한 후 山戎 세력이 사라지자 薊城으로 천도한 것으로
본다. 이러한 薊城 천도의 배경에는 『韓非子』「有度」에 "燕 襄公은
河를 경계로 삼고 薊를 國으로 삼았다.[172]"는 기사에 근거한다. 襄
公(기원전 657-618년)은 山戎 침입 당시 燕侯였던 莊公의 아들로
이들 부자의 재위 기간이 대략 70년을 넘겨 안정적으로 통치하였다
는 점과 당시 桓公(齊國)의 도움을 얻어 山戎의 침입을 막아내고 비
교적 강대한 시기에 처하기 때문에 襄公 시기에 薊를 도성으로 삼
을 수 있었다[173]는 주장이다. 이들의 주장은 시간적 편차는 있지만
유리하 유지의 폐기 시간과 맞물려 ① 琉璃河 遺址 → 薊城 → 臨易
→ 薊城, ② 琉璃河 遺址 → 臨易 → 薊城으로 보아 결국 臨易에서 薊
城으로 재천도하는 것에는 일치[174]하며 臨易으로의 천도는 山戎의
침입 때문이며 薊城으로 천도한 것은 바로 山戎 세력이 사라졌기
때문이라는 공통점을 갖고 있다.

　일반적으로 유리하 유지에서 薊城으로 천도한다고 보는 시각은
연국이 당시 北伯으로의 위상을 갖추었고 따라서 그가 북방으로의
확대 과정 중에서 薊國을 멸하고 薊城을 함락하여 북방으로 진출할
전진기지로 삼았다는 인식이 깔려 있다. 그러나 이러한 근거로 제시
한 『韓非子』「有度」에서 나오는 襄公은 실제로는 전국 중기 이후

---

172) 『韓非子』「有度」 "燕襄王以河爲境, 以薊爲國"
173) 韓嘉谷은 山戎 침입 이후 연 襄公(기원전 657~618년) 시기에 薊城으
　　로 천도하였다고 본다(韓嘉谷, 「燕史原流的考古學考察」, 76~77쪽).
174) 常征은 17대 莊公이 薊城으로 천도한다고 보았다(常征, 「召公封燕及
　　燕都考－兼辨燕山, 燕易王, 燕昭王」, 137쪽).

昭王을 지칭한다. 이 내용을 중간에 끊지 말고 계속 읽어 내려가면
이는 전국 시기에 관련된 내용임을 알 수 있다. 즉 '燕襄王은 河를
경계로 하고 薊를 국으로 삼고, 涿, 方城을 습격하고 齊를 치고 中
山을 평정하였다. 연의 도움을 받는 자는 위세를 부리고, 연의 도움
을 못받는 자는 경시당했다.'175)라고 기록하고 있다. 『戰國策』「秦策
3」의 秦 客卿 造勸이 穰侯에게 유세할 때 燕君을 '成昭王之功'이라
고 말하였는데 『戰國縱橫家書』에서는 '成昭襄王之功'이라고 되어 있
어 이 燕君은 燕 昭襄王을 지칭하는 것을 알 수 있다. 즉 『韓非子』
「有度」에서 나오는 襄王은 춘추 시기 襄公이 아니라 燕의 昭襄王을
지칭하는 것으로 이 昭襄王을 간단히 昭王 혹 襄王으로 칭한 것임
을 알 수 있다. 이 昭襄王은 周赧王 3년(기원전 312년)에 즉위하였
고 그의 재위 기간은 전국 중기 이후 燕國이 전국칠웅의 하나가 되
는 최강 시기에 해당한다. 현존 전적 중 薊를 燕都로 삼은 것은 이
것이 최초라고 볼 수 있다. 이 외에도 『戰國策』「燕策 2」에서 樂毅
가 燕惠王에게 보고하여 말하기를 "계구의 식물은 제나라 문수가
대나무로 숲뒤에 심었다."176)라고 하여 이 薊丘가 薊城을 의미하는
것을 엿볼 수 있다. 또 燕昭王 28년(기원전 284년)에 "殘齊"의 일은
간접적으로 薊城을 서술하고 있음을 알 수 있다. 따라서 이에 근거하
면 『韓非子』「有度」의 襄公은 전국 시기의 39대 昭王(昭襄王)으로
이들이 주장하듯이 18대 襄公 시기에 薊城으로 천도하였다는 것은
오해라고 볼 수 있다.

---

175) 『韓非子』「有度」"燕襄王以河爲境, 以薊爲國, 襲涿, 方城, 殘齊, 平中
　　山. 有燕者重, 無燕者輕, 襄王之氓社稷也, 而燕以亡"
176) 『戰國策』「燕策 2」"……薊丘之植植於汶皇……"

이 薊城 천도는 사실 중요한 의미가 있다. 즉 薊城은 薊國의 都城이며 燕國이 薊城으로 천도하였다는 것은 적어도 그 시기에 薊國은 멸망하였다는 것을 의미한다. 薊國이 북방을 향해 발전하고자 했던 燕에 의해 멸망했건, 山戎에 의해 멸망했건 간에 약간의 시간적 편차가 있지만 서주 시기 薊國이 위치하였던 지역은 춘추 시기부터 연국의 세력범위가 된다고 본 것이다. 薊城으로의 천도는 연국에 있어 매우 중요한 의미를 갖는다. 즉 지리적 위치가 매우 유리한 薊城으로의 천도는 연국 발전의 기초, 즉 '巨燕'으로의 기초를 갖게 되는 계기로 보기 때문이다. 따라서 서주 시기부터 戰國末까지 강국의 면모를 갖추었고 특히 북방을 장악하였다고 인식하는 배경에는 薊城을 장악해야만 이 모든 것이 비로소 실현할 수 있었던 것으로 보기 때문이다. 따라서 이러한 견해를 가진 대부분은 薊城 천도를 이 시기로 보고 있다.[177)

그러나 『韓非子』「有度」를 검토해 본 결과 적어도 춘추 시기에는 분명 薊城이 연국의 도성지로 사용되지 않았다는 점을 분명하게 알 수 있다. 山戎 정벌 이후에 燕이 薊城으로 천도하지 않았을 것으로 생각되는 또 하나의 이유는 비록 齊에 의해 山戎이 정벌되기는 하였지만 앞서 살펴본 바와 같이 玉皇廟文化나 혹은 夏家店上層文化 등 山戎과 관련되었을 것으로 추정되는 유존이 전국 시기까지 燕國 북쪽에서 있었던 점으로 미루어 보아 山戎은 쉽사리 사라지지 않고 여전히 그 지역에 존재하였다고 볼 수 있다. 또 앞에서 살펴본 바와

---

177) 侯仁之는 서주 말 혹은 동주 초년에 燕國이 薊國을 겸병하고 또한 薊城으로 천도하여 통치중심이 薊城이 된다고 보았다(侯仁之, 「論北京建城之始」, 『燕文化研究論文集』, 156쪽).

194

같이 山戎(北戎)은 晉, 齊 등과도 여전히 교류하고 있었기 때문에 山戎의 세력이 연국 주변에서 사라진 것이었다고 생각할 수 없다. 그들이 존재하는 이상 당시 정황으로 볼 때 약체화되었을 연국이 다시 薊城으로 굳이 천도할 이유가 없었던 것으로 보인다.[178] 따라서 山戎의 세력이 제거되어 薊城으로 천도하였다는 것도 재고해야 할 것으로 보인다.

이상의 분석을 통하여 다음과 같은 결론을 얻을 수 있었다. 춘추 시기 연국의 도성지는 臨易으로 그 지역은 현재 容城縣 南陽 유지이다. 춘추 시기 桓侯 시기에 천도하여 적어도 29대 簡公 시기까지 춘추 시기 연국의 도성으로 기능하였을 것으로 추정된다. 단 그 중간에 다른 지역으로 천도하였을 가능성도 배제할 수는 없다. 南陽 유지에서 3㎞ 떨어진 古賢村은 전국 시기인 36대 文公 시기에 천도한 易이라고 추정해 볼 수 있다. 簡公 이후부터 文公까지의 중간 시기에 계속 南陽 유지가 사용된 것인지 아니면 다른 지역으로 천도하였던 것인지는 현재로서는 확실하게 알 수 없다.

한편 춘추 시기 연국의 세력범위는 이와 같은 연국 도성지 검토와 관련하여 그 범위를 추정해 볼 수 있다. 우선 南界를 설정해 보자. 춘추 시기 燕의 南界를 알려 주는 대표적인 사료는 山戎 침입 이후 燕과 齊와의 관계를 알려 주는 기원전 663년의 사료이다(사료 E-①). 이 사건을 기록한 문헌에는 산융 정벌 후 燕莊公이 齊桓公을 배웅하는 데 天子가 아닌 이상 제후끼리의 배웅은 예의에 맞지 않자 齊는 燕莊公이 배웅 나온 그 지점까지를 燕에게 떼어 준다는

---

178) 曲英傑은 산융 세력이 강했기 때문에 북천하여 薊로 갔을 가능성은 매우 적었을 것으로 인식하였다(曲英傑, 「周代都城比較硏究」, 290쪽).

내용이 있다(사료 E-②). 그렇다면 바로 그 지점이 어디인가를 검토해 본다면 이후 연의 남계를 알 수 있을 것이다. 이에 대한 더욱 구체화된 내용은 『新序』에 기록되어 있다(사료 E-④). 즉 『新書』「春秋」에 "……燕君은 桓公을 배웅하여 齊의 땅 160리까지 들어왔다. ……齊는 燕君이 도달한 곳까지 주었다."라고 하였다. 이에 의한다면 燕과 齊는 인근으로 경계를 이루고 있었다는 점은 분명하다.

원래 燕과 齊가 경계를 이루고 있었던 지점을 알려 주는 내용은 『左傳』 僖公 4年 條에서도 보인다. "……옛날에 召康公(召公奭)이 우리 선군 太公에게 명하여 말하기를 '五侯九伯이 잘못하면 그대가 그를 정벌하여 周王室을 보좌하라고 하였다. 그리고 우리 先君에게 영토를 주심에 동쪽으로는 海에 이르고 서로는 河(黃河)에 이르렀고 남으로는 穆陵에 닿았으며 북으로는 無棣에 이르렀다…….' …….."[179]라는 내용으로 볼 때 齊의 북쪽은 無棣에 이르는 동시에 燕의 남쪽이 無棣에 이르는 것을 시사하는데 이는 周初 燕齊 封疆 경계의 중요한 근거라 볼 수 있다. 단 이는 대체적인 燕과 齊의 경계점으로 실제의 燕, 齊의 봉강이라고 생각할 수는 없다. 한편 燕莊公이 배웅한 齊의 땅 160리는 연구 결과 현재 河北 滄州의 동북에 있어서 이로써 볼 때 燕의 남계는 古易水 유역, 현재 河北 雄縣과 任邱 지간에 있을 가능성이 있다.[180]

燕의 南界를 알려 주는 또 다른 기록은 기원전 536년 즈음의 簡

---

179) 『左傳』 卷5 僖公 4年 "……昔小康公命我先君太公曰五侯九伯汝實征之, 以俠輔周室, 賜我先君履, 東至于海, 西至于河, 南至于穆陵, 北至于無棣……"
180) 曲英傑, 「周代燕國考」, 64쪽.

公 시기에서 보인다. 『左傳』의 "(魯)召公 12년 봄에 齊의 高偃이 군대를 거느리고 北燕伯을 陽에 入城시켰다."[181]라고 되어 있다. 이 陽邑에 대해서 검토해 보면 연국의 南界를 추정하는 데 도움이 될 것이다. 杜預는 이 陽은 唐으로 보았다.[182] 陳平은 이 두예 주석에 근거하여 陽邑은 현재 河北 完縣 서쪽, 唐縣 동북에 있다고 보았다.[183] 이 唐縣은 滿城에서 가깝다. 이와 관련하여 魯昭公 7년(기원전 535년)에 齊侯가 燕人과 濡上에서 맹약하였다는 기록이 있다.[184] 濡上이 어디인가에 대해서는 현재 河北 任邱縣으로 보지만 童書業에 의하면 이 지역은 北濡水가 있고 南濡水는 따로 있어 河北 滿城縣 부근에 있다고 보는데 燕이 盟會한 곳은 아마도 南濡가 된다고 보았다. 즉 燕은 齊와 成何의 맹약을 濡上에서 하였고 齊는 또한 燕君을 그 부근인 陽(唐縣)에 들여 燕을 핍박하였던 점을 알 수 있다.[185] 이 陽의 지리위치에 대해서는 文安, 大城 지간으로 보는 견해[186]도 있다. 그러나 齊가 北燕伯을 燕에 입성시켰지만 연국 내에

---

181) 『左傳』卷22 昭公 十二年 "齊高偃帥師納北燕伯于陽"

182) 『春秋經』杜注 "陽卽唐"

183) 陳平, 『燕事紀事編年會按』(上), 258쪽.

184) 『左傳』卷22 昭公 七年 "春 王正月, 暨齊平, 齊求之也. 癸巳, 齊侯次于虢, ……二月戊午, 盟于濡上, 燕人歸燕姬, ……"

185) 童書業에 의하면 춘추 시기 북연의 소재는 옛날에는 현재 북경 부근이라 했는데 의심스럽다고 하면서 이 濡上을 근거로 연의 소재지를 구하고 있다(童書業, 『春秋左傳研究』, 上海人民出版社, 1980. 365쪽).

186) 王夫之는 『春秋稗疏』에서 『漢志』涿郡에 陽鄕縣이 있는 것에 근거하여 이곳을 燕地라고 지적하고 이곳은 "文安, 大城 지간에 있어 燕, 齊의 孔道가 되며 이 陽이 바로 이것이다."라고 보았다고 한다. 그러나 陳平에 따르면 王夫之가 말한 涿郡 陽鄕은 현재 하북성 固安縣의 서북으로 춘추 북연국의 복지에 속하며 연제의 孔道가 아니라고 지적하

는 燕悼公이 실력으로 저지하여 燕의 腹地로 깊이 들어올 수 없었기 때문에 단지 燕齊 변경의 한 邑일 가능성만이 있고 韓의 中山, 宋의 定州, 현재 保定의 唐縣은 비록 서쪽에 치우쳐 있으나 齊景公이 들인 北燕伯은 晉人의 도움에 많이 의지하여 唐縣은 바로 齊, 晉, 燕 삼국의 변경이 모이는 결합부에 있었을 가능성이 크다는 지적[187]은 일견 타당성이 있어 보인다. 특히 北燕伯을 이에 들인 것으로 바로 晉齊 양국의 강력한 원조를 얻었다는 점에서 볼 때, 이 陽邑은 唐縣 일대였을 가능성이 있다고 봐야 할 것이다. 현재 河北 保定市 서남 40리에 鎭名이 陽城이 있는데 아마도 高偃이 燕伯을 들인 곳일 가능성이 있다.

이상으로 볼 때 燕의 南界는 唐縣, 保定, 文安, 任邱의 일선을 이은 선이 되었을 것으로 추정할 수 있다. 한편 燕의 세력범위와 관련하여 주목되는 것이 바로 근년 발굴된 平山縣 전국 시기 中山國의 묘장이다.[188] 이 지역은 鮮虞의 中山國이었음을 분명하게 볼 수 있다. 연의 서쪽에는 일찍이 白狄 계통의 융적이 자리 잡고 있었다. 中山國은 춘추 시기에 鮮虞라고 칭해졌는데[189] 杜預는 『左傳』 卷22

고 있다(陳平, 『燕事紀事編年會按』(上), 258쪽 참조).

187) 陳平, 『燕事紀事編年會按』(上), 258쪽.

188) 河北省文物研究所, 『豐墓－戰國中山國國王之墓』(上), 文物出版社, 1995.

189) 中山 族屬에 대해서는 몇 가지 다른 견해가 있다. ① 中山은, 즉 鮮虞, 姬姓이며 白狄에 속함, ② 中山은 鮮虞, 子姓, 商族 후예에 속함, ③ 中山은 周族, 王系는 周室로부터 나왔으나 鮮虞는 狄族이 됨, ④ 中山 漆姓은 長狄, 宣侯姬姓은 白狄, ⑤ 鮮虞는 子姓 商族 후예이며 中山은 白狄 狐氏之國으로 周와 同族이며 晉과 同宗이라는 설 등등으로 볼 수 있다(劉超英, 「戰國中山族屬淺議」, 『文物春秋』 1992 增刊本. 80~81쪽 참조).

198

昭公 12년 條에서 '白狄의 別種'이라고 주석하였다. 白狄은 원래 陝西 북부와 山西 서북부에 있었다. 기원전 8세기 말경부터 중원의 內地로 진입하여 太行山 以東의 광대한 지구로 옮긴 이후 유목하기에 적합한 산구와 평원을 점거하고 아울러 밖으로 확대 발전해 나갔다고 한다.[190]

　『左傳』 卷3 莊公 32년(기원전 662년)에 "狄人은 邢을 벌하기 시작하여"('狄伐邢') 卷4 潛公 2년(660년)에 "衛를 침입하였다."('冬十二 月狄人伐衛')고 기록하고 있다. 당시 白狄은 나라를 세우지는 않았지만 邢, 衛를 멸망시킨 것이 白狄 계통의 융적임을 알 수 있다. 이는 白狄이 太行山 以東으로 온 이후 강대한 부락연맹을 결성하여 세력범위를 확대시킨 것[191]을 시사한다. 平山縣 이외에도 唐縣, 曲陽, 行唐 등지에서 발견된 이 시기의 출토 문물로 볼 때, 이 지역은 鮮虞 혹 中山의 취거구였음을 알 수 있다. 몇 번의 滅國과 復國 과정이 있었지만 그의 세력범위는 대체적으로 晋北 五臺縣, 河北 正定縣, 唐縣, 平山縣 등지로 易水로부터, 남으로는 井陘, 서로는 太行, 동으로는 慶廣鐵路를 경계로 삼는다.[192] 북으로는 安新, 徐水 일선까지이며 남부는 高邑의 남쪽에 있고 西界는 太行山이며 동부는 里縣, 安平, 深縣, 新河, 巨鹿 일선[193]이라고 볼 수 있다.

---

190) 이들의 명칭은 魯昭公 12년(기원전 530년)에 처음으로 鮮虞라고 칭하였다. 杜預는 中山의 新市縣에 도읍하였다고 보았다. 현재 正定 동북 20km의 新城鋪이다(劉來成·李曉東, 「試談戰國時期中山國歷史上的幾個問題」, 『文物』 1979-1. 32쪽). 이들이 中山國으로 불리게 된 이유는 도성에 가운데에 산이 있었기 때문이라고 한다.

191) 劉來成·李曉東, 앞글, 32쪽.

192) 舒大剛, 앞글, 57쪽.

193) 劉來成·李曉東, 앞글, 33쪽.

여기에서 볼 때 춘추 시기 내내 연국은 서남쪽으로 鮮虞를 비롯한 白狄 계통의 戎狄과 맞닿아 있었다고 볼 수 있다. 中山, 肥, 鼓 등 白狄 계통의 융적 집단194)도 국가를 성립시켰는데 이들 지역은 肥國은 鉅鹿 하곡 陽縣 서쪽에 肥累城이 있다고 하는 기록에 근거하면 하북 藁城일 가능성이 있고 鼓는 현재의 晋縣에 거주하였다.195)

鮮虞, 肥, 鼓 등의 융적 국가가 성립되어 쉽사리 멸망하지 않았다는 점으로 미루어 본다면 이들 국가의 지지기반은 매우 강고하였다고 볼 수 있다. 특히 鮮虞의 경우는 몇 차례의 滅國, 復國의 과정 속에서 거의 전국 중기 이후까지 이어진 점으로 볼 때 매우 강력한 세력이었다고 볼 수 있다. 이들은 물론 연국의 세력범위 내에 존재하지 않았던 융적 세력이었다. 또한 이와 같은 국가의 형태는 아니었다 할지라도 太行山 동록 지역은 매우 강력한 白狄 계통의 세력이 거주하였을 것으로 보이며 이들은 일종의 부락연맹 집단을 이루었을 것으로 추정된다. 따라서 太行山 以東은 燕國이 易縣, 淶水, 涿州 등 淶水와 易水, 拒馬河 일대에 거주하였고 그 이서 지역은 白狄 계통의 세력범위였을 것으로 추정된다. 아마도 이러한 정황은 연국이 남쪽을 향하는 데에 장애가 되었으며 이는 燕國이 '崎嶇于强國之間'에 처한 상황의 일면을 보여 준다고 생각된다.

그렇다면 연의 북쪽의 세력범위는 어떠했을까? 이미 지적한 바와 같이 北京 延慶 지역의 軍都山 융적 묘장과 遷安, 薊縣, 唐山 일대의 융적 계통인 孤竹, 令支, 無終 등의 존재, 燕山 지역을 넘어서면

---

194) 杜預는 肥와 鼓를 白狄의 별종이라고 보았다. 이들은 鮮虞와 같이 모두 白狄의 국가이며 서부로부터 왔다고 한다(舒大剛, 앞글, 42쪽).
195) 舒大剛, 앞글, 43쪽.

200

夏家店上層文化의 존재 등은 이미 이 지역이 그들의 세력권이었음을 대변한다. 더욱이 이들 문화는 오랜 전통을 계승한 것으로 이 지역에서 거주한 강대한 융적 부락 연맹의 유존일 가능성이 농후하므로 이들 문화가 출토된 지점은 연국의 세력범위 내로 편입시킬 수 없다는 것은 자명하다고 볼 수 있다.

다만 여기에서 궁금한 점은 바로 山戎 정벌 이후에는 齊가 벌한 山戎, 孤竹, 令支 지역은 연의 세력범위 내에 포함되었던 것일까 하는 의문이다. 그러나 분명한 것은 齊의 北伐 이후에도 山戎의 존재는 여전히 燕北과 晋東, 晋北에서 나타나고 있고 이를 기록한 것은 매우 많다. 앞 절에서도 살펴보았듯이 『左傳』 襄公 4년에서 보이는 無終子 嘉父의 존재를 통해서 분명하게 볼 수 있다.196) 여기에서 보이는 無終은 山戎이라고도 하고197) 山戎의 국명이라고 보기도 하는데 분명치는 않지만 山戎과 모종의 관계가 분명 있었을 것으로 추정된다. 이때 이들의 지역은 현재 山西 太原市 동쪽으로 보는데 이 無終의 聚居區는 현재 하북 淶源縣 일대, 張家口, 蔚縣, 玉田, 薊縣 등지로 광범한 지역을 아우른다. 그렇다면 이 지역 역시 燕의 세력범위가 아니었다. 또 燕 武公 12년(기원전 562년)인 『左傳』 襄公 11년 기록198)에 의하면 이 시기에는 晋悼公이 魏絳의 말을 받아들여

---

196) 『左傳』 卷14 襄公 四年 **"無終子嘉父**使孟樂如晋, 因魏莊子納虎豹之皮, 以請和諸戎. 晋侯曰, 戎狄無親而貪, 不如伐之, 魏絳曰 諸侯新服, ……勞師于戎…諸華必叛, ……獲戎失華, 無乃不可乎, 公曰 然則莫如和戎乎, 對曰和戎有五利焉, ……公悅使魏絳盟諸戎……"

197) 蒙文通, 『周秦少數民族研究』, 145쪽.

198) 『左傳』 卷15 襄公 十一年 "……晋侯以樂之半賜魏絳曰 子敎寡人和戎狄, 以正諸華. 八年之中, 九合諸侯, 如樂之和, 無所不諧, 請與子樂之. 辭曰, 夫和戎狄, 國之福也. 八年之中, 九合諸侯, 諸侯無慝, 君之靈也,

諸戎과 和親하고 戎이 복종하여 晉이 강성해지는 해라는 것을 알수 있다. 따라서 山戎은 여전히 존재하고 있었음이 분명하다.

이 밖에도 燕의 북쪽에는 白狄 계통의 代戎이 존재하였다는 것을 알 수 있다. 즉 燕孝公(31대) 8년인 기원전 457년에 趙襄子가 代王을 죽이고 伯魯子周를 봉하여 代의 成君으로 삼았다는 기록이 있다.199) 그렇다면 그 이전에는 代戎이 존재하고 있었다는 것을 시사한다. 代戎은 燕北의 중요한 융적 부락으로 그 族은 당연히 無終戎의 하나로 燕과 일정한 관계가 있다고 하는데 그 위치는 河北 芋縣이라고 보기도 한다.200)

薊城으로의 천도가 적어도 춘추 시기에 이루어지지 않았다는 것을 이미 지적하였다. 그렇다면 서주 시기에 봉해진 연국 이북에 위치한 薊國의 존재는 어떠한가. 曲英傑의 지적처럼 이 薊國이 춘추 말기까지 존재하였는지201) 아니면 연국의 북방으로의 발전 과정에서 혹은 산융 등 제 융적의 침입에 의하여 멸망하였는지는 현재로서는 전혀 판단할 수 없다. 단 曲英傑의 지적처럼 이 지역에는 연국의 문화와는 다른 형태의 계통의 문화가 존재하였던 것만은 분명하다. 이렇게 본다면 현재로서 薊國의 지역이었을 永定河 이북 지역이 연국의 세력범위에 들어왔을지는 의문이다. 더구나 山戎 침입 등으로 더욱 약체화된 연국이 여전히 山戎 등 諸 융적 세력이 존재하는 시기

二三子之勞也. 臣何力之有焉, ……公曰子之敎, 敢不承命, 抑微子, 寡人無以待戎, 不能濟河, 夫賞, 國之典也, 藏在盟府, 不可廢也, 子其受之. 魏絳于是乎始有金石之樂, 禮也"

199) 138쪽 주 42) 원문 참조.
200) 鄭紹宗, 「山戎及其文化考－關于夏家店上層文化性質問題」, 379쪽.
201) 曲英傑, 『周代燕國考』, 73쪽.

202

에 이들 지역과 보다 근접한 지역으로 굳이 이동하였을 것 같지는
않다. 이상의 분석 결과 춘추 시기 연국의 세력범위는 서주 시기 연
국이 永定河 이남에서부터 保定 이북 지역에 거주하였던 정황과 크
게 변하지 않았을 것으로 추정된다.

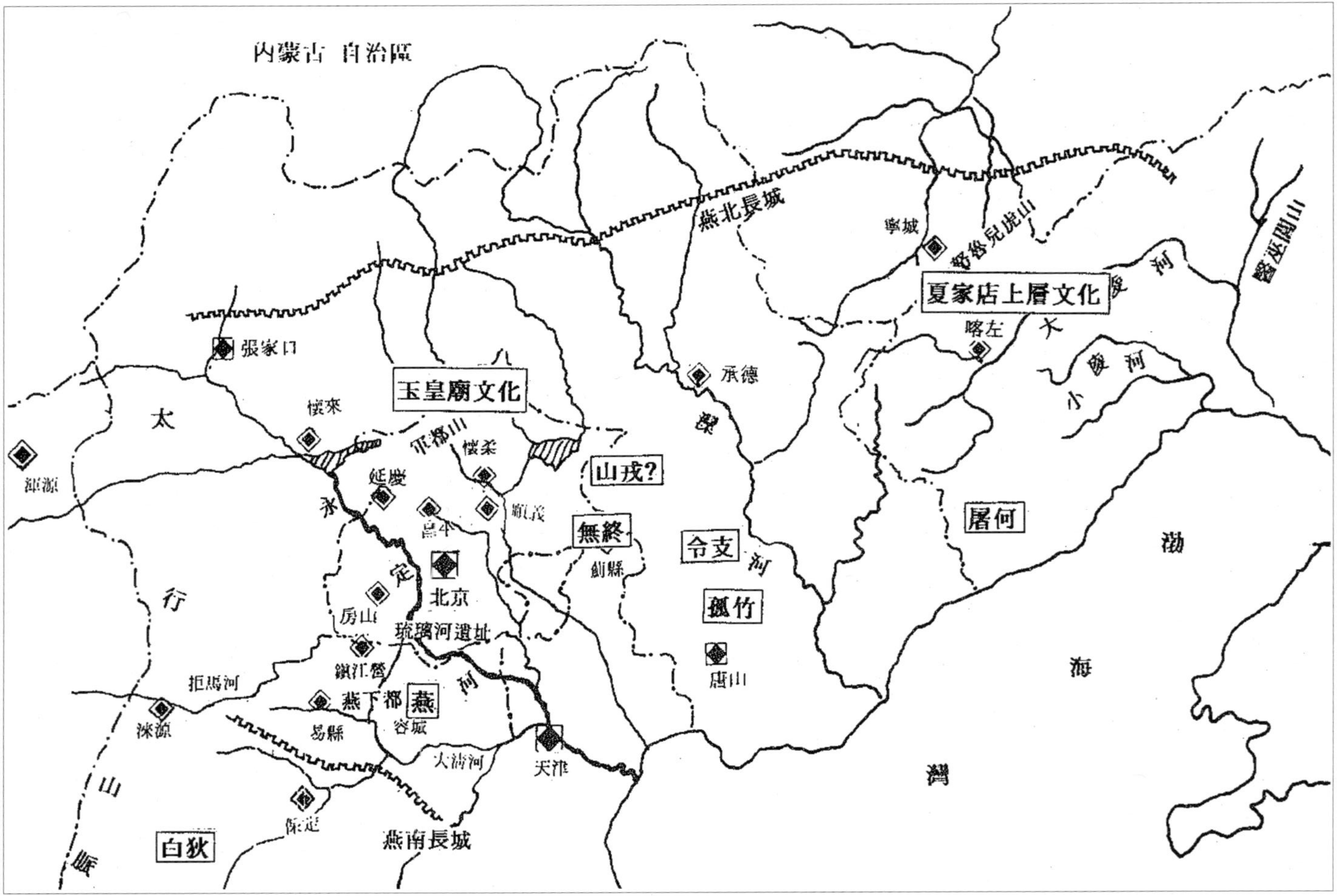

지도2〉 춘추시기 연국 세력범위 추정도

2) 容城 遺址 文化

이상의 정황으로 볼 때 연국의 세력범위가 永定河 이북으로 확대
되는 시기는 적어도 춘추 시기는 아닐 것으로 추정된다. 그렇다면
이 시기 연문화의 분포범위는 어떠하였으며 山戎 등 諸 융적과의
관계 및 중원 제국과의 관계 등을 통한 연문화의 면모는 어떠하였을
까? 그러나 현재 춘추 시기 연문화의 범주에 넣을 만한 유지는 극히
제한적이다. 우선 춘추 시기 연국의 세력범위가 永定河 이남에 있다
는 점으로 볼 때 연문화의 분포범위도 대체적으로 영정하 이남이 될
것으로 추정되기 때문에[202] 그 범위 안의 문화적 면모를 살펴보고자
한다. 실제 춘추 시기 연국의 도성지로 추정되는 容城(雄縣) 유지를
통하여 이 시기 중심지구의 연문화의 면모를 살펴보고 燕下都 춘추
시기 유지로 판단되는 13호 유지 및 거마하 일대의 문화 면모를 살
펴보고자 한다. 다만 발견 유지가 많지 않아 이상의 유지에 한정될
것이다. 사실 유리하 유지의 면모를 살펴보는 것이 서주 시기와 춘
추 시기 문화 면모의 변화상 등을 고찰하기 위한 가장 좋은 대상이
될 것이나 앞에서 살펴보았듯이 서주 만기 이후 완전 폐기되었고 그
위에 나타나는 유존은 唐代에 해당하는 것이므로 춘추 시기 연문화
의 분석대상이 될 수 없다. 일단 춘추 시기 연문화의 분석 대상이

---

202) 정치적 세력범위와 문화적 세력범위는 반드시 일치하지 않는다. 이런
점은 바로 國 문화와 族 문화 등의 개념과도 연관되며 燕國文化와 燕
文化의 범주가 반드시 일치하지 않는다는 것을 의미한다. 단 여기에서
는 일단 연국의 세력범위를 앞 절에서 설정하였고 그 주위에는 제 융
적 세력이 거주하고 있음이 확인된 이상 연문화의 세력범위를 앞 절
에서 고찰한 연국 세력범위내로 한정시켜 보기로 한다.

한정되어 있고 또 이들 지역에서 나타나는 유물도 많지 않다는 점은 춘추 시기 연문화의 면모에 대한 이해는 상당정도 결핍될 수밖에 없다는 점을 미리 지적하고자 한다.

容城 南陽村 유지에서는 앞에서도 살펴보았듯이 청동예기와 도기 및 연도폐, 燕王職戈, 燕侯載戈 등이 출토되었다. 이 중 銅鼎은 圜底鼓腹으로 蹄形 三足이 있다. 이 器形은 山西 長子縣 東周墓 M2:2의 것과 비슷하며[203] 重環紋과 鈕頂의 乳釘상에 紅銅鑲嵌을 사용한 것도 춘추 만기 혹은 전국 조기의 특징이 된다고 본다.[204] 또 '西宮'銅壺의 형태는 短頸, 鼓腹, 深圈足이며 肩部에는 대칭의 鋪首銜環이 있다. 分塊合范澆鑄를 채용하여 頸部는 三角草葉紋으로, 壺身은 蟠虺紋을 사용하고 蓋 위는 夔龍을 장식하여 귀를 세웠는데 이는 일반적으로 春秋 만기의 작풍이 된다고 본다.[205] 형태상 이 銅壺는 唐縣 北城子에서 출토된 銅壺와 비슷한 면모를 갖추고 있다. *[그림 30 참조]*

---

203) 山西省考古研究所, 「山西長子縣東周墓」, 『考古學報』 1984－4, 521쪽 참조.
204) 孫繼安, 앞글, 238쪽.
205) 孫繼安, 앞글, 236～238쪽. 陳光은 이 '西宮'銅壺는 춘추 만기의 작풍으로 볼 수 있지만 기타 다른 기물은 대부분 이후 시기의 작풍으로 春秋 燕文化와 상관이 없다고 지적하고 있다(陳光, 「東周燕文化分期論」(續), 『北京文博』 1998－1, 22쪽).

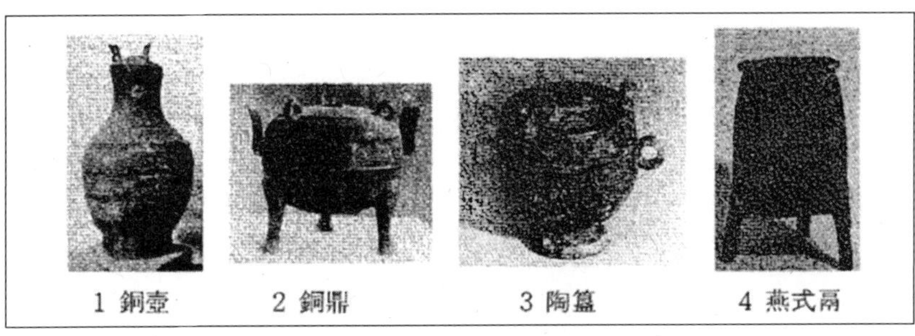

그림 30〉 容城 南陽 유지 출토 동예기 및 도기

청동용기 이외 도기는 陶鬲 및 陶罐, 陶豆, 陶鼎, 陶碗 등이 있다. 陶鬲의 경우에는 모두 夾砂紅陶, 束頸鼓腹이며 Ⅰ, Ⅱ, Ⅲ식이 있다.[206] 그중 Ⅰ식의 경우에는 서주 시기 陶鬲의 襠 부분이 소실되었고 아래는 삼각형을 띠고 三足은 떨어져 나간 형태인데 이런 형태는 춘추 시기의 것이 된다고 보았다. 그런데 이 중 Ⅱ식 鬲은 方脣, 折沿이며, 三足을 붙였고 襠 아래는 볼록하며 足跟은 橫繩紋이 5줄 장식되었으며 通體는 繩紋으로 장식하였다. 그런데 이런 형태의 鬲은 특히 燕式鬲(燕國鬲)이라 하여 연국의 특유한 기물이며[207] 이 燕式鬲이 南陽 유지에서도 발견되었다는 점은 주목할 필요가 있다. [그림 30-2 참조]

---

206) 孫繼安, 「河北容城縣南陽遺址調査」, 236~237쪽.
207) 孫繼安, 「河北容城縣南陽遺址調査」, 238쪽.

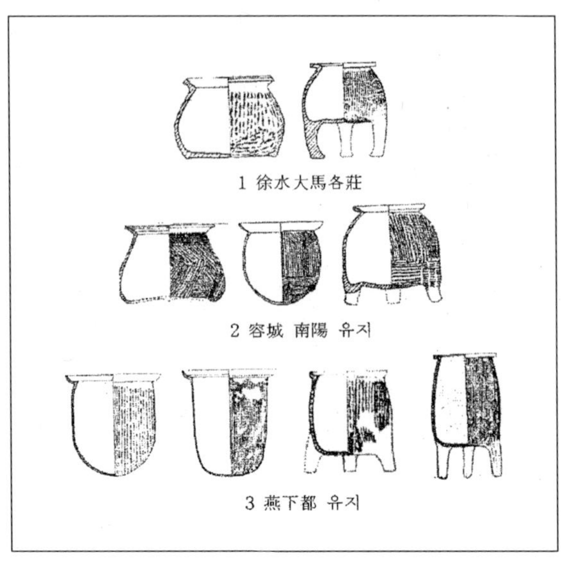

그림 31〉 燕式鬲과 大口釜(紅陶釜)

이 외에 陶尊은 束頸高領寬肩이며 肩部 상하에 각각 한 줄의 현문이 있고, 復 하부에도 弦紋이 두 줄이 있고 平底의 형태가 되는데 이는 山西 長治縣 小山頭 春秋墓 출토의 것과 비슷하여[208] 모두 춘추 시기의 기물이 된다고 보았다. 또 陶豆도 서주 만기의 粗柄豆로부터 豆柄이 비교적 높게 변화되는 점에서 춘추전국 시기의 기물이 되며 이 외에 雙耳陶鼎 등은 모두 춘추전국 시기의 것이라고 볼 수 있다.[209]

---

208) 長治市博物館,「山西省長治市小山頭春秋戰國墓發掘簡報」,『考古』1985
    －4. 참조.
209) 孫繼安, 앞글, 237～238쪽 참조. 단 '易市' 陶碗, 陶罐은 기형상, 그리
    고 字의 형태 등으로 볼 때 秦漢시대의 풍격이 되는데 이런 점으로

208

容城 유지에서 출토된 기물 중 춘추 시기에 해당하는 것은 많지가 않으며 이 시기에 해당하는 묘장이 출토되지 않아서 매우 한정된 기물만을 대상으로 삼았다. 그러나 '西宮'銅壺에서 보이는 형태는 山西 長治縣뿐 아니라 唐縣 北城子 출토의 銅壺 및 山西 李峪村 출토 기물과 그 형태와 문양이 비슷한 면을 찾아볼 수 있었다. 춘추 시기에 해당하는 연국 예기는 매우 적기 때문에 연산 일대에서 나타나는 玉皇廟文化, 夏家店上層文化 및 李峪村, 北城子 등지의 白狄 계통 문화와 비교가 어려워 전국 시기 기물군을 통해 그 특징을 정리하기로 하겠다.

한편 容城 南陽 유지에서 주목해야 할 것은 앞에서 지적한 燕式 鬲이라 칭하는 II式 鬲의 출현이다. 그 형태를 보면 서주 초기 無足根 袋足鬲과 비교하면 鬲 腹은 깊어지고 釜를 향하여 변화하는 것을 볼 수 있다. *[그림 31-2 용성 남양 유지 부분 참조]* 이 鬲의 沿面은 弧形이며 三足은 형태가 있지만 이미 실체는 사라지고 上腹은 直繩紋이며 下腹, 底部는 鬲의 襠部의 橫繩紋을 간직하였다.[210] 이는 서주 시기 商遺民의 기물인 袋足鬲의 변화로부터 발생하는 것이다. 이러한 변화는 容城 유지에서만 보이는 것이 아니다. 拒馬河 일대의 鎭江營유지와 燕下都 및 徐水 지역에서도 찾아볼 수 있다. 臨易 이외에 이러한 기물 출토 정황을 다음 절에서 찾아보기로 하겠다.

볼 때 南陽 및 그 부근에 있는 유지는 그 연대가 춘추전국에서 漢代에 이른다고 볼 수 있다.

210) 孫繼安, 「河北容城縣南陽遺址調査」 참조.

3) 주변 遺址의 文化

서주 시기 張家園上層文化가 대량 발견된 拒馬河 일대 鎭江營과 塔照 유지에서는 東周 시기에 紅陶釜가 대량 발견되었다. 이 유지에서는 釜의 비율은 42% 이상으로 기형은 대체로 筒腹, 圜底인데 이 유지에서 보이는 紅陶釜의 기형 변화를 통해 南陽 유지에서 보이는 것과 같이 西周 시기에 보이는 袋足鬲이 서주 만기부터 춘추 시기가 되면 紅陶釜로 변화하는 과정을 엿볼 수 있다.[211] 이런 형태의 도기는 商과 西周 시기에 보이는 이 유지의 대표적인 기물인 張家園上層文化의 附加堆紋이 있는 高領의 筒腹鬲 및 矮肥의 袋足鬲을 대체하였다고 볼 수 있다.[212]

또 燕下都 13호 F1층에서는 紅陶釜와 燕式鬲이 모두 출토되었는데 夾砂粗紅陶이며 口沿은 비교적 넓다. 어떤 것은 口沿에 弦紋으로 장식되어 있다. 束頸, 圜底이며, 底部는 분명 鬲의 三足이 퇴화된 흔적이 명료하다. 器身은 粗直繩紋으로 장식되었고 頸部와 底部에는 直繩紋 위에 다시 누르게 되어 세트를 이룬 斜粗繩紋으로 장식하였다. 이 유지에서 출토된 紅陶釜는 弧形沿이 되고 沿面에는 弦紋이 있다.[213] 燕式鬲은 圜底式이며 足 안의 반은 비어 있다. Ⅰ식과 Ⅱ식 鬲이 있는데 燕式鬲은 Ⅱ式 鬲으로 夾砂灰陶이며 折沿,

---

211) 『鎭江營與塔照』(上), 295~335쪽 및 407~409쪽 참조(자세한 내용은 3장에서 함께 고찰하고자 한다).

212) 『鎭江營與塔照』(上), 421쪽 참조.

213) 河北省文物研究所, 「河北易縣燕下都第13號遺址第一次發掘」, 『考古』 1987-5. 418쪽. 원 보고서에서는 釜를 鬴라고 하였다.

약간 鼓腹이 되며 襠部은 거의 편평하고 세 개의 實足이 있다. 상부는 竪繩紋으로 장식되었고 하부와 저부는 橫繩紋으로 장식되었다. 실제 이는 袋足鬲의 유산임을 알리는 표시이다. 器身은 輪制이며 足은 手制가 된다. 대체로 燕式鬲의 특징은 이와 같은 것이다. 釜의 외벽에도 直繩紋 및 低部의 交錯繩紋이 있어 이 역시 袋足鬲의 유산임을 현시하는 것이다.[214] 이상으로 볼 때 容城 유지에서 보이는 燕式鬲과 紅陶釜는 拒馬河 일대 등 현재 춘추 시기 연국 경내로 추정되는 지역에서 발생하였음을 알 수 있다.

한편 연국 경내는 아니지만 燕과 인접한 徐水 지역에서도 이러한 기물을 볼 수 있다. 徐水 大馬各莊의 묘장[215]은 춘추 시기의 貧民 묘장으로 여기에서 출토된 도기는 燕式鬲의 初刑을 나타내고 있다는 점이 주목된다. 춘추 조기에 해당하는 M3, M7, M23, M26, M28, M32에서 나온 鬲은 이미 燕式鬲의 初形이 갖추어진 것을 알 수 있다. 상부는 灰陶鬲의 형태가 되고 三袋足 아래는 粗狀의 柱形足跟이 붙었으며 기표는 繩紋으로 灰陶鬲과 같다.[216] 灰陶鬲의 형태는 扁方體를 이루고 折沿, 鼓腹, 三袋足이 매우 작은 尖脚으로 변하고 襠部는 平直低矮하고 繩紋이 비교적 가늘다. 또 춘추 중기에 해당하는 M1, M6, M18, M21, M22, M24, M27, M36의 鬲의 형태는 長方體를 띠고, 원래의 折沿으로부터 弧形沿面으로 변하였고 鼓腹이

---

214) 河北省文物硏究所, 「河北易縣燕下都第13號遺址第一次發掘」, 417~
　　 418쪽.
215) 河北省文物硏究所, 保定地區文物管理所, 徐水縣文物管理所, 「河北徐
　　 水大馬各莊春秋墓」, 『文物』 1990－3.
216) 여기에서 보이는 C형 陶鬲 夾砂褐陶로 鼎式鬲이라고 지칭하고 있는
　　 데 燕式鬲의 초기 형태로 보인다(「河北徐水大馬各莊春秋墓」, 39쪽).

며 三足 퇴화는 없는 듯 있는 듯하고 襠部 아래는 볼록하고 기표의 繩紋은 거칠게 변화한다. *[그림 31-1 서수 대마각장 부분 참조]*

小 結

서주 초기 분봉된 이후 춘추 시기에 들어서까지 사적에 드러나지 않던 연국은 기원전 664년 山戎의 침입을 통하여 중원의 역사무대에 재등장하게 되었다.

당시 연국을 둘러싸고 북방에는 山戎 諸 세력이, 太行山 동록에서는 白狄 세력이 존재하였다. 이와 관련하여 玉皇廟文化 및 夏家店上層文化, 白狄文化로 나타나는 연국을 둘러싼 제 세력의 존재는 연국과 중원과의 관계가 단절되었을 가능성을 비친다. 또 이들의 존재 및 강성은 서주 초기 北京 지역에 立國할 당시의 강압적인 군사 식민 형태만으로는 북경 일대에서 세력을 견고하게 유지할 수 없게 되었을 것으로 추정된다. 더욱이 西周 왕실의 쇠락과 함께 군사적 지원을 받을 수 없었던 연국은 이질 문화권에서 존립하기 위해서는 초기의 강압적 식민의 성격을 탈피하여 燕山地域의 諸 세력과 모종의 관계를 연출하였을 것으로 추정할 수 있었다.

그러나 山戎의 침입은 연국이 잠시 단절되었던 중원과의 연계를 재개하게 되는 계기를 마련하게 되었다. 그럼에도 이후 연국과 산융과의 관계는 단숨에 사라지는 것이 아니며 산융은 여전히 연의 북방에서 존재하였던 것을 알 수 있었다. 또한 山戎을 진압한 齊로부터

召公之法의 수복을 명령받은 연국은 齊와 이후 긴밀한 관계를 맺게 되기에 이른다. 이러한 과정에서 연국은 중원 제국과의 관계를 통하여 전국칠웅으로 성장하게 되는 길을 만들어 주게 된 것으로 볼 수 있다.

한편 이 시기 연국은 琉璃河遺址에서 臨易으로 천도하였고 이후에도 몇 차례 도성을 천도하였을 것으로 추정된다(琉璃河遺址→臨易[南陽遺址]→(?)→(臨)易 [古賢村]). 그러나 그 중심 세력범위는 역시 永定河 이북으로 넘어서지 못하였을 것이고, 臨易, 燕下都 및 拒馬河 일대가 연국의 주 세력범위였을 것이라고 살펴보았다. 이는 아마도 연국을 둘러싼 제 융적 세력의 존재와 특히 이 시기는 융적 세력이 매우 강성해지는 시기라는 점으로 볼 때, 연국이 서주 시기를 거쳐 춘추 시기에 永定河 이북으로 확대 발전하였다고 보기에는 무리가 있다고 볼 수 있다. 直刃匕首式 靑銅短劍 및 夾砂紅褐陶 素面罐를 대표로 하는 玉皇廟文化 및 太行山 동록 일대에서 나타나는 獸首形 혹은 鈴首形 동검 문화와 일정한 관계가 있는 雙耳陶罐을 대표 기물로 하는 白狄 계통의 문화, 曲刃匕首式 靑銅短劍과 夾砂紅褐陶 素面鬲을 대표 유물로 하는 夏家店上層文化 등의 광범한 분포는 바로 이들의 존재를 대변해 준다. 이들 문화는, 비록 춘추 시기 연국 문화가 그 계보를 찾기 어렵지만 분명 다른 문화적 면모를 보여 준다.

춘추 시기 연국의 문화는 유지 출토가 극히 적어 그 문화 계보 관계 등을 찾기에는 한계가 있었다. 단지 容城 南陽 유지에서 보이는 청동용기의 기형을 볼 때 山西 지역과 太行山 동록 지역의 唐縣, 渾源 일대의 용기와 기형이 유사성을 보인다는 점을 살펴볼 수 있었다. 그러나 서주 시기와는 다른 새로운 작풍이 도기에서 발생하였다는 점을 발견한 점은 주목할 만한 것이었다. 이른바 燕式鬲, 紅陶釜는 서주 만기로부터 발생하기 시작하여 연국의 대표적인 독자의 기물이 되었다고 볼 수 있다(*3장에서 후술*). 춘추 시기에는 서주 시기 연문화의 대표적인 陶鬲의 기형인 袋足鬲, 聯襠鬲, 分襠鬲, 平襠鬲은 보이지 않는다고 볼 수 있다. 춘추 시기에 이를 대체한 것이 燕式鬲과 紅陶釜라고 논하기에는 출토 수량이 적지만 적어도 서주 시기와는 다른 형태의 기물군이 출토된다는 것만은 분명하다. 張家園上層文化의 대표적인 기물인 附加堆紋이 있는 高領의 筒腹鬲도 이 시기에는 永定河 이남에서는 분명하게 사라진다는 점을 알 수 있었다. 춘추 시기에는 燕山 남북 일대에서 보이는 夏家店上層文化, 玉皇廟文化, 白狄文化의 흥성은 연국 문화에 지대한 영향을 주었을 것으로 생각되지만 이는 전국 시기에 가서야 비로소 그 영향을 찾아볼 수 있을 것으로 보인다.

Ⅲ章 戰國時代 燕國의 成長과 燕文化의 發展

1. 戰國時期 燕國의 發展과 燕下都 建立

1) '禪讓事件' 이후 燕國의 成長

전국 시기에 진입한 이후 연국의 면모는 이전 시기에 비하면 중원의 사적에서 상당 부분 드러나며 戰國七雄으로서 그의 입지 역시 분명하게 나타난다. 단 전국 중기 이전의 사적에 대해서는 춘추 시기에 비하면 상대적으로 많아지는 것이 사실이지만 이 역시 단편적인 사료에 불과하여 여전히 연국 역사가 모호하다는 점은 전반적으로 전국 시기 연국의 상황을 잘 들여다볼 수 없는 한계이기도 하다. 그러나 중기 이후부터는 사정이 달라져 연국의 상황이 여러 사적에서 비교적 잘 드러난다. 이처럼 전국 중기 이후부터 연국의 역사가 세세하게 드러나는 이유는 무엇일까? 이는 아마도 당시 중원에서 연국의 입지가 달라졌음을 반영하는 것이고 이는 이전 시기와는 달리 중원제국과의 관계가 밀접해졌음을 시사하는 것이다.

주지하듯이 전국 시기를 맞이한 당시 중원 각국은 겸병전쟁이 가속화하면서 소국을 멸하고 滅國置縣의 상황으로 달리고 있었던 시기였다. 따라서 제국들 간의 상호 이해가 더욱 복잡해지고 이에 따른 격렬한 경쟁과 전쟁 등은 각국 간의 관계를 더욱 복잡하게 만들었으며 이를 뒷받침하기 위한 변법 등의 시행은 전국 시기의 각국을 경제적으로, 사회적으로 더욱 풍요롭게 만드는 원인이 되었다. 이러한 戰國의 상황에서 연국사에 가장 두드러진 점은 두 가지로 요약될 수 있다. 첫 번째, 연국의 대외 관계로 (燕과 齊와의 관계와 이로 인해 비롯되는) 중원 제국과 연국과의 관계이다. 두 번째, 燕王噲의 禪讓 사건이다. 그런데 이 두 가지 점은 연국 성장과 일종의 함수 관계를 가지고 있다. 그렇다면 연국이 역사상 최고조로 발달하여 戰國七雄으로 성장하게 된 고리는 무엇이었을까? 본 절에서는 연국 성장의 원인을 중원 제국과의 역학 관계를 통해서 살펴보고자 한다.

춘추 중기 이후부터 齊國과의 관계를 기점으로 중원의 역사로 편입되는 계기를 마련하게 된 연국은 齊國과의 관계가 매우 밀접하였음은 당연하였을 것이다. 특히 춘추 시기에 燕, 齊 양국의 관계는 매우 밀접하여 일련의 사건이 발생하였음을 Ⅱ장에서 살펴보았다. 그러나 燕과 齊의 관계는 반드시 순탄하지만은 않았다. 전국 시기에 들어서면서 34代 釐公(기원전 403-362년) 시기에 이르면 齊와 燕이 몇 차례 충돌하는 것을 볼 수 있다. 기원전 380년(釐公 23년)의 桑丘之戰은 田齊가 연국을 벌하여 桑丘를 취한 것인데 三晉이 연국을 구하고 齊國를 벌한 사건이다.[1] 또 釐公 25년인 기원전 378년에 재차 齊가 燕을 벌하자 韓, 魏, 趙가 燕을 구하는 사건이 발생한다.[2]

[1) 『史記』 卷15 「六國年表」 齊表; "伐燕取桑丘"; 『史記』 卷46 「田敬仲完世家」 "……齊因起兵襲燕國, 取桑丘"; 『史記』 卷44 「魏世家」 "……伐齊, 至桑丘"; 『史記』 卷45 「韓世家」 "……伐齊, 至桑丘"

2) 『史記』 卷15 「六國年表」 韓表; "伐齊至靈丘" 趙表; "伐齊至靈丘"; 『史記』 卷43 「趙世家」 "敬侯九年, 伐齊. 齊伐燕, 趙救燕"; 『史記』 卷44 「魏世家」 "武侯九年, 使吳起伐齊, 至靈丘"; 『史記』 卷45 「韓世家」 "文侯九年

218

또 文公 시기에 이르면 기원전 355년(文公 7년)에 齊와 �泃水之戰을 벌이게 된다.3) 이처럼 燕과 齊는 지속적으로 충돌이 발생하고 있었음을 알 수 있다. 이런 燕과 齊와의 최대의 충돌 사건은 바로 38대 燕王 噲(기원전 321-312년)의 禪讓 사건에 따른 齊國의 침입이다.

    A-① 연왕 쾌가 즉위한지 3년이었다. ……子之가 연의 재상이 되었다. ……자지는 소대에게 100금을 주고 마음대로 쓰게 하였다. 녹모수가 연왕에게 말하기를 "나라를 재상인 자지에게 모두 양위하는 것을 옳지 못하옵니다. 사람들이 堯를 현인이라 말하는 이유는 그가 임금의 지위를 허유에게 넘겨주려고 하였기 때문입니다. 허유가 받아들이지 않았지만요. 그런 일로 그는 임금의 지위를 양위하려고 하였다는 명성을 얻게 되었을 뿐 실제로 임금지위를 잃어버리지 않았습니다. 만약 지금 왕께서 국가를 자지에게 양위하신다면 자지는 감히 받아들이지 않을 것이 분명합니다. 그렇게 하신다면 임금께서 요와 똑같은 덕행을 쌓게 되는 결과를 낳게 될 것입니다"라고 하였더니 연왕은 나라를 자지에게 맡겼고 자지는 지극히 존귀한 지위를 차지하게 된 것이다. 혹자가 말하기를 ……왕은 그것 때문에 300석 이상의 봉록을 받는 고관의 임용권을 자지에게 양위해 주었다. 자지는 임금의 자리에 앉아 국왕의 직권을 행사하였고 연왕 쾌는 늙어서 정사를 처리하지 못하였을 뿐 아니라 도리어 자지의 신하가 되었다. 국사는 모두 자지에 의해 결정되었다.4)

伐齊, 至靈丘"

3) 『今本竹書紀年』"……齊師及燕師戰于泃水, 齊師遁"

4) 『史記』卷34 「燕召公世家」"燕噲三年, ……子之相燕, ……子之因遺蘇代百金, 而聽其所使. 鹿毛壽謂燕王, 不如以國讓相子之. 人之謂堯賢者, 以

(『史記』 卷34 「燕召公世家」)

② ……(자지가 왕권을 차지한 지) 3년이 되는 해에, 나라에서는 대란이 일어났고 백성은 공포에 떨게 되었다. 장군 시피가 태자 평과 모의해서 자지를 공격하려하자 제의 여러 장군들은 민왕에게 연이 대란에 휘말려 있을 기회를 틈타 공격하면 반드시 연을 차지할 수 있다고 하였다. 이로 인해 제왕은 사람을 보내 연의 태자 평에게 과인이 듣기로는 태자께서 큰 뜻을 품어 사사로움을 버리고 공의를 수립하고 군신의 대의를 바로잡고 부자의 지위를 명확히 할 계획을 가지고 있다고 하니 과인의 나라는 규모가 적어 선봉이나 후위가 되기에는 매우 힘들겠지만 태자가 명령한다면 따르겠다는 전갈을 전하였다. 이로 인해 태자는 무리를 모아 군대를 조직하여 장군 시피에게 공궁을 포위하여 자지를 습격케 하였지만 성공하지 못하였다. 장군 시피와 백성들은 반대로 태자 평을 공격하다가 전사하였다. 태자는 시피가 죽은 후에 그 시체를 뭇사람들이 보도록 거리에 내놓았다. 수개월에 걸친 난으로 죽은자가 수만이고 중인들은 공포에 떨었고 백성은 뜻을 잃어버렸다.5) (『史記』 卷34 「燕召公世家」)

其讓天下于許由, 許由不受, 有讓天子之名而實不失天下, 今王以國讓于子之, 子之必不敢受, 是王與堯同行也. 燕王因屬國于子之, 子之大重, 或曰 ……王因收印自三百石吏已上而效子之. 子之南面行王事, 而噲老不聽政, 顧爲臣, 國事 皆決于子之"

5) 『史記』 卷34 「燕召公世家」 "……三年, 國大亂, 百姓恫恐, 將軍市被與太子平謀, 將攻子之. 諸將謂齊湣王曰. 因而赴之 破燕必矣. 齊王因令人謂燕太子平曰, 寡人聞太子之義, 將廢私而立公, 飭君臣之義, 明父子之位, 寡人之國小, 不足以爲先後, 雖然, 則唯太子所以令之. 太子因要黨聚衆, 將軍市被圍公宮, 攻子之不克, 將軍市被及百姓反攻太子平, 將軍市被死以徇. 因構難數月, 死者數萬, 衆人恫恐, 百姓離志"

③ 맹자가 제왕에게 이 기회에 연을 정벌하는 것은 주의 문왕과 무
   왕이 상을 정벌한 것과 같은 호기이니 이 기회를 놓치지 말라고
   하였다. 왕이 장자에게 5도의 군사와 북방의 군인들을 이끌고 가
   서 연을 공격토록 하였다. 연의 군인은 전투하지 않았고 성문도
   닫지 않았으며 연의 군주 쾌가 죽자 제가 대승을 거두었다. ……6)
   (『史記』 卷34 「燕召公世家」)

④ 연의 자지가 공자 평을 죽이고자 하였으나 죽이지 못하였다.
   제의 군대가 자지를 죽였고 그 시신을 젓갈로 담았다. 조는 공
   자 직을 한에서 불러들여 그를 세워 연왕으로 삼았다.7) (『今本竹
   書紀年』)

⑤ 왕이 즉위한지 오년이다. ……진장이 연박방을 벌하여 잡았
   다.8) (<陳璋方壺>)

⑥ 궁타가 연을 위해 위에 사신을 갔는데 위왕이 들어주지 않아 몇
   달을 머물러 있었다. 어떤 객이 위왕에게 말하기를 왕은 연의
   사신말을 왜 들어주지 않습니까라고 말하자 위왕이 연에 내란
   이 일어났기 때문이라고 대답하였다.9)(『戰國策』 卷29 「燕策1」)

⑦ 초가 위에 6성을 주는 조건으로 ……함께 제를 쳐서 연을 구
   해주자고 건의하였다. ……10)(『戰國策』 卷22 「魏1」)

⑧ 제가 연을 깨뜨리자 조가 연을 존속시키려 하였다. 악의가 조

---

6) 『史記』 卷 34 「燕召公世家」 “孟軻謂齊王曰, 今伐燕, 此文武之時, 不可
   實也. 王因令章子將五都之兵, 以因北地之衆以伐燕. 士卒不戰, 城門不閉
   燕君噲死, 齊大勝……”
7) 『今本竹書紀年』 “燕子之殺公子平, 不克, 齊師殺子之, 醢其身. 趙召公子
   職于韓, 立以爲燕王”
8) <陳璋方壺> “佳王五年, ……陳璋內伐燕亳邦之獲”
9) 『戰國策』 卷29 「燕策1」 “宮他爲燕使魏, 魏不聽, 留之數月, 客謂魏王曰
   不聽燕師何也. 曰以其亂也”
10) 『戰國策』 卷22 「魏1」 “楚許魏六城 ……與之伐齊而存燕 ……”

왕에게 말했다. "지금 다른 제후들과 아무 약속도 없이 제를 치면 제는 분명 조를 원수로 여길 것입니다. 그러니 조의 하동 땅을 제가 점령한 연 땅과 바꾸자고 제에 청하는 것만 못합니다. 그렇게 하여 조는 그 하북 땅을 소유하고 제는 하동 땅을 소유하게 되며 연과 조는 다툴일이 없게 되고 오히려 연과 조는 친해지게 될 것입니다. 하동 땅을 강한 제에게 주고 연과 우리 조가 서로 친한 사이가 되면 천하 제후들이 모두 제를 미워하여 왕을 섬겨 제를 치자고 할 것입니다. 이는 천하로써 제를 쳐서 공격하는 것입니다." ……이에 하동땅을 제에게 바꾸자고 청하였다. 초와 위는 이를 미위해서 요골과 혜시를 조에 보내 제를 쳐 연을 존속시키고자 청하였다.11) (『戰國策』 卷20 「趙3」)

이 禪讓 사건은 여러 사적에서 모두 대서특필하였던 대 사건이다. ①의 기록에 의하면 당시 燕王 噲 6년에 鹿毛壽가 噲에게 당시 相國이었던 子之에게 국가를 양위하도록 유세하자 王噲가 子之에게 왕위를 양위하고 스스로는 子之의 臣이 되는 사건이다. 이 사건의 파장은 단순히 연국 내분에만 그친 것은 아니었다. 이 조치에 대한 불만을 나타낸 太子 平과 장군 市被가 쿠데타를 일으키자(②) 이 혼란을 평정한다는 구실로 齊와 中山이 燕地를 점령하고 연국을 멸망시킬 목적으로 燕을 벌하는 사건이 발생하게 된다(③, ④, ⑤).

이에 대한 중원 각국의 태도를 살펴보면 楚, 韓, 魏, 趙도 噲가

---

11) 『戰國策』 卷20 「趙3」 "齊破燕, 趙欲尊之. 樂毅謂趙王曰, 今無約而攻齊, 齊必仇趙, 不如請以河東易燕地于齊. 趙有河北, 齊有河東, 燕, 趙必不爭矣, 是二國親也. 以河東之地强齊, 以燕以趙輔之. 天下憎之, 必皆相王以伐齊, 是因天下以破齊也. ……乃以河東易齊, 楚魏憎之, 令淖滑, 惠施之趙, 請伐齊而存燕"

나라를 양보한 것을 타당하지 않게 여겨 齊, 中山, 秦이 燕을 벌한 것에 관망, 용인의 태도 취한다(⑥). 그러나 齊人이 燕을 벌하여 크게 승리를 하고 燕의 전역을 점령하게 되자 楚, 韓, 魏, 趙가 불안과 불만을 보이게 됨에 따라 이에 4국은 공동으로 齊를 벌하여 멸망에 이른 燕을 존립시키고자 한다(⑦, ⑧). 이에 따라 이 4국은 공동으로 周赧王 3년에 燕에서 齊를 퇴출시키고 연국에 새로운 昭王 정권을 확립시키게 되는 것이다. 이때 趙의 武靈王이 가장 적극적이었고 韓에 인질이 되어 머물던 燕公子 職을 새로운 燕王으로 세운 자도 武靈王이었다(④).

이상 燕과 齊의 최대의 충돌이었던 이 사건으로 연국은 멸망에 이르게 된다. 그러나 연국은 중원 각국의 복잡한 이해관계로 인해 이상과 같은 과정에 의해서 復國에 이르게 되었고,12) 연국 최대 중흥의 賢君인 昭王이 즉위하기에 이르게 되었던 것이다.13) 그런데 燕과 齊의 관계에서 연국이 거의 수세에 몰리는 상황이었다는 것은

---

12) 『戰國縱橫家書』 第15 「須賈說穰侯章」 "……齊人攻燕, 拔故國, 殺子之, 燕人不割而故國復反……"

13) 이때 즉위한 자에 대해서는 약간의 이설이 있다. 즉 『史記』 卷15 「六國年表」 燕王噲 九年 條의 <燕表> 중의 "燕人共立太子平"과 『史記』 卷34 「燕召公世家」의 "燕子之亡二年, 而燕人共立太子平, 是爲燕昭王"에 의하면 燕昭王은 太子平이 되지만, 『今本竹書紀年』에서 보이는 趙가 公子職을 韓에서 불러 燕王으로 즉위시킨 내용과(본문 사료 참조) 『史記』 卷43 「趙世家」의 "(武靈王)…… 十一年, 王召公子職于韓, 立以爲燕王, 使樂池送之"의 내용으로 볼 때는 公子職이 된다. 단 齊가 燕을 공격할 때 燕王噲, 子之, 太子平은 모두 죽었으며(『史記』 卷15 「六國年表」 燕王噲 七年 條 <燕表> 중 "君噲及太子, 相子之皆死") 또 전국 청동 병기 중 '燕王職戈'의 출토로 볼 때 이 燕王職은 당연히 公子職이므로 燕昭王은 燕公子職이 된다고 볼 수 있다.

대부분 전쟁의 시작은 齊가 하였다는 점과 연국이 南長城을 수축한
점[14] 등은 이를 잘 반영한다. 그런데 여기에서 주목해야 할 것은 齊
國과의 충돌 이후 연국은 중원 각국의 원조를 통해 燕地를 수복하
거나 復國에 이르게 되었다는 점이다. 물론 연국은 다른 중원 국가
와도 충돌 하였지만[15] 그 경우에는 이러한 현상은 거의 볼 수 없다.
예컨대 釐公 시 齊國과의 전쟁에서 잃었던 桑丘와 靈丘 지역을 회
복할 수 있었다.[16] 이번 齊와 中山이 연국을 침입한 사건 이후에도
楚, 趙, 韓, 魏가 齊를 燕地에서 몰아내기 위해 공동출병하고 이들
지역은 다시 연국이 수복하게 되었던 것이다(사료 A-⑦, ⑧ 참조).
그런데 中山이 취한 燕地는 中山國으로 들어가게 되고 昭王 시기에
비로소 회복하게 된다.[17] 이런 점에서 볼 때 연국과 齊國의 충돌 시

---

14) 徐浩生, 「燕國南長城的調査及其建築年代考」, (蘇天鈞 主編, 『京華舊
    事存眞』(第一輯), 北京古籍出版社, 1992) 燕國은 南長城을 수축하였는
    데 이는 齊, 趙 등 연의 남쪽 세력을 방어하기 위한 것이다. 남장성의
    주향은 徐水, 燕下都에서 保定 일선으로 이어진다.

15) 燕의 36대 文公 14년인 기원전 348년에 『今本竹書紀年』과 『古本竹書
    紀年』에서 "魏殷臣, 趙公孫袁伐燕, 還取夏屋, 城曲逆"에 의하면 魏殷
    臣과 趙公孫 袁가 燕을 벌하여 夏屋, 曲逆을 취하는 내용이 보인다.

16) 주 1), 2)의 내용 참조.

17) 『史記』 卷15 「六國年表」 燕昭王十七年 條 <趙表> "圍殺主父, 與齊
    燕共滅中山". 陳平에 따르면 中山과 燕은 원수 관계로 趙 惠文王 3년
    에 中山을 멸한 전쟁에 연이 참여하고 도와줬다는 것은 필연적인 것으
    로 이는 燕王噲 시기 子之의 난 때 中山이 燕을 벌하여 성 수십을 탈
    취한 적이 있고 이후 20여 년이 지난 후에 中山과 燕은 新敗之餘가
    될 수 없기 때문에 燕의 원수는 齊뿐 아니라 中山도 그 대상이 되었기
    때문에 燕이 中山을 공격한 이유 중 하나는 설욕하여 잃어버린 땅을
    수복하는 것으로 보았다. 더욱이 趙가 이미 中山을 공략하여 거의 망하
    는 시점에서 燕이 中山을 공략하는 것은 매우 쉬운 것으로 모험을 하
    지 않아도 되니 燕은 당연히 中山을 공격하였던 것으로 이해하였다(陳

발생하였던 사후 처리 메카니즘이 이번에도 작용하였던 것을 알 수 있다.

그렇다면 이러한 상황은 어떤 이유에서 발생한 것일까? 이는 당시 중원에서 패권을 다투던 강대국 齊國을 견제하기 위한 노력의 일환이라고 볼 수 있다. 齊의 세력확대는 결국 주변 각국의 위협을 의미한다고 할 수 있을 것이다. 燕은 동북방에 치우쳐 있어서 중원 각국에게는 그리 중요한 작용을 할 수 없었고 중원 각국 역시 연국을 중시하지 않아 이들과의 연관 관계가 많지 않았을 것이다. 위에서도 지적했듯이 연국은 齊國이나 혹은 주변의 鮮虞 등과의 관계가 비교적 밀접하였고 중원과의 연계와 향방은 대부분 齊國과의 관계로서 나타나게 되었다고 볼 수 있다.

단 전국 시기의 이상과 같은 상황의 전개는 齊를 견제하고자 하는 중원 각국에 있어서는 연국이 중요한 세력균형의 역할을 담당할 수 있는 변수로 인식되었음이 분명하다. 즉 齊가 燕地를 취할 경우는 중원 국가의 出兵이 뒤따르게 되었던 것이다. 특히 齊와 패권을 다투던 秦이 齊의 북방에 위치한 燕을 주목하여 연국과의 동맹 관계를 이루었음이 이를 증명해 준다고 볼 수 있다. 秦昭王이 燕昭王의 태자에게 공주를 시집보내서 燕과 秦은 혼인 관계를 형성하게 되었던 것에서 이를 분명하게 볼 수 있다.[18] 이 역시 秦이 齊를 견

平, 『燕事紀事編年會按』(下), 97쪽).

18) 『史記』 卷34 「燕召公世家」 "二十八年, 蘇秦始來見, 說文公. ……秦惠王以其女爲燕太子婦" 여기에서 볼 때 연문공 28년으로 나왔지만 실제 이는 잘못된 것으로 蘇秦이 활동하던 시기는 文公 시기가 아니며 燕昭王 시기라는 점은 馬王堆 漢墓 帛書 『戰國縱橫家書』를 통해서 증명되었다. 따라서 惠王일 가능성도 크지 않고 진의 왕녀를 태자의 부인으로

제하기 위한 수단으로 燕을 원조하고 혼인 관계를 맺게 된 것이라
고 볼 수 있을 것이다. 따라서 이런 정황은 바로 연국이 중원 각국
과의 관계를 전면적으로 형성하여 밀접한 관계를 형성하게 되는 하
나의 계기가 되었다고 볼 수 있다. 물론 燕이 齊와의 관계만을 형성
했다고 볼 수는 없지만 齊와 연관될 때 특히 주목을 받았다는 것은
중요한 의미가 있을 것이고 이는 결과적으로 연국 復國에 지대한
영향력을 끼치게 되었던 것이라고 본다. 사실 이 시기 연국이 중원
역사에 매우 밀접하게 관련되어 있었음을 알 수 있는 대목은 바로
易王에서 보이는 稱王 호칭이다. 즉 연국은 기원전 323년 이미 五
國相王 운동[19]에도 동참하였을 정도로 중원 역사 안에 깊숙하게 연
관되어 있음을 보여 준다.

　이와 같은 상황의 전개는 齊와의 관계가 밀접했던 燕이 당시 패
권을 다투던 齊를 중원 각국이 견제하고자 하는 이유로 齊의 병탐
의 대상이었던[20] 燕을 齊 견제의 세력균형으로 인식하였기 때문에
가능했던 것으로 추정된다. 이는 결국 연국이 수없는 멸망의 위기에
도 불구하고 중원 진출 이후 생존 가능했던 이유가 되었고 더욱이
이 사건은 연국의 폭발적 성장의 기회가 되었던 것이다.

　삼은 燕君도 燕文公일 가능성이 없다고 볼 수 있다. 실제 秦昭王이 그
　女息을 연소왕의 태자 혜왕의 부인을 삼았을 가능성이 큰데 진 惠王이
　女息을 연문공 태자의 부인으로 잘못 기재하였을 가능성이 높다고 보
　았다(陳平, 『燕事紀事編年會按』(上), 320~322쪽 참조).
19) 『戰國策』 卷33 「中山」 "犀首立五王, 而中山後持……", 『史記』 卷40 「楚
　世家」 "懷王六年, 燕, 韓君初稱王" 등에서 보이며 陳平은 이 5王은 韓,
　燕, 趙, 中山이며 나머지 하나는 알 수 없다고 보았다(陳平, 『燕事紀事
　編年會按』(上), 334쪽 참조).
20) 李江浙, 「燕國破齊的背景及準備」, 『燕文化研究論文集』, 44쪽.

燕王 噲의 禪讓 사건이 끼친 파장은 막대한 것이었다. 내란의 발생과 齊와 中山의 침입으로 인한 연국 멸망과 더욱 중요한 점은 바로 昭王의 즉위이다. 昭王은 趙 武靈王에 의해 세워진 燕公子 職으로 연국의 중흥을 이룩한 賢君으로 평가되며 가장 부강한 국가를 일구게 되어 '巨燕'을 성립시켰던 인물이다. 昭王이 중흥의 계기를 마련하게 된 원천은 당시 韓國에 인질이 되어 몇 년간 머물러 있으면서 중원 각국에서 벌어지고 있던 變法의 시행을 목격하였고 중원의 제도를 직접 경험할 수 있는 기회를 갖게 되었던 것에서 찾을수 있다. 燕으로 돌아온 이후 昭王은 變法의 시행과 각종 중원 제도와 체제를 도입하여 연국 개혁에 착수하여 연국 중흥의 발판을 마련하였던 것으로 생각된다.

이를 실현하기 위한 昭王의 구상 중에는 變法의 수행을 통한 정치개혁, 경제의 부강과 중원 각국으로부터 齊國을 고립시키고 공격하여 멸망시키는 것을 가장 큰 작업으로 삼았던 것은 분명하다. 연국에서 變法의 수행은 인재의 초빙으로부터 시작된다.

B-① 연의 자지가 죽은 지 2년이 되었다. 연인은 모두 태자 평을 세웠는데 그가 연의 소왕이다. 연소왕은 연이 침략당한 후에 즉위하였는데 몸을 낮추고 많은 예물로 현자를 초빙하였다. 그는 곽외에게 당부하기를 "제가 우리가 혼란에 빠진 틈을 이용하여 기습적으로 공격을 해서 나라가 거의 망할 지경에 이르렀소. 우리는 국토가 좁고 힘이 약하기 때문에 이 상태로는 원수를 갚을 수 없다는 사실을 잘 알고 있소. 그러나 현사를 얻어 함께 나라를 다스리는 데 힘써 선왕의 치욕을 말끔히 씻는 것이 과인의 바람이오. 그대가 만약 마땅한 사람을 만나면 일러주시

오. 그럼 과인이 직접 찾아가서 모셔오겠소"라고 하였다. 곽외
가 그 말을 듣고 "왕께서 현자를 초빙하려 하신다면 저를 먼
저 불러주십시오. 그럼 저보다 현명한 사람들이 어찌 천리 먼
길을 마다하겠습니까?"라고 대답하였다. 이에 소왕은 곽외를
위해 궁을 다시 축조하였으며 그를 스승으로 모셨다. 악의가
위로부터 왔고 추연이 제로부터 왔고, 극신이 조에서부터 오는
등 많은 인사들이 앞을 다투어 연으로 몰려왔다. 연왕은 죽는
일이 생기면 일일이 찾아가서 애도를 표하고 유족을 위문하였
고 백성과 더불어 기쁨과 슬픔을 같이하였다.[21]

이를 위해 燕 昭王은 즉위 후 易水에서 黃金臺를 수축하여[22] 郭
隗의 도움을 받아 卑身厚幣하여 천하의 호걸을 초청하여 변법 수행
에 착수하였다. 樂毅, 鄒衍, 劇辛 등 각국 賢士가 연국으로 와서 모
두 昭王으로부터 중용되어 정치개혁을 진행한다.

② 연 문공시 ……소진이 연을 위해 제왕에게 유세하였다.……"왕
이 신의 말을 들으신다면 연에 그 10성을 되돌려 주고 겸손한

---

21) 『史記』卷 34「燕召公世家」"子之亡二年, 而燕人共立太子平, 是爲燕
　　昭王. 燕昭王于破燕之後卽位, 卑身厚幣以招賢者. 謂郭隗曰. 齊因孤之
　　國亂而襲破燕, 孤極知燕小力少, 不足以報, 然誠得賢士以共國, 以雪先
　　王之恥, 孤之愿也. 先生視可者, 得身事之. 郭隗曰王必欲致士, 先從隗
　　始. 況賢于隗者, 豈遠千里哉. 于是昭王爲隗改築宮而師事之. 樂毅自魏
　　往, 鄒衍自齊往, 劇辛自趙往, 士爭趨燕. 燕王弔死問孤, 與百姓同甘苦"
22) 『括地志』"元英, 磨室二宮皆燕宮, 在幽州薊縣西史里寧臺之下", 『太平
　　寰宇記』卷67「河北 易州 易縣」"金臺在縣東南三十里. 燕昭王所造,
　　置金于上以招賢士. 又有西金臺 俗呼此爲東金臺. 西金臺在縣東南六十
　　里. 卽燕王以金招賢士之所. 小金臺在縣東南十五里. 燕昭王所造, 卽郭
　　隗臺也 ……"

228

말로 진에 사죄하느니만 못합니다. 진은 자기 때문에 연의 10
성을 반환한 것으로 알고, ……연은 이유 없이 10성을 되돌려
받는 것으로 역시 왕을 덕스럽다 여길 것입니다. ……또한 대
저 연과 진이 함께 제를 섬기게 되면 대왕의 호령은 천하가
따를 것입니다. 이는 바로 왕이 허사로써 진을 끌어들이고 10
성으로 천하를 얻는 결과가 되는 것입니다. 이는 곧 패왕의 업
이며 화를 돌려 복을 삼고 패배를 인하여 공을 세운다는 것입
니다.” 제왕은 크게 기뻐하며 이에 10성을 연에 돌려주었다.[23]
(『戰國策』 卷29 「燕策1」)

③ 혜문왕 14년에 상국인 악의가 조, 진, 한, 위, 연을 이끌고 제
  를 공격하였다. ……[24] (『史記』 卷 43 「趙世家」)

④ 창국군 악의가 연소왕을 위하여 오국의 병사를 합하여 제를 공
  격하여 70여 성을 함락하고 군현을 모두 연에 속하게 하였다.
  아직 나머지 3성을 함락시키지 못했을 때 연 소왕이 죽었다.
  ……[25] (『戰國策』 卷30 「燕2」)

⑤ ……혜왕이 즉위하자 제나라 사람의 반간책을 믿고 악의를 의
  심하여 대신 기겁을 장군으로 삼았다. 악의는 조로 도망갔다.
  조는 망제군으로 그를 봉하였다. 제의 전단은 기겁을 속여 연
  의 군대를 대패시키고 빼앗겼던 70여 성을 도로 찾아 제를 수

---

23) 『戰國策』 卷29 「燕策1」 “燕文公時……蘇秦爲燕說齊王, ……王能聽臣,
   莫如歸燕之十城, 卑辭以謝秦. 秦知王以己之故歸燕城也. ……燕無故而
   得十城. 燕亦德王. ……且夫燕秦之俱事齊. 卽大王號令天下皆從. 是王
   以虛辭附秦. 而而十城取天下也. 此覇王之業矣. 所謂轉禍爲福. 因敗成
   功者也. 齊王大悅乃歸燕城”
24) 『史記』 卷 43 「趙世家」 “惠文王十四年, 相國樂毅將趙, 秦, 韓, 魏, 燕
   攻齊. ……”
25) 『戰國策』 卷30 「燕2」 “昌國君樂毅爲燕昭王合五國之兵以攻齊, 下七十
   餘城, 盡郡縣之以屬燕. 三城未下, 而燕昭王死. ……”

복시켰다. ……26) (『戰國策』 卷30 「燕2」)

　　다음으로 연국에 있어 가장 걸림돌이 되었던 齊를 제거하기 위해서 蘇秦을 통한 反間 작업에 들어가게 되었던 것이다. 사실 蘇秦의 合縱策은 바로 五國이 秦에 대항하기 위한 것이 아니라 실제로는 齊에 대한 견제를 의미하는 것이었고 이를 위한 蘇秦의 反間 작전은 성공적으로 수행되었다.27) 蘇秦은 燕을 위해 齊宣王에게 유세하였는데 그의 임무는 2가지로 첫째, 燕을 위해 齊가 燕王 噲의 난을 틈타 뺏은 10성을 돌려받을 것(②), 둘째, 合縱抗秦으로 齊宣王에게 유세하여 齊宣王을 현혹시켜 燕에 대하여 친근감을 갖게 할 것, 그래서 경계와 적대의 태도를 버리게 하고 나아가 齊王을 충동질하여 宋을 벌하여 秦, 楚, 韓, 趙, 魏 5국이 齊에 대해 불만을 일으켜서 5국이 연합하여 齊를 벌할 것으로 볼 수 있었다.28) 즉 齊가 3차례 宋을 공격한 것을 계기로 5국이 공동 출병하여 齊를 공격하게 되었고(③, ④), 연국은 濟西之戰을 통해 齊의 70여 성을 함락시켜 卽墨과 莒, 聊만을 제외한 전역이 연국의 수하로 넘어가게 된다.29) 비록 昭

---

26) 『戰國策』 卷30 「燕2」 "……惠王卽位, 用齊人反間, 疑樂毅, 而使騎劫代之將. 樂毅奔趙. 趙封以爲望諸君. 齊田單欺詐騎劫. 卒敗燕軍, 復收七十城以復齊. ……"

27) 李江浙은 破齊를 위한 蘇秦의 反間작전을 4가지로 보았다. ① 齊閔王에게 帝號를 없애도록 권하여 齊, 秦 兩强의 연합을 파괴함. ② 齊가 宋을 벌하도록 꼬셔서 齊와 기타 제후국가의 모순을 더하고 아울러 齊의 생산역량을 소모시킴. ③ 齊, 趙의 관계를 악화시켜 趙가 反齊하는 데 힘써 정하게 함. ④五國攻秦을 조직하여 齊가 기회를 틈타 宋을 멸하도록 유도하여 각국이 연합하여 反齊하는 데 기초를 세움 등이다(李江浙, 「燕國破齊的背景及準備」, 49~50쪽).

28) 陳平, 『燕事紀事編年會按』(下), 35~36쪽.

王 사후 惠王과 樂毅와의 갈등과 이를 교묘하게 이용한 齊軍에 의해 齊國은 復國하지만 이후 齊는 결정적으로 국력이 고갈되어 秦의 공격을 막아내지 못할 정도로 약체화하게 된다(⑤). 결과적으로 齊國과 연국과의 갈등에서 비롯된 이 사건은 秦 통일의 가장 큰 장애물이었던 齊國을 약체화시키게 되었고 이 역할은 연국에 의해 실행되었던 것이다.

이와 같이 賢者를 초빙한 것과 蘇秦의 反間 작전을 통한 齊의 고립은 燕昭王이 齊에 대한 先王의 치욕을 설욕하고자 하였던 것으로부터 비롯되는데 昭王의 성과는 여기에만 한정되는 것은 아니었다. 특히 경제력의 발달이 두드러진다. 이와 관련하여 燕下都에서 발견된 44호 묘 중의 생산공구에 주목할 필요가 있다. 鋤, 钁 등의 철제 생산 공구는 가장 대표적이다. 여기에서 출토된 9건의 조사결과 6건은 純鐵 혹은 鋼製品이며 3건은 아직 처리가 안 된 生鐵 제품이라고 하였다. 당시 燕의 야철 기술은 이미 전국 시기 선진 수준을 넘어섰음을 볼 수 있다.[30] 일반적으로 남방 전국 철기는 병기가 많고 생산 공구가 점하는 비중은 매우 작다고 한다. 이와 반대로 연하도 44호 묘에서 출토된 철기는 병기 이외에도 생산 공구가 점하는 비중이 매우 높다. 이로 볼 때 당시 연국의 사회생산력은 상당 수준에 도달하였음을 알 수 있다.[31] 물론 이러한 기물은 44호 묘에서만 나

---

29) 『史記』 卷34 「燕召公世家」 "昭王二十八年, ……于是遂以樂毅爲上將軍, 與秦楚三晉合謀以伐齊. 齊兵敗. ……齊城之不下者, **獨唯聊, 莒, 卽墨其餘皆屬燕, 六歲**"
30) 北京鋼鐵學院壓力加工專業, 「易縣燕下都44號墓鐵器金相考察初步報告」, 『考古』 1975－4.
31) 李江浙, 「燕國破齊的背景及準備」, 47쪽.

온 것이 아니다. 연하도 유지 각지에서 더욱 많은 철제의 생산 공구
가 보인다. 이미 궁전 유지인 老斧廟臺 Ⅴ호 지하 夯土 건축 유지
에서 전국 중기와 만기에 해당되는 철제 鑼, 削 및 環首刀가 출토되
었으며 이 유지에서는 이외 철제의 車馬器, 防圍用具와 兵器 등이
출토되었다.[32]

   이 유지뿐 아니라 다른 궁전구 및 거주 유지에서는 전국 중기 및
만기에 해당하는 철제품이 상당수 출토되었다.[33] 특히 작업 유지에
서 보이는 각종 용도의 철제품과 이외에도 동기, 도기 등의 존재는
당시 연국의 수준 높은 경제 발전의 상황을 짐작할 수 있다. 이러한
수공업은 연국 농업 경제의 수준을 알 수 있는데 연국에는 농업을
주관하는 기구로 '右廩'이 있었으며 여기에서는 동시에 철농구의 제
조를 감독하였다고 한다.[34] 또한 연국의 세트를 이룬 철농구는 연국
농업생산이 이미 深耕細作의 기술을 보편적으로 사용하여 농업뿐
아니라 연국 전체 사회경제의 발전을 촉진시켰을 것으로 보이며 이
는 연국 사회변혁을 촉진하는 중요한 요인으로 작용하였을 것으로
볼 수 있다.

---

32) 河北省文物硏究所, 『燕下都』, 52쪽 참조.
33) 연하도 일대에서 보이는 철기의 출토 정황은 전국 만기에 이르면 거의
    대부분의 유지에서 보인다. 하지만 전국 중기에도 상당수 출토되었다. 예
    컨대 郞井村 서북 10호 작방 유지의 경우에는 중기에는 58건이 만기에는
    200여 건이나 출토되었는데 대부분 생활용구에 해당한다(『燕下都』, 276~
    279쪽, 394~406쪽 참조). 이처럼 철기 출토는 武陽臺, 郞井村, 東斗城,
    東沈村, 西斗城, 西沈村, 東貫城, 百福, 17호 작업 유지, 21호 유지에서
    계속 출토되었다. 용도는 생활용구, 농업생산 공구, 수공업 생산 공구, 병
    기, 거마기와 刑具 등 6종류가 있다(『燕下都』, 807~817쪽 참조).
34) 石英士, 「戰國時期燕國農業生産的發展」, 『農業考古』 1985-1. 120쪽.

232

이뿐만 아니다. 연국 경제의 활발성을 엿볼 수 있는 것은 바로 수많은 燕刀幣의 존재이다. 燕下都만을 대상으로 할 경우에도 궁전구뿐 아니라 작업구에서도 연도폐의 수많은 출토가 있었다. 예를 들면 44호 묘에서는 148여 건[35], 1948년 10월에는 東固安村(즉 東貫城村)에서 전국 刀, 布銅幣가 천 근 정도 발견되었다.[36] 또 통계에 의하면 이 유지 내에서 1965년에서 1978년에 모두 연국 도폐 33,315매가 출토되었고 그중 이미 전국 전기에서 유행한 弧背刀幣도 있고 전국 중만기에 유행한 折背刀幣가 있어 武陽城 내의 상업 활동이 비교적 활발하였음을 표명한다고 볼 수 있다. 또 刀幣范과 布幣范의 출토[37]는 연국에서의 활발한 화폐교환이 있었음을 시사한다. 이와 같은 연국 경제의 면모는 이미 앞에서도 언급한 『史記』「貨殖列傳」에서 제시한 주변국과의 교역 정황[38]과 「燕召公世家」의 '燕國殷富'의 정황에서도 엿볼 수 있다.

한편 子之의 난으로 비롯된 '死者數萬'[39]의 상황과 子之 및 太子平, 장군 市被와 燕王 噲의 죽음은 구 세력의 절멸, 정치적 분쟁의 소인을 제거하여 소왕의 정책은 정치적 안정을 이루었을 것으로 보인다. 이상과 같은 상황의 전개는 연국의 강성과 부강으로 나타난다. 즉 『史記』 卷34 「燕召公世家」에서 보이는 "昭王二十八年, 燕國殷富, 士卒兵鐵輕戰, 于是……."의 기록으로 볼 때 昭王 시기에 이미

---

35) 河北省文物管理處, 「河北易縣燕下都44號墓發掘報告」, 239쪽.
36) 傅振倫, 「燕下都發掘品的初步整理與研究」, 『燕文化研究論文集』 참조.
37) 『燕下都』, 127쪽 참조. 예컨대 연하도 F13호 작업장 유지에서 布幣范 10건이 나왔다.
38) 2장 주 47) 원문 참조.
39) 『史記』 卷34 「燕召公世家」

연국은 부국강병을 성공적으로 이룩하였던 것을 분명하게 볼 수 있다.

따라서 비록 子之의 난이 연국에게 내분과 멸망과 고통을 안겨주었으나 昭王의 즉위와 변법의 성공은 결과적으로는 이를 통하여 연국 성장을 다지는 직접 계기가 되었음은 분명하다. 따라서 전국시기 연국사에 있어 이 사건은 분명 분기점이 된다고 볼 수 있다. 단 昭王의 중흥정책 성공의 배경에는 연국의 경제력의 발달과 정치적 안정이 이루어져서 昭王의 변법과 중흥정책이 힘을 얻게 되었기 때문으로 생각된다. 따라서 비록 짧은 시간이지만 變法이 성공할 수 있었다고 생각된다. 특히 齊에 대한 복수심은 이를 더욱 견고하게 하는 바탕이 되었을 것이다.

한편 주목해야 할 것은 바로 이런 전 과정은 중원 제국과의 관계를 더욱 밀접하게 만들었다는 것이다. 부국강병의 과정에 있었던 약소국 燕은 齊를 독자적으로 공격할 수 없었기 때문에 蘇秦을 통한 지속적인 反間 작업은 齊를 비롯한 중원 각국에서 시행되었고 齊에게 본심을 노출시키지 않고자 하는 노력에서 燕은 齊의 충실한 與國 역할을 자청하게 되었던 것이다. 이런 과정은 바로 중원 각국과의 관계가 비교적 적었던 연국의 대외 관계를 보다 풍부하고 복잡하게 만드는 작용을 하였음이 분명하다. 또한 이 과정에서 당시 중원식 체제와 문화가 연국으로 자연스럽고도 전면적으로 도입되었을 것으로 보인다.

그런데 昭王의 치적 중 가장 중요한 하나는 바로 燕下都(武陽城)의 건립이었다. 연국 중흥의 지표로 인식되는 燕下都 건립이 연국 성장에 어떠한 역할을 하였는지를 다음에서 살펴보고자 한다.

2) 燕下都의 役割과 性格

燕下都에 관한 대표적 기록으로는 『水經注』「易水」가 있다.[40) 이에 의하면 燕下都 武陽城은 현재 河北 易縣 동남 2.5㎞에 위치하여 北易水(『水經注』에서는 濡水라고 칭함)와 中易水 사이에 있고 현재는 지면에서 일부의 城墻과 고대 建築臺의 基地가 드러났다. 燕下都의 발견은 1920년대부터 시작하여 1950년대 말부터 본격적으로 발굴을 진행하여 1970년대 말까지 성지의 대부분이 드러나게 되었다. *[그림 32 참조]*

---

40) 『水經注』「易水」 "易水又東逕武陽城南. 蓋易自寬中歷武夫關東出……." 이에 의하면 燕下都의 명칭이 武陽城이 된 유래와 그 위치를 알 수 있다.

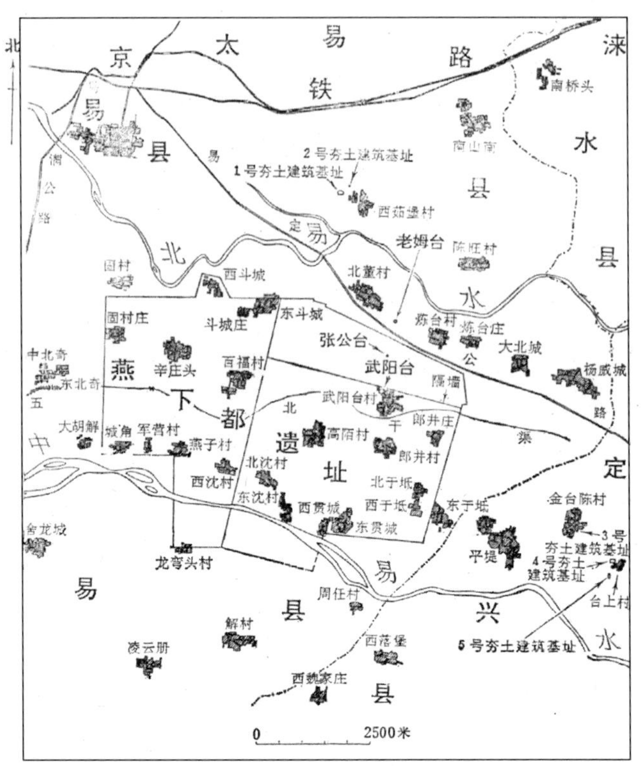

(출전: 『燕下都』(上), 12쪽 참조)

그림 32〉 연하도 전국시대 유지

이 武陽城의 축건자를 酈道元은 燕昭王으로 인식하였다. 그러나 드러난 유지의 전모를 볼 때, 여러 차례 수축된 현상과 서주 시기부터 시작하여 전국 말기까지 나타나는 유물 출토 정황으로 인하여 燕下都의 시건 연대에 대해서는 다른 관점이 생겨나게 되었다.41) 성지

---

41) 크게 燕桓侯說, 燕昭王說, 燕文公說 등이 있다. 燕昭王설이 보편적이

236

의 포국으로 볼 때 燕下都는 東城, 西城으로 크게 구분된다. 東城 중 궁전구에 존재하는 武陽臺는 궁전구의 중심으로 양측에 대칭되는 포국이 형성되었고 유지의 밀도가 가장 조밀할 뿐 아니라 대부분 전국 중기 이후의 유물이 출토된다[42]는 점으로 볼 때, 아마도 昭王 시기에 武陽臺를 축건함으로써 전국 중기 이후 연국의 중심 도읍이 되었다는 점은 의심할 수 없을 것이다.

단 東城 유지 중 九女臺 16호 묘장의 경우, 그 시기는 전국 조기의 만기 단계에서 중기에 해당되는 유지로 묘장의 구조와 출토기물로 볼 때, 묘주는 지배계급을 상징한다고 볼 수 있다.[43] 이 묘의 출현

며 燕桓侯說은 董家林 고성이 폐기된 이후 桓侯徙臨易한 臨易이 易縣을 지칭하는 것으로 이해하여 易縣에 있는 燕下都로 천도하였다고 주장한다(石英士, 「姬燕國號的由來及其都城的變遷」, 『會議專輯』, 177~178쪽). 한편 燕下都 발굴보고서는 燕下都의 시건 연대를 춘추 만기로 잡는데 燕文公(기원전 554-549년 동안 재위한 23대 연문공을 지칭함)이 易으로 천도한 이후 易을 燕下都로 개칭하였고 燕王 喜까지 옮기지 않았다고 보았다(『燕下都』, 873~875쪽 참조).

42) 『燕下都』(上), 877~878쪽 참조. 燕下都는 東城(내성)과 西城(외성, 곽성)으로 크게 구분되며 대부분의 유존과 거주구는 東城에 있다. 武陽臺는 전체 연하도의 포국 중에서 東城 내의 북구에 위치한 궁성구에 위치한다. 궁전구는 주로 武陽臺를 중심으로 남북으로 배열되었고 좌우대칭의 한 계열의 대형 주체 건축대 기지는 武陽臺 밖의 望景臺, 張公臺, 老姆臺(1-4호 건축 유지임)를 포괄한다. 武陽臺는 동서 길이 140m, 남북은 110m이며 높이 나온 지면은 11m로 夯築이며 윗면은 대량의 전국 시기 陶片이 드러나서 筒, 板瓦 片이 있고 또한 排水管道가 발견되었다. 나머지 3臺에 있는 것은 武陽臺보다 약간 작고 東城에서 3곳의 건축 組群이 발견되었고 武陽臺 동북의 小平臺, 동남의 路家臺와 서남의 老爺廟臺에서 武陽臺를 중심으로 한 부속 건축 組群에 속한다는 것을 볼 수 있다. 대량의 房屋기지, 夯土 기지, 각종 건축 재료 예컨대 板瓦, 筒瓦와 각종 雲山紋, 饕餮紋 半瓦當 등이 발견되었다.

43) 甌燕, 「試論燕下都城址的年代」, 『燕文化研究論文集』, 168쪽.

이 전국 중기를 전후로 나왔다는 점으로 볼 때, 비록 昭王 시기에 연국의 중심 도성이 되지만, 이전 시기에도 일정한 역할을 하였을 것으로 추정해 볼 수 있다. 이와 관련하여 臨易의 南陽村과 古賢村이 춘추전국 시기의 도성지가 되지만, 그 사이에 다른 지역으로 천도하였을 가능성이 매우 높다는 점은 앞에서 지적하였다. 아마도 燕下都의 춘추 만기에서 전국 중기 이전까지의 유지 구성으로 볼 때, 燕下都가 이 시기 도성지의 하나였을 가능성도 배제할 수 없다.[44) 燕下都 발굴보고서는 燕下都를 춘추 만기부터 연국의 도성지가 되었다고 본다.[45) 현재 춘추전국 시기 연국 도성지의 이동에 관해서는 앞으로 연구를 더욱 진전시켜야 이들 간의 연관 관계가 분명하게 드러날 것이다.

그러나 비록 昭王 이전 시기에 居民 邑落이 형성되었고 흥건의 기초를 마련하였을지라도[46) 昭王 시기에 武陽臺를 중심으로 궁성구가 축건되었고 이외에 거민구, 수공업 작업구 및 대형 묘장구 등이 형성된 시기는 이 시기가 되면서부터라고 할 수 있다. 특히 44호 묘는 한 묘장에서 22구의 인골을 갖춘 叢葬坑으로 유물 1,400여 건이 출토되었다. 이 중에 연국 관영수공업제조의 병기로 추정되는

---

44) 현재 연하도가 陪都였을 것으로 주장하는 학자가 대부분이시만 언하도 유지를 발굴하거나 연하도 문화 유지를 연구하는 학자의 경우에는 대부분 연하도는 춘추만기부터 전국 중기까지 연국의 도성지였을 가능성을 제시하고 있다. 『燕下都』 발굴보고서 역시 이곳은 줄곧 도성이었다고 인식하였고, 石英士의 경우에는 유리하 유지에서 연하도로 천도한 것으로 인식하고 있다. 특히 臨易의 易은 바로 이 연하도의 전신으로 인식하고 있다(石英士, 「關于燕下都故城宮殿建築幾個問題的探索與研究」, 『燕文化硏究論文集』 참조).
45) 『燕下都』(上), 871~875쪽 참조.
46) 曲英傑, 『先秦都城復原硏究』, 308쪽.

238

“右貤(貫)廥(府)殷”戈가 한 건 출토된 것으로 볼 때,[47] 이런 총장 갱은 전국 후기에 해당되므로 齊와 燕의 전쟁 중에서 포로 혹은 연 병사를 한꺼번에 묻었던 묘장으로 이해할 수 있다.[48] 이들 유지가 東城의 중심구라는 점으로 볼 때, 동성의 전체 유지의 布局은 전국 중기 이후에 비로소 완성되며 이후 더욱 풍부하게 되었다고 생각한 다. 따라서 燕下都가 이전에 사용되었을지라도 昭王 시기에 확대 발 전되었던 것임에는 분명할 듯하다.[49]

한편 燕下都의 중흥이 昭王 시기에 이루어졌다는 점은 昭王의 중 흥정책과 일정한 관련이 되었을 것으로 추정해 볼 수 있다. 또 『水 經注』「易水」의 ‘武陽, 蓋燕昭王之所城也’에서 볼 때, 燕下都 武陽 城은 昭王이 흥성시켰다는 것을 더욱 뒷받침해 준다고 생각된다. 연 하도는 전국 시기 중원 각국의 가장 대표적 도성 중의 하나이다. 당 시 연하도는 陪都의 역할을 하였고 薊城이 도성이었다는 인식이 일 반적이지만 그럼에도 연하도의 포국과 출토기물의 정황으로 볼 때, 연하도는 昭王 시기에 燕의 정치·문화·경제·군사의 중심지였음 을 쉽사리 알 수 있다.[50] 燕下都가 도성이었는지, 혹은 陪都의 기능 을 담당하였는지는 현재 알 수 없다. 그러나 燕下都가 굳이 소왕 시 기에 중심지가 되었던 원인은 분명 있을 것으로 보인다. 燕下都 武

---

47) 李學勤·鄭紹宗, 「論河北近年出土的戰國有銘靑銅器」, 『燕文化硏究論 文集』, 383쪽 참조.
48) 河北省文物管理處, 「河北易縣燕下都44號墓發掘報告」, 234쪽.
49) 이와 관련하여 石英士는 연하도는 원래 성읍이 있는 곳에 확건한 것으 로 보았다(石英士, 「燕下都, 邯鄲和靈壽故城的比較硏究」, 中國考古學會 編, 『中國考古學會第五次年會論文集1985』, 文物出版社, 1985. 41쪽).
50) 『燕下都』(上), 870쪽.

陽城의 특별기능은 무엇이었을까? 필자는 최소 두 가지 목적을 가진 계획도시였을 것으로 추정해 보았다.

첫째, 군사기지의 역할이다. 齊에 설욕하고자 하는 것이 정치목표의 하나였던 소왕은 이를 위한 병력의 양성과 군사기지의 필요성이 절실하였을 것이다.[51] 사실 연하도의 포국으로 볼 때 이곳의 기능과 역할을 충분히 짐작할 수 있다. 우선 '隔墻'의 존재이다. 동성 중부에서 한 줄의 동서 방향의 담장을 隔墻으로 칭하는데 이것은 동성을 남북 양 부분으로 나눈다. 격장과 동쪽 담장[東垣]과의 관계를 분명히 하게 위해 해체 발굴을 진행한 결과, 동쪽 담장의 해체된 부위는 20~50cm의 夯土 城의 담장이 드러났다. 隔墻의 해체 부분은 격장의 담장 토대[墻基]가 동쪽 담장의 담장 토대[垣基]를 덮었다는 것을 알 수 있다. 隔墻의 담장 토대[墻基]가 동쪽 담장의 토대 부위를 덮은 것과 동쪽 담장의 기저 부위에 窩夯夯築을 사용하고 隔墻의 기저 부위에 平夯의 夯築을 사용한 것으로부터 隔墻이 분명 동쪽 담장보다 늦다는 것을 알 수 있다.[52] 이는 바로 원래 존재한 동쪽 담장 위에 隔墻을 쌓은 것으로 볼 수 있다.

또한 隔墻에는 모두 항토 건축기지인 부속 건축물이 3좌 발견되었다. 7호 항토 건축기지[朱家臺]는 隔墻 동쪽 부위에 위치하며 동쪽으로 東城 東門과는 거리가 약 750m가 된다. 이 기지의 항토 유적은 남북에 모두 담장 토대 밖으로 튀어나왔다. 9호 항토 건축기지

---

51) 曲英傑, 『先秦都城復原研究』, 308쪽. 『燕下都』에서는 연국 사회경제의 발전에 따라 연국의 군사역량도 신속하게 발전하였으며 연국의 통치자는 그 남부 강역의 군사역량과 중원 쟁패의 필요를 강화하기 위해서라고 보았다(『燕下都』(上), 872쪽 참조).

52) 『燕下都』(上), 14~15쪽.

240

는 동쪽 담장의 북쪽 부위에 꺾어진 곳에 위치하여 남쪽에는 동성의 동문과 멀지 않다. 기지 아래의 항토 범위는 동서 길이는 80m, 남북 넓이는 30m로 성의 담장 밖으로 돌출되었다. 10호 항토 건축기지[煉臺]는 북쪽 담장에 위치하며 높이는 11m가 되며 4층으로 구성되어 있다. 아래부터 제1층의 높이는 약 2m로 북쪽을 향해 성의 담장의 토대 밖으로 20m 튀어나와 있다. 동서 길이는 60m로 성의 담장과는 疊壓 관계가 없다. 제2층은 동서 길이는 40m, 남북 넓이는 20m, 높이는 6m이며 항토 층의 두께는 16~18㎝이다. 해당 층의 가장 윗면은 1.5m로 후대에 수축하여 내용물로는 磚瓦片 등이 있다. 제3, 4층은 원형으로 근대 항토 건축 유존이 된다. *[그림 32 참조]*

상술한 3좌의 건축기지는 모두 성의 담장과 돌출한 성의 담장의 항토 부분으로부터 구성된 것이다. 동시에 건축기지의 사방 혹은 그 상부에는 모두 瓦片이 흩어져 있다. 이는 당시 기지 상에는 건축물이 있었다는 것을 설명하는 것으로 주둔한 戍卒이 도성을 守衛하기 위한 것이라는 점을 알 수 있다. 그들 위치로 볼 때 매우 중요하다. 7호, 9호 항토 건축기지는 성문에 연결되어 있어 중심 건축을 숨어서 보는 것으로 분명 성문과 중심 건축의 방위를 강화하기 위한 시설로 볼 수 있다. 7호와 10호 항토 건축기지 간의 궁전건축군은 궁전구의 하나이다. 이 때문에 이런 종류의 시설은 이런 구역에 대한 보호 작용을 강화하기 것이다. 이 3좌의 항토 건축기지는 군사상의 방어시설일 가능성이 있다고 볼 수 있다.[53]

또한 燕下都 東城 밖에 防護 시설은 모두 6좌가 발견되었다. 2좌

---

53) 『燕下都』(上), 15~17쪽.

의 항토 건축기지는 東城의 북쪽에 있으며 3좌는 東城 동남, 1좌는 동성 동북에 있다. 1975년 연하도 동성 북쪽의 西茹堡村 서북 약 200m에 2좌의 항토 건축기지가 발견되었다. 이 2좌의 항토 건축기지는 모두 夯築으로 되어 있으며 夯層의 두께는 8~10㎝가 된다. 2좌의 基址의 표면은 모두 연하도 성지 내 상견되는 전국 시기의 繩紋板瓦, 筒瓦, 繩骶紋筒瓦의 잔편이 상견되어 夯土 건축기지 위에는 건축물이 있었음을 설명한다. 동성 동남의 방호시설은 약 3.5㎞에 처한 陳村 항토 건축기지로, 표면과 사방에 燕下都 성지 내에서 상견되는 전국 시기 繩紋板瓦와 筒瓦의 잔편이 나왔다. 臺上村 村西의 방호시설은 항토 건축기지 1좌가 있는데 항 층은 7~15㎝가 된다. 기지 표면과 사방에 연하도 성지 내 상견되는 전국 시기 繩紋板瓦, 筒瓦 虛線交叉의 籬紋筒瓦, 雙龍饕餮紋半瓦當 및 紅燒土가 출토되었다. 이 6좌의 항토 건축기지가 처한 지리위치로 본다면 모두 燕下都를 보위하기 위하여 성지에 설치된 前哨 거점으로 군사상 감시와 망을 보고 경비하는 성질을 갖추었다고 볼 수 있다.[54]

이와 같은 구조를 가진 연하도는 이외에도 군사기지였음을 알려주는 유적이 많다. 우선 동성의 동문, 북문과 隔墻의 성문 등은 외부로부터 침입한 적을 방어하도록 고려되었다고 볼 수 있다.[55] 연하도 城門은 東城의 東門, 北門과 隔墻의 城門 3좌와 西城의 西門 1좌가 발견되었는데 연하도 성문의 설치는 비교적 적다. 이는 대개 성지가 山前平原 지대의 교통 요도 상에 세워진 것과 관련된 것으로 그 목적은 도성의 견고와 안전을 보호하기 위한 것이며 또한 도

---

54) 『燕下都』(上), 747~749쪽.
55) 曲英傑, 『先秦都城復原硏究』, 309쪽.

성의 방어 체계 중 취해진 일종의 방어 조치로 볼 수 있다.[56]

또한 東城 隔墻 이북에는 전국 중후기 유존이 많으며 대다수 병기 작업장 및 병기제작과 관련된 작업 유지이다. 이는 소왕 시기에 축성하여 북부 병기 제작구를 확대한 것으로 보이며 이외에 原城의 東端, 南端, 西端을 증보하여 두텁게 하였을 가능성이 매우 높기 때문에 그 墻基의 넓이는 북단과 같이 모두 40m 정도이며 隔墻은 즉 단지 20m 정도이다. 東端, 西端 밖의 해자도 이 시기에 파서 뚫었거나 혹은 정돈하였다. 城北의 老姆臺 부근은 일찍이 大型 帶花筒瓦, 대형 靑銅鋪首銜環 등 건축 구조물이 나와 臺上에 웅대한 궁전이 건축되었을 가능성이 있다.[57]

西城도 소왕 시기 혹은 그 후에 건축되었을 것으로 추정된다. 이 성내 문화 유존은 많지 않아 동성이 중점이 되며 西城은 동성의 안전을 위하여 건축한 방어적 성격을 갖춘 附城일 가능성이 있으며,[58] 주로 사병 주둔지가 된다고 볼 수 있다. 『戰國策』 卷29 「燕策1」에서 보이는 '…… 帶甲數十萬, 車七百乘, 騎六千疋, …….'과 『戰國策』 卷31 「燕策3」에서는 燕王 喜 시기에 '遽起六十萬以攻趙'라고 하였다. 又 『史記』 卷34 「燕召公世家」에서는 '卒起二軍, 車二千乘'이라고 하였다. 이상의 기록에서 연국 만기 병력의 성세를 알 수 있다. 그중 일부는 燕下都에 주둔하였으며 騎兵하여 趙를 공격할 때 각지 병사가 이곳에 주둔하였을 것이다.[59]

---

56) 『燕下都』(上), 878쪽.

57) 曲英傑은 이것이 원래 성내에 건축된 무양대를 대체하였을 가능성이 매우 높아 소왕 이후 연군이 열병식을 거행하던 장소가 되었다고 보았다(曲英傑, 『先秦都城復原硏究』, 309쪽).

58) 『燕下都』(上), 17쪽.

한편 보다 구체적인 군사 활동과 관련된 내용을 볼 수 있다. 전국
璽印 중 ‘武陽都遽星’印이 있다. 그 星은 馹로, 즉 傳馹이다. 이로
부터 燕下都 내 傳馹의 장소가 있었음을 알 수 있다. 이곳 출토의
전국 銅鏃에 ‘左星’, ‘右星’이 보이는 것은 左傳馹, 右傳馹이 사용한
鏃이다. 이 외에 易縣에서 출토되었다고 전하는 ‘日庚都萃車馬’銅印
은 車馬의 烙印에 사용되던 표기이다. 이로부터 본다면 燕下都 내
에서 집중적으로 車馬를 관리하던 장소가 있었다는 것을 알 수 있
다.60) 이러한 것들은 燕下都가 군사 활동과 관련된 내용물이 많다는
것을 시사한다. 더욱이 성내에 병기 작업장을 둔 점으로 볼 때 이는
더욱 증명이 되는 바이다. 따라서 昭王은 燕下都 증축 시 군사 기지
로서 기능할 수 있도록 하였던 것임을 볼 수 있다. 이는 이곳이 아
마도 당시 昭王의 報齊를 위한 준비 작업과 기지로서의 역할을 하
기 위한 장소였음을 시사한다.

물론 이상의 포국을 통해서 본 이 유지는 단순히 군사적 기능만
을 담당하는 군사기지로서의 역할에만 한정되는 것은 아니었다. 鑄
錢 작업구, 銅禮器 작업구 및 성지 내에서 많은 燕, 趙, 魏, 韓 등지
의 화폐 출토 등은 武陽城 내의 상업 활동이 비교적 활발하였음을
표명한다. 동시에 東城 문화 유존은 매우 풍부하고 그 문화 면모와
분포로 볼 때 궁전구는 성지의 동북부에 있고 대량의 夯土 건축기
지와 거주지가 있고 아울러 饕餮紋, 雙鹿紋, 山雲紋 半瓦當, 筒瓦,
板瓦 등 건축 재료의 끊임없이 출토되었다.61)

---

59) 曲英傑, 『先秦都城復原研究』, 310쪽.
60) 曲英傑, 『先秦都城復原研究』, 311쪽.
61) 曲英傑, 『先秦都城復原研究』, 311쪽.

현재 燕下都는 그 내부구조와 수공업 작업구 및 궁전 유지 등으로
볼 때 정치·군사·경제·문화의 중심지로서의 역할을 수행하였음을
분명하다. 그렇다면 昭王 시기 시행된 변법을 통한 연국의 성장은 바
로 燕下都에서 획기적 역할을 담당하였을 가능성이 높다. 즉 燕下都
의 역할은 바로 昭王 시기에 실시하였던 각종 체제 및 제도의 실현
장소였을 가능성이 있다. 예컨대 黃金臺를 易水 근처에 건립하여 賢
者 초정의 장소로 이용되었다는 점과 출토물로 확인되는 각종 철제
생산 공구의 존재 및 출토된 燕刀幣가 Ⅳ식, Ⅴ식 明刀錢(折背刀)이
전국 중기 이후부터 출현한다는 점으로 볼 때,[62] 昭王 시기에 화폐개
혁을 통해 새로운 형태가 만들어졌을 가능성 등은 바로 燕下都에서
각종 개혁이 마련되고 시행되었을 가능성을 보여 준다.

특히 소왕 초기에 '吊死問孤, 與百姓同甘苦' 하였으며 '燕國殷富,
士卒樂鐵輕戰'(『史記』 卷34 「燕召公世家」)으로의 변화는 변법이 성
공적으로 실시되었음을 의미한다. 이와 동시에 燕下都에서 보이는 수
많은 문화유물은 이곳이 군사기지로써의 역할을 하는 동시에 중원으
로부터 수입한 각종 체제와 제도의 실행 장소였으며 동시에 변법이
추진된 장소였다는 점을 보여준다. 결국 이런 모든 상황은 연하도가
전국 중기 이후 연국의 정치·경제·문화·사회의 중심지가 되었음을
의미할 것이다. 중흥의 상징인 燕昭王의 도성으로 薊城을 지칭하지
않고 燕下都(武陽城)로 지칭하는 것은 바로 昭王이 일으킨 연국 발
전의 역사가 여기에서 이루어졌을 가능성이 있기 때문으로 생각된다.
薊城 지역보다는 연국 경제력의 상징인 燕刀幣의 출토가 燕下都에서

---

62) 石英士·王素芳, 「燕國貨幣的發現與研究」, 『燕文化研究論文集』, 370쪽.

보다 많이 출토되었다는 것은 이를 반영한다고 볼 수 있다.

따라서 燕下都 건립 이유를 齊에 설욕하기 위한 군사적 기능만을 담당하기 위해 건성하였다고 볼 수는 없다. 薊城은 도성지이며 燕下都는 군사기능을 담당한 陪都였다는 점은 재고해 봐야 할 것으로 보인다.[63] 현재 薊城의 위치를 확인할 수는 없지만 연국 도성의 기능을 담당하였고 멸망 직전까지 도성이었음은 부인할 수 없다. 다만 앞에서 살펴본 바와 같이 燕下都는 昭王 시기, 즉 전국 중기 이후 도성의 기능을 담당하였을 것으로 추정된다. 더욱이 燕下都에서 보이는 다방면에서의 연국 중심지로서의 역할 수행은 바로 전국 중기 연국 성장의 계기를 燕下都에서 찾아볼 수 있을 것으로 보인다. 특히 昭王이 卑身厚幣하여 賢者를 초청하고 변법의 수행을 통한 부국강병의 추진은 바로 燕下都에서 행해진 것으로 이는 燕下都가 연국 성장의 밑거름이 되었던 것만은 분명할 것이다.

2. ‘燕下都’ 遺址의 文化

戰國 시기 연국의 文化를 이해하기 위해서는 연국의 세력 범위로 설정된 지역의 문화 유지를 검토해 봐야 한다. 2장에서 살펴보았듯이 현재 연국의 춘추 시기에 해당되는 문화 유지는 많지 않고 단편적이어서 계통적인 문화 관계 등을 분석하기엔 곤란한 감이 없지 않았다.

---

63) 燕下都 발굴보고서에서는 연하도를 燕王 喜 시기까지 연국의 수도로 보았으며 薊는 매우 긴 시기 동안 연국의 陪都의 하나라고 보았다(『燕下都』(上), 872쪽 참조).

전국 시기에 들어서면 燕文化 유지가 상대적으로 많아지고 전국 시기 연문화는 춘추 시기 연문화와 연계되기 때문에 전국 시기 연문화를 분석할 때 춘추 시기의 속성을 포함해서 검토하고자 한다. 이와 관련하여 전국 시기 연문화의 대상은 두 단계로 나누어서 보는 것이 적절할 듯하다. 연문화의 분포 범위를 살펴보기 위해서는 전국 시기 연국의 세력 범위를 고찰해야 하는데 昭王 시기에 연국은 세력 확장을 통하여 최대 판도를 이루게 된다(4장에서 후술). 이런 점으로 볼 때 전국 시기 연문화는 永定河 이남의 燕下都에서 보이는 문화를 전형 문화로, 이후 세력 확대에 따른 연하도 문화의 확대에 따른 연문화의 두 단계로 임의적으로 분류하여 살펴보고자 한다.

　燕下都 유지는 다음과 같은 몇 가지 점에서 전국 시기 연국 문화를 분석하는 가장 좋은 대상이 된다. 첫째, 서주 시기 연국의 세력 범위에 속하여서 비록 전국 시기에 비해 매우 영성하긴 하지만 서주 및 春秋 시기의 유지와 戰國 만기에 이르기까지의 기물이 연속적으로 발견되었고,[64] 둘째, 전국 중기 이후 昭王에 의해 중건된 연국

----

64) 燕下都 문화 유존시대는 商周, 春秋, 戰國, 秦漢, 唐宋으로 구분할 수 있는데 상주 시기 문화 유존의 분포 범위는 현재 中易水 북안의 東沈村, 北沈村 일대로 燕下都 東城의 서남모퉁이에 해당된다. 춘추 시기 문화 유존은 이미 북쪽을 향해 확산되어 高陌村, 郎井村 일대에 이른, 즉 燕下都 東城의 중부 일대이며 燕下都 3호 하거 유적 이남의 분포 내이다. 전국 시기 문화 유존은 이미 연하도 성내의 각 촌락에 보편적으로 분포하였으며 이에 머무르지 않고 성외의 대형 주체 궁전 건축의 夯土臺基, 지하 항토 건축 유적, 건축 유지, 防護 건축 항토 기지, 수공업 작업장과 묘장이 있다. 秦漢 시기의 문화 유존의 범위는 대체로 전국 시기의 범위와 상동하지만 더욱 많은 문화 유존이 있어 東貫城과 西貫城村 일대는 비교적 풍부하고 이는 대개 漢代 故安縣이 이곳에 설치된 것과 유관하다고 본다. 唐宋 시기의 문화 유존은 비교적 적고

최대 중흥의 城址로 전국 중기 이후 연국의 중심 세력지였다는 점65), 셋째 戰國 이전 시기에도 거주 유지가 존재하여 춘추와 전국 시기를 관통하는 계보 관계를 살펴볼 수 있기 때문이다. 이 세 가지 이유로 燕下都의 문화는 연국의 전국 시기 문화를 이해할 수 있는 가장 좋은 대상이라고 볼 수 있다. 특히 都城은 귀족, 평민 등이 사용하는 각색의 다양한 기물이 응결된 곳이므로 燕文化를 대표한다고 볼 수 있을 것이다. 또 '燕王職 戈' 등의 출토와 惠王, 武成王, 王喜의 기물로 추정되는 兵器의 출토66)는 이 지역이 전국 중기 이후 연국의 중심 세력이었다는 점을 분명하게 시사한다.

燕下都 범위 안에는 상말주초부터 戰國 만기까지의 유물이 모두 출토되는데, 집중 분포된 시기는 전국 중기 이후가 된다. 오랜 기간 진행된 燕下都의 발굴 결과, 발굴 종합 보고서가 간행되었고, 이에 따르면 燕下都 유지 면모67)는 크게 墓葬區, 居住區, 手工業 작업구,

---

분산되어 이는 후대인의 생산 활동이 빈번하여 파괴되었을 가능성이 있는 것과 유관하다고 지적하고 있다(『燕下都』(上), 867쪽. 참조).

65) 연하도가 전국(중기) 이후 도성이든 혹은 陪都일지라도 배도는 鎬京, 洛邑 등에서 봤을 때 군사중진의 성질뿐 아니라 정치, 군사, 문화의 중심이 된다는 점에 볼 때 연하도의 문화는 연문화의 중요 기지의 하나가 된다고 볼 수 있다(河北省文物硏究所, 『燕下都』(上), 2쪽).

66) 石英士, 「郾王銅兵器硏究」, 『燕文化硏究論文集』, 397쪽 <表 二> 참조.

67) 古城은 武陽臺, 望景臺, 張公臺, 老姆臺, 老斧廟臺, 路家臺, 小平臺, 朱家臺, 煉臺, 觀音廟臺 및 9호, 12호 건축 기지 등 分土建築臺基 12좌, 항토 건축 유적 14좌, 문화 유지 20곳, 고묘군 3곳(九女臺, 虛粮冢, 辛莊頭 묘구), 河渠 유적 4곳, 城敦 2곳이다. 이외 연하도 고성의 남쪽에서도 고묘군 1곳, 人頭骨 叢葬 유적 14곳, 대중소 묘장 각각 1좌, 연하도 북쪽에서 항토 臺基 2좌, 동남에서 항토 臺基 3좌, 동북에서 항토 臺基 1좌가 발견되었다. 또 동성과 서성의 문화 면모는 매우 달라 서성은 2곳의 문화 유지와 1곳의 고묘군이 발견되었고 동성의 문화 유존은

248

宮城區 등 네 구역으로 구분할 수 있다. [표 3 참조]

〈표 3〉 연하도 유지별 정리

시기	거주 유지	수공업 작업구	묘장구	궁성구
西周	東沈村 6호			
春秋	東沈村 6호			
	西貫城村 7호			
	北沈村 村北 8호	郞井村 13호		
戰國 조기	東沈村 6호	郞井村 13호	郞井村 31호 (춘추만기~전국조기)	
	西貫城村 7호			
	北沈村 村北 8호		周任村 전국묘군	
	西沈村 北 19호			
	北沈村 銅 8호			
戰國 중기	東沈村 6 호	郞井村 13호	九女臺 16호	老斧廟臺 25호
	西貫城村 西 7호	郞井村 10호	東斗城村 29호	老斧廟臺 27호
	北沈村 村北 8호	郞井村 30호	解村村 동북 1호	老姆臺
	北沈村 東 8호		解村村 동 2호	武陽臺
	西貫城村 西 9호		解村촌 동북 3호	
			解村村 동 5호	

매우 풍부하고 포국도 비교적 분명하여 궁전구, 수공업 작업구, 수공업 관리 유지, 시민거주구, 묘장구 등으로 나눌 수 있어 이곳이 당시 인들의 활동의 중심임을 알 수 있다. 서성은 전국 말년 전쟁의 필요, 동성의 방어를 강화하기 위해 만들어 놓은 성곽으로 본다(『燕下都』(上), 11쪽).

시기	거주 유지	수공업 작방구	묘장구	궁성구
戰國 만기	東沈村 6호	郎井村 13호	虛粮冢 8호	老姆臺 28호
	西貫城村 西7호	郎井村 10호	辛莊頭 30호	
	西貫城村 西9호	郎井村 동남 11호		
	高陌村 東北2호	武陽臺村 서북 21호		
		武陽臺村 서북 22호		
		武陽臺村 서북 23호		

1) 燕下都 文化의 構成要素

燕下都에서는 일반민의 가장 대표적인 유존인 생활용기 중 도기의 출토 및 국가 혹은 주체 세력의 기물이 되는 청동기가 출토되었다. 이는 연국의 문화를 포괄, 종합적으로 분석할 수 있는 대상이 된다. 따라서 본 절에서는 연하도 유지에서 나오는 다양한 기물과 문양 등을 종합분석, 정리하여 이들에서 보이는 연국의 독특한 문화를 구성하는 세 가지 요소를 추출해 보고자 한다.

첫째, 燕人들이 실생활에 사용한 도기 중 연국만의 독자적 풍격을 갖춘 夾砂紅陶(魚骨盆) 계통의 燕式鬲과 大口釜(紅陶釜)[68]이다. 둘

---

68) 앞에서 지칭한 紅陶釜로 夾砂紅陶를 재료로 사용하였으며 그 기형이 특이하기 때문에 紅陶釜라는 명칭을 사용하는데 기형상 大口釜로 볼 수 있다. 따라서 紅陶釜 혹은 大口釜라고 칭하는 것은 모두 동일한 기물을 의미한다. 그러나 燕式鬲 또한 夾砂紅陶를 사용한 기물이며 燕式鬲의 명칭이 그 기형상의 특징 때문에 붙여진 것임을 감안할 때 紅陶釜는 大口釜라고 칭하는 것이 바람직할 것이다. 그러나 연하도 유지에서는 紅陶釜라고 명칭하였기 때문에 유지에서 출토된 大口釜(紅陶釜)는 이에 따라 紅陶釜로 칭하고자 하며 이 외에는 大口釜라는 표현을

째, 중대형 묘장에서 출토된 禮器는 일정한 고정 형태와 용도가 있다. 이 예기는 靑銅禮器와 (仿銅)陶禮器의 두 형태가 보이며 연국만의 독자적 풍격이 존재한다. 이 중 靑銅禮器는 대형 묘에서 한 차례 출토되었고, 그 이외에는 대부분 仿銅陶禮器가 중소형 묘장에서 적잖이 출토되었다.[69] 셋째, 燕下都 출토 半瓦當에는 매우 다양한 문양이 나타난다. 가장 특색이 있는 것은 饕餮紋 혹은 獸形紋이라고 볼 수 있다. 이 외에도 山字紋, 山雲紋 등이 있는데 이 중에서도 饕餮紋, 혹은 獸形紋 등은 연국의 다른 기물에서도 체현되어 연국의 독특한 문화를 구성한다고 볼 수 있다.

따라서 燕下都 유지를 통해 본 연국 문화의 가장 보편적이며 전형성을 띤 독자적인 요소는 연국의 독자적 풍격을 지닌 靑銅禮器 및 (仿銅)陶禮器, 생활 용기 중 출현한 '燕式鬲'과 '大口釜', 건축 재료인 饕餮紋 및 獸形紋 半瓦當 등 세 요소로 볼 수 있다.

①燕式鬲과 大口釜(紅陶釜)

연하도 유지에서 보이는 도기 중 비교적 높은 비율을 차지하고[70] 변화 과정이 지속적으로 관철되는 것은 4종류가 있다. 이는 각각 도

사용하고자 한다. 단 (紅陶釜)를 같이 사용하여 혼란을 덜고자 한다.

69) 仿銅陶禮器 중에 청동예기와 상동하는 기류, 기형이 있으며 또한 소량의 실용생활 기물이 반생되기도 하였다. 따라서 방동도예기의 특유한 雙重 속성은 동예기와 실용 기물을 조합하여 하나의 유기적 整體로 조합하는 교량을 이루었다고 보기도 한다(陳光, 「東周燕文化分期論」, 『北京文博』 1997-4. 6쪽).

70) 中國歷史博物館考古隊, 「燕下都城址調査報告」, 『考古』 1962-1. 15쪽. 소수의 동기도 있지만 대다수 도기이다. 도기는 세 개의 陶系로 구분되는데 夾砂紅陶系, 夾砂灰陶系, 泥質灰陶系로 구분된다.

질과 기형을 종합하여 봤을 때 夾云母紅陶釜, 泥質灰陶罐, 夾砂母 紅陶燕式鬲, 泥質灰陶尊[71]이라고 볼 수 있으며 기형의 독자적 풍격 으로 볼 때는 燕式鬲, 大口釜(紅陶釜), 折肩尊, 瘦腹罐[72]이라고 명 칭할 수 있다. 이 네 종류의 기물은 燕下都 춘추 시기 및 서주 만기 의 유지에서 그 변화의 과정을 분명하게 볼 수 있다. *[그림 33 참조]*

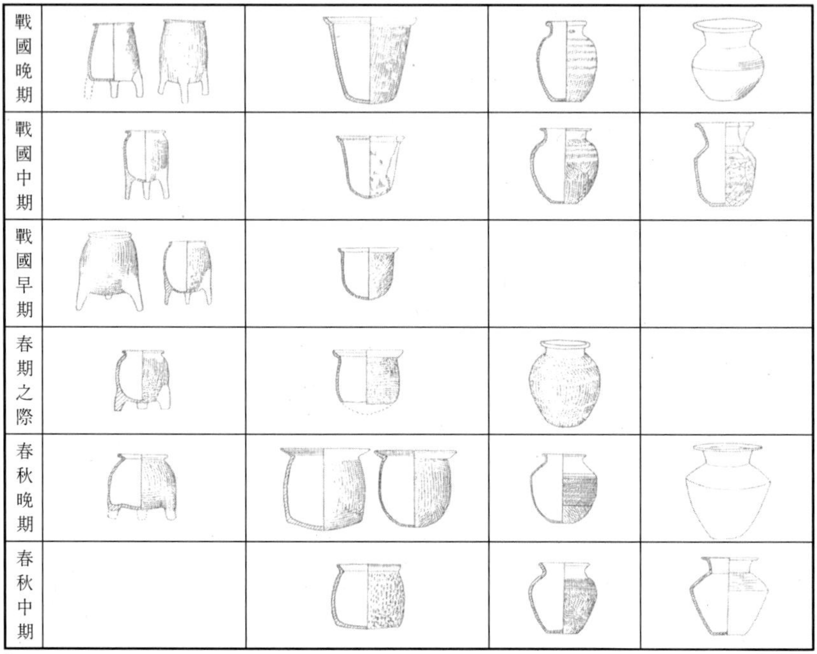

戰國晚期			
戰國中期			
戰國早期			
春期之際			
春秋晚期			
春秋中期			

(출전: 陳光,「東周燕文化分期論(續完)」,『北京文博』1998－2. 22쪽)

그림 33〉 1. 燕式鬲　　　2. 大口釜(紅陶釜)　　　3. 瘦腹罐　　　4. 折肩尊

---

71) 陳光,「東周燕文化分期論」, 15쪽.
72) 陳光,「東周燕文化分期論(續完)」,『北京文博』1998－2. 21쪽.

첫째, 罐은 춘추 시기의 鼓肩으로부터 전국 시기의 鼓腹으로 변화하다가 최종적으로 전체는 瘦長으로 변하였다. 둘째, 尊의 주요 변화는 肩部에서 체현되는데 肩의 직경은 口의 직경보다 크며 전국 시기는 肩의 직경이 비교적 작고 거의 口徑과 같으며 腹部는 圓으로 변하였다.[73] 하지만 연국 도기 중 더욱 전형적이며 전면적인 기물은 소위 燕式鬲과 大口釜(紅陶釜)이다. 이 두 기물은 춘추 조기부터 시작하여 전국 만기에 이르기까지 거의 모든 각 유지에서 광범하게 출토되었다.

燕式鬲의 口部 변화는 크지 않으며 器表의 繩紋은 곧장 전국 조기까지 袋足鬲의 풍격을 담고 있다. 上腹은 直繩紋, 下腹은 橫繩紋이 되어 三實足을 부착한 외에는 몸체 제조 순서는 袋足鬲과 동일하며 鬲襠이 함몰된 곳에서부터 繩紋을 아래쪽 중앙까지 쭉 찍을 수 없고 다만 가로방향으로 승문을 덧대서 자국을 낼 수 있을 뿐이다. 춘추 시기 燕式鬲의 底部는 이미 함몰되지 않아 繩紋을 찍으려는 전통 관념이 가로방향의 繩紋을 찍는 습속을 갖게 되었다. *[그림 31 - 2 용성 남양 유지 부분 및 34, 35 참조]*

그림 34〉	그림 34〉	그림 35〉	그림 35〉
大口釜(紅陶釜)-1	大口釜(紅陶釜)-2	燕式鬲-1	燕式鬲-2

---

73) 陳光, 「東周燕文化分期論(續完)」, 21쪽.

전국 중기 이후 釜 기형은 고정되어서 器表는 直繩紋으로 바로 한 번에 아래로까지 내려왔다. 釜의 口部 변화는 비교적 커서 頸部로부터 안을 향하여 들어가 敞口에 이르기까지 底部와 器表의 繩紋은 기본상 燕式鬲의 변화와 동보적이라고 본다.[74]

이상 燕式鬲과 大口釜(紅陶釜)는 鬲에서 파생된 기물로 모두 圜底에서 平底의 과정을 거쳤다.[75] 西周 만기부터 출현한 夾砂紅陶의 大口釜(紅陶釜)와 춘추 조기부터 출현한 夾砂紅陶 계통의 燕式鬲은 타지에서 보이지 않는 연국만의 독자적 풍격으로 인식된다.[76]

이 두 기물은 연하도 대부분의 유지에서 광범하게 출토되며 거주구 및 묘장구에서도 나타나고 그 분포 또한 비교적 고르게 나타난다.[77] 이 두 기물은 동시에 혹은 하나씩 나타나기도 한다. 虛粮家 묘구는 13좌의 고묘가 있는데 이곳에서 紅陶釜類의 도기 조각이 나왔으며 九女臺 묘지 10좌의 묘장의 夯土 중에서도 소수의 陶片이 나왔다.[78] 2장에서 살펴본 바 燕下都 13호 F1층에서는 紅陶釜와 燕式鬲이 모두 출토되었고 출토된 紅陶釜는 弧形沿으로 沿面에는 弦紋이 있었으며 燕式鬲은 圜底式이 되며 足안의 반은 비어 있었다.[79]

---

74) 陳光, 「東周燕文化分期論(續完)」, 21쪽.

75) 陳光, 「東周燕文化分期論(續完)」, 21쪽.

76) 『燕下都』(上), 869쪽. 燕式鬲은 춘추 조기에 출현한 신기형(혹은 더 빨리!)으로 또한 연국의 독자적인 것이다.

77) 생활용기 罐이 유지에서 많이 보이고 釜, 燕式鬲은 유지, 묘장에서 모두 보인다. 尊은 묘장에서 많이 출토된다(陳光, 「東周燕文化分期論」(續), 『北京文博』 1998－1. 18쪽).

78) 河北省文物工作隊, 「河北易縣燕下都故城勘察和試掘」, 『考古學報』 1965－1. 98쪽.

79) 2장 주 213), 214) 참조.

東沈村 6호 거주 유지 중 전국 중기 유지에서도 夾砂紅陶鬲 및 燕式鬲 鬲足과 紅陶釜도 보인다.80) 北沈村 동 8호 거주 유지에서도 紅陶釜, 燕式鬲 등의 殘片이 보인다.81) 西貫城 北 9호 거주지에서도 분명한 燕式鬲 1건이 출토되었고82) 중기 유지에서 燕式鬲 足類와 鬴(釜)류가 보인다.83) 만기 유지에서도 紅陶釜, 夾砂紅陶鬲, 燕式鬲足이 있다.84) 또 鐵器 작업장인 21호 유지의 甕棺葬 M2의 도기는 勾沿圓圜底의 大口釜이다.85) 燕下都 22호 유지는 骨器 작업구로 여기에서도 燕式鬲이 출토되었다.86) 鐵器 작업장인 23호 유지에서는 紅陶釜가 출토되었고 東斗城村 29호 유지(29:1)에서도 2건의 陶鬲이 출토되었다.87) 이상 鬲·釜·罐·尊의 도기조합은 서주 시기 鬲·簋·罐의 도기조합과는 일정한 차이가 난다는 점을 알 수 있다.

한편 大口釜(紅陶釜)와 燕式鬲은 연하도 유지에서만 나타나는 것

---

80) 素沿釜, 弦紋沿釜가 있으며 이들 기물에는 많은 陶文이 있다(『燕下都』, 503쪽).

81) 『燕下都』(上), 522~537쪽.

82) 『燕下都』(上), 555쪽.

83) 『燕下都』(上), 564쪽.

84) 『燕下都』(上), 587쪽.

85) 河北省文物管理處, 「河北易縣燕下都第21號遺址發掘簡報」, 『考古學集刊』, 第2集, 中國社會科學出版社, 1982. 81쪽. 원보고서에는 夾砂紅陶鍑이라고 적었고 3건이 출토되었다(81쪽). 이때 조사 시에 나온 도기는 泥質灰陶가 92%를 점하며 夾砂灰陶, 夾砂紅陶, 泥質紅陶는 비교적 적어서 8%를 점한다. 모두 直繩紋, 斜繩紋으로 장식하였다. 중간에는 抹紋, 劃紋, 弦紋이 있다. 이 甕棺葬에 사용된 도기는 사용 흔적이 있는 것으로 볼 때 생활 용기에 해당된다고 볼 수 있다(71쪽).

86) 河北省文化局文物工作隊, 「燕下都第22號遺址發掘報告」, 『考古』 1965-11. 565쪽. 원 보고서에서는 Ⅰ式 鼎으로 보고되었다(564쪽).

87) 河北省文化局文物工作隊, 「1964-1965年燕下都墓葬發掘報告」, 550쪽.

은 아니다. 容城 유지와 徐水 지역 및 拒馬河 일대에서도 광범하게 나타난다. 따라서 이들은 燕下都 유지를 대표로 하는 연국 문화의 대표적 요소라고 볼 수 있다. 이와 같은 燕式鬲과 大口釜(紅陶釜)는 연하도 이외에서도 보이므로 그 분포 범위에 대해서는 다음 절에서 검토하기로 한다.

② 靑銅禮器와 陶禮器

춘추전국 시기 銅禮器墓의 수장기물은 당시 禮制의 제한으로 인해 器類 조합은 비교적 고정되어 있어 여러 종류의 기물에서 鼎·豆·壺 구성과 같은 기본조합이 구성되었다. 또한 일반적으로 合范 澆鑄이어서 范을 만든 이후 기형이 안정되면 쉽게 변화하지 않는 성질을 갖추고 있다. 단 실제 燕下都의 동예기 묘 자료는 郎井村 31호 한 좌에 불과하다.[88] 이 좌에서는 銅鼎 2건과 銅豆 1건 및 도예기가 출토되었다. 사실 동예기는 燕下都에서 극히 적게 출토되어 그 조합 등을 관찰하기는 매우 어렵지만 이 좌의 도예기 조합은 鼎·豆가 된다고 볼 수 있다.

銅鼎의 형태와 문양을 보면 銅鼎 중 하나는 足腹에 獸面紋, 腹部 상부에 蟠螭紋과 菱形紋 및 四角雲紋으로 구성되었으며, 蓋頂에도 두 줄의 蟠螭紋이 있다. 다른 하나는 타원형으로 環狀耳가 있고 三

---

88) 西貫城 북 9호 거주 유지에서 출토된 동기는 鼎, 豆가 나타나지만 이 것이 예기인지는 확실치 않다. 거주 유지에서 발견된 것은 아마도 실용 기로 사용되었을 가능성이 높다고 봐야 할 것이다(『燕下都』(上), 559쪽). 또한 13호 유지에서도 銅鼎 한 건이 출토되지만 이것만으로 조합 관계 를 볼 수 없으므로 현 단계에서는 아마도 郎井村 31호 동예기 묘장만 을 그 대상으로 삼아야 될 듯하다.

256

角雲紋, 回紋, 絢紋이 있다. 蓋 중앙에는 圓鈕가 있으며 주변에는
세 개의 鳥形鈕가 있다. 銅豆는 蓋가 있고 腹 양변에는 環狀鈕가
있으며 柄足이 높다. 손잡이에는 斜角雲紋과 絢紋 두 줄이 있다.[89]
이 동예기의 기형은 당시의 中原 풍격이 관찰되고 또한 문식 중 蟠
螭紋, 菱形紋 등은 중원적 특색으로 볼 수 있다. 단 絢紋은 중원에
서는 드물게 보이는 북방 지역의 문화요소[90]로 銅鼎, 銅豆에 나타난
다는 점은 유의할 필요가 있다. *[그림 36 참조]*

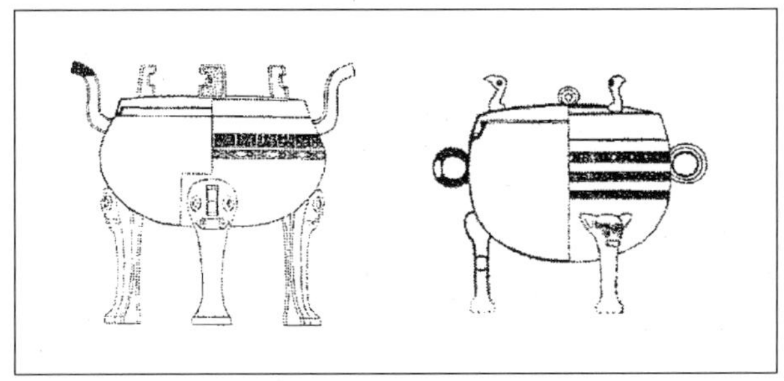

그림 36〉 郎井村 31호 출토 동기

　　銅禮器에 비하여 燕下都 유지에서 보편적이며 전형성을 띤 것은
陶禮器이다. 도예기 묘장은 상대적으로 많다. 이 시기 燕下都에서
나타나는 도예기는 禮器와 생활용기 사이의 중간 교량 역할을 담당
하였을 가능성이 있는데,[91] 이는 일반적으로 예기는 묘장 등에서 주

---

89) 河北省文化局文物工作隊, 「1964－1965年燕下都墓葬發掘報告」, 548~
　　549쪽. 참조.
90) 鄭紹宗, 「唐縣南伏城及北城子出土周代靑銅器」, 18쪽.
91) 陳光, 「東周燕文化分期論(續)」, 18쪽.

로 발견되는데 이 도예기는 묘장뿐 아니라 거주 유지에서도 예기로 보이는 도기가 출토되는 정황으로 본다면 생활용기일 가능성이 높다. 이는 이 시기에 예기에 사용되는 문식이나 기형 등이 일정하게 생활용기로 사용되었을 가능성을 보여 준다.

도예기 묘로는 동예기가 출토된 郎井村 31호, 九女臺 16호 유지, 周仁村 M2호, 解村村 2호, 解村村 동북 3호, 東斗城촌 29호, 辛莊頭 묘지의 30호 대형 묘, 虛粮家 8호 등과 거주 유지에서 생활용기로 사용되었을 것으로 추정되는 도예기의 일종으로는 西沈村 村北 19호 거주 유지, 東沈村 6호 거주 유지[92] 등이 있다.

周仁村 M2의 기물조합은 鼎·豆·壺·盤·匜·尊이 된다.[93] 郎井村 31호는 尊·豆가 된다.[94] 東斗城村 29호에서는 鬲, 鼎, 豆, 壺, 盤, 匜가 출토되었다.[95] *[그림 37 참조]*

92) 『燕下都』(上), 507~509쪽.
93) 鼎, 鉢式豆, 壺式豆, 壺 각각 2건과 盤, 匜, 尊 각 1건이 출토되었다(河北省文化局文物工作隊, 「燕下都遺址外圍發現戰國墓葬群」, 『文物』1965－9).
94) 河北省文化局文物工作隊, 「1964－1965年燕下都墓葬發掘報告」, 549쪽.
95) 河北省文化局文物工作隊, 「1964－1965年燕下都墓葬發掘報告」, 550~553쪽.

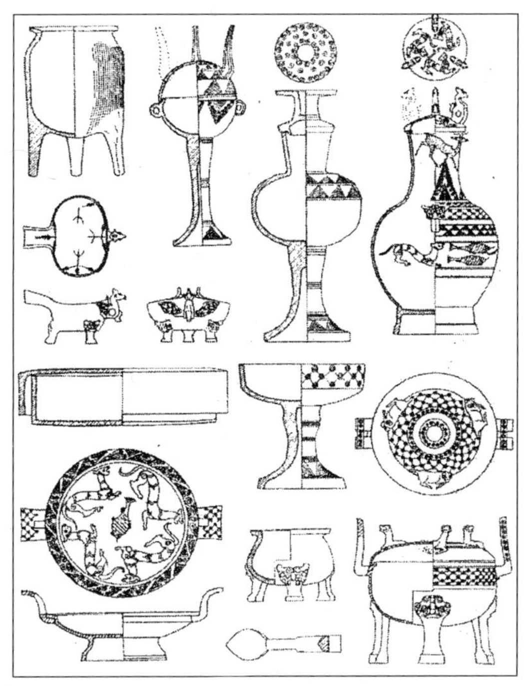

그림 37〉 東斗城 29호 출토 도기

九女臺 16호 묘장에서는 鼎, 豆, 壺, 盤 匜. 鑒, 罐, 簋, 尊, 盨,
盉와 또한 編鐘 등이 출토되었다.[96] *[그림 38 참조]* 전국 만기 대형
묘에 해당되는 辛莊頭 30호 묘장의 도예기 조합은 鼎·簋·豆·壺
·盤·匜·鑒·倉·盆 등이며 이 외에도 編鎛, 甬鍾, 鈕鍾, 編磬 등
이 나왔다.[97] 이상으로 볼 때 연하도 도예기 묘의 도기의 기본조합

---

96) 河北省文化局文物工作隊, 「河北易縣燕下都第十六號墓發掘」, 『考古學
　　報』 1965－2.
97) 『燕下都』, 686～705쪽 참조.

은 鼎·豆·壺·盤·匜가 된다고 볼 수 있다. 이 외에 각각 尊 혹
은 鬲, 簋가 附加 출토되었고, 豆는 鉢式豆와 壺式豆의 두 형태가
존재한다. 이 조합은 시기별로 약간의 차이가 존재한다.

그림 38〉 九女臺 16호 출토 도예기

　　조합 관계 이외에도 기형상으로도 燕下都 예기에서는 일정한 특
징과 변화 과정이 나타난다. 鼎의 경우 鼎蓋상의 三鈕는 匚 형으로
부터 시작하여 점차 三環鈕, 臥獸鈕로 변화하였으며, 三足은 細高가
분명하고 器表는 기하문식이 많다. 豆의 形體는 細高하고 나팔 형
손잡이가 있다. 전국 중기에는 三立柱鈕로 변화하였고 기표는 또한

幾何紋飾이 많다. 壺의 경우에는 壺蓋는 鈕가 없다가 후에 立柱形 혹은 세 개의 禽獸形이 출현하였다. 長頸이며 기표는 생동하는 狩獵紋 혹은 幾何紋飾이 나타난다.

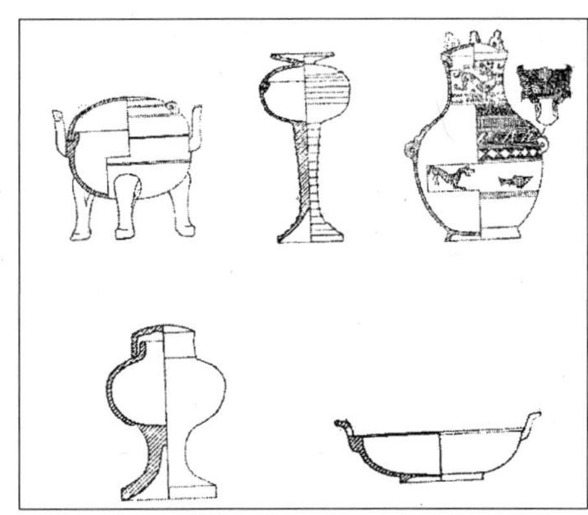

그림 39〉東沈村 6호 출토 도예기

전국 중기 東沈村 6호 거주 유지의 도예기 중 鼎은 束腰의 獸蹄形足이 된다. 壺에는 肩部에 2개의 獸面衝環鋪首이 부착되었고, 頸部 上部에는 虎形紋과 卷雲紋, 腹의 중부에는 虎紋과 魚紋이 있다.[98] *[그림 39 참조]*

解村村 2호 묘에서 출토 鼎耳에는 首尾가 서로 얽힌 蛇紋이 2줄 있다. 扁圓의 뚜껑 위에는 3개의 模製된 臥獸形鈕가 부착되었고 세 개의 臥獸形鈕의 사이에는 雙魚紋, 卷雲紋과 鷺紋이 있다. 또 壺는 腹의 양측에는 獸面 銜環이 있고 頸部 상단에는 달리는 호랑이가 뒤

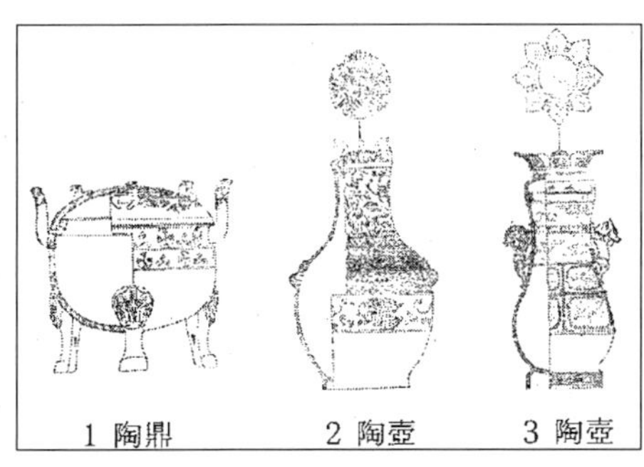

그림 40〉解村村 2호 출토 도예기

돌아보면서 서로 바라보는 문양이 각획되었다. 중부에는 鷺紋이 각획되었고 하부에는 三角卷雲紋이 각획되었으며 최하부에는 虎紋, 魚紋,

---

98) 『燕下都』(上), 499쪽.

鷸紋, 卷雲紋이 각획되어 있다.[99] *[그림 40 참조]*

　辛莊頭 30호 출토의 羞鼎은 蹄足에 뚜껑에는 3개의 臥羊形鈕가 있다. 方鼎은 鳥形柱足이 되고 鳥의 頭部와 雙翹는 주회 처리되었다. 簋는 조형이 매우 특이한데 腹의 양측에는 각각 模制된 獸形 把手가 있다. 두 마리 獸의 구부러져 뒤돌린 머리는 밖을 향하고 넓은 입에 세워진 귀와 치켜 올라간 꼬리 형상이 된다. 方壺도 長頸 좌우 양측에 饕餮鳳頭飾銜環(이미 없어짐) 전후에 각각 模制의 臥虎, 壺는 曲頸回首이며 竪耳, 張口露齒, 翹尾가 된다. 또 盤 1건의 형태는 두 사람이 盤을 받들고 있다.[100] *[그림 41 참조]*

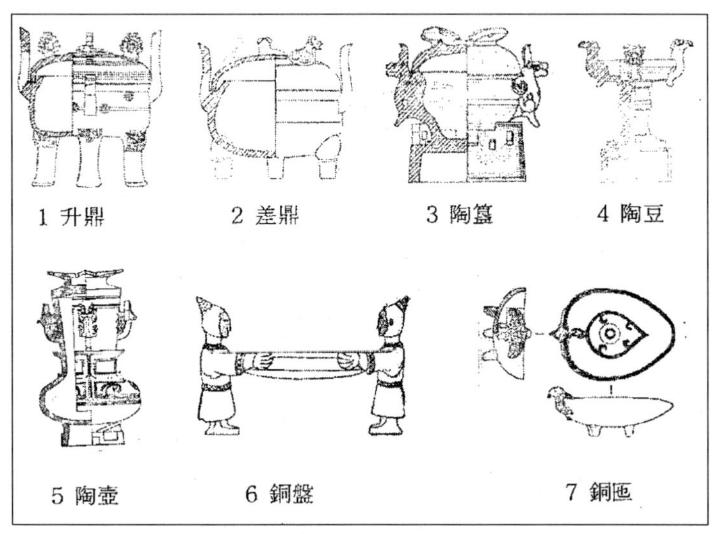

그림 41〉 辛莊頭 30호 출토 도예기

---

99) 『燕下都』(上), 755~767쪽.
100) 『燕下都』(上), 687~699쪽.

262

　　현재 연하도 발굴 정황에 따라 본 연하도의 동예기 묘와 도예기 묘의 출토 정황은 대체로 이와 같다. **[표 4, 5 참조]** 이들 동예기와 도예기는 일반적으로 중원 각국의 풍격과 대체로 일치한다. 이들 예기의 기형은 이와 같이 중원적 특성을 간직하지만 그 문식과 장식은 중원과는 다른 특징인 동물 문양과 동물장식이 다수 나타난다.

〈표 4〉 연산 지역 출토 동예기 묘장 별 정리

지역별 유지	유지명		대표 출토 기물	시기 추정
燕下都	郎井村 31호		銅鼎, 銅豆	춘추 만기~전국 조기?
容城 지역	南陽村		銅壺, 銅鼎, 銅簠	춘추 만기~전국 조기
淶水 지역	永樂		銅壺, 銅敦, 銅豆, 銅匜	전국 시기
北京 일대	延慶 西撥子村 교장 동기		銅鼎, 銅耳環 등	서주 만기~춘추조기
	順義 龍灣屯		鼎, 豆, 簠	전국 중만기
	通縣 中趙甫		鼎, 豆, 匜, 敦	전국 중만기
	豊臺區		銅鼎	전국 만기
5郡 설치 지역	懷來 甘子堡		鼎, 甗, 瓿, 罐, 豆, 壺, 鬲, 釜, 盤, 鍑, 舟, 匜	춘추 만기~전국 조기
	懷來 北辛堡		鼎, 鑒, 豆形器, 壺, 缶	춘추 만기~전국 조기
	喀左 南洞溝		簠	춘추 만기~전국 조기
	三河 大唐迴		簠, 鼎, 豆	전국 조기
	三河 雙村		鼎, 簠, 豆	전국 조기
	唐山 賈各莊	M5	壺(狩獵紋壺)	춘추 만기~전국 조기 전후
		M16	盒, 敦	
		M23	敦, 器耳	
		M18	鼎, 盤, 簠, 壺, 豆, 匜	
		M28	鼎, 豆	
	遷西 大黑汀		鼎, 豆, 甑, 敦, 匜	전국 중기

<표 5> 연산 지역 출토 도예기 묘장별 정리

지역별 유지	유지명	대표 출토 기물		시기 추정
燕下都	郎井村 31호	尊, 豆		춘추 만기~전국 조기 ?
	九女臺 16호	鼎, 豆, 壺, 盤, 匜, 鑒, 罐, 簋, 尊, 缸, 盃		전국조기 만기~전국 중기
	周仁村 M2	鼎, 豆, 壺, 盤, 匜, 尊		춘추전국지제? 전국 조기?
	解村村 2호 묘	鼎, 簋, 豆, 壺, 盤, 匜, 鬲, 罐, 缸		전국 만기
	東斗城村 M29	鬲, 鼎, 豆, 壺, 盤, 匜		전국 중기 만기
	解村 東北 3호			전국 만기
	東沈村 6호 M5	鼎, 豆, 壺, 簋, ……		전국 중기(동북향)
	辛莊頭 30호	鼎, 簋, 豆, 壺, 盤, 匜, 鑒, 甬鍾, 鈕鍾, ,編磬……		전국 만기
	虛粮冢 8호	陶鼎蓋		전국 만기
淶水	淶水 永樂	陶壺, 陶鼎		전국 시기
北京 일대	懷柔 城北	鼎, 豆, 壺, 盤, 匜, 小口壺		전국조기 만기~전국 만기
	昌平 松園	鼎, 豆, 壺, 盤, 匜, 鬲, 缸, 簋		전국 중만기
5郡 설치 지역	喀左 園林	壺, 罐, 鼎, 盆		춘추 시기
	喀左 大城子 眉眼溝	鬲, 鼎, 豆, 壺, 盤		전국 중기
	承德 旗杆溝	鼎, 豆, 壺		전국 조기
	唐山 賈各莊	M8	鼎, 豆	전국 조기의 약간 빠른 단계
		M10	鼎	전국 조기의 약간 느린 단계
		M31	鼎	전국 중기의 빠른 단계
		M23	壺	전국 중기의 빠른 단계
		M32	鼎	전국 중기의 느린 단계
	遷西 大黑汀	鼎, 豆, 壺, 盃, 尊, 罐, 杯, 盂, 匜, 盤		전국 중기

③ 饕餮紋 半瓦當

燕下都 범위 내에서 건축 재료는 종류가 번다하고 문양이 풍부
다채로워서 연문화와 고대건축사를 연구하기 위한 귀중한 자료가 된
다. 건축 재료로는 脊瓦, 半圓形瓦當(半瓦當), 瓦釘, 垂脊筒瓦, 建築
구조물, 磚[101] 등이 있지만 연국의 가장 대표적 재료는 半瓦當으로
연문화의 주된 요소의 하나가 된다. *[그림 42 −3,4 참조]*

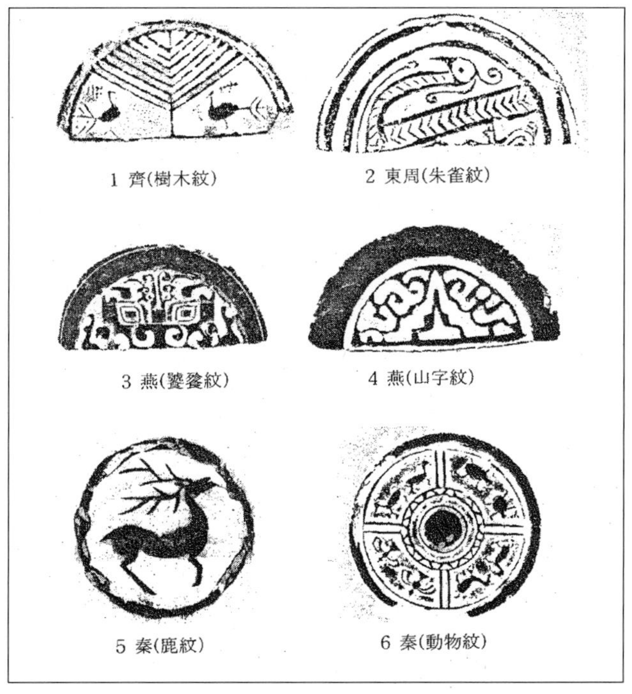

그림 42〉 각국 瓦當

---

101) 『燕下都』(上), 775~800쪽.

半瓦當 혹은 半圓形瓦當은 素面, 饕餮紋, 雙螭雙龍紋, 雙鳥卷雲紋, 雙獸紋, 山雲紋, 樹木卷雲紋, 窗欞紋 등 8가지[102]로 나눌 수 있지만 그중에서도 가장 광범하고 전형적인 것은 바로 饕餮紋 반와당과 獸形紋 반와당이다. 이 饕餮紋은 饕餮을 주제로 하는 것으로 이 도철문은 다시 기타 문양과 배합하여 문양의 변화가 다양화되어 8가지의 종류로까지 나타난다. 卷雲饕餮紋, 雙龍饕餮紋, 三角雙螭饕餮紋, 山形饕餮紋, 獨獸卷雲饕餮紋, 雙狼饕餮紋, 四狼饕餮紋, 三角山形饕餮紋 등이 있다. *[표 6 참조]* 이러한 饕餮紋 이외에 또한 獸形紋 반와당이 있는데 그 종류는 雙螭雙龍紋半瓦當, 雙鳥卷雲紋半瓦當, 雙獸紋半瓦當이 있으며 그중에 雙龍紋과 雙鹿紋이 해당된다. *[표 7 참조]*

<표 6 > 燕下都 出土 饕餮紋半瓦當(표본 출토)

	출토건수	출토지점(표본)
卷雲饕餮紋	18건	東沈村, 西貫城, 武陽臺, 大北城村, 北董村, 郎井村
雙龍饕餮紋	83건	武陽臺村, 8호 거주지, 郎井村, 9호 거주지, 17호 건축 유지 내, 北洞村, 張公臺
三角雙螭饕餮紋	15건	燕下都 유지 내, 武陽臺村
山形饕餮紋	14건	郎井村, 武陽臺村, 22호 작업장 유지 내
獨獸卷雲饕餮紋	1건	郎井村 서쪽
雙狼饕餮紋	1건	17호 건축지 내
四狼饕餮紋	1건	北沈村 남쪽
三角山形饕餮紋	1건	郎井村 남쪽

---

102) 『燕下都』(上), 778쪽.

〈표 7〉 燕下都 出土 獸形紋 半瓦當 (표본출토)

	출토 건수	출토 지점(표본)
雙螭雙龍紋半瓦當	2건	郎井村 남쪽
雙鳥卷雲紋半瓦當	1건	東斗城村 남쪽
雙獸紋半瓦當 雙龍紋	13건	郎井村 남쪽, 郎井村 서북, 東沈村
雙鹿紋	3건	8호거주 유지, 郎井村 남쪽

이상 보이는 燕國 반와당의 문식은 饕餮紋 혹은 獸形紋이 상당 수량 존재한다.[103] 따라서 반와당의 문식은 饕餮紋과 獸形紋이 대표적이며 이는 연문화의 독자적 특징을 이룬다고 볼 수 있다.

춘추전국 시기 각 제후국의 도성에는 규모가 굉대하고 장식이 화려한 궁전을 건축하였다. 秦始皇이 六國을 멸한 후 秦都 咸陽 북쪽에 6국 궁전을 모방한 대형 건축을 수축하였다고 한다.[104] 이는 각 제후국의 궁전 건축이 각자 다른 것을 설명한다. 각 제후국의 궁전 건축 구조는 비록 분명하지는 않지만 각 제후국 궁전 건축상 사용한 와당은 각자 특색을 갖추었다고 한다. 周王室 洛陽의 궁전은 주로 각 식의 卷雲紋의 半瓦當을 사용하였고 韓의 궁전건축에서는 주로 素面半瓦當과 圓瓦當을 사용하였다. 趙의 邯鄲 궁전건축에 사용된 것은 素面圓瓦當 혹은 變形雲紋, 三鹿紋 등의 문식이 도안된 圓瓦當이다. 楚의 궁전은 素面의 半瓦當과 圓瓦當을 사용하였다. 齊는 素面과 樹木雙獸紋, 樹木卷雲紋의 半瓦當을 사용하였고 樹木卷雲

---

103) 이 외에도 山雲紋半瓦當 15건, 樹木卷雲紋半瓦當 2건, 窗櫺紋半瓦當 1건 등이 존재한다(『燕下都』(上), 795~800쪽. 참조).

104) 『史記』 卷6 「秦始皇本紀」 "秦每破諸侯, 寫放其宮室, 作之咸陽北阪上, 南臨渭, 自雍門以東至涇, 渭, 殿屋復道周閣相屬"

紋, 樹木雙夔紋 등 문식의 圓瓦當을 사용하였다. 秦의 궁전은 動物 圖案 혹은 卷雲紋의 圓瓦當을 사용하였으며 소량의 山雲紋 半瓦當 을 사용하였다.[105] 연하도에서 사용한 것은 모두 반와당이며 원와당 은 없다. *[그림 42 참조]*

춘추 시기 이래 점차 쇠락한 饕餮紋은 黼黻紋, 三角形蟬翼紋과 같이 동주 王城, 趙, 韓, 楚, 齊, 秦 등 육국의 건축 재료 중에서 극 히 드물게 보이는 것이다. 일반적으로 饕餮紋은 商代에 매우 유행되 다가 서주 중기 이후 중원에서는 소멸된 문식이라고 볼 수 있다.[106] 단 연국에서는 매우 광범하게 유행되었다는 것은 이 饕餮紋이 연국 의 독자적인 문식 중의 중심요소로 자리 잡게 된 것을 의미한다. 연 국이 반와당만을 사용하고 도철문이 건축의 주제가 된 것은 중원 육 국과는 다른 연국만의 분명한 특징의 하나라고 볼 수 있다. *[그림 12 -1 도철문 참조]*

그런데 이는 遼西 지구에서 饕餮紋이 기원하였다는 것과 관련하 여 이 지역 문화와 모종의 관련이 있을 것으로 추정된다.[107] 이 饕 餮紋 혹 獸形紋은 半瓦當에서만 체현되는 것이 아니라 다른 건축 재료인 鋪首, 銜環 등에서도 보인다. *[그림 43 참조]*

또한 彩繪 처리된 陶禮器의 문식으로 나타나기도 한다. 이린 점은

---

105) 石英士, 「關于燕下都故城宮殿建築幾個問題的探索與研究」, 182쪽 참조.
106) 郭大順, 「從饕餮紋在燕國消失最晩談起(提要)」, 『會議專輯』, 346쪽 참조.
107) 紅山文化에서 이미 도철문의 기원인 수면문식이 인식되었으며 요서에
    서 출현한 하가점하층문화의 채회도기상에서 강렬하게 표현되고 있다.
    이 도철문이 연문화에 광범하게 나타나는 것은 이러한 전통을 보지한
    이 지역 토착 세력의 전통 문화를 존중하면서 당지 토착인을 장악한
    것으로 파악하기도 한다(郭大順, 「從饕餮紋在燕國消失最晩談起(提要)」,
    346쪽).

그림 43〉 鋪首

饕餮紋 혹은 獸形紋이 연국 문화요소의 가장 특징을 이루는 한 요소가 되었다는 것은 분명하다. 이와 같은 광범하게 사용된 饕餮紋이 체현된 饕餮紋 半瓦當 혹은 獸形紋 半瓦當은 연국 문화 요소의 주체 요소가 되어서 이것이 출토된 지역을 연국의 강역으로 볼 수 있을 정도로 연국 문화의 대표적 기물로 볼 수 있다.

2) 燕下都文化의 特徵

① 傳統文化의 繼承
— 燕式鬲과 大口釜(紅陶釜)의 出現 —

燕下都를 중심으로 하여 춘추전국 시기 연국에 있어 가장 광범하게 사용되었던 생활용기인 도기(燕式鬲, 大口釜[紅陶釜, 深腹圜底盆], 折肩尊, 瘦腹罐) 중에서 보다 연국의 독자적인 특징을 보이는 기물은 이른바 燕式鬲과 大口釜(紅陶釜)임을 살펴보았다.

앞서 살펴본 燕式鬲, 大口釜(紅陶釜) 출토 유지는 대체로 燕下都 지역과 拒馬河 일대에서 상당히 광범하게 존재하며 이 지역에서는 비교적 이른 시기부터 전국 만기까지의 변화 과정을 살펴볼 수 있다. 따라서 이들 기물은 이곳에서는 춘추 중기부터 전국 만기까지 주된 실용 기물의 하나였음을 알 수 있다. 더욱이 燕下都 13호 춘추 시기 유지와 徐水 大馬各莊 春秋墓의 경우는 燕式鬲의 雛形을 살펴볼 수 있다는 점에서 燕式鬲의 발생 가능성을 시사하고, 拒馬河 일대의 鎭江營과 塔照 유지에서 보이는 紅陶釜의 발생 과정은 紅陶釜가 易水 인근과 拒馬河 일대 등 이 지역에서 발생하였을 가능성을 시사한다.

첫째, 鬲은 서주 초기부터 시작하여 전국 만기까지 그 변화 과정을 여실하게 볼 수 있는데 연국 경내에서는 商代까지는 高領鬲과 商末부터 西周 중만기까지 張家園上層文化의 筒腹鬲의 전통이 존재하였음은 이미 1절에서 분석한 바 있다. 실제 鬲은 서주 초기로부터 개시되어 夾砂灰陶와 夾砂紅陶의 두 계통이 독립 발전하는데 燕下都에서 나타나는 鬲은 夾砂灰陶鬲과 夾砂紅陶鬲이 일정하게 존재하고 있다. 춘추 시기에 이르면 鬲의 전 기형이 扁長方形을 띠고 三足이 소실되는 현상이 나타나 三足에 手制의 鬲足을 붙이는 정황이 출현하였고 이런 附加鬲足은 전국 만기까지 연속되기에 이른다.[108]

---

108) 夾砂灰陶鬲은 변화가 매우 복잡하여 완정 기물은 적지만 총 변화추세는 분명하다. 서주 초중기에 鬲의 整體는 竪長方形이며 襠은 비교적 높으며 袋足 아래에는 비교적 짧은 實足이 있다. 서주 만기에는 鬲의 정체는 扁長方形을 띠며 平襠이며 삼족은 아직 완전히 실족하지 않았고 腹의 최대 직경은 하부에 있었다. 춘추 시기에 이르면 력의 정체는 扁長方形을 띠고 鼓腹이며 삼족은 소실되었다. 아직 전국시기의 완정기가 발견되지 않았지만 춘추 시기의 력과 차이가 많지 않았다. 夾砂紅陶鬲은 완정 기물은 극히 적지만 단 그 변화추세도 비교적 명료하여 서주 초중기에 력의 정체는 竪長方形을 띠고 襠은 비교적 높고 비교적 높은 三實足이 있다. 서주 만기에 襠은 平平에 가깝고 전 기형도 扁長方形으로 발전하여 일부 三實足이 있는 것을 제외하면 대다수의 족은 뾰족하고 弧狀을 띠며 器身은 비교적 거친 細繩紋으로 장식하였다. 春秋時期에 이르면 전 기형은 扁長方形을 띠고 아울러 三足

270

둘째, 釜는 西周 만기 夾砂紅陶鬲의 三足이 소실될 때 출현한 것으로 夾砂紅陶鬲의 변화로부터 나온 새로운 기형이다. 곧장 春秋 시기에 이르러 夾砂紅陶鬲이 折沿束頸하는 특징을 갖추고 있었다. 춘추 조기 釜는 底部에 또한 三足 퇴화 후의 흔적이 있은즉 底部는 바로 圓角三角形狀을 띤다. 戰國 시기에 이르면 釜는 夾砂紅陶鬲과 명료하게 구별된다. 夾砂紅陶鬲은 모두 折沿束頸이 되며 口沿과 器身의 頸部의 교각은 모두 90°보다 작고 釜는 모두 折沿直頸의 형상으로 口沿과 頸部의 交角은 일반적으로 90°보다 크다. 전국 조기에서 전국 중기에 이르면 釜의 복부는 모두 밖을 향하여 약간 튀어나온 弧腹狀을 띠며 圓底가 된다. 전국 만기 釜의 腹部는 모두 안으로 비스듬히 들어오고(斜收) 圓底가 되며 沿面은 밖으로 꺾어지고 위로 치켜 올라갔으며 위로 꺾어진 곳에는 왕왕 한 줄의 凹弦紋이 있다.[109] *[그림 31, 34, 35 참조]*

燕式鬲은 春秋 조기에 새로이 출현한 기형으로 연국 독자적 기형이다. 춘추 시기 燕式鬲의 肩部에는 모두 약간의 돌기가 생겨나고 鼓腹, 圓底이다. 戰國 조중기에 肩部의 돌기는 소실되고 鼓腹, 圓底이다. 전국 만기에 器身의 腹壁은 밖으로 넓어지고 복부 최대 직경은 底部에 가깝고 平底는 抹角三角形을 띤다. 조만에 관계없이 三足은 모두 手製이며 나중에 기저에 붙였다.[110]

이 소실되었기 때문에 쉽게 안정되지 않아 三足에 手制의 鬲足을 붙이는 정황이 출현하였다. 이런 附加鬲足은 곧장 전국 만기까지 연속한다. 이 시기의 夾砂紅陶鬲은 器身과 附加鬲足은 모두 粗繩紋으로 장식하였다(『燕下都』(上), 869쪽).

109) 『燕下都』(上), 869쪽.
110) 『燕下都』(上), 869쪽.

이처럼 실제 大口釜(紅陶釜)는 물론 燕式鬲도 모두 鬲의 변화 과정에서 발생한 것이다. 燕式鬲은 초기에 徐水 大馬各莊 묘장에서 보이듯 鬲의 上部는 灰陶鬲의 형태를 띠고 세 개의 袋足 아래는 粗壯한 柱形足跟을 붙였고 기표의 繩紋 역시 灰陶鬲의 풍격을 띤다. 灰陶鬲의 형태는 扁方體를 이루고 折沿, 鼓腹이 되며 三袋足은 매우 작은 尖脚으로 변한 것을 목격할 수 있다. 이 외 襠部는 平直底 矮하고 繩紋은 비교적 가늘다.[111] 이후 燕式鬲은 長方體를 띠고 紅陶가 증가함에 따라 燕式鬲과 大口釜(紅陶釜)는 점차 紅陶를 전유하게 되고 기타 나머지 기물은 灰陶를 사용하였다.[112]

그런데 이 燕式鬲과 大口釜(紅陶釜)에서 주목해야 될 부분은 이들이 바로 서주 시기에 광범하게 이 지역에 새로이 존재한 袋足鬲과 그 이전부터 이 지역의 문화적 전통을 확립하였던 張家園上層文化의 筒腹鬲의 전통과 일정하게 맞물려 있다는 점이다. 燕式鬲과 大口釜(紅陶釜)의 변화 과정을 볼 때 西周 시기 연국 경내에 나타나는 袋足鬲의 영향을 매우 강렬하게 받았음을 목격할 수 있다.[113] 단 張家園上層文化 筒腹鬲의 전통이 일정하게 융합되어 나타난다[114]는

---

111) 徐水 大馬各莊 M3, M7, M23, M26, M28, M32에서 보인다(陳光, 「東周燕文化分期論」, 11쪽).
112) 陳光, 「東周燕文化分期論」, 8쪽 참조.
113) 陳光, 「東周燕文化分期論」, 8쪽.
114) 서주 시기 유존 중 炭山 G1과 H2 중 절대 다수를 점한 夾云母 도기는 가장 풍부한 지방성 특징을 가진 유존으로 이는 서주 시기의 지방성 유존이다. 이는 周人이 가져온 것도, 商人이 남긴 것도 아니며 부위 3기 유존 중 생겨난 것으로, 아울러 북방청동 문화요소를 융합한 것이다. 그것이 춘추 전국 시기의 소위 燕式鬲과 질지, 문식, 형태 등의 방면에서 모종의 연계성이 있는 것으로부터 이로 인해 서주 시기

272

점에 유의할 필요가 있다. 실제 拒馬河 일대 및 燕下都 지역, 容城 지역 등지는 西周 姬燕文化에는 유리되지만 筒腹鬲의 전통을 가진 張家園上層文化 세력이 매우 광범하게 존재한다는 것을 살펴보았다. 이 燕式鬲과 大口釜(紅陶釜) 등은 筒腹鬲의 전통에서 長方體 혹 扁方體와 같은 筒腹 혹은 筒形의 모습을 쉽사리 찾아볼 수 있다.

그러나 문화의 발전은 새 문화 요소의 도입 없이는 불가능하며 이 두 새로운 기형 특히 大口釜(紅陶釜)는 상말주초 상유민의 無足根 혹은 矮肥의 袋足鬲이 筒腹鬲과 결합되면서 새로운 기물의 형태를 형성해 낸 것으로 추정할 수 있다. 실제 徐水 大馬各莊 M28:1, M27:1의 춘추 중기에 해당하는 大口釜(紅陶釜)의 형태와 鎭江營과 塔照 유지의 서주 만기에서 춘추 조기에 해당되는 大口釜(紅陶釜)의 형태를 본다면 그것이 無足根 袋足鬲으로부터 연유된다는 것을 쉽사리 알아볼 수 있을 것이다. 따라서 筒腹鬲과 袋足鬲의 제조 과정의 차이점이 전자는 袋足을 모방하여 鬲을 만드는 방식을 채택하였다면, 矮肥 혹은 無足根 袋足鬲은 筒改鬲의 방식을 사용하다가 이후 釜改鬲의 방식을 채택한 점은 이후 춘추전국 시기 勾沿의 大口釜(紅陶釜)를 만들도록 유도하는 계기가 되었다는 지적[115]은 바로 이 변화 과정을 비교적 정확하게 밝혀 준다고 볼 수 있다.

이상에서 본다면 이른바 大口釜(紅陶釜)와 燕式鬲은 모두 張家園 上層文化의 筒腹鬲과 서주 시기 연국 경내에서 유행한 矮肥 혹은

토착 세력의 물질문화일 가능성이 높다고 보고하고 있다. 그런데 유리하 서주묘에서는 이 문화가 결핍되어 토착 문화가 서주연 문화에 유리되고 자기의 문화전통을 간직함을 의미한다고 지적하였다(拒馬河考古隊, 「河北易縣淶水古遺址試掘報告」, 『考古學報』 1988-4).

115) 『鎭江營與塔照』(上), 424쪽 참조.

無足根 袋足鬲의 전통이 맞물려서 생산해 낸 새로운 기물이었다고 인정할 수 있을 것이다. 拒馬河 일대는 房山區 琉璃河 일대와 함께 연국 중심 세력 범위에 해당된다. 燕下都와 徐水, 容城 지역 역시 연국의 경내에 포함되어 이들 문화가 공존하였을 가능성이 매우 높다고 볼 수 있다. 張家園上層文化와 새로운 상유민의 문화인 矮肥 혹은 無足根 袋足鬲의 공존 비율이 높게 나타나는 지역이었을 가능성이 높기 때문에 이 지역에서 燕式鬲과 紅陶釜의 雛型이 형성되었던 것은 어쩌면 당연스러운 것일지도 모른다. 자료가 제한되어 있긴 하지만 燕式鬲과 大口釜(紅陶釜)의 원형은 永定河 이남 지역에서 찾아볼 수 있고 이는 연국의 독자적 기물이었다는 것은 틀림이 없을 것이다.

이와 같이 燕式鬲과 大口釜(紅陶釜)는 춘추전국 시기 그 스스로의 발전 과정을 겪고 자체의 계보 관계를 갖추고 있다는 점과 이 지역의 토착기물로 존재한 張家園上層文化의 筒腹鬲과 상말주초 이 지역에 유입된 矮肥 혹은 無足根 袋足鬲의 전통이 일정하게 융합되면서 새로운 형태의 기물이 출현한 것이라고 볼 수 있다. 이러한 기물은 바로 연산 지역 연국 경내에서의 전통을 담보하면서 새롭게 지역 문화를 계승한 것으로 규정지을 수 있을 것이다.

그런데 한 가지 주목해야 할 부분이 있다. 비록 서주 시기 연국의 주체 세력에게 배제되었던 張家園上層文化의 筒腹鬲이 無足根 袋足鬲과 결합되면서 출현한 이 새로운 기물은 연국 경내에서 가장 전형적 기물의 하나가 되었다는 점이다. 즉 이전 시기의 연국 주체 세력의 문화와 張家園上層文化가 격리된 채 공존하였던 현상이 일정 부분 해소되었음을 의미한다고 볼 수는 없을까? 張家園上層文化의 附

加堆紋이 있는 高領筒腹鬲이 琉璃河遺址에서는 나타나지만 묘장구에서는 배제되었던 현상과는 달리 이 두 새로운 기형은 유지뿐 아니라 묘장 중에서 나타난다는 것116), 더욱이 燕下都, 容城 지역 등 궁성 유지와 관련 있는 연국 주체 세력의 유지 및 묘장구에서도 보이며, 시기가 내려올수록 광범하게 사용되었다는 점은 바로 서주 시기 姬燕文化의 주체 세력이 배제하였던 세력의 문화를 이 시기에 오면 융합 과정을 통해 점차 수용하게 되었음을 시사할 것이다. 더욱이 연국의 세력 범위가 확대되어 가는 과정에서 燕式鬲, 大口釜(紅陶釜) 등도 북경 일대와 5郡 지역으로 확대되는 현상을 볼 수 있다(후술). 이는 결국 永定河 이남의 연국 중심 지역에서 발생하였던 燕式鬲이 연국의 세력 확대에 따라 확대되는 형상을 띤다고 할 수 있을 것이다.

② 北方 文化요소의 受容
― 動物紋樣과 動物形 裝飾의 登場 ―

燕下都 문화의 대표 기물의 하나인 半瓦當 중 가장 두드러진 문양은 바로 饕餮紋과 獸形紋이었다. 그런데 饕餮紋과 獸形紋은 半瓦當 이외의 연국 기물에도 체현된다. 이미 앞에서 보았듯이 연하도의 동예기 묘와 도예기 묘 및 武陽臺 등 궁성 유지에서 광범위하게 유행117)한 동물 문양과 동물형 장식은 매우 독특한 색채를 간직하고 있으며 연국 기물의 특징으로 볼 수 있다. 대체로 이들은 虎紋과 鹿紋, 狼紋, 熊形紋, 魚紋 및 鳥紋, 饕餮紋, 禽獸紋 등으로 매우 독특

---

116) 燕式鬲은 유지와 묘장에서 모두 두루 보이며 紅陶釜의 경우에는 묘장에서 많이 보이지만 유지에서도 출토되고 있다.
117) 趙化成, 앞글, 222쪽.

하며 생동감이 넘쳐흐른다.

그런데 이들 동물 문양 중에서는 각각 이들 지역 문화를 일정하게 반영하는 요소들을 찾아볼 수 있다. 많은 동물 문양 중 대표적인 동물 문양의 하나는 바로 **虎形紋**으로 문양과 장식 등에서 매우 광범하고 두드러지게 나타난다. 回首翹尾의 달리는 형상의 虎紋이 주종을 이루고 있으며 이와 비슷한 형상으로는 3마리의 고개를 들고 꼬리를 올리고 달리는 鹿形 도안이 있다.[118] 이런 猛獸와 야생동물의 달리는 모습은 매우 박진감 넘치고 사실적이어서 당시 북방 지역의 수렵 문화와 일정한 관련이 있을 것으로 추정할 수 있다. 熊形紋과 狼紋 등도 수렵경제생활을 반영하는 것으로 볼 수 있을 것이다.

다음으로 나타나는 연국 문양의 특징 중 하나는 바로 鳥首紋 혹은 鳥獸紋으로 이 역시 문양뿐 아니라 장식, 기형 등에서 많이 체현된다. 燕下都 西貫城 북쪽 전국 만기 거주 유지의 盤에 獸鳥紋이 각획되었고,[119] 解村村 동북 2호 묘 출토의 升鼎의 蓋에도 鷺鷥紋이 있으며[120] 또 高柄帶蓋豆의 뚜껑에 飛鳥紋과 鷺鷥紋이 각획되어 있다.[121] *[그림 40 참조]* 九女臺 묘구 16호 묘장의 Ⅱ식 圓壺의 蓋面은 대칭의 4개의 鳥形鈕가 있고,[122] 銅匜는 비록 부서졌으나 飛鳳狀의 손잡이가 있다.[123] *[그림 38 참조]* 또 辛莊頭 묘지 30호 묘의 Ⅳ식 方鼎의 4足은 鳥形柱足이 되며[124] 또 Ⅵ식의 腹部 양측은 각

---

118) 『燕下都』(上), 506~507쪽.
119) 『燕下都』(上), 589쪽.
120) 『燕下都』(上), 755쪽.(그림은 758~759쪽에 있음)
121) 『燕下都』(上), 761~763쪽.
122) 河北省文化局文物工作隊, 「河北易縣燕下都第十六號墓發掘」, 86쪽.
123) 河北省文化局文物工作隊, 「河北易縣燕下都第十六號墓發掘」, 87쪽.

276

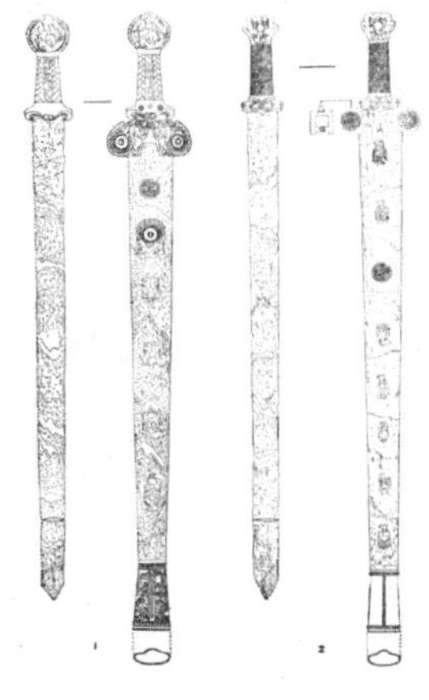

그림 44〉 辛莊頭 30호
金柄鐵劍

각 翹獸形 손잡이를 부착하였다. 이 외에도 Ⅱ식 方壺의 長頸의 좌우 양측에 饕餮 鳳頭飾銜環(이미 없어짐) 전후에 각각 模制의 臥虎가 있다. 이 壺 역시 曲頸回首의 형태이며 竪耳, 張口露齒, 翹尾이다.[125] 또 匜 1건은 飛鳳形 把手가 있으며[126] 鳳首飾이 있고[127] 編鐘에도 鳳首飾이 있다.[128] Ⅱ식 金柄鐵劍의 劍首에는 원형의 鳥가 있다.[129] 이 외에도 羊首鳥啄形飾[130] 및 玉鳥도 있다.[131] *[그림 41 , 44 참조]*

궁전 유지인 老姆臺의 銅鋪首 1건은 龍, 鳳, 蛇, 饕餮의 銜環이 있는데 이런 銅鋪首狀의 조형은 浮雕와 透雕가 결합한 방식의 공예로 동물과 날짐승이 생동적으로 조형된 것으로 정치하며 예술 풍격은 상당히 엄격함을 알 수 있다.[132] 이 외에도 燕子村에서 채집된 Ⅰ식 陶壺에 水鳥紋이 있다. Ⅲ식도 水鳥紋이 있다.[133] 郎井村의 31호 유지[134]에

---

124)『燕下都』(上), 690～691쪽.
125)『燕下都』(上), 693쪽.
126)『燕下都』(上), 695쪽.(699쪽에 그림 있음)
127)『燕下都』(上), 699쪽.
128)『燕下都』(上), 699～701쪽.
129)『燕下都』(上), 710쪽. 참조.
130)『燕下都』(上), 719～720쪽.
131)『燕下都』(上), 728쪽.
132)『燕下都』(上), 733～734쪽.
133)『燕下都』(上), 801쪽.

서 나온 Ⅰ式 銅鼎의 蓋에는 세 마리 鳥形鈕가 있다.135) *[그림 36
참조]* 또 東斗城 29호 유지의 陶壺의 蓋에는 세 개의 立鳥形鈕가
있고 陶匜의 손잡이는 鳥形이다.136) *[그림 37 참조]* 虛粮冢 묘구 중
8호 묘의 玉器 중 보이는 雙鳳連體透雕飾, 雙雛鳳連尾透雕飾, 變形
鳳透雕飾137) 등등 모두 열거할 수 없을 정도로 많은 수량이 있다.
이런 動物 문양과 鳥獸 문양은 수렵 문화와 일정한 관련이 있을 것
으로 추정된다. 더욱이 이런 달리는 동물 문양과 함께 郎井村에서
채집한 Ⅱ式 陶壺에서 보이는 사냥꾼이 창을 가지고 虎를 찌르고
화살로 새를 쏘는 장면 등138)은 이러한 동물 문양이 수렵 문화와 매
우 밀접한 관련을 맺고 있음을 시사한다.

이상과 같은 수렵 문화와 관련된 동물 이외에도 연국 문양 특징
의 하나는 바로 魚紋이다. 魚紋은 이를 虎形紋, 鳥首紋과 함께 나타
나는 경우가 많고,139) 특히 鷺鷥紋과 함께 나타나는 경우가 많으
며,140) 이는 중원에도 반영되는 추세라고 볼 수 있다.

---

134) 河北省文化局文物工作隊, 「1964－1965年燕下都墓葬發掘報告」 참조.
135) 河北省文化局文物工作隊, 「1964－1965年燕下都墓葬發掘報告」, 548쪽.
136) 河北省文化局文物工作隊, 「1964－1965年燕下都墓葬發掘報告」, 548쪽.
137) 『燕下都』(上), 679쪽.
138) 『燕下都』(上), 801쪽.
139) 西貫城 北 9호 거주지에서 나온 Ⅰ식 陶壺도 3마리의 뒤돌아보면서
    서로 바라보며 도망가는 모양의 虎形紋이 있다. 또 Ⅴ식 陶尊에서도
    이와 유사한 도망가는 모양의 호형문과 서로 대칭되는 魚紋이 각획되
    었다. 이 유지의 전국 만기에 해당하는 盤에서도 魚紋과 獸鳥紋이 각
    획되었다(『燕下都』(上), 556~589쪽).
140) 解村村 동북 2호 묘의 升鼎의 耳의 측면은 首尾가 서로 얽힌 蛇紋이
    2조 있고, 蓋에는 雙魚紋, 卷雲紋과 鷺鷥紋과 사이에 있다(『燕下都』
    (上), 755~759쪽). 高柄帶蓋豆의 뚜껑에 飛鳥紋이 있고 陶壺의 경부의

278

세 번째 문양의 특징은 바로 羊, 牛, 犬 등 유목 문화를 반영하는 동물의 등장이다. 九女臺 묘지의 16호 묘장의 I식 銅罐의 肩部 양측에는 獸面銜環의 獸面은 羊首狀이 되며,[141] 虛粮冢 묘구 8호 묘의 銅飾件 중에는 長方形臥犬車件[142]이 보인다. 또 辛莊頭 30호 묘에서 나온 羞鼎 뚜껑에는 3개의 臥羊形鈕가 있고,[143] Ⅱ식 金柄鐵劍의 劍首에 臥羊의 부조 문양과 羊頭의 부조 문양도 있다.[144] 또 출토된 金器의 長方形飾 중 I식은 가운데에 소머리를 장식하였고 소뿔 양측은 각각 머리를 들고 몸을 구부린 괴물이 있다. 소머리 하부의 정중앙에는 누운 雙馬가 있고 雙馬의 좌우 양측은 괴수가 장식되었고, Ⅱ식은 上部에 雙馬가, 雙馬의 양측에는 또한 괴수가 있다.[145] 帶孔半球形飾에는 馬, 羊 등 동물이 장식되었고, 半球形浮雕飾에서는 말을 부조하였다. 말은 長頸, 低首, 竪耳, 張口이며 앞발은 복부보다 彎曲하며 뒷발은 머리까지 높이 쳐들어져 있다. 주위에는 말, 소, 개가 부조되었다. 扁圓形式도 羊首 문양이 있고,[146] 桃形飾은 4건으로 상단의 정중앙은 牛頭形 문양이며, 아래 양측은 雙馬紋이다.[147] *[그림 45 참조]*

상단에는 뛰는 호랑이가 回首하여 相望하는 것이 각획되어 있으며 중간에는 鷺鷥紋이 각획되었고 하부에는 三角卷雲紋이 각획되어 있고 최하부에는 虎紋, 魚紋, 鷺鷥紋, 卷雲紋이 각획되어 있다(『燕下都』(上), 761~763쪽).

141) 河北省文化局文物工作隊, 「河北易縣燕下都第十六號墓發掘」, 87쪽.

142) 『燕下都』(上), 669쪽. 670~671쪽. 그림 참조.

143) 『燕下都』(上), 687~690쪽 참조.

144) 『燕下都』(上), 710쪽. 참조.

145) 『燕下都』(上), 715쪽.

146) 『燕下都』(上), 717쪽.

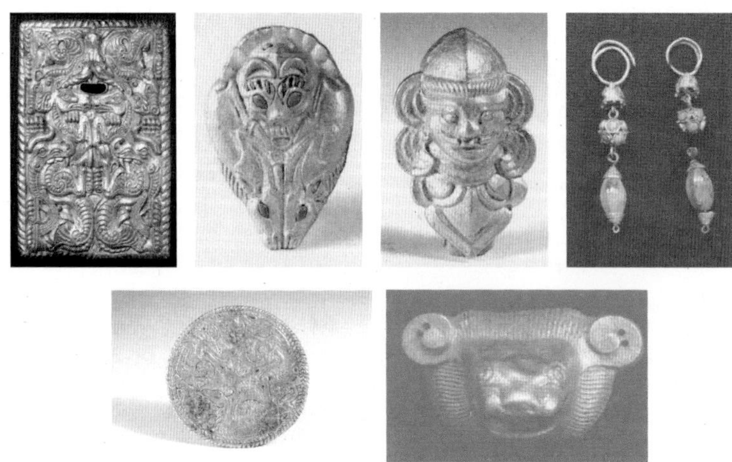

그림 45〉 신장두 30호 묘장 金飾

    이 외에도 熊羊浮雕飾과 頭像飾 9건, 牛頭飾 1건, 羊首鳥喙形飾 2건 등[148]이 있으며, 銀器의 長方形飾 중 Ⅱ식은 雙馬 문양이 있고, 雙馬는 兩首는 서로 대치하고 竪耳이며 彎頸이며 누운 형태이다.[149] *[그림 45 참조]* 또 解村村 東北 3호 묘에서 나온 鼎蓋에도 3개의 臥羊形鈕가 있다.[150] 또 東斗城 동남에 위치한 전국 조기 묘에 해당되는 29호 유지의 Ⅱ式 陶鼎 뚜껑에는 三羊形鈕가 부착되어 있다.[151] 이런 종류의 동물 문양은 아마도 당시 이 지역 경제체제와

---

147) 『燕下都』(上), 717쪽.

148) 『燕下都』(上), 719~720쪽.

149) 『燕下都』(上), 723쪽.

150) 『燕下都』(上), 768쪽.

151) 河北省文化局文物工作隊, 「1964-1965年燕下都墓葬發掘報告」, 551쪽. (552쪽 그림 참조).

일정한 관련이 있었을 유목 문화의 전통에서 나온 것으로 추정되며 혹은 북방 초원 유목 문화의 영향을 받았기 때문일 것으로 보인다.

네 번째 특징은 바로 饕餮紋, 혹은 獸面紋, 獸首紋 혹은 雙龍紋 등으로 나타나는 연국 기물의 특징이다. 이는 여러 기물에서 골고루 보인다. 이런 문양은 궁성건축 재료인 半瓦當에서 가장 두드러지게 나타나고 궁성 건축장식물의 하나인 銜環에서도 獸面紋銜環이 상당히 발견되었다. 銅, 陶禮器와 각종 장식물에서도 광범하게 보인다. 특히 獸面, 饕餮紋의 鼎足은 열거할 필요조차 없을 정도로 가장 일반적인 형태를 이룬다.

이상 네 가지의 가장 대표적인 동물 문양, 鳥首 문양 혹은 獸面 문양에서 수렵, 어렵, 유목적 속성을 파악할 수 있다. 이 외에도 이와 관련된 도안으로는 蛇紋, 兔首器耳 및 象形[152] 등도 있다. 이러한 문양과 장식에서 보이는 지역성은 수렵과 유목 경제 위주의 초원 문화적 성향을 강렬하게 찾아볼 수 있으며, 이는 당연히 북방의 전형적인 요소라고 인정할 수 있을 것이다. 특히 辛莊頭 30호 묘에서 출토된 1건의 圓形飾은 세 마리의 曲頸의 머리를 든, 短尾의 臥駝[153]는 이를 더욱 증명해 준다고 볼 수 있다. *[그림 45 참조]*

이러한 문양은 서주 시기 연국의 姬燕文化에서는 결코 볼 수 없

---

152) 九女臺 묘지의 16호 묘장의 II식 동관의 견부 양측에 兔首器耳가 있다. 또 IV식 두의 豆盤의 좌우 양측은 象首鐶耳가 있고 전후 각각 하나의 象鼻形鈕가 있다(河北省文化局文物工作隊, 「河北易縣燕下都第十六號墓發掘」, 『考古學報』 1965-2. 85~87쪽). 이 象首는 이 지역에서는 매우 드문 예로 아마도 남방 지역과의 교류의 산물이거나 혹은 전리품일 가능성도 배제할 수 없다.

153) 낙타의 귀안에는 綠松石이 상감되어 있다. 『燕下都』, 715쪽.

었던 특징이다. 기원을 달리하였을 이런 면모는 분명 북방 초원 문화 유목민족의 문화와 일정한 관련이 있을 것이다.

한편 獸首紋 혹은 獸面紋으로 불리는 饕餮紋 문양154)은 다음과 같은 점이 주목된다. 첫째, 商代 동기에서 대량적으로 도철문을 사용하기 전인 先商시대에 燕山 남북 長城 지대에 분포한 夏家店下層文化의 彩繪 도기상에 饕餮紋을 대표로 하는 각종 유형의 동기 문식으로 출현하였다. 둘째, 紅山文化에 이미 饕餮紋 기원과 유관한 獸面紋飾이 출현하였다. 셋째, 彩繪陶가 遼西에서 출현한 것이 비교적 빠르다. 이상으로 饕餮紋은 燕山 남북 지구에서 출현이 비교적 빠르고 또 소실이 늦은 현상은 바로 이와 같은 문화의 연원 관계로부터 나온 것으로 당지의 전통 문화가 연문화 형성의 기초가 되었음을 시사하는 것이다.155) 半瓦當에서 보이는 獨獸紋, 雙龍紋, 鹿山紋, 雙鳥紋, 雙獸紋, 獨獸卷雲饕餮紋, 四狼饕餮紋 등은 모두 북방 초원 문화의 영향을 받아서 출현한 새로운 문양의 도안으로 인식할 수 있다.156)

또 大甸子 묘장에서 보이는 饕餮紋 혹은 獸首紋의 彩繪陶는 바로 夏家店下層文化의 제사 유지에서 일반적으로 보이는 것으로 연국 묘장에서 보이는 饕餮紋 彩繪陶는 이와 모종의 연관 관계도 존

---

154) 도철문은 方目, 巨口, 企狼으로 눈썹을 삼고 二鳥로써 眉毛를 삼았다. 商周동기 도안 중 饕餮, 虁, 蝸, 虒 등은 모두 용의 변종으로 이해하였다(傅振倫, 「漫話燕下都瓦當文」, 『中國歷史博物館館刊』 1995－2기. 17쪽).
155) 郭大順, 「從饕餮紋在燕國消失最晚談起(提要)」, 346쪽.
156) 石英土, 「關于燕下都故城宮殿建築幾個問題的探索與硏究」, 『文物春秋』 1992年 增刊報. 71쪽.

재할 가능성이 있을 것이다. 더욱이 이는 이후 연국에서 매우 확대된 형태로 각종 饕餮紋과 獸首紋이 彩繪陶에서뿐 아니라 각획되거나 기물의 장식 혹은 半瓦當의 문양으로까지 확대된 것은 아마도 遼西 지역에서 기원을 둔 문화를 일정하게 수용하였음을 시사한다.

따라서 연국 燕下都 문화에서 보이는 동물 문양과 동물장식 및 饕餮紋 등은 바로 연국 문화의 특징이 연국의 북방에 있던 북방 세력의 문화에서 매우 광범하게 수용하였음을 의미할 것이다. 이런 특징 이외에도 絢紋, 結紐繩索紋 등 북방식으로 인정되는 문양과 車馬器 혹은 兵器에서 보이는 북방 요소 등은 바로 춘추전국 시기 연국 문화의 한 부분은 바로 북방적 색채가 강렬하게 나타난다는 점으로 연결될 것이다.

③ 中原 禮制로의 編入
― 銅, 陶禮器의 出現 ―

서주 시기 중원의 대제후국 연국은 수많은 靑銅禮器를 보유하고 있었다. 그러나 서주 중기 이후 연국에서는 일정 기간 동안 청동예기가 출토되지 않았다. 춘추전국 시기에 들어서면서부터 燕國은 다시 춘추 중기 이후부터 전국 만기까지,[157] 수적으로는 비교적 적지만 中原 계통에 속하는 禮器를 갖추게 된다. 연국 예기는 몇 가지 특징을 갖추고 있는데 우선 기형과 조합 등은 당시 중원 각 제후국의 동기와 비슷한 점이 많아 당시 중원의 예기와 동질성을 갖는다는 점이다.

앞에서 이미 고찰한 바와 같이 춘추전국 시기 연국 예기의 종류

---

157) 裴明相,「從燕下都的陶器談起―論燕文化的淵源」,『會議專輯』, 288쪽.

는 鼎, 豆, 壺, 盤, 匜, 敦 등이며 중원 지구의 기류, 조합, 조형과 문식상에서 모두 매우 큰 일치성이 있으면서도[158] 연국 독자적 풍격을 이루고 있다. 연국 동예기의 조합은 각 시기마다 일정한 차이가 있지만 대체로 鼎·豆·壺의 조합을 이룬다는 것을 지적하였다. 또 연하도 도예기 묘의 기본조합은 鼎·豆·壺(盤匜)가 된다.[159] 이러한 조합은 당시 중원 각국에서 鼎·豆·壺·盤·匜를 기본 조합으로 하는 것과 일치한다고 볼 수 있다.[160]

문양 방면에서도 중원 지구와 많은 일치성이 보인다. 명료한 지역 특징을 보이는 동물 문양 이외의 것은 대부분 중원 지구에서 연원하는 것으로 蟠螭紋, 蟠虺紋, 鉤連雷紋, 菱形紋, 三角雲紋 등은 중원의 풍격이 되며,[161] 문양의 製法은 模印과 彩繪의 방법을 사용하여 중원 지구의 방식을 많이 연용하였음을 알 수 있다.[162]

---

158) 李先登, 「燕國靑銅器的初步硏究」, 『會議專輯』, 309쪽. 裵明相은 壽縣 蔡侯墓, 楚墓, 新陽 楚墓, 易縣 燕下都, 長治 分水岺 전국묘 등지에서 모두 보인다고 보았다(裵明相, 앞글, 288쪽).

159) 趙化成은 東周 燕의 청동용기는 중원 제국과 기본상 일치한, 즉 鼎, 豆, 簋, 壺, 盤, 匜의 조합이라고 보아 簋를 추가하였으며, 대상은 燕下都와 唐山 賈各莊, 北京 일대의 지역을 포함하고 있다(趙化成, 앞글, 222쪽).

160) 각지 춘추, 전국 시기 묘장에서는 일반적으로 鼎·豆·壺의 조합 관계로 인식되며 서주 만기에 이미 개시되었지만 기형의 증가와 다양화의 발전은 춘추 시기가 되며 특별히 춘추 말엽에서 전국 초기가 된다. 예컨대 安輝 壽縣 蔡侯墓 출토의 동기는 이미 기원전 6세기 말에서 5세기 초(기원전 493-447년)의 표준기가 되며 그의 문식, 형세상 新鄭 만기 작품을 계승하였으며, 山西의 李峪 동기과 吳國의 邘王壺와 대략 동 시기가 된다(鄭紹宗, 「唐縣南伏城及北城子出土周代靑銅器」, 18쪽).

161) 中國靑銅器全集編輯委員匯 編, 『中國靑銅器全集(東周3)』(9), 文物出版社, 1995. 18쪽.

284

중원 지구와 동일한 예기의 출현과 기물조합, 기형, 문양 등의 일치성은 연국이 이미 중원 예제를 수용하였음을 의미한다. 특히 출토 기물 중 九女臺 16호의 陶質의 仿銅 鑊鼎 2건, 太牢 9鼎 1조, 7鼎 2조, 羞鼎 4건과 簋 8건이 한 조가 되고 4건이 한 조가 된 정황은 바로 당시 제후의 禮制에 부합한다.163) 또 東斗城村 29호는 3鼎, 3豆, 2壺의 조합이며 大鼎을 제외하면 匕를 전문적으로 두는 小鼎이 있고 豆는 鉢式豆, 壺式豆의 두 세트가 있고 매 세트는 3건이 된다.164)

이와 같이 중원 예제에 부합하는 기물군의 출현은 바로 召公之法의 수복 이후부터 전국 중기에 이르면 연국이 중원 각국과의 관계가 더욱 밀접해지며 중원식 예제에 편입되었음을 의미할 것이다. 이는 춘추 중기 이후 齊國과의 관계 재개를 통해 점차 중원 각국과의 관계를 형성하였음을 다시 한번 반증해 주는 것이라고 볼 수 있다. 또한 연국 지구의 묘장 형태는 대체로 長方形 竪穴土坑墓가 되며 頭向은 기본상 北向이 되어 서주 시기의 형태를 계승하였으며,165) 이러한 禮器의 출토는 이와 같은 묘장을 갖춘 중대형 묘에서 주로 출토되었다.

그러나 이상과 같이 中原式 禮制에 부합하는 기물조합 및 기물군의 존재와 동시에 燕國 禮器에는 독자적인 특징이 견지되고 있다. 앞에서도 지적한 바와 같이 문양과 장식 방면에서는 동물 문양과 동

---

162) 秦國은 방동도예기가 존재하고 彩繪 방식을 많이 사용하였다. 일반적으로 전국 중기 이래 예기의 문식은 模印과 彩繪의 양종 방법을 많이 채용하여 제작이 용이하다(裴明相, 앞글, 289쪽).
163) 李先登, 앞글, 309쪽.
164) 陳光, 「東周燕文化分期論(續)」, 22쪽.
165) 賀勇, 앞글, 59쪽.

물형 장식을 대표로 한 연국의 독자적 면모를 갖추고 있음을 알 수 있었다.

3. 燕下都文化의 分布와 性格

燕下都 문화는 전국 시기 연국의 문화를 대표한다고 볼 수 있다. 그런데 더욱 중요한 점은 바로 燕下都 유지 문화의 특징적 성격이 永定河 이남의 연국 세력 범위 이외 지역에서도 보인다는 점이다. 특히 燕下都의 禮器는 唐山, 北京 일대 등지와 渾源 李峪村 동기, 즉 代國 지역 및 鮮虞, 中山 지역인 唐縣 일대에서 보이는 예기와 비슷한 면모를 갖추고 있다는 점은 연하도 문화의 분포 범위나 연하도 문화의 기원을 파악하는 데 일정한 시사점이 있을 것으로 생각된다. 기원을 달리하였을 이러한 특징은 그렇다면 어떻게 온 것일까?

실제 燕下都 문화의 특징 중 하나인 燕式鬲과 大口釜(紅陶釜)는 전국 시기가 되면서 점차 北京 일대에서 보이며[166] 전국 중만기 이후가 되면 5郡 설치 지역 등지로 확대된다는 점은 주목할 만하다. 춘추전국 시기 연국의 세력 범위는 시간적 편차는 있지만 기원전 3세기 초에는 대체로 徐水의 燕南 장성으로부터 5군 설치 지역까지를 아우른다고 볼 수 있다. 이 시기 燕文化의 범위도 이와 대체로

---

166) 예컨대 北京 懷柔의 城北에서는 전국 조기부터 전국 만기에 해당하는 묘장이 수십 좌 출토되었다(北京市文物工作隊, 「北京懷柔省北東周兩漢墓葬」, 『考古』 1962 - 5. 참조).

동일하고 이에 따라 이 지역에서 나타나는 문화를 연문화의 범주로 넣기도 한다.[167]

그런데 2장에서 살펴보았던 춘추 및 춘추전국지제에 山戎, 東胡 혹은 白狄 계통의 문화로 인정되는 延慶 軍都山 일대의 玉皇廟文化 와 遼西의 夏家店上層文化 및 太行山 일대의 문화 면모는 연문화 와 큰 차별성이 나타나므로, 적어도 이 문화가 왕성하게 분포한 시 기에 연문화는 이들 문화 분포 지역에 거의 미치지 못하였다는 것은 분명할 듯하다. 더욱이 이들 문화 유존이 齊桓公이 격파한 춘추 중 기를 전후로 해서 실제로는 사라지지 않았고 전국 중만기에 비로소 연문화로 대체되는 현상이 존재한다는 사실은 연국의 세력이 北京 일대와 燕山 南麓과 이북 지역으로 확대된 것은 연소왕 시기인 전 국 중기 이후가 된다는 이해와 일맥상통하고 있음을 알 수 있다.

그렇다면 연하도 문화에서 보이는 속성이 영정하 이북에서 보인다 는 것만으로는 연국 세력 범위의 확산을 반드시 의미하지는 않을 듯 하다. 다만 巨燕 성립 이후 보이는 문화면모는 분명 연하도 문화를 주체로 한 연국 문화의 확산이라는 점이 분명하다. 그렇다면 燕下都 文化와 동보적으로 진행되었을 이 지역의 연하도 문화의 특징이 보 이는 문화는 어떤 면모를 지니고 있으며 연하도 문화와는 어떤 관련 을 갖는 것일까? 이를 검토하기 위해 우선 연하도 문화의 특징으로 나타나는 燕式鬲과 大口釜(紅陶釜), 독자적 청동예기가 나타나는 유 지를 검토해 보고자 한다. 단 그 시기는 연하도 문화가 전면 확산되 었을 전국 중만기 시기의 이전까지를 대상으로 하고자 한다. 아마도

---

167) 陳光, 「東周燕文化分期論」 참조.

이러한 검토 과정은 연국 문화의 분기를 이루었을 것으로 추정되는 연소왕 시기를 기점으로 연문화의 세력 범위도 어느 정도 확인될 것으로 생각된다.

1) 燕山地域 文化 遺址

① 燕下都 일대 (永定河 이남~保定 이북)

燕式鬲, 大口釜(紅陶釜)의 출현과 관련하여 춘추 시기부터 永定河 이남 지역의 연국 문화와 관련성을 갖는 유지는 徐水 大馬各莊, 容城 南陽 유지 및 拒馬河 일대 및 燕下都 13호 유지로, 여기에서는 燕式鬲, 紅陶釜의 추형을 찾아볼 수 있다는 것을 2장에서 살펴보았다. 전국 시기에 이르면 竇店 古城 일대의 전국 조기 유지 중에서도 紅陶釜가 발견되었고, 晚期 유지에서는 釜 등이 상당수 증가됨을 알 수 있다.168) 이 외에도 北京市 房山區 辛莊 유지, 片上 유지 H, 房山區 黑古臺 유지에서도 紅陶釜가 나타난다.169)

한편 禮器는 容城 南陽 유지 이외에 淶水 永樂에서도 銅禮器와 陶禮器가 출토되었는데 戰國 시기로 추정된다고 보았다.170) 이들 동

---

168) 北京市文物研究所拒馬河考古隊, 「北京市竇店故城調査與試掘報告」, 『考古』 1992－8. 712~713쪽. 이때 紅陶釜의 口部는 外侈하고 勾沿이며 방향이 외치한 斜直腹이며 圜底이다. 燕式鬲은 圜底가 되며 그 다리(足)는 弧線彎曲을 띤다(陳光, 「東周燕文化分期論」, 13쪽).
169) 紅陶釜의 沿面은 勾折, 尖唇, 直腹이다(北京市文物研究所, 「北京市拒馬河流域考古調査」, 『考古』 1989－3).
170) 銅壺는 肩部에 獸面紋 銜環이 1개 있다. 銅敦, 銅豆, 銅匜 등이 있고 이외에 陶禮器도 보인다. 陶壺가 2건, 陶鼎이 출토되었고 모두 戰國

288

기 혹은 도기의 풍격은 기형과 동물장식 및 동물 문양 등으로 볼때 燕下都 출토기물과 동일한 기법이 추출되어 이는 연국 동기와 동일 계통으로 볼 수 있다. 한편 房山區 黑古臺 유지에서는 대량의 부서진 기와가 있는데 여기에서 출토된 獸面紋 半瓦當은 燕下都 출토의 半瓦當과 동일하다.[171] 또 長溝土城에서도 獸面紋 半瓦當이 발견되었다.[172]

이상에서 볼 때, 燕式鬲의 형태는 춘추 시기에 徐水 지역에서도 나타난다. 단 徐水 묘장은 頭向은 北向 및 東北向이 많으며 반출된 기물과 기타 정황은 太行山 동록 白狄 계통 묘장에 속한다는 것을 알려 준다. 따라서 비록 燕式鬲의 雛形이 보이지만 이를 근거로 단순히 연국의 묘장으로 볼 수 없다. 이는 白狄 계통, 즉 鮮虞 혹은 中山의 묘장에 속한다는 것을 알 수 있다.[173] 특히 唐縣, 北城子, 滿城 등지는 춘추전국 시기에 鮮虞 혹은 中山의 세력 범위였다는 것을 상기한다면, 이 지역은 연문화의 세력 범위에 속하지 못하는 것은 당연할 것이다. 이는 연국의 南長城이 徐水를 기점으로 세워졌다는 것과도 일정한 관련이 있을 것으로 보인다. 그러나 燕式鬲의 추형이 나타나는 등 문화적으로 비슷한 면모를 보이는 것은 아마도 이

시기의 것이라고 인식하였다(孟昭林, 「河北省淶水縣永樂村發現一批戰國銅, 陶器」, 『文物參考資料』 1955－12. 151~152쪽). 陳光은 이것의 시대를 춘추 만기의 말기에 해당한다고 보았다(陳光, 「東周燕文化分期論」(續), 24쪽).

171) 北京市文物工作隊, 「北京房山縣考古調査簡報」, 『考古』 1963－3. 120쪽.
172) 北京市文物工作隊, 「北京房山縣考古調査簡報」, 121쪽.
173) 陳光, 北向이 많아 燕文化 계통으로 보았지만(陳光, 「東周燕文化分期論(續完)」, 23쪽.) 鄭紹宗은 白狄鮮虞 계통으로 보았다(鄭紹宗, 「唐縣南伏城及北城子出土周代靑銅器」, 18쪽).

지역이 연국 지역에서 비교적 가깝기 때문에 문화적으로 교착 관계에 놓여 있을 가능성이 높다고 보인다.

② 北京 일대 (永定河 이북~軍都山 이남)

북경 일대에서는 오랜 기간 수도로 사용된 까닭에서인지 실제로 北京市區 내에서 출토된 것은 많지 않다. 전국 시기 대표적인 예기 묘장은 懷柔 城北 묘장, 昌平 松園墓, 半截塔, 順義 龍灣屯, 通縣 中趙甫 등이 있고, 이 외에 延慶 지역의 窖藏 銅器 및 北京市區에서 출토된 몇 개의 禮器가 보인다. *[표 4, 5 참조]*

묘장의 연대에 대해서는 다소 이견이 있으나 북경 懷柔 城北 묘장의 경우, 50호 묘는 전국 조기의 약간 늦은 시기, 56호는 전국 중기의 약간 빠른 시기가 되고,[174] 25호 묘는 원 보고서에서는 전국 조기라고 인식하였지만, 이곳 출토의 鼎은 실제로는 초기 형식이 아니라 퇴화 형식이며 더욱이 그것은 鼎足 퇴화는 더욱이 현저하고 그 형태는 西漢 중기에 출토되는 鼎과 비슷하기 때문에 전국 만기가 합당하다고 볼 수 있다.[175] 따라서 懷柔 城北의 경우에는 전국 조기 만기 단계부터 전국 만기 단계에 해당하는 유지[176]라고 볼 수 있다.

---

174) M50, M56호 묘장에서 燕式鬲이 출토되었다(北京市文物工作隊, 「北京 懷柔省北東周兩漢墓葬」 참조).

175) 賀勇, 앞글, 59쪽.

176) 이곳에서 모두 한 구내에 있는 동주 묘장 23좌가 발견되었다. 규모는 중소형이며 묘갱의 방위는 남북향이고 두부는 북쪽을 향하였다. 출토 기물은 도기가 많고 소량의 동, 골 등의 기물도 있다. 묘장 형태는 주로 토갱 수혈묘로 어떤 것은 생토 이층대가 있다. 도기는 협사홍도와 이질회도의 두 계통이 있다(北京市文物工作隊, 「北京懷柔城北東周兩漢墓葬」, 219~221쪽).

실제 전국 조중기에 해당하는 북경 출토의 禮器 묘장은 懷柔 城
北 유지가 된다. 이 밖에 북경 일대 묘장의 대체적인 시기는 延慶
西撥子村 교장 동기가 서주 만기에서 춘추 조기에 해당되며,[177] 延
慶 軍都山 玉皇廟文化가 춘추 시기와 춘추전국지제에 해당되는 것
말고는 북경 지역 예기 출토 묘장의 시기는 전국 중기 전후에서 전
국 만기에 해당된다.

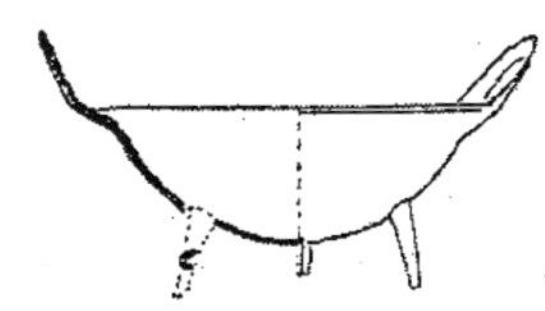

그림 46〉延慶 西撥子村 출토
銅鼎

묘장에서 출토된 예기의 출토 정황을
살펴보기로 한다. 비교적 이른 시기에 해
당되는 延慶 西撥子村 窖藏 銅器의 경우
여기에서 나온 銅鼎의 기형 등은 매우 특
이하며 夏家店上層文化의 풍격을 띠고
있으며 銅耳環 등이 반출되었다.[178] 이
시기 이 지역은 夏家店上層文化 혹은 延
慶 軍都山 玉皇廟文化의 세력 범위로 볼 수 있어 연국 문화와는 차
별적이다. *[그림 46 참조]*

懷柔 城北에서 출토된 도예기는 鼎, 豆, 盤狀豆, 壺, 匜 등 30건
이나 출토되었다.[179] 禮器 기형과 문양은 燕下都와 거의 흡사한 동
물 문양 혹은 동물장식의 출토가 상당수 된다. 懷柔 城北 墓葬에서
나온 전국 조기 만기 단계의 鼎足에는 獸面紋이 있고 만기의 鼎足
은 束腰의 獸蹄形을 띤다.[180] 陶壺의 頸部에 동물을 새긴 것이 많

---

177) 齊心, 「北京延慶縣西撥子村窖藏銅器」, 『考古』 1979－3. 이곳에서는
　　夏家店上層文化가 출토되었으며 서주 만기에서 춘추 조기에 해당된다
　　고 보았다.
178) 齊心, 앞글, 227～230쪽.
179) 北京市文物工作隊, 「北京懷柔省北東周兩漢墓葬」, 『考古』 1962－5.

이 보인다.[181] 또 陶匜는 鷄心形이 보인다.[182] 북경 일대에서 보이는 동예기, 도예기는 그 풍격과 조합 및 기형 등은 燕下都에서 보이는 문양과 장식과 거의 비슷한 형태가 보인다는 점을 알 수 있다. 또 이 묘장에서는 夾砂(雲母顆粒)紅陶鬲 혹은 釜가 많이 출토되었다.[183] *[그림 47, 48 참조]*

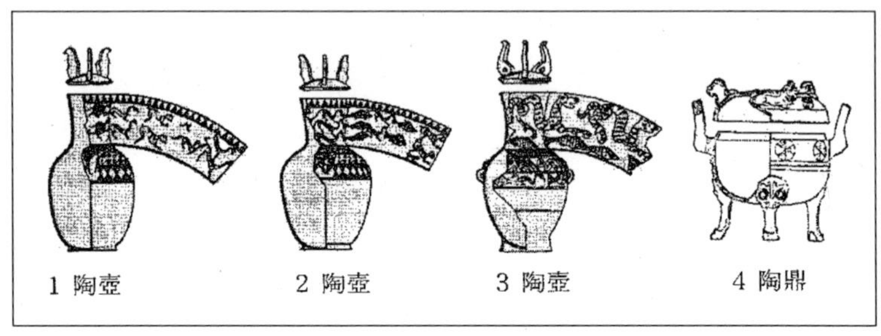

그림 47〉 懷柔 城北 출토 도예기

---

180) 北京市文物工作隊,「北京懷柔省北東周兩漢墓葬」, 238쪽.

181) 陶壺는 조기의 견부에는 三鳥 花紋이 있다. 중기의 壺頸部는 동물을 새긴 것이 많다. 만기의 壺頸은 비교적 높고 口는 밖을 향하여 튀어 나오고 肩部의 三鳥 花紋은 이미 간화되어 네 줄의 弦紋이 되었다(北京市文物工作隊,「北京懷柔省北東周兩漢墓葬」, 238쪽).

182) 조기의 陶匜는 鷄心形이 많고 深腹이다. 중기는 桃形匜가 출현한다. 만기의 것은 원형이며 腹이 얕다(北京市文物工作隊,「北京懷柔省北東周兩漢墓葬」, 앞글, 238쪽).

183) 北京市文物工作隊,「北京懷柔省北東周兩漢墓葬」, 221쪽. 237쪽.

292

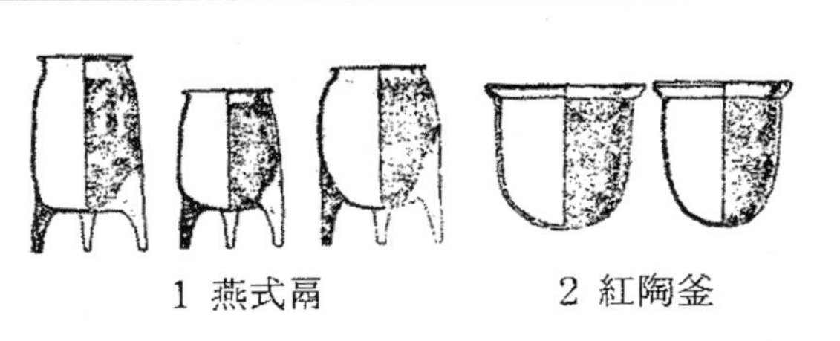

그림 48〉懷柔 城北 출토 燕式鬲과 紅陶釜

그림 49)북경출토
鳩鳥支架

또 북경시구 내에서 출토된 蟠螭紋鼎은 부착된 귀에 絢索紋이 있다. 이 기물은 전국 중기의 기물이 된다고 볼 수 있다.[184] 또 獸紋豆의 足은 獸形紋으로 그 시기는 전국 초기에 해당된다고 볼 수 있다. 鳩鳥杖首는 전국 초기에 속하고 *[그림 49 참조]* 이 외에도 雙蟠龍紋杖首도 전국 초기에 속하는데 모두 북방 문화의 특징을 갖추고 있다고 볼 수 있다.[185]

이상으로 볼 때 북경 일대에서 전국 중기 이전 시기에 나타나는 대표적인 유지는 懷柔 城北 50호 묘장이다. 燕下都와 유사한 예기 및 燕式鬲, 大口釜(紅陶釜)의 출토와 頭向北 및 生土二層臺의 장속 등은 주목할 만하다. 이는 연국이 진출하는 전국 중만기 즈

---

184) 보고문에서는 唐山 賈各莊묘에 비해 늦어서 시기는 전국 중기의 기물
이 된다고 보았다(程長新, 「北京市揀選的燕國銅器」, 『文物』 1982－9.
89쪽).
185) 程長新, 「北京市揀選的燕國銅器」, 89～90쪽 참조.

음보다 더욱 이른 시기에 燕文化 혹은 燕國의 일정 세력이 懷柔 지역으로 갔을 가능성도 보여 주지만 현재로서는 이 묘의 주인이 누구인지 확실치 않고, 다만 연국과 모종의 관련이 있을 것으로 추정된다.

③ 軍都山 一帶(冀西北 지구)

冀西北 지구는 춘추 시기에 玉皇廟文化가 분포한 지역이었다. 춘추 만기에서 전국 초기에 해당하는 청동예기가 수장된 중대형 묘장이 발견되었다.

懷來 甘子堡에서 발견된 春秋 만기 혹은 春秋戰國之際에서 戰國 조기에 해당되는 묘장[186]은 모두 長方形 土坑竪穴式으로 頭東足西 및 특징적 殉牲 습속이 발견된다. 묘장에서 출토된 다양한 형식의 直刃匕首式 청동단검과 靑銅削刀는 이 묘장의 최대 특색으로 河北 宣化 小白陽 춘추묘와 懷來 北辛堡 전국묘 및 북경 延慶 玉皇廟文化 묘지에서 출토된 靑銅短劍과 靑銅削刀의 풍격과 서로 일치하여 동일 문화의 범주에 속한다.

大墓 중에서 출토된 동용기는 주로 鼎, 罍, 甗, 罐, 豆, 壺, 鬲, 釜, 盤, 鍑, 舟, 匜 등으로 이 중 전형적인 북방 소수 유목민족 특징의 炊具인 銅鍑과 盛水器인 銅盉 이외에 나머지 銅禮器는 모두 중원적 풍격이 있어서 이는 이 문화 세력과 연국과 중원 지구와의 교

---

186) 21좌의 묘장 중 1,229건의 기물이 출토되었고, 陶器, 銅器, 今期, 石料 貫珠 등이다. 그중 동기는 1,111건으로, 鼎, 豆, 鍑, 罍, 罐, 壺, 釜, 鬲, 舟, 盤, 戈, 劍, 斧, 刀, 墜, 鑿, 鏃, 車軎, 馬銜, 節約, 帶鉤, 管狀飾, 腰帶飾. 鐶形飾, 龜形飾, 耳環, 銅泡 등 청동예기와 무기, 거마기 등이 주종을 이룬다(賀勇・劉建中, 「河北懷來甘子堡發現的春秋墓群」, 『文物春秋』 1993 − 2).

294

류가 매우 밀접하였음을 반영한다고 볼 수 있다. 또 대량의 銅馬具, 銅帶鉤, 銅帶飾, 銅牌飾과 銅泡 등이 출토되었는데 馬具에 해당되는 것 중에는 馬鑣[재갈]가 가장 많았다. 이 馬鑣는 중원식 馬鑣와 달라 獸首 형, 혹은 虎首, 虎尾狀, 鳥首 등 동물 문양이 많고 銅帶鉤와 銅帶飾 역시 매우 생동적이며 虎形이 많고 銅牌飾 역시 半透雕飾의 동물 도안으로 虎, 鹿, 馬, 狗 등이 있다. *[그림 50 참조]*

이러한 풍격은 중원과 연문화에서는 보이지 않는 것이다. 따라서 이 묘장의 문화성질은 또한 중원과 연문화는 명료하게 다르고 夏家店上層文化와도 구별되는, 玉皇廟文化와 완전하게 일치하는 문화라고 볼 수 있다.[187] 전국 조기에 해당되는 懷來 北辛堡[188] 묘장도 頭東足西 및 殉牲 습속이 보이며 直刃匕首式 靑銅短劍과 동예기 및 金彈璜飾環, 骨夾形器 등이 출토되었으며 이 역시 모두 중원 지구 전국묘 중 드물게 보이는 것으로 玉皇廟文化의 범주에 속한다고 볼 수 있다. *[그림 51 참조]*

---

187) 賀勇·劉建華, 앞글, 1316쪽.

188) 1963년 北辛堡村에서 발견된 묘장에서 銅器 7건이 출토되었다. 鼎 1건, 鑒 2건, 豆形器 1건, 壺 1건, 缶 2건으로 이들 동기는 전국 묘장 속의 수장품으로 인식하였다. 1964년 5월에 정리하였다. 이 묘 이외에 또 부근에서 다른 1좌의 묘장을 발굴하였다. 앞의 것을 1호 묘, 뒤의 것을 2호 묘라 하였다. 토광은 큰 데에 비해 수장품은 매우 적다. 이 외에 모두 전국 시기 묘장 14좌를 발견하였다(河北省文化局文物工作隊, 「河北懷來北辛堡戰國墓」, 『考古』 1966-5).

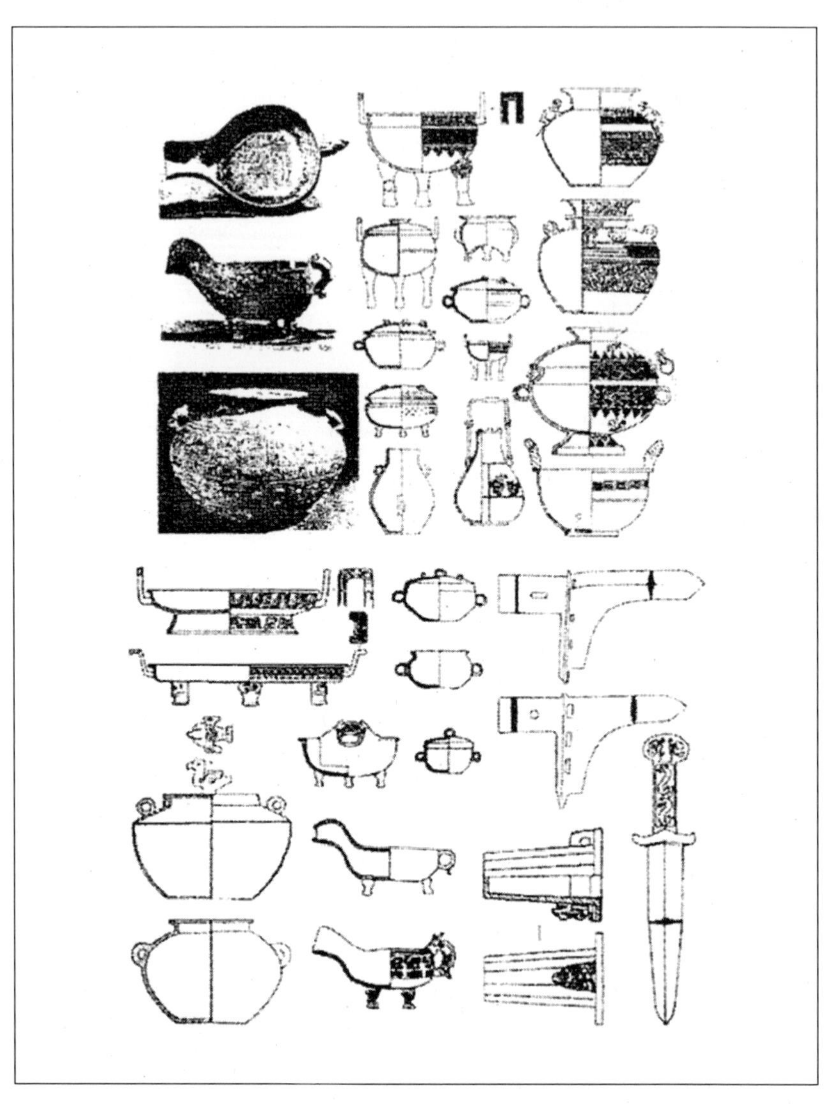

(출전: 靳楓毅·王繼紅, 「山戎文化所含燕與中原文化因素之分析」, 『考古學報』 2001-1. 54쪽.)

그림 50〉 懷來 甘子堡 출토 기물

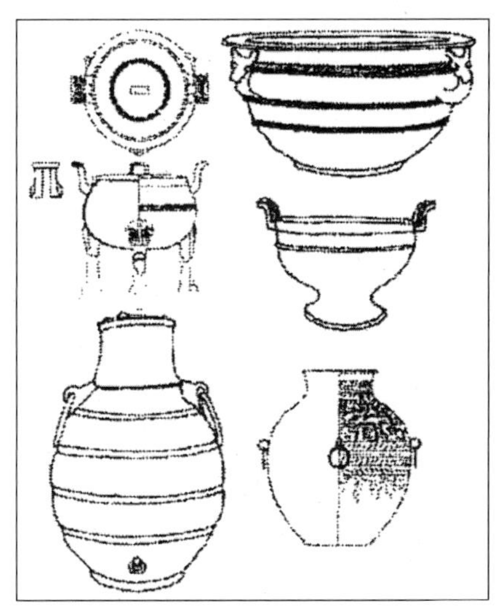

(출전: 靳楓毅·王繼紅, 「山戎文化所含燕與
中原文化因素之分析」, 『考古學報』 2001−1.
57쪽.)

그림 51〉 懷來 北辛堡 출토 기물

張家口 白廟 유지에서도 夏商 시기부터 전국 시기에 이르는 문화
유지가 발견되었다.[189] 이 중 춘추 중기에 해당되는 기물은 鼓腹罐,
筒形罐을 전형기물로 하고, 춘추 만기에서 전국 중기에는 雙耳罐을
대표성 기물로 하고 있다.[190]

---

189) 張家口市文物事業管理所, 「張家口市白廟遺址淸理簡報」, 『文物』 1985
  −10; 陶宗冶, 「河北張家口市考古調査簡報」, 『考古與文物』 1985−6.
190) 하지만 모두 내몽 지구의 이 시기에 상견되는 單耳罐 형태는 보이지
  않는다. 따라서 이 시기 유존은 비록 내몽 지구의 동 시기 유존과 일
  정한 공통점이 있지만 도기 면모상에는 일정한 차별이 존재한다고 지
  적하고 있다(張家口市文物事業管理所, 「張家口市白廟遺址淸理簡報」,

이상으로 볼 때 이 지역은 이른바 전국 중기까지는 연국 문화의 전형성을 띤 문화면모를 실제 드러나지 않으며 玉皇廟文化 면모를 띠고 있었다고 볼 수 있다. 다만 출토 기물로 봤을 때 燕下都文化류와 같은 동물 도안, 동물장식 등의 존재는 매우 강렬하게 나타난다.

④ 唐山 一帶

夏家店上層文化와 玉皇廟文化의 분포 범위와 접한 唐山 지역은 서주 시기부터 춘추 시기에 孤竹, 令支, 無終 등 山戎 제부락이 거주하는 지역이었다. 唐山 일대에서 출토된 石棺墓 및 Ⅱ식 陶豆는 夏家店上層文化와 모종의 관련이 있을 것이라는 점을 이미 앞에서 살펴보았다. 이 지역의 예기 묘는 三河, 唐山, 遷西 지역에서 보인다.

전국 조기에 해당되는 동예기 묘로는 三河 大唐迴, 雙村 戰國墓[191]가 발견되었고 예기는 鼎·豆·簋 조합이 된다. *[그림 52, 53* **참조]**

28~29쪽).

191) 廊坊地區文物管理所·三河縣文物館, 「河北三河大唐迴,雙村戰國墓」, 『考古』 1987-4. 전국 조기이며 鼎·豆·簋 조합이다. 唐山 賈各莊, 喀左 南洞溝, 陽原縣 九溝村 출토의 제 기형과 문식이 완전히 상동하다고 한다. 大唐迴 M1, 雙村 M1에서도 모두 동기가 출토되었다. 이 시기에 대해서는 본 보고서에서는 전국 조기로 보았던 반면, 陳光은 전국 중기의 만기 단계로 보았다(陳光, 「東周燕文化分期論(續)」, 21쪽).

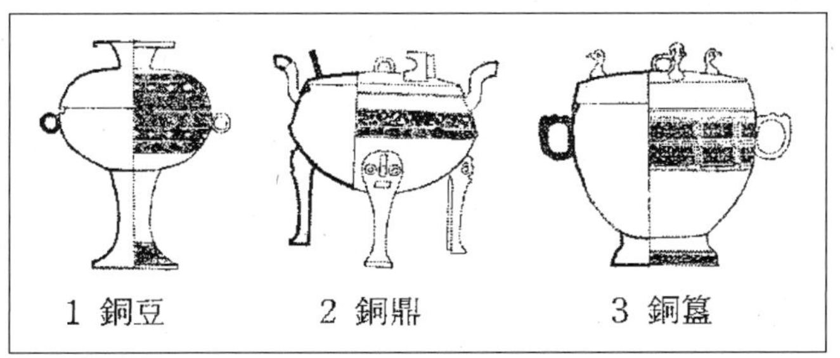

1 銅豆　　　2 銅鼎　　　3 銅簠

그림 52〉 三河 大唐迴

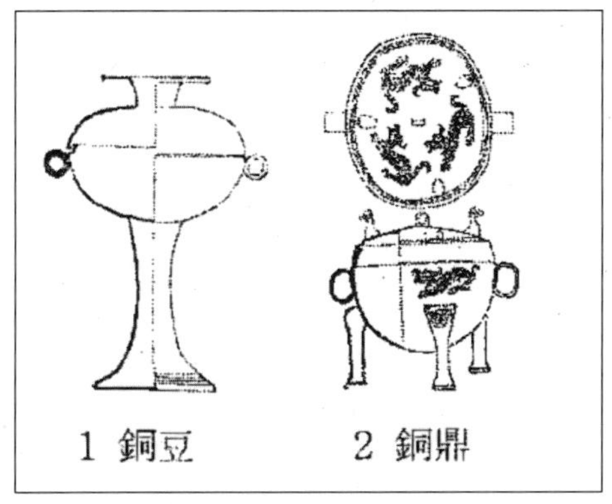

1 銅豆　　　2 銅鼎

그림 53〉 三河 雙村

이 지역의 대표적인 예기 묘인 唐山 賈各莊 18호, 28호 묘장은 춘추 만기 혹은 전국 전기에 해당되는 유지이다.[192] 腹內의 중앙에

192) 발굴보고서에 의하면 이 묘장의 연대는 전국 조기라고 인식하였으며 전국 묘장에서 출토된 유물은 도기가 절대다수 차지하고 鼎·豆·壺 조합을 이룬다. 이 도기는 전국 시기 상견되는 기구와 수장된 명기로 형식상 그들의 특수성이 있고 또한 농후한 지방색채를 갖추었다고 지적하고 있으며 仿銅鼎 異形鼎 등도 있다(安志敏, 「唐山市賈各莊發掘

雙獸互咬圓形紋이 3개, 4개의 龍形紋, 6개의 獸形紋이 있는 銅盤 이외에도 獸形紋을 상감한 銅豆 및 수렵문의 銅壺와 타원형의 銅簋, 柄部가 細長한 銅豆와 銅鼎 및 鳥首形의 銅匜가 출토되었다.[193] 여기에서는 동기 이외에 陶簋, 陶豆, 陶鼎 등도 출토되었다.[194] *[그림 54 참조]* 전국 중기에 해당되는 묘장인 河北 遷西 大黑汀 戰國墓에서는[195] 鼎, 豆, 盨, 敦, 匜 등이 있고 銅 車馬器와 兵器가 반출되었다.[196] *[그림 55 참조]* 三河, 唐山, 遷西 묘장에서 보이는 예기의 풍격과 특징도 연하도 유지 문화 면모와 상당히 일치하는 면을 볼 수 있었다.

記略」, 『考古通訊』 1953－4). 陳光은 賈各莊 8호의 연대를 춘추 만기의 말기 단계로 보았다(陳光, 「東周燕文化分期論」(續), 21쪽). 한편 張之恒·周裕興은 이 두 묘장의 연대를 춘추 만기로 보았다. 張之恒·周裕興, 『夏商周考古』, 南京大學出版社, 1998, 287쪽.) 賀勇은 가각장 묘장의 연대를 전국 조기의 만기 단계로 보았다(賀勇, 앞글, 57～58쪽).

193) 安志敏, 「河北省唐山市賈各莊發掘報告」, 83～89쪽.
194) 安志敏, 「河北省唐山市賈各莊發掘報告」, 73～77쪽.
195) 顧鐵山·郭景斌, 「河北省遷西縣大黑汀戰國墓」, 『文物』 1996－3.
196) 顧鐵山·郭景斌, 앞글, 8～10쪽.

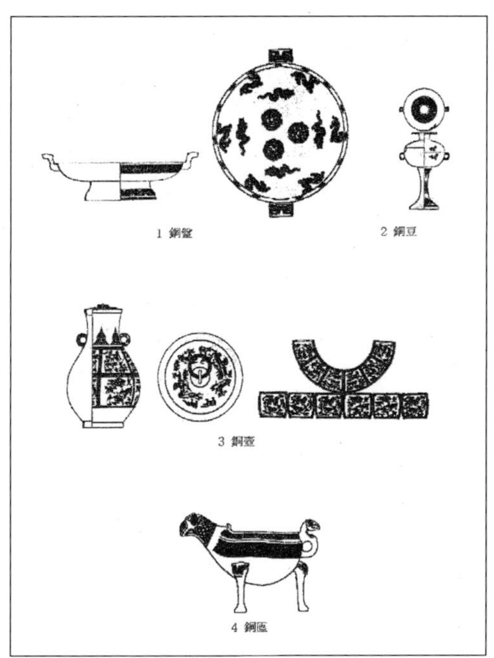

그림 54〉 賈各莊 출토 동예기

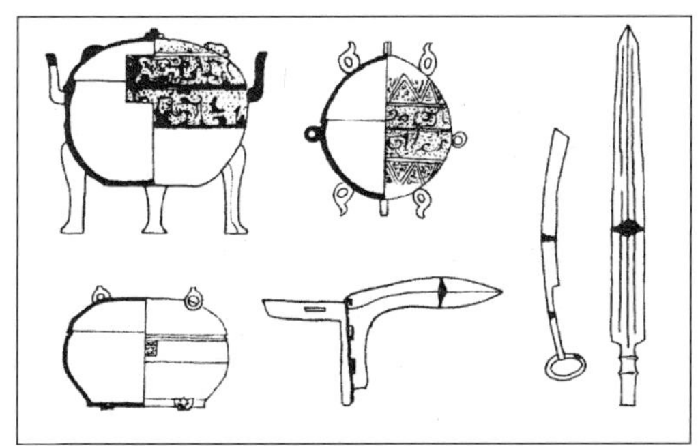

그림 55〉 遼西 大黑汀 묘장 출토 동기

⑤ 燕山 이북 지역

이 지역에서 보이는 대표적인 예기 묘는 喀左 大城子 眉眼溝 묘장[197])이 있다. 전국 중기 혹은 약간 이른 시기에 해당되는 이 묘장은 陶質의 冥器가 9건 출토되었다. 墓主의 頭向은 偏東北 방향이 되고 長方形 竪穴 土坑 木槨墓가 되며 수장기물을 머리 부분의 棺槨 사이에 두었다. 이런 점에서 연국식의 묘장으로 보기도 하는데,[198]) 羊牲 습속이 있다는 점과 출토 도기의 형태가 객좌 지역에서 보이는 도기로부터 나왔다는 추정은 주목할 만하다. 즉 춘추 시기 도예기 묘로는 喀左 園林에서 土坑 竪穴 石棺墓 1좌가 발견되었는데 여기에서 壺 2건, 罐 2건, 鼎 1건과 盆 1건 등 도기가 銅帶鉤, 靑銅短劍과 함께 출토되었다.[199]) 이 陶鼎의 기형은 다른 지역과는 상당히 다르다. 이들 기형 간에는 연관 관계가 있음을 확인할 수 있어 眉眼溝의 陶壺가 園林 지역의 陶壺로부터 발생한 것으로 추정할 수 있다고 한다. 전국 조기로 추정되는 承德 旗杆溝 출토의 陶禮器는 鼎, 豆, 壺가 출토되었다.[200])

---

197) 朝陽地區博物館・喀左縣文化館, 「遼寧客在大城子眉眼溝戰國墓」, 『考古』 1985 − 1.
198) 朝陽地區博物館・喀左縣文化館, 「遼寧客在大城子眉眼溝戰國墓」, 12쪽.
199) 傅宗德・陳莉, 「遼寧喀左縣出土戰國器物」, 『考古』 1988 − 7. 청동단검은 직인이며 기형은 연국 지역 출토와 다르다. 陶鼎도 다르다. 이곳과 喀左 南洞溝 석곽묘, 大城子 眉眼溝 전국묘와 같은 출토물이 있고 3좌의 묘의 묘제는 상동한 점이 있지만 수장기물은 각각 특색이 있고 기형은 연관 관계가 있다. 南洞溝의 銅帶鉤와 園林의 銅帶鉤는 동일한 특징이 있다. 또 풍격, 구조 원리와 재질이 같아 眉眼溝의 陶壺는 園林의 陶壺로부터 발전하여 변한 것이라고 볼 수 있다(664쪽).
200) 鼎은 1건으로 복부에는 點紋, 三角形紋과 圓形으로 조성된 복합문이

　이상 연국 주변의 永定河 남북 일대와 燕山 산맥 이북 지역에서 나온 전국 중기 이전 燕下都文化에서 보이는 특징과 특히 예기 출토 묘장을 중심으로 살펴보았다. 燕下都 문화를 특징으로 하는 전국 중기 전후로 한 연문화의 분포 범위는 어디까지 확산되었을까? 연국의 가장 대표적인 생활 용기는 燕式鬲과 大口釜(紅陶釜)는 실제 懷柔 城北의 매우 제한된 범위 내에서 보인다. 北京 延慶 軍都山 일대 玉皇廟文化의 대표적 도기는 夾砂紅褐陶素面罐이고 夏家店上層文化에서는 夾砂紅褐陶素面鬲이며, 그 형태는 鼓腹鬲, 筒腹鬲 혹은 乳足鬲, 帶領鬲 등으로 扁方體 혹은 長方體 형태인 燕式鬲과는 일정한 차이가 있다고 볼 수 있다. 또한 永定河 이북의 北京 일대에서는 夾砂紅褐陶鬲이 지속적으로 출토되고 있지만 이 역시 扁方, 長方 형태가 주종은 아니며 燕式鬲과 같은 扁方體 혹은 長方體의 형태가 대규모로 확산된 시기가 전국 중기 이후가 된다는 점은 아마도 연문화의 분포 범위가 永定河 이북으로 넘어간 시기는 역시 전국 중기 이후가 될 것으로 추정된다.

　연문화의 분포 범위가 전국 중기 이후 永定河 이북으로 확산되지만 燕下都에서 보이는 동도예기와 묘장이 그 이전 시기부터 연산 일대에서 출현하는 것은 燕下都文化와 관련하여 어떠한 의미가 있는 것일까? 다음에서는 연국 문화의 성격을 통하여 이를 짚어 보기

있다. 蓋 위에는 세 개의 靑羊이 붙어 있고 서로 누운 모양을 띤다. 두 역시 1건으로 뚜껑은 세 마리의 鴨首가 손잡이로 붙어 있다. 호는 2건으로 복부 양측에 橋形耳가 붙어 있고 환저이다. 복면에는 지자형문, 파랑형문, 삼각형문과 鴨魚 도안이 있다. 뚜껑에는 鴨首形 손잡이가 있다(李林·劉朴, 「承德縣西三家村, 斯杆溝發現戰國墓葬」, 『文物春秋』 1990－3. 85～87쪽).

로 하겠다.

2) 燕下都文化의 起源과 性格

燕下都 일대와 永定河 남북 일대에서 나타나는 문화의 공동적인 특징은 동물 문양과 동물 장식 및 동도예기의 출현이다. 이와 같은 공동적 특징은 일부 차별성과 유사성이 공존한다. 이러한 측면에 초점을 맞추어서 살펴보고자 한다.

동물 문양과 동물장식을 특징으로 하는 문화는 永定河 이북 京津唐 일대에서도 상당히 광범한 세력을 형성하였다는 것을 확인할 수 있다. 이미 살펴본 동물 문양의 분포 범위를 볼 때 이것은 바로 唐山 賈各莊에서도 특별히 獸形紋이 두드러지게 나타나 鴨形紋, 龍形紋, 饕餮紋, 蟠螭紋, 細蟠螭紋, 獸首蟠螭紋, 三角蟠螭紋, 狩獵紋, 獸面紋 등이 보인다.[201]

또 燕下都에서 보이는 狩獵紋壺가 唐山과 朝陽 北票에서도 출토되었던 점을 주목해야 할 것이다.[202] 출토된 銅豆에서도 燕下都의 半瓦當에서 보이는 雙獸紋이 있다.[203] 이 외에도 이런 동물 문양은 北京 懷柔 城北, 懷來 北辛堡, 甘子堡, 延慶 軍都山 일대, 張家口, 宣化 小白陽, 承德, 赤峰, 喀左 등 연산 남북 일대에서 매우 유행하였던 문양과 장식물로 燕下都 출토기물에서 많이 표현된 虎形紋을 비롯하여 鳥紋, 羊紋, 獸紋, 馬紋, 蛇紋, 鹿紋, 龍形紋, 蛙紋, 魚紋,

---

201) 安志敏, 「河北省唐山市賈各莊發掘報告」, 104쪽.
202) 安志敏, 「河北省唐山市賈各莊發掘報告」, 105쪽.
203) 安志敏, 「河北省唐山市賈各莊發掘報告」, 83쪽.

熊紋, 鴨紋, 牛紋 등의 문양은 玉皇廟文化의 광범한 문화 유지에서 나타나는 다양한 동물형 牌飾과 장식물에서 매우 두드러지게 나타나는 것이다.[204] 이 중 특히 蹲獸形의 각종 동물 문양과 동물장식의 銅牌飾 및 소형 장신구가 많다는 점은 이 문화의 특징의 하나가 되고 이런 동물장식물은 靑銅削刀와 靑銅短劍의 劍首에서도 체현되고 있다. 이러한 동물형상의 각종 牌飾과 각종 형태의 短劍, 銅泡 등은 초원 유목민족 문화와의 관계를 반영한다.[205]

이러한 동물 문양과 장식은 서주 姬燕文化에서는 보이지 않는 형태이다. 이 동물 문양과 장식에서 보이는 이 문화의 원두는 어디인가? 실제 中山國의 枀氏狼壺[206]에서 보이는 狼紋은 燕下都 반와당의 도안에서 보이는 狼紋과 비슷하고 오르도스 지역의 銅帶鉤와 銅牌의 狼形圖도 燕都 半瓦當의 것과 비슷하다는 지적은 시사하는 바가 있다.[207] 또 賈各莊 묘에서 출토된 銅盤 안에는 또한 몇 조의 상호 꼬리를 물고 있는 동물문은 소위 오르도스식 청동 牌飾 중에서 매우 많이 보이는 것[208]이며, 山西 渾源 李峪村 동기는 燕下都 및

---

204) 王繼紅,「山戎文化動物紋的分布地域與年代分期」,『北京文博』, 1999－1.

205) 文物編輯委員會 編,『文物考古工作三十年(1949－1979)』, 文物出版社, 1979. 40쪽.

206) 郭沫若은 中山이 주조한 것으로 보았다. 그 도안은 燕下都 와당의 도안과 비슷하다. 枀氏壺로 명문에 의하여 郭沫若은 燕器로 정하였는데 枀氏는 해마다 鮮虞에게 헌납하여 금속병을 얻었다는 내용으로 보았다(安志敏,「河北省唐山市賈各莊發掘報告」, 112～113쪽).

207) 따라서 中山國은 스키타이 혼혈종일 가능성이 있어 연와당의 狼紋은 또한 中山과 유관하고 스키타이와 유관하며 또한 중국북부의 대초원에서 출토된 오르도스 동기와도 유관하다고 보았다(傅振倫,「漫話燕下都瓦當文」,『中國歷史博物館館刊』 1995－2. 16～17쪽).

208) 趙化成, 앞글, 222쪽.

賈各莊 등지에서 보이는 동기의 문양과 장식이 상당 부분 나타난
다.209) 따라서 燕下都와 북경 일대의 동물 문양과 장식은 山西 李峪
村 동기에서 그 원두를 삼기도 한다.

그런데 이 李峪村은 趙國이 멸망시키기 전까지는 代國 지역이었
으며 실제 代國은 白狄 계통의 국가로 볼 수 있다. 이 白狄 문화가
소위 오르도스 지역에서 활동한 흉노 문화의 전신이 되었다는 점으
로 볼 때, 이는 동물 문양을 가장 특색을 삼는 匈奴文化와의 모종의
연관성을 암시할 것이다. 이와 관련하여 춘추전국 시기의 중요 고고
발견 중의 하나인 伊克昭盟 杭錦旗 阿魯柴登 沙窩子에서 수집된
금은 장식품 중 鷹形 金冠飾210), 대형 虎牛鬪爭紋 金飾牌, 虎紋과
羊紋 飾件, 鳥紋 金扣, 金項圈, 刺猬, 獸頭形金飾件 및 狼鹿紋銀飾
牌 등은 흉노 왕의 것으로 추정된다. 대부분 반부조 혹은 圓雕의 동
물 형 도안이며 여러 형상의 동물 조형이 있다.211) 더욱이 鮮虞의
中山國 지역으로 인정되는 唐縣의 北城子 묘장 중 춘추 만기 동기
의 작풍이 渾源 李峪村 동기와 매우 근접하고 전국 시기 中山王墓

---

209) 이러한 동기 중의 結紐繩索紋, 禽獸紋과 상감한 수렵문 등의 문식은
　　　山西 渾源 李峪村 출토 동기와 가장 흡사하다고 할 수 있다(中國社會
　　　科學院考古研究所 編,『新中國的考古發見和硏究』, 文物出版社, 1984.
　　　290쪽).

210) 鷹形 금관은 흉노왕 금관식이다. 금관은 반부조 狼, 羊 咬鬪 도안의 으
　　　로 정상 부위는 한 마리의 날개를 활짝 편 雄鷹이 있고 鷹의 頭部, 頸
　　　部는 두 덩어리의 綠松石으로 상감되었으며 頭眉는 모두 金絲로 鷹身
　　　을 이었으며 약간 닿으면 움직여서 雄鷹이 좌우로 머리를 움직일 수
　　　있게 만들었고 冠飾의 상부에는 雄鷹이 꼬리를 펴고 羊과 狼을 옆으로
　　　바라보아 상상력이 매우 풍부함을 엿볼 수 있다고 보았다(內蒙古文物
　　　研究所,「內蒙古自治區文物考古五十年」,『新中國考古五十年』, 86쪽).

211)「內蒙古自治區文物考古五十年」,『新中國考古五十年』, 86~87쪽.

306

에서 출토된 것보다는 원시적 형태를 띤다는 점으로 볼 때,[212] 이 지역 역시 太行山區에서 활동한 狄族(白狄)과 유관하다는 지적도 일리가 있다고 생각한다.[213]

이상으로 볼 때 연국 연하도 지역에서 보이는 동물 문양과 동물 장식은 연국만의 독자 풍격이라기보다는 북방 지역에서 널리 유행하였던 문식이었다. 代, 中山 이외에도 趙, 秦, 虢, 齊에서도 동물 문양과 장식이 유행하였고, 특히 白狄 지역으로 알려진 서북 지역 등지에서 그 기원을 찾아볼 수 있다. 단 이것은 상말주초에 보이는 鈴首, 獸首劍의 분포 지역과도 중첩되는 것을 볼 수 있는데 바로 이 동물 문양이 어느 특정 시기에 형성된 것이 아니라 매우 오랜 연원을 갖고 있었다는 점을 암시할 것이다. 이는 소위 先匈奴文化 혹은 白狄 등 狄系 문화라고 볼 수 있으며, 이는 앞에서 분석한 燕下都 동물문의 속성에서 수렵, 목축을 하는 초원문화의 반영이라는 점과 일맥상통한다고 볼 수 있다. 이들 문화는 일정 시기에 이 문화의 속성 중 가장 두드러진 동물장식과 문양이 도입되었을 것으로 생각된다.[214]

---

212) 北城子 출토 청동기를 보면 명료한 지역특징이 나타나는데 釜, 匜, 甗, 鼎, 雙耳小銅釜 등의 청동기상의 网絡式의 접합의 絢索紋 등은 太行山區 서북의 陽原, 渾源으로부터 남으로는 保定, 石家莊의 서부 일대의 춘추 이래 묘장 중 유행한 문식과 풍격으로 이런 동기는 중원 동예기와 세트의 조합을 이룬다. 또한 '북방청동기' 중 유행한 雙耳銅釜가 있고 어떤 것은 虎形 金牌飾, 獸柄首直刀短劍등의 북방동기가 있어 이런 특징은 춘추 시기 중원 주 문화와 북방 융적문화가 혼합된 후 생산된 일종의 새로운 문화요소가 된다(鄭紹宗, 「唐縣南伏城及北城子出土周代靑銅器」, 18쪽).

213) 鄭紹宗, 「唐縣南伏城及北城子出土周代靑銅器」, 18쪽.

214) 朱永剛, 「東北靑銅文化的發展段階與文化區系」, 『考古學報』 1998-2 참조.

더욱이 이런 특징은 단지 燕下都에만 국한되었던 것이 아니며 燕山 남북 지대에서 광범하게 드러난다는 점은 주목해야 한다. 이러한 동물 문양과 장식을 대표로 하는 북방문화의 수용은 춘추 전국 시기 연국과 연국을 둘러싼 북방 戎狄 문화 세력과의 빈번한 접촉을 통해서 이루어진 것이며, 이것은 연국 문화 요소의 한 부분을 장식할 정도로 광범하게 각 기물과 재료에서 체현되어 나오게 되었던 연하도문화에서 보이는 특징들의 기원이 된다는 점을 알 수 있다.

다음으로는 예기의 출현이다. 연하도 출토 예기는 이미 중원적 풍격을 띠고 있다는 것을 고찰하였다. 그러나 이와 동시에 연국 예기에는 매우 독자적인 특징이 견지되고 있다. 이러한 특징은 기형, 문식 등에 분명하게 체현되어 나타나는데, 주목할 점은 바로 燕下都, 唐山, 北京 일대 등지와 渾源 李峪村 동기, 즉 代國 지역 및 鮮虞, 中山 지역인 唐縣 일대에서 보이는 예기와 이런 특징이 일치한다는 점이다.

그런데 연국이 세력확대를 하기 이전, 북경 일대와 唐山 지역에서도 예기가 일정하게 출토되었다. 이런 중원식 풍격을 지닌 예기에 대해서는 중원 세력의 확대라는 인식과 중원과의 교류를 통한 결과로서 이해할 수 있지만 단, 懷柔, 三河, 唐山 등지의 선국 중기 이전의 유존에 대해서는 이 역시 연국이 薊城을 중심으로 존립하였기 때문에 연국의 귀족 묘장으로 이해하는 경향이 있다. 이는 물론 연국의 중심 세력지가 북경 일대의 薊城에 있었다는 인식 때문에 비롯하였을 가능성이 높다.

이 지역으로 연국이 세력을 확대하는 시기는 전국 중기 이후에나 가능하였다는 것을 살펴보았다. 단 연국 세력 범위가 전국 중기 이후 永定河 이북으로 왔을지라도 이러한 연국 풍격을 보이는 묘장 장속과 출토기물, 특히 燕式鬲 등이 출토된 懷柔 城北 유지의 경우에는 연국 세력과 모종의 관련이 있을 가능성이 있다. 아마 전국 조기를 전후로 연국 세력 혹은 연국과 관련된 墓主가 이 지역으로 옮겨 왔을 가능성이 있다.

그런데 이와 관련하여 출토 예기가 갖는 의미를 짚어 보는 것이 해결의 실마리를 제공할 것 같다. 이 지역 출토 예기는 연하도 출토 기물과 매우 유사한 형태를 띠고 있다. 연하도 예기의 출현이 바로 중원체제로의 편입을 의미하였다면 이 지역 역시 중원 예제로의 편입이 이루어진 것일까?

이 지역은 중원식 예기의 출현과 기물조합을 보면 연하도 출토기물의 기형과 조합은 대체로 동일하다. 당시 중원 각 지구 예기의 기형과 조합을 그대로 보여 준다. 단 기형과 문식 방면에서 중원적 풍격과 동시에 독자적인 풍격을 견지한다. 기형에서도 일정한 차이가 보인다. 우선 唐山 賈各莊 28호에서 출토된 銅鼎(M28:42)(M28:4)[215] 및 18호 扁圓腹高足豆(18 : 8), 三河 雙村 M1 등지에서 출토된 深腹의 반원형을 이루는 鐶耳圈足銅簋 등은 중원과 그 조형이 달라서 스스로 계통을 이루고 있었다고 볼 수 있다.[216] 이 외 銅匜의 조형

---

215) 당산 가각장 28:42 동정은 복부는 비교적 깊고 삼족은 비교적 높지만 단 楚國의 細高足과는 다르다. 鼎蓋는 비교적 평평하고 중부는 약간 볼록하고 하부는 사절 형 둔각이 되어 또 齊國의 꺾어져서 직각이 되는 平蓋鼎과도 다르다. 가각장 동정은 附耳가 밖으로 삐져나왔으며 위에서 꺾어진 연후에 다시 平折하여 平耳를 띤다(李先登, 앞글, 309쪽).

216) 趙化成, 앞 글, 222쪽. 또 이와 거의 동일한 의견이 있는데 세 개의 直立高足外侈耳의 鼎, 扁圓腹長柄豆, 深下收腹의 有蓋簋, 長圓形敦, 鳳

도 매우 특이하다. 도기 중에서도 또한 지역적 특색이 두드러진다.
예컨대 懷柔 城北 M50 小口壺 BⅠ, 懷柔 城北 N56 BⅡ식, 東斗城
M29, 九女臺 M16의 小口壺, 賈各莊 M23, 懷柔 城北 M50, 燕下都
東斗城 M29 陶豆 BⅠ, 九女臺 16호 陶豆와 賈各莊 M8 陶鼎 AⅠ
식, 東斗城촌 M29호 陶匜 BⅠ 등은 지방 특색이 강렬하게 나타난
다.217)

기형의 장식에서도 獸面紋, 動物紋 장식 비율이 매우 높은 편이
다. 이 지역은 동물장식, 기타 장식이 매우 특이하고 이 지역의 특징
을 이룬다는 것을 이미 지적하였다. 문식 중 수렵문이 많은 점은 중
원 지구와 다른 점이다. 蹲獸紋, 鳥獸문 등은 바로 山西 渾源 李峪
村 출토의 代國 동기218)와 동일 범주 안에 속한다는 점도 지적하였
다. 또 전국시대 대부분의 도기가 외피에 弦紋, 獸面紋, 鋸齒形紋,
垂葉紋 및 器耳器足과 把手상의 문식을 장식하는데 獸首, 臥獸, 鳥

首流高足匜 등등은 연국 동기의 특징이 되며 매우 정밀하고 세밀하다는
점이 특징이라고 지적하고 있다.(『中國靑銅器全集(東周3)』(9), 19쪽).
217) 賀勇, 앞글, 59쪽.
218) 山西 李峪村 동기에는 제1류인 중원식(三晉兩周 지구) 동기와 상동
혹은 상사한 점과 제2류의 燕式 동기와 싱동 혹 상사한 것, 제3류의
독자적 특징이 있는 것(북방 소수족 동기와 상동기류) 등으로 분류할
수 있다. 제1류는 禽獸飾蓋 蟠螭紋鼎, 怪獸飾蓋蟠螭紋長形鼎, 蟠螭花
紋鼎, 怪獸飾蓋, 蟠螭紋鼎, 雙環座飾兩,蟠螭紋瓿, 蟠螭紋鼎, 怪獸飾蟠
螭紋有蓋豆 3건, 蟠螭紋犧形飾尊 2건, 蟠螭紋匜, 蟠螭紋水禽魚鱉飾
盤, 蟠螭紋畵像盤, 結紐蟠螭紋罍 2건, 有蓋豆가 되고 제2류는 獸首飾
蓋嵌珠錯紋鼎 2건, 水禽飾蓋蟠螭紋敦 2건, 鳳蓋蟠螭紋匜, 提梁附結
紐紋壺, 結紐紋壺, 雙環有蓋壺, 雙環有蓋壺 등이 된다. 제3류는 異形
敦 2건, 有蓋角系器 2건, 素紋有蓋壺 2건 등이 있다(趙化成, 앞글,
219~222쪽).

310

形, 蓮瓣 등의 비교적 복잡한 조형 도안도 모두 기타 지구에서는 보이지 않는다.[219] 이러한 점으로 볼 때 이 지역은 북방적 요소가 매우 강렬하게 견지되어 하나의 유형으로 나눈다면 三晋, 齊魯, 秦, 楚의 諸 문화와 비교적 큰 구별이 있다고 본다.[220] 따라서 이곳의 예기는 중원적 요소의 존재와 동시에 독자적 특징을 견지하여 스스로의 계통을 형성하였다고 볼 수 있다.

당시 중원은 춘추 시기가 되면 王室과 王臣간의 청동기사여는 격감한 반면, 각국 제후 혹은 卿, 大夫가 스스로 주조하는 경우가 증가하게 되었다. 仿銅陶禮器의 출현은 바로 이와 같은 신분의 차별을 시사한다고 보기도 한다. 따라서 중원의 공동적인 풍격을 견지하면서도 중원 각 지구에서는 각각 지역적 풍격이 달리 나타난다. 연국의 경우에서도 鼎, 豆, 壺의 형태가 중원의 풍격을 견지하면서도 각자 독자성이 나타나는 것은 바로 이러한 지역적 독자성을 함유하였기 때문일 것이며 이런 상황이 바로 연국의 동기 풍격이 중원적 속성과 동시에 지역적 풍격이 매우 강렬하게 나타나서 비교적 큰 구별이 되는 것이다.

따라서 연하도를 중심으로 한 연국과 북경과 당산 일대에서 보이는 출토 예기는 중원 지구와 상당 부분 일맥상통하지만 동물 형상의 문식과 장식 및 독자적인 기형 등은 중원 지구와 상당히 큰 차별을 갖게 하여 渾源 지역과 唐縣 지역을 포함하여 이 지역의 공동 특성을 이루게 된다고 볼 수 있다.

그러나 연국의 경우 서주 만기에서 춘추 조기의 예기가 보이지

---

219) 賀勇, 앞글, 59쪽.
220) 李先登, 앞글, 309쪽.

않는 것은 이러한 예기 출현이 중원으로 재편입하여 중원 방식의 예제를 재수용하는 것을 의미할 가능성이 높다. 이것은 바로 중원제국과의 관계 재개와 관련이 있을 것으로 추정된다. 그러나 연국 이외에 中山國(唐縣 출토 예기), 代國(渾源 李峪村 출토 예기), 玉皇廟文化 출토 예기 및 夏家店上層文化의 예기(遷西, 寧城 등지)는 중원예제로의 편입을 의미하는 지표가 될 수는 없을 것이다.

즉 이제까지 연국과는 이질적인 문화를 갖추었다고 인정하는 懷來, 延慶, 承德, 張家口, 遷西, 喀左, 寧城 등지에서도 중원식 예기가 출토되는 점으로 고려한다면, 단지 예기 출토만으로 이 지역 문화의 세력이 중원의 禮制에 편입한 것은 아닐 것이다. 최근 이러한 현상에 대해 중원과 북방 諸族과의 접촉과 충돌 속에서 보이는 교류의 현상으로 보는 경향이 대두되고 있다. 예컨대 玉皇廟文化에서 보이는 중원 특유의 문양과 예기의 기형 등은 이것이 중원과의 교류를 통해서 형성된 것으로 본다. 실제 중원 풍격의 전달은 춘추 전국 시기 이전에도 청동 시기부터 시작하여 상말주초 등의 시기에 이곳에 유입되어 새로운 풍격을 형성하기도 하였다. 이와 같은 이유로 중원식 예기 출토가 바로 중원 혹은 연국의 지배를 의미한다는 시각은 현재로서는 유보해야 할 것이다.

또한 이러한 예기 출토 묘장에서는 대단히 강렬한 북방 문화의 요소가 공존하고 묘장 형태와 특유의 습속 등은 이 예기 묘장이 결코 중원 계통의 족속 혹은 연국 귀족신분의 묘장만으로 볼 수 없는 증거가 될 수 있다. 아마도 예기가 대체로 중대형 묘장에서 많이 나온다는 점으로 볼 때, 일반인과는 다른 일정 지위를 가진 신분이 높은 자의 묘장이었을 가능성이 있다. 특히 寧城 南山根, 小黑石溝,

遷西, 唐山, 延慶 등지에서 보이는 고급 등급의 기물 출현은 출토지가 아마도 기존 토착 세력의 중심거주지였을 가능성을 시사한다. 실제 唐山 지역에서는 동북방 계통의 石棺墓가 발견되었으며 동북방 계통의 丁字形의 劍이 출토되었다는 점과 소형 동물형 장식물 등의 출토는 이 지역이 연문화와는 다른 북방 문화와 일정한 관련성을 암시한다.

이런 정황은 바로 北京 일대와 唐山 일대는 玉皇廟文化, 夏家店 上層文化, 太行山 東麓 白狄 계통 문화 및 燕文化가 동시에 공존하였을 가능성도 배제할 수 없다. 懷柔 城北 묘장은 燕文化와 매우 밀접한 관련이 있다는 점도 이러한 의견을 뒷받침한다고 생각된다. 다시 말해 永定河 이북으로의 본격적 진출은 전국 중기 이후가 되지만 懷柔 城北 등의 문화 유존으로 봤을 때, 당시 북경 일대는 각 문화가 교착하였던 지역이었으며 여러 문화의 세력이 잡처하던 지역일 가능성도 배제할 수 없다. 이러한 문화의 교착 혹은 여러 종족의 잡거는 연국과 燕山 지역의 대규모 접촉을 의미한다.

또 하나의 가능성은 외부로부터의 이주이다. 이와 관련하여 『左傳』 昭公12년(기원전 530년)에 "진나라 순오가 거짓으로 제나라의 군대와 만나는 것처럼 하여 선우에게 길을 빌려 마침내 석양에 들어갔다. 가을 8월 임오에 비를 멸하고 비자인 綿皋가 돌아왔다."221)의 기록과 『左傳』 昭公 15년(기원전 527년) "진나라 순오가 군대를 거느리고 선우를 쳤고 鼓를 포위하였다."222)의 기록이 보인다. 晉이 肥, 鼓를 멸

---

221) 『左傳』 昭公12年 "晉荀吳僞會齊師者, 假道于鮮虞, 遂入昔陽. 秋八月 壬午, 滅肥, 以肥子綿皋歸"
222) 『左傳』 昭公 15年 "晉荀吳師伐鮮虞, 圍鼓"

하자 肥가 燕國으로 이동하게 된다. 『漢書』 「地理志」 遼西郡 肥如縣
아래에 "비자가 연으로 도망치자 연이 (비자를) 이곳에 봉하였다."[223]
라는 기록이 보인다. 이 기록에서 볼 때 白狄의 小國인 肥와 鼓는 각
각 기원전 530년, 527년에 晉에 의해 멸망하였고, 이에 肥子는 肥如
城, 현재의 灤河 하류로 옮겨 왔다는 내용이다. 그런데 기원전 530년
은 춘추 만기에 해당되는 시기이다. 동시에 唐山 賈各莊 墓葬은 시
기적으로 볼 때 춘추 만기에 해당된다고 본다. 더욱이 賈各莊 묘장
출토 기물군은 白狄 계통의 代國 유존인 渾源 李峪村 동기군과 유사
성이 강렬하게 나타난다. 동시에 원래 中山國의 기물인 枳氏壺와 유
사한 수렵문 銅壺가 賈各莊에서 출토되었다. 이런 정황으로 판단해
보면 백적 계통의 肥子는 이 시기를 전후로 灤河 하류 지역에 도달
하여 이와 같은 白狄 계통의 문화를 가져다 놓은 것은 아닐까?

이와 관련하여 燕山 일대에서 禮器墓가 출토되는 시기는 춘추 만
기로부터 시작된다는 사실과 晉이 太行山 동록 거주의 白狄을 滅하
는 시기가 비슷하다는 것은 모종의 시사하는 바가 있을 것으로 생각
된다. 唐山, 北京 일대 및 燕國文化가 白狄 계통의 문화와 매우 흡
사한 면모는 아마도 이러한 상황하에서도 가능할 것으로 추정된
다.[224] 더욱이 燕國 예기가 비록 중원적 풍격과 조합을 가지고 있지
만 白狄이 東進하기 전의 거주지가 河西의 閩과 洛 사이에 있었으
며 그 시기의 고고학 문화는 응당 백적 문화의 원형이 될 것이라는

---

223) 『漢書』 「地理志」 遼西郡 肥如縣 "肥子奔燕, 燕封于此也"
224) 唐山 지역 정치집단과 관련하여 閻忠은 髟의 주무대는 요서 대능하
　　유역과 하북 당산 지역의 灤河 유역으로 보았다(閻忠, 「西周春秋時期
　　燕國境內及其周邊各族考略」, 『會議專輯』, 370쪽).

314

지적은 일견 타당성이 있어 보인다.225) 洛陽 中州路의 禮器 풍격과
渾源 李峪村, 燕下都, 唐山 賈各莊으로 이어지는 禮器의 풍격이 거
의 유사한 것도 이와 같은 이유에서도 찾아볼 수 있을 것 같다. 白
狄 세력이 장기 이동하는 과정에서 각지에 散居한 이후 각각 다른
문화 면모를 형성하는 것은 그들이 각기 小國을 건립하는 것과 유관
할 수도 있다는 지적226)은 시사점이 있다. 渾源 李峪村 일대, 張家口
일대, 懷來 北辛堡, 甘子堡 일대, 延慶 軍都山 일대, 懷柔, 唐山, 遷
西, 三河, 등 소위 예기가 출토된 지역은 아마도 이와 같이 외래로부
터 이동한 정치집단의 서식지였을 가능성도 배제할 수 없다.

현재로서는 唐山 賈各莊 墓主가 누구인지 확실하게 파악할 수는
없다. 다만 이처럼 晉에 의해 멸망한 白狄 계통의 소국의 정치집단
이 京津唐 일대로 옮겨 왔을 가능성도 전혀 배제할 수는 없을 듯하
다. 燕山 일대에서 나타나는 세력이 어느 집단인지는 현재로서는 파
악이 어렵지만 이 일대는 여러 계통의 세력집단이 공동으로 잡처한
지역이었을 가능성이 있다고 보인다. 더욱이 청동예기가 각 문화계
보를 달리하는 여러 정치집단에게 공동으로 나타나며 미세한 차이를
제외하면 동일 범주에 속하는 풍격을 갖추고 있다고 한다면 공동의
풍격을 갖춘 예기의 출현은 바로 연산 지역 내에서 존재하는 각 정
치집단의 존재를 의미할 가능성이 있다고 볼 수 있다. 한편으로 춘
추 중만기 이후에도 여전히 孤竹, 無終, 令支 등 이른바 山戎의 실

---

225) 이 지구의 춘추전국 시기의 기물에는 대량의 북방유목민족특징의 문화
    유존이 발견되며 이른바 內蒙古 杭錦旗 桃紅巴拉을 중심으로 한 桃
    紅巴拉 유형이 발견된다고 한다(韓嘉谷, 「燕國境內諸考古學文化的族
    屬探索」, 246쪽).
226) 韓嘉谷, 「燕國境內諸考古學文化的族屬探索」, 247쪽.

체들이 사라지지 않았다는 점은 연산 일대의 세력역학 관계를 더욱
복잡하고 풍부하게 만들었을 것이다.

小　結

Ⅲ장에서는 전국 중기 전후로 燕昭王의 중흥정책으로 巨燕을 성
립하기까지 과정을 중원 諸國과의 관계를 통한 연국 성장의 계기를
통해 살펴보았다. 이에 따르면 연국은 춘추 시기 齊가 燕에게 명한
召公之法의 수복을 통하여 중원과의 관계가 재개되면서 이른바 中
原 禮制로 편입하게 되는 계기가 되었으며, 이러한 관계는 燕과 齊
의 지리위치의 근접성과 더불어 燕과 齊를 밀착시키는 계기가 되었
다. 특히 燕은 지리위치상 중원 각국과의 접촉은 실제 활발하지 않
았을 것이므로 중원과의 접촉은 주로 齊와의 관계로서 전개되었을
것이라고 결론지었다. 단 齊가 燕을 자주 공격한 점은 燕이 오히려
齊를 제외한 중원 각국과의 관계를 형성할 수 있었던 계기가 되었
는데 예건대 齊가 燕을 공격할 경우 당시 최강국 중의 하나였던 齊
의 강성을 견제한 주변 각국의 원조를 받아 연은 명맥을 이룰 수
있었다.

燕王 噲의 禪讓 사건으로 비롯된 燕의 내란과 이 틈을 탄 齊의
공격은 바로 이러한 상황의 가장 두드러진 면모를 보여 주었다. 결
국 復國을 하게 된 연국은 이를 계기로 齊에 대한 설욕을 위해 蘇
秦을 통한 중원 각국에 反間 작전을 펼치는 동시에 부국강병을 위

한 변법의 시행에 들어가게 되었다. 이를 수행한 자는 연국을 전국 칠웅으로 만든 연국 최대의 현군 昭王이었다. 소왕의 작전은 결실을 거두어 燕은 기원전 284년 濟西大戰을 통하여 齊의 몇 성만을 제외하고 齊를 함락시키게 되었다.

이러한 여세를 몰아서 당시 東胡, 朝鮮 지역에 5郡을 설치하여 巨燕을 성립시키게 되었던 것이다. 이러한 과정은 바로 중원 각국과의 밀접한 접촉과 동시에 중원의 제도 등의 도입을 통하여서 가능하였는데 이는 바로 郡縣體制의 도입이었다. 물론 이러한 승전과 5郡 설치는 연국의 부국강병의 실현과 정치적 안정과 경제력을 바탕으로 한 것이었다. 연국은 이상의 과정을 통해 중원제국으로 빠르게 재편입할 수 있었으며 이 과정에서 연국의 문화는 독자적 면모와 동시에 중원 풍격이 매우 강렬하게 가미되는 계기가 되었다고 볼 수 있다.

燕昭王의 도성지는 燕下都로 칭해질 수 있는데 이 燕下都는 전국시기 연국의 최대의 정치, 경제, 문화의 집중지였으며, 전국 시기 연국의 문화를 대표하는 유지이다. 燕下都 유지 문화의 분석 결과, 당시 燕文化의 구성요소는 燕式鬲, 紅陶釜, 중원 풍격의 禮器와 饕餮紋 半瓦當으로 대표될 수 있다. 이 세 구성요소에는 서주 시기부터의 전통을 계승하여 새로운 융합을 이룬 도기의 출현과 중원 예제로의 편입을 의미하는 예기의 재출현, 예기, 건축 재료 등에서 반영된 동물 문양을 대표로 하는 북방요소의 수용 등이 진행되었음을 알 수 있었다. 서주 시기 姬燕文化의 전통은 많은 부분 소멸되었고, 춘추시기를 거쳐 새로이 출현한 북방 계통의 문화는 연국문화의 구성요소가 되었다. 동시에 중원과 일치하는 예기의 기형과 조합은 연국이 중원과의 관계가 밀접해짐을 나타내는 지표가 된다고 볼 수 있다.

燕下都 유지를 중심으로 전개되었던 춘추전국 시기의 연문화는 전국 중기를 전후로 永定河 이북으로 광범하게 확대되었다. 그러나 전국 중기 이전에도 연문화와 유사한 문화가 燕山地域 일대에서 출현한 것은 연문화의 특징으로 규정한 문화적 특질이 실제로는 연산 남북 일대에서 광범하게 나타나고 있었을 가능성이 크며, 이는 바로 燕下都文化 특징의 기원이 된다는 점을 알 수 있었다. 분명한 문화 세력을 표지하는 玉皇廟文化, 夏家店上層文化 및 白狄 계통 문화 범주 외연에 존재한 북경 일대는 연산 일대에서 보이는 이러한 문화의 공존가능성을 보여 준다. 懷柔 城北의 燕式鬲, 燕國式 묘장, 靑銅禮器의 등장은 아마도 이런 맥락에서 이해될 듯하다.

Ⅳ章 巨燕文化의 形成

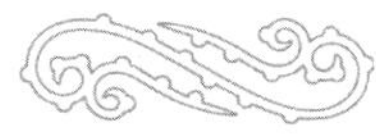

연국은 戰國 중기 이후 燕昭王의 중흥정책에 기초하여 巨燕을 형성하였다. 이 巨燕은 바로 연국이 立國한 燕山 남북 일대의 지역통합을 통해 가능하였다. 연국의 지역통합이란 5郡 설치를 의미한다. 당시 연국의 북방에는 東胡, 朝鮮 등 북방 大國이 존립하고 있었다. 이들 세력은 당시 북방 융적의 강국으로 무시할 수 없는 세력이었음은 여러 문헌을 통해서 알 수 있다. 또한 이 지역의 문화는 Ⅱ, Ⅲ장에서 살펴본 바에 의하면 그 전통 역시 매우 오랜 기간 형성되었으며 연국과는 매우 다른 문화적 특징을 간직하고 있었음을 알 수 있었다. 당시에 東胡세력으로 대표되는 북방의 이들 지역에 설치된 5郡은 어떤 과정을 통해서 이루어진 것인가. 또 5郡 설치 이후 연국 세력범위의 확대와 그에 따른 燕文化의 확산은 어떠하였는가. 이 장에서는 이러한 내용을 살펴보기로 한다.

1. 5郡 設置와 地域 統合

1) 北方 諸族과의 勢力關係

연국은 전국 중기 이후 昭王의 중흥정책과 그의 성공으로 인하여

破齊를 완수하였고, 이를 통하여 연국 역사상 가장 확대된 강역과 전성기를 구가하게 되었다. 이는 齊의 70여 성을 취하여 연의 南界를 확장했을 뿐 아니라 연의 北界에서도 확장이 단행되었던 것이다. 이는 昭王 시기의 賢將으로 알려진 秦開에 의한 北伐 단행의 결과로 행해진 5군의 설치로 인한 것이었다. 그렇다면 연국의 부국강병을 통한 북방 강역의 확대는 어떤 과정을 통해 수행된 것일까? 소왕 시기 당시 연국의 북방에는 夏家店上層文化로 대변되던 강대한 세력이 오랜 기간 웅거하고 있었다. 그런데도 연국은 전국 중기 이후 어떠한 메커니즘을 통해서 이들 세력을 그들의 지역에서 몰아내고 연국의 강역으로 삼을 수 있었을까? 우선 이를 검토하기 위해서 당시 연국의 북방에 존재하던 세력과 연국과의 관계를 조명해 보기로 한다.

당시 연의 북방 제족과 관련된 가장 대표적 사료는 다음과 같다.

A-① ……조 무령왕은 조의 습속을 개혁하여 호복을 입고 말타고 활쏘는 것을 가르쳐 북쪽으로는 임호, 누번을 격파하여 장성을 쌓았다. 대에서부터 음산을 따라 고궐에 이르러 장새를 쌓았으며 운중, 안문, 대군을 설치하였다. 그 후 연은 현장 진개가 호에 인질이 되었는데 호가 그를 매우 신임하였다. 진개는 돌아온 후 군대를 이끌고 동호를 공격하자 동호는 천여리 물러났다. 형가와 함께 진왕을 찌르러 간 진무양은 진개의 손자이다. 연도 장성을 쌓았는데 조양에서부터 양평에 이른다. 상곡, 어양, 우북평, 요서, 요동군을 두어 호를 막았다. 당시는 막강한 전국 칠웅중 삼국이 흉노와 경계를 맞대고 있었다. 그후 조의 장군 이목 때 흉노는 감히 조의 변경에 들어오지 못하였다. ……1) (『史

---

1) 『史記』卷 110 「匈奴列傳」 "……而趙武靈王亦變俗胡服, 習騎射, 北破林

記』卷 110 「匈奴列傳」)

② ……옛날에 기자의 후예인 조선후는 주가 쇠퇴하는 것을 보았다. 연은 스스를 높여 왕이 되었고 동쪽을 침략하고자 하였다. 조선후 또한 스스로 칭하여 왕이 되었고 군대를 징발하여 연을 공격하여 주왕실을 높이고자 하였다. 그 대부 예가 간하자 그만두었다. 예를 서쪽으로 보내 연에 유세하게 하자 연이 그만두고 공격하지 않았다. 그 후 자손이 점차 교만해져서 연은 이에 장군 진개를 보내 그 서방을 공격하여 이천여리를 뺏었다. 만번한에 이르러 경계를 삼았다. 조선은 점차 약해졌다. ……[2] (『三國志』卷 30 「烏桓朝鮮東夷傳」)

위에 제시된 사료에 의한다면 연국이 5郡을 설치할 즈음에 연국 북방에는 東胡와 朝鮮이 있었음을 알 수 있다. 秦開는 東胡의 1,000여 리와 조선 서방의 2,000여 리를 각각 취하여 上谷, 漁陽, 右北平, 遼西, 遼東의 5군을 설치하였음을 알 수 있다.

그런데 의문점은 장성의 축조 및 5군 설치와 관련하여 바로 어느 시점에서 秦開가 북방 제족을 공격하게 되는가이다. 왜냐하면 당시 연국은 破齊를 위한 준비작업에 전력을 다하였기 때문에 연국 북방

胡, 樓煩, 築長城, 自代幷陰山下, 至高闕爲塞,而置雲中, 雁門, 代郡. 其後, **燕有賢將秦開,爲質于胡, 胡甚信之. 歸而襲破走東胡, 東胡却千餘里**. 與荊軻刺秦王秦舞陽者, 開之孫也. 燕亦築長城, 自造陽至襄平. 置上谷, 漁陽, 右北平, 遼西, 遼東郡以拒胡. 當是之時, 冠帶戰國七, 而三國邊于匈奴. 其後, 趙將李牧時, 匈奴不敢入趙邊. ……"

2) 『三國志』卷 30 「烏桓朝鮮東夷傳」 중 『魏略』 "……昔箕子之後朝鮮侯, 見周衰, 燕自尊爲王, 欲東略地, 朝鮮侯亦自稱爲王, 欲興兵亦擊燕以尊周室, 其大夫禮諫之, 乃止. 使禮西說燕, 燕止之, 不攻. 後子孫稍驕虐, 燕乃遣將秦開攻其西方, 取地二千餘里, 至滿番汗爲界, 朝鮮遂弱. ……"

제족을 공격하여 5군을 설치하는 대작업을 언제 수행하는지를 가늠하기 힘들기 때문이다. 특히 昭王 28년에 濟西大戰으로 齊를 공격하기 전까지는 破齊 준비에 여념이 없었다는 것은 이미 앞 절에서 지적한 바이다. 사실 司馬遷은 이를 정확하게 지적하고 있지는 않다. 그렇다면 연국은 언제 5군을 설치하게 되는가. 이에 대한 실마리를 찾아보자.

우선 사료 ①의 「匈奴列傳」의 앞부분에 "匈奴와 경계를 한 三國" 秦, 趙, 燕의 장성 수축시간의 서열을 기록한 내용이 나온다. 여기에서 司馬遷은 우선 秦 昭王 시기에 "有隴西, 北地, 上郡, 築長城以拒胡"라고 하였고, 그다음으로 趙의 武靈王이 林胡, 樓煩을 격파하였다는 기사를 적었다. 그리고 그다음에 '其後'라고 하고 난 후 秦開의 일을 언급하였던 점에 비추어 본다면, 秦開가 東胡를 격파한 상한은 秦 昭王이 장성을 쌓았던 것과 趙 武靈王이 林胡, 樓煩을 격파한 것보다 빠르지 않다는 점을 알 수 있다.[3] 또 「趙世家」에 의하면 趙 武靈王이 "땅을 넓혀 북으로는 燕代에 이르고 서로는 雲中, 九原에 이른 것"[4]은 武靈王 26, 27년 여름으로 서북에 胡地를 약탈한 적이 있고 그때는 바로 燕昭王 12, 13년이 되므로, 秦開가 東胡를 격파한 상한은 燕昭王 13년보다 빠르지 않다. 사료 ①에서는 또 秦開가 胡를 격파한 일은 趙의 장군 李牧이 趙의 변경을 지키기 전이라는 점을 보여 준다. 『史記』「李牧傳」에 의하면 李牧이 장수가 되어 북변을 지켜 東胡를 격파하고 林胡를 항복시킨 것은 趙 悼

---

3) 項春松, 「昭烏達盟燕秦長城遺址調査報告」, 文物編輯委員會 編, 『中國長城遺迹調査報告集』, 文物出版社, 1981. 18쪽.
4) 『史記』 卷 43 「趙世家」 "……攘地北至燕代, 西至雲中, 九原."

襄王 원년보다 10여 년 전이다.[5] 이때 趙의 悼襄王 원년은 기원전 244년으로, 10여 년 전은 기원전 260년 전후가 된다. 이 시기는 燕의 경우, 武成王 12년 전후에 해당된다.

그런데 燕은 燕王 噲의 亂으로 齊에게 공격당한 때부터 곧장 昭王 28년 齊를 대파하기 전에는 小心謹愼하여 감히 무력을 노출시키지 않았고 그리고 전심으로 노력하고 破齊에 뜻을 두었다. 따라서 昭王 28년 齊를 치기 전에 일단 燕 장수 秦開가 東胡를 친 일이 발생할 수 없다[6]는 지적은 공감이 간다. 또 燕昭王이 즉위 33년 만에 죽은 후 燕 惠王 시기에 燕軍은 卽墨에서 齊將 田單에게 격퇴당해 거의 全軍이 궤멸되었고 이후 燕은 이로부터 다시 일어나지 못한 상황으로 볼 때, 惠王, 武成王은 모두 북방 諸族을 구축할 뜻이 있는 英主가 아니었을 뿐 아니라 또 이를 수행할 만한 강성한 무력이 없었을 것으로 보인다.[7] 따라서 秦開가 東胡를 쫓아낸 것은 昭王 28년 齊를 깨트리고 약간 일을 정리한 1, 2년 후인 昭王 재위 33년에서 죽기 전까지로, 즉 기원전 282~280년의 3, 4년간이라는 지적[8]

---

5) 『史記』 卷 81 「李牧傳」 "李牧多爲奇陳, 張左右翼擊之, 大破殺匈奴十餘萬騎. 滅襜襤, 破東胡, 降林胡, 單于奔走. 其後十餘歲, 匈奴不敢近趙邊城, 趙悼襄王元年, 廉頗旣亡入魏, 趙使李牧攻燕……"

6) 陳平, 『燕事紀事編年會按』(下), 213쪽.

7) 陳平, 『燕事紀事編年會按』(下), 214쪽.

8) 陳平, 『燕事紀事編年會按』(下), 213쪽 참고. 劉建華는 기원전 311－279년으로 보았으며(劉建華, 「張家口地區戰國時期古城址調査發現與硏究」, 『文物春秋』 1993－4. 21쪽), 王仲翰·陳達開도 5군 설치는 소왕 12년 이후로 보았다(王仲翰·陳達開, 「戰國秦漢遼東遼西郡縣考略」, 『社會科學輯刊』, 1979－4. 83쪽). 李文信은 기원전 299년 이후 3, 4년 내로 보았다(李文信, 「西漢右北平郡治平剛考」, 『社會科學戰線』 1983－1. 164쪽). 閻忠은 燕昭王 후기로(閻忠, 「燕北長城考」, 『社會科學戰線』 1995－2, 183

은 일리가 있다고 생각한다. 단 장성 축조가 과연 昭王 시기에 모두 완수되었을까는 여전히 의문이 남아 있다. 즉 장성 축초는 비록 소왕 시기에 개시되었을 가능성이 높지만 장성 축조의 완수 시기는 현재로서 결론 내리기는 시기상조로 생각된다.

한편 또 한 가지 의문은 破齊를 위한 준비 작업에 한창 열을 올리던 연국은 당시 북방 제족과 어떤 관계를 유지하고 있었을까 하는 점이다. 만약 破齊를 위해 모든 병력을 남쪽, 燕下都로 집결시켰다면 분명 북방 변강에는 병력의 공백이 생겼을 가능성이 높다. 그렇다면 연국은 강력한 북방 諸族에 의해 어떤 형태로든 공격을 당했을 가능성이 매우 높다. 만약 그렇다면 破齊를 위해 결집된 군사력은 와해되었을 가능성도 배제할 수 없다. 그러나 破齊를 준비하는 시간에는 이러한 내용이 엿보이질 않는다. 물론 사료 ②에서 보면 朝鮮과 약간의 충돌이 발생할 뻔하였으나 이것이 실행되지 않았다는 것을 알 수 있다. 이후 연국은 秦開를 보내 朝鮮의 서방 2,000여 리를 빼앗는 사건이 발생하게 되는 것이다. 여기에서 볼 때 秦開가 朝鮮을 치기 이전까지는 적어도 기록상으로 본다면 朝鮮과 연국이 특별한 사건이 없었던 것으로 보인다. 그렇다면 과연 연국은 최소 秦開가 북벌을 단행하기 이전까지 어떤 관계를 형성하고 있었을까?

우선 東胡와의 관계를 나타내 주는 실마리를 찾아볼 수 있다. 사료 ①에서 秦開가 東胡를 치게 되는 경위와 과정을 보여 준다. 즉

쪽), 羅慶康은 장성 축조는 기원전 300년 전후이며 하북 懷來에서 요녕의 遼陽市까지로 보았다(羅慶康, 「戰國及秦漢長城修復原因淺析」, 『內蒙古社會科學(文史哲)』, 1988－6). 한편 甌燕은 秦舞陽과 秦開가 손자 관계이므로 장성은 燕孝王 혹은 燕王 喜 시기에 축건된 것으로 보았다(甌燕, 「我國早期的長城」, 『北方文物』 1987－2. 16쪽).

秦開가 東胡에 인질이 되어 東胡의 깊은 신임을 얻고 燕으로 돌아온 후 東胡의 사정을 잘 알아서 東胡를 치게 되는 것이다. 그렇다면 秦開가 어떻게 東胡에 인질이 되었을까? 이에 대해 陳平은 昭王 28년 전국의 군사를 모두 남쪽 齊로 다 써서 아마도 東胡가 허를 틈타 북변을 습격하였기 때문으로 인질을 내서 신의를 약속하고 東胡로 하여금 북변을 침입지 않도록 한 것일 가능성과 昭王이 연국 본국의 병력이 부족하다고 생각하여 東胡에 병사를 빌리고자 秦開를 동호의 인질로 삼아 昭王 28년 濟西大戰 전에 그 목적의 하나인 東胡와 화합하여 연의 북변을 보호하고 두 번째 목적인 東胡에 병사를 빌리기 위한 것일 가능성을 제시하고 있다.[9] 이 두 가능성은 현재로서는 검증할 수 없으나 일반적으로 이 당시의 인질은 모두 해당국 국군의 귀한 혈연으로, 만약 아니라면 신뢰를 저버릴 가능성이 높아지므로 당연히 귀한 혈연관계에 있던 자를 보내게 되어 있었다는 점에 주목할 필요가 있다. 따라서 秦開가 이미 東胡에 인질이 될 수 있었던 것은 일반적인 燕의 장수가 아니라 昭王의 매우 중요하고도 친근한 직계 친속이거나 주요 인물이었다고 볼 수 있다.

따라서 당시 두 나라가 인질로써 신의를 쌓은 것은 인질을 주고받았을 정도의 관계를 東胡와 연국이 맺고 있었음을 시사해 주는 셈이다. 齊에 인질이 되었던 襄安君도 燕昭王의 친동생이다.[10] 이처럼 齊와 燕 역시 인질을 주고받았으며, 연태자 丹이 秦에 인질이 되었던 것처럼, 진과 연 역시 인질을 주고 받았던 관계에 있었다. 그렇다면 陳平이 지적하였듯이 적어도 인질을 매개로 모종의 합의가 있

---

9) 陳平, 『燕事紀事編年會按』(下), 214쪽.
10) 『戰國策』 卷30, 「燕2」, "陳翠合齊, 燕, 將令燕王之弟爲質于齊, 燕王許諾"

었을 가능성이 농후하다. 특히 秦開가 東胡에 인질이 되었다가 거기에서 깊은 신뢰를 받게 된다는 대목에서는 東胡와 연국과의 인질 교환은 아마도 양국의 관계가 나빠질 경우 만일의 사태를 대비하기 위한 인질 교환의 성격을 짐작할 수 있어 양국 간의 모종의 친분관계를 짐작게 한다. 게다가 東胡의 사정을 충분히 숙지하였다는 점을 감안한다면 東胡의 인질인 秦開의 경우에는 많은 부분에서 東胡의 여러 제도나 혹은 주변과의 관계를 충분히 감지할 수 있는 상황, 즉 보다 자유로운 상황하에서 인질이 되었을 것으로 추정된다.

물론 항상 완전한 親緣관계만을 형성하였던 것 같지는 않다. 하지만 인질을 매개로 한 이 두 세력 간의 모종의 계약 혹은 약속이 있었을 가능성이 많다. 陳平이 제시한 두 가지 가능성 중 하나일 수도 있다. 그러나 破齊 이전까지 東胡가 燕國에게 위협의 가능성을 보이지 않았던 것만은 분명한 것 같다. 여기에서 역시 燕과 북방 諸族과의 관계는 반드시 대립의 관계라기보다는 일종의 竝存, 共存의 공생관계에 있었으리라는 점을 다시 한 번 확인해 볼 수 있을 것이다.

다음으로는 朝鮮과의 관계이다. "燕의 동쪽에는 朝鮮, 遼東이 있다."는 기록11)으로 볼 때, 그리고 이 문헌이 반영하는 시기가 춘추에서 전국의 전반적 시기라는 점을 인정할 때 적어도 전국 시기 연국은 東胡뿐 아니라 朝鮮과도 연접하였음을 알 수 있다. 사료 ②에서는 연국과 朝鮮이 지속적인 관계를 유지하였던 것을 보여 준다. 그

---

11) 『戰國策』 卷29 「燕策1」에서는 蘇秦이 燕의 文侯(실제로는 燕昭王임)에게 유세하면서 연의 지리를 설명하는 과정에서 연의 동쪽에 朝鮮 遼東이 있음을 지적하는 장면이 기록되었다("燕東有朝鮮, 遼東, 北有林胡, 樓煩……") 이 기사는 전국 중기 이후 朝鮮은 燕과 직접 연접해 遼東에 위치하고 있었음을 전해 준다.

런데 秦開가 東胡의 인질이 되어 東胡의 사정을 잘 숙지함에 따라 東胡 1,000여 리를 탈취하게 되는데 朝鮮의 경우는 어떤 과정을 통해서 朝鮮 서방의 2,000여 리나 되는 땅을 뺏을 수 있었을까? 이는 두 가지의 상황이 설정될 수 있을 듯하다.

우선 연국은 朝鮮과는 일찍이 일정한 관계를 이루고 있었다. 朝鮮의 명칭이 비교적 빨리 등장하는 시기는 『管子』에서 보이는 朝鮮의 文皮를 齊가 수입한 기사 내용에서 찾아볼 수 있다. 즉 海內의 玉幣를 얻는 일곱 가지 방책에 대한 齊桓公의 질문에 대하여 管仲이 "發朝鮮에서 나는 무늬 가죽을 얻는 것이 그 한 가지라고 대답하였으며"12) 또 "……發朝鮮이 조근을 오지 않는 것은 文皮와 毨服을 예물로 요청하기 때문이다. ……한 장의 彪皮라도 천금의 값을 계산해 준다면 8천 리 떨어진 發朝鮮도 조근을 오게 할 수 있을 것이다."라는 기록이 있다.13) 이 시기는 기원전 7세기 정도로 춘추 중기에 해당된다. 이로 볼 때 齊와 朝鮮은 물자의 교역이 행해지고 있었음을 알 수 있다.

그렇다면 이 물자교역의 통로는 어디였을까? 우선 渤海灣의 海路를 통해서 이루어졌을 것이며 陸路의 경우에는 아마도 燕國지역을 거쳐서 이루어졌을 것이다. 그렇다면 齊와 물자교역을 이루었던 朝鮮은 연국과도 일정한 교역관계를 이루었을 것은 짐작할 수 있다. 이는 『管子』 卷24 「輕重甲」의 "燕有遼東之煮"에서도 추정해 볼 수 있

---

12) 『管子』 卷23 「揆道」 "桓公問管子曰 吾聞海內玉幣七筴, 可得而聞乎, 管子對曰, ……燕山之紫山白金一筴也, 發朝鮮之文皮一筴也……"
13) 『管子』 卷24 「輕重甲」 "……管子對曰, ……發朝鮮不朝, 請文皮, 毨服而以爲幣乎, ……一豹之皮容金而金也, 然後八千里之發朝鮮可得而朝也"

을 듯하다. 특히 齊가 燕을 병탐하고자 했던 이유 중의 하나로 꼽을 수 있는 것은 바로 『史記』「貨殖列傳」에서 보이는 "燕은 渤海와 碣石 사이에 사람이 많이 모여 사는 곳으로……북쪽으로는 烏桓, 夫餘와 접하였고, 동쪽으로는 穢, 貉, 朝鮮, 眞番으로부터의 이익을 꿰어 찼다."[14]라는 기록으로 볼 때, 연국의 물자와 북방의 물자를 교역하여 아마도 막대한 이득을 취하였던 것에서 한 원인을 찾아볼 수 있을 듯하다. 齊에게 부러움의 대상이었던 연국의 북방과의 물자교역은 매우 활발했을 것으로 추정된다. 더욱이 연국 화폐가 현 遼寧省 일대뿐 아니라 조선반도에까지 발견되는 점은 이를 대변해 준다. 이는 연국은 북방과 남방 중원과의 交界 지역에 위치하였기 때문에 이를 잘 이용한 상업 활동이 매우 활발하였을 것이다. 연국 화폐가 대량적으로 발견되었던 것은 이미 앞에서 지적한바, 이는 이와 같은 상황을 뒷받침해 준다고 볼 수 있다. 이와 함께 朝鮮과 燕은 서로 접경해 있기 때문에 정치군사적 교섭이 빈번하게 이루어졌을 것도 사료 ②를 통해서 가히 짐작할 수 있다. 더욱이 서로 稱王하던 시기에는 양국은 대등한 길항관계를 유지하고 있었다. 따라서 燕國은 朝鮮과 매우 밀접한 관계를 유지하고 있었을 것이다.[15]

　두 번째 상황은 바로 燕과 이렇게 밀접한 관계를 유지하던 朝鮮에 대한 사정은 東胡에 인질이 되었던 秦開에 의해서도 파악이 되

---

14) 『史記』 卷129, 「貨殖列傳」 "夫燕亦勃碣之間一都會也, ……北隣烏桓夫餘, 東綰穢貉朝鮮眞番之利"
15) 연국과 조선은 서로 침략의 의사가 있었으나 그만두는 상황은 연국과 조선의 당시의 군사역량이 아직 그토록 강대하지 않았음을 시사하는 것을 의미한다고 보는 학자도 있다(劉子敏, 「燕, 遼東, 古朝鮮」, 『東疆學刊(哲社版)』 1991-4. 56쪽).

없을 가능성이 있다는 점이다. 연의 북방에 있던 東胡와 朝鮮은 당연히 인접하였을 가능성이 매우 크기 때문에 東胡, 朝鮮 역시 매우 밀접한 교류관계와 정치적 교섭관계를 형성하였을 것임에는 분명하다. 따라서 東胡에게 깊은 신뢰를 받았던 秦開는 큰 장애 없이 朝鮮과 東胡의 사정을 꿰뚫었을 가능성도 배제할 수 없다. 따라서 秦開가 東胡뿐 아니라 朝鮮까지도 침략할 수 있었던 발판은 이상과 같은 상황에서 형성되었던 것이라고 추정해 볼 수 있다.

이와 같은 관계의 설정은 바로 燕國이 破齊 준비과정에서 북방세력의 침입 가능성을 가장 최소화할 수 있었던 배경이 될 수 있었을 것이다. 따라서 燕國이 破齊를 준비할 수 있었던 것은, 연국과 북방 諸族과 길항관계를 유지하였지만 인질 秦開를 통한 침입가능성 최소화의 추진 혹은 연국과의 경제, 물자 교역관계를 빈번하게 유지하되 모종의 정치적 타협 혹은 교섭을 통하여 모종의 협정을 체결하였을 것도 생각해 볼 수 있다. 혹은 연국은 중원 제국과는 비록 상쟁의 관계에 있었으나 여러모로 燕山 남북 일대에서 오랜 기간 공존해 온 東胡, 朝鮮과는 병존관계를 유지하고 있었을 가능성도 엿볼 수 있다.

이렇게 본다면 오히려 연국을 도와줬을 가능성도 배제할 수 없다. 燕國과 북방 제족과의 관계를 이제까지는 대부분 대립투쟁의 관계로 인식하여 왔다. 특히 東胡, 朝鮮을 내몰고 5郡을 설치한 시점에서 이들 간의 관계는 대립관계의 가장 분명한 표현이며 그렇기에 그러한 관점은 지지를 받는다. 그러나 만약 齊를 공격하기 위해 모든 군사 병력을 남방을 향해 집중시켰고 또한 東胡, 朝鮮과의 관계가 대립 투쟁의 관계였다고 한다면 분명 연국의 북방은 교란되었을 가능성이 높다고 생각된다. 단 이들 세력과 일정한 교류관계를 맺어서 오랜 기간 동안 공존의 관계를 유지하였다면 오히려 破齊 시 도움을 청하거나 혹은 연국의 북방에 안전을 꾀하였을 가능성이 높다.

따라서 연국과 북방 제족과의 관계는 모종의 교섭 혹은 협상이 이루어졌을 가능성을 배제할 수 없다. 그러므로 연국이 장기간 破齊를 도모하고 부국강병을 이룩하는 과정에서 연국과 그 북방과의 관계는 항상 대립관계만을 유지하지 않았음을 다시 한 번 엿볼 수 있었다. 따라서 소왕의 중흥정책이 실시되고 破齊의 준비과정 중에서는 이들 북방 제족과 특별한 사건 없이 침입 가능성을 최소화하면서 관계를 유지하고 있었을 가능성이 높다. 단 5군 설치시기가 昭王 30년을 전후로 하였을 때, 破齊를 성공적으로 이룬 연국이 이제는 북방 제족에게 눈을 돌려 연국의 세력 확장을 꾀하였던 것이다. 따라서 비교적 빠르게 이루어진 5郡의 설치는 이러한 상황하에서 과연 어떻게 이루어질 수 있었을까. 이는 물론 破齊 이후 秦開의 諫言과 당시 최강의 연국 군사력을 배경으로 하였을 것이다. 더욱이 당시 각국은 郡縣體制의 도입으로 인하여 영역국가로 성장하고 있었다는 점을 감안한다면, 연국 역시 그 세력범위를 확대시키는 일선에 있었고 이 여세를 몰아 연국은 朝鮮과 東胡를 지고 그들 지역을 자신의 영역으로 확정해 버렸을 것이다. 이것이 바로 5郡의 설치이다. 다음에서는 5군 설치 과정과 의미를 살펴보기로 한다.

2) 燕山地域의 統合과 巨燕의 成立

『史記』「匈奴列傳」에 연국이 戰國 중기에 東胡, 朝鮮을 격퇴하고
그 지점을 연국 세력범위로 공고히 하기 위해 造陽에서 陽平까지
長城을 수축하고 5郡을 설치하였다고 기록하였다. 연국의 燕北장
성[16]은 秦과 漢代에 수축된 장성의 기초가 된다는 것은 의심할 수
없다.[17] 최근에 昭烏達盟에서 발견된 3줄의 각각 다른 시기의 赤
北,[18] 赤南, 老虎山長城은 漢代 이전 燕~秦 시기의 유지로 최초의
장성 유적의 하나임이 밝혀졌다.[19] 이 중 赤南장성은 전국 시기 燕
北장성의 유지로 「匈奴列傳」의 "造陽에서 襄平까지"의 장성 走向과
대체적인 범위가 거의 부합한다고 볼 수 있다.[20] 즉 赤南장성의 유

---

16) 연국에는 徐水 부근에 수축된 南장성이 있기 때문에 이와 구별하기 위
　　해 燕北장성이라는 용어를 일반적으로 사용한다.
17) 甌燕, 「燕國開拓祖國北疆的歷史功績」, 『文物春秋』 1999－4.
18) 赤峰 지역을 중심으로 하여 상하로 두 줄의 장성 유지가 발견되었는데
　　이 때문에 북쪽에 있는 장성 유지를 赤北장성, 남쪽의 장성 유지를 赤
　　南장성으로 칭한다.
19) 이곳에서 발견된 장성은 건축방법, 수축규모 및 방어시설 등 방면은 모
　　두 많은 점에서 비슷하여 그들 간 건조된 시간은 거리가 멀지 않음을
　　시사하지만 장성으로부터 거치는 지구의 지모, 유적현상 및 그 沿線에
　　서 발견된 유물로 볼 때 이 세 장성의 건축시간은 조만의 구분이 있다
　　고 지적하고 있다(項春松, 「昭烏達盟燕秦長城遺址調査報告」, 文物編輯委
　　員會編, 『中國長城遺迹調査報告集』, 文物出版社, 1981. 17쪽).
20) 董高는 연장성은 서쪽으로는 내몽고 化德현에서부터 서쪽을 향하여 趙
　　長城과 서로 접하고 동쪽으로는 正藍旗, 多倫을 거쳐 하북성 圍場현
　　경내로 들어간다고 하였다. 圍場縣, 城子, 新撥, 山灣子를 거쳐 동쪽으
　　로 赤峰현 경계로 들어간다고 보았는데(董高, 「東北地區燕文化遺存及
　　其有關問題」, 『燕文化研究論文集』, 13쪽.) 이는 실제로는 赤北장성, 즉

지 중에서 보이는 魚骨盆, 明刀, 繩紋板瓦, 山字紋, 獸紋半瓦當의 출토는 이 장성이 전국 시기 연국이 축조한 장성일 가능성을 보여 준다.[21] 또 赤北장성의 경우에는 장성 유지인 赤峰縣 三眼井公社에서 출토된 秦 鐵權 등 秦代의 중요 유물이 출토되었고, 이런 기물은 秦 통일과 북방에서 조치된 것과 직접 관계가 있는 것으로 볼 때 秦 통일 이후에 수축한 장성일 가능성이 있다.[22] 이상으로 볼 때 「匈奴列傳」에서 보이는 "造陽에서 襄平까지" 축조된 연국 장성은 赤南장성에 해당된다고 볼 수 있다. 바로 이 赤南장성이 秦漢代 장성 축조의 기초가 되었으며[23] 5郡은 바로 이 赤南장성 이내에 설치되었던 것이다.

연국의 5郡을 파악하기란 쉽지 않지만 秦漢代의 경우 燕國이 설

秦代 장성이라고 볼 수 있다. 葉小燕에 의하면 燕北장성의 동단은 奈曼, 庫倫, 阜新에 이른다고 보았다. 장성 남부 沿線의 古城, 烽燧 유지 중 燕, 秦, 漢代의 유물을 발견하였으며 이는 혹시 秦이 장성을 축조한 것이 燕의 장성을 계승하였을 가능성을 보여 준다고 지적하고 있다(葉小燕, 「中國早期長城的探索與存疑」, 『文物』 1987-7. 46~47쪽). 또 甌燕은 敖漢旗, 建平의 북쪽과 적봉의 남쪽 喀喇沁旗, 沽源, 圍場, 張北의 諸縣에서 모두 유지가 있다고 지적하고 그것은 石을 기초로 삼고 황사토 항축을 이용하여 또한 石砌 혹은 土築을 채용하였다고 지적하였다. 또 長城 沿線의 남측에서는 烽臺, 城郆, 城의 설치가 있다고 하였는데 이는 赤南장성을 지칭하는 것으로 보인다. 따라서 이처럼 현재 발견되는 燕北長城은 이것의 각각의 주향, 시기설정 등 아직 혼란스러운 점이 남아 있다(甌燕, 「燕國開拓祖國北疆的歷史功績」, 16쪽).

21) 項春松, 앞글, 17쪽.
22) 項春松, 앞글, 18~19쪽. 또한 지면에서는 비교적 밀집된 거주 유지가 있어 이곳은 秦代 右北平郡 소속 要塞의 하나였을 가능성이 있다고 보았다.
23) 王錦厚, 「考古學所見兩漢之際遼西群縣的廢遷和邊塞的內徙」, 中國考古學會 編, 『中國考古學會第六次年會論文集1987』, 文物出版社, 1990. 155쪽.

치한 5郡을 대체로 계승하였고 秦漢代 5郡으로 추정되는 지역에 전국 시기의 기물 혹은 연국의 특정 기물이 共出되었다는 점으로 미루어 연의 5郡을 추정할 수 있다. 이처럼 연국의 5郡을 파악하는 기본 자료가 秦漢代 문헌을 통한 것이기 때문에 일정한 한계가 존재하고 각각의 세밀한 지역 설정과 治所에 대해서는 약간의 논쟁이 뒤따른다. 더욱이 遼東郡의 東界에 대해서는 많은 논쟁이 존재하지만 현재 燕昭王 시기 秦開에 의해 수축된 연국 장성이 赤南장성일 가능성이 높으며 이 장성 안쪽에 5郡이 설치된 점을 미루어 본다면 요동군의 대체적인 지리위치 역시 해결의 실마리를 찾을 수 있으리라 생각된다. 이 외의 5郡 지리범위는 미세한 차이 외에는 대부분 이견이 없다.

특히 최근 문헌기록을 증명해 줄 만한 고고 발굴이 몇 차례 진행되었고 그곳은 대부분 전국 시기부터 漢代의 유물이 공존하는 것으로 볼 때 문헌을 통한 5군 지역 추정이 크게 틀리지 않았음을 뒷받침해 준다. 그럼 5군의 대체적인 범위를 추정해 보기로 한다.

가장 서쪽에 위치하여 趙의 代郡과 인접한 上谷郡은 造陽 지역이 된다.[24] 이와 관련된 문헌에 따르면 上谷郡의 郡治는 秦漢代는 沮

---

24) 『史記集解』 衛昭 注에 "地名은 上谷에 있다."는 기록이 이를 뒷받침한다. 그러나 朝陽이 상곡이 되는 것이 아니라 獨石口임을 주장하는 견해도 있다. 閻忠에 따르면 造陽은 沮陽, 즉 懷來로 대부분 인식하지만 이는 틀린 것으로 『史記』「匈奴列傳」에 의하면 "漢은 또한 上谷의 什辟縣의 造陽 땅을 버리고 胡에게 주었다. 이해는 漢의 元朔양이년이다."라고 하여 造陽은 본래 什辟縣에 있었는데 漢 武帝 시에 흉노로 들어갔으며 그 대체적인 위치는 하북성 獨石口에서 灤河源 일대라고 지적하였다(閻忠, 「燕北長城考」, 181쪽). 그러나 上谷과 造陽이 동일한 지명인지 혹은 造陽은 燕北장성이 수축된 장소의 범칭인지는 현재로서

陽현에 있었고[25] 唐代는 嬀州라는 명칭을 사용[26]하였음을 알 수 있다. 秦漢代는 대부분 이전 시기부터 존재하던 지역의 명칭과 위치를 크게 변경하지 않고 답습하였기 때문에 戰國시기 燕의 上谷郡도 이와 대체로 비슷하였을 것[27]으로 생각된다. 이와 관련하여 上谷郡 城址는 懷來현 동남 20리의 官廳水庫 南岸에서 발견된 大古城이 바로 漢代의 沮陽 고성 혹은 燕, 秦 시기의 上谷郡의 治所로 보는 것에 대부분 이견이 없다.[28] 특히 이곳에서 연국 시기 기물의 특징인

해결할 수 없지만 현재 獨石口에서 발견된 燕北長城으로 볼 때 造陽이 지칭하는 것은 獨石口이든 上谷의 郡治(郭錚, 「上谷郡源流考辨」, 『地名知識』 1986−6. 11쪽)이든 간에 獨石口에서 장성이 수축된 지점이라고 볼 수 있으며 上谷의 治所는 아마도 懷來 官廳水庫의 大古城이 上谷郡의 治所였을 가능성이 높다고 볼 수 있다.

25) 『漢書』 卷28, 「地理志」에서는 "上谷郡……縣十五, 沮陽……"이라 하여 당시의 郡治는 沮陽현에 있다는 점을 알 수 있으며 또 『水經注』의 清夷水는 嬀河로, 발원은 延慶縣 동북 이서이고 서쪽으로부터 동쪽은 현재 官廳水庫를 관통하여 서쪽으로 桑干河로 유입하고, 沮陽 고성은 涿鹿城 동북 방향의 60리에 있다. 清夷水의 流向과 沮陽 고성의 위치는 『水經注』의 기재를 증명한다(郭錚, 앞글, 11쪽).

26) 『史記正義』에서는 "上谷郡은 嬀州이다."라고 하였다.

27) 安志敏은 秦漢代 上谷郡의 治所는 연국과 동일 지점에 있다고 보았다(安志敏, 「河北懷來大古城村古城址調査記」, 『考古通迅』, 1955−3기. 47쪽).

28) 劉建華, 「張家口地區戰國時期古城址調査發現與研究」, 『文物春秋』 1993−4. 21쪽. 郭靜은 秦의 沮陽城이 바로 이 大古城으로 인식하였고 秦의 上谷郡은 대체로 연의 것을 그대로 연용하였을 것으로 보았다(郭靜, 앞글, 11쪽). 鄭紹宗은 秦代 上谷郡의 治所인 沮陽을 大古城으로 보았다(鄭紹宗, 「河北省戰國, 秦, 漢時期古長城和城障遺址」, 文物編輯委員會 編, 『中國長城遺迹調査報告集』, 文物出版社, 1981. 38쪽). 尤文遠・孟浩, 「河北懷來縣大古城遺址調査情況」, 『文物參考資料』 1954−9기에서는 官廳水庫의 大古城은 上谷郡 治所인지 여부는 알 수 없지만 戰國시기에 漢代의 성지일 것으로 추정하였다.

336

魚骨盆이 출토[29]되었던 점으로 볼 때 이곳이 전국 시기 上谷郡의 치소였을 가능성이 높다고 볼 수 있다. 上谷郡이 포괄하는 지역은 『戰國策』 卷5 「秦策 5」에서 나오는 燕秦 시기 上谷郡이 관할한 36縣의 지망[30]을 통해 일부 추정해 볼 수 있다.

---

29) 安志敏, 「河北懷來大古城村古城址調查記」, 46쪽.

30) 현재로서는 燕이 郡 아래의 縣을 설치하였는지의 여부는 알 수 없다. 『戰國策』 卷7 「秦策 5」에서 나오는 "趙攻燕, 得上谷三十六縣, 與秦什一"에서 보이는 上谷郡 관할 현을 다음과 같이 보기도 한다. 宣德(현재 宣化縣지), 宣平(懷安郡), 順聖(陽原縣지), 영흥(涿鹿縣지), 진산(延慶현지), 광영(장가구시) 여기(용관현지), 懷安, 懷來 등지이다(郭鋅, 앞글, 11쪽 참고). 劉建華에 의하면 上谷郡은 대체로 張家口, 宣化, 懷來, 涿鹿, 崇禮, 萬全 등 현을 관할하였고 代郡은 서부지구를 장악하여 蔚縣, 陽原, 回雁 등 縣을 관할하였다(劉建華, 앞글, 19쪽).

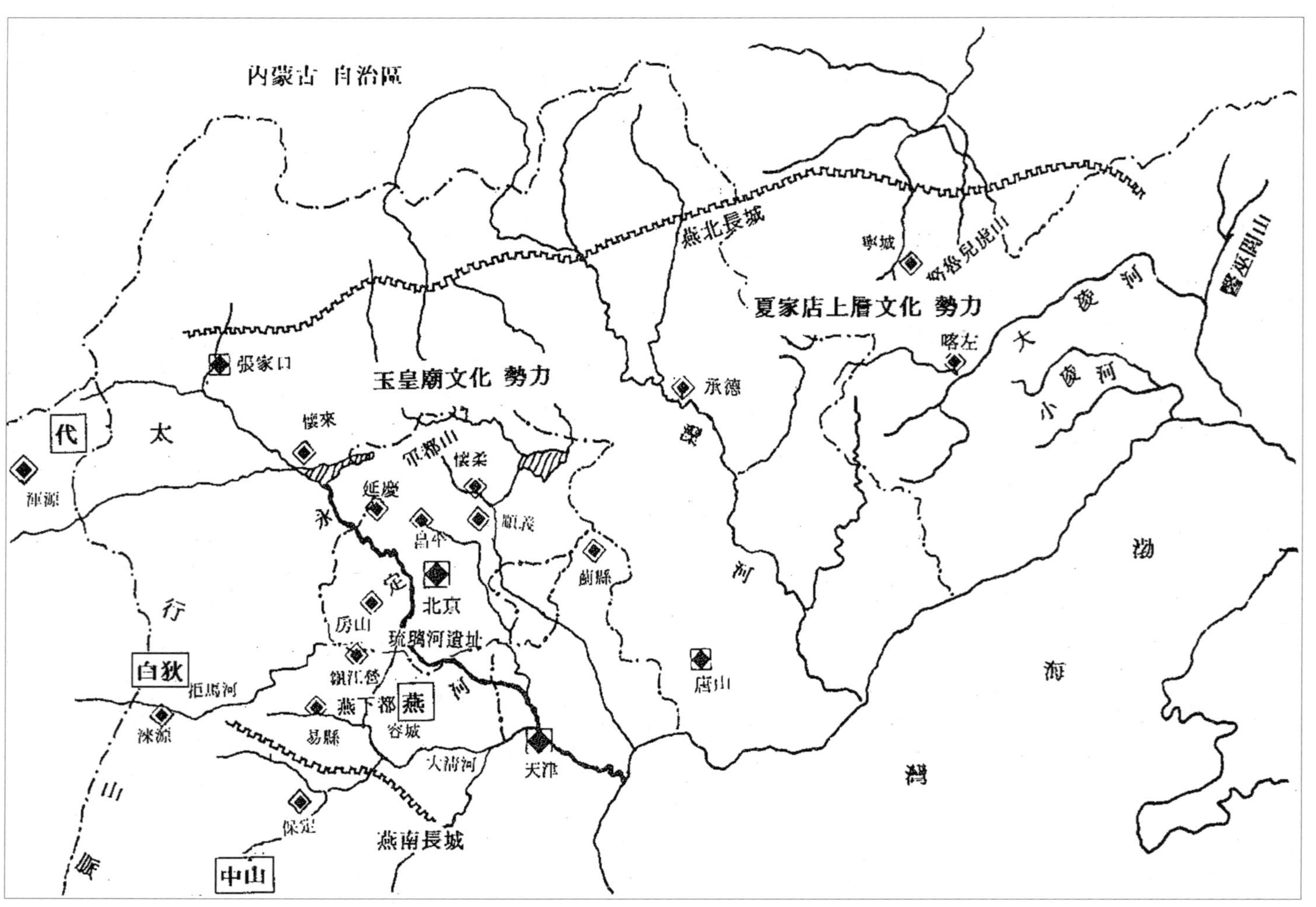

지도 3〉 전국시기(전국 중기까지) 연국 세력범위 추정도

이에 의한다면 上谷郡은 현재 張家口 小五臺山 이동으로 張家口市의 남쪽과 宣化, 懷來, 涿鹿, 崇禮, 萬全 陽原, 懷安 이동, 赤城, 延慶 이서, 北京 昌平 이북 지역을 포괄한다.[31] 이들 지역에서 보이는 전국 시기 성지의 분포[32]는 桑干河, 洋河, 白河, 壺流河 유역과 그 부근지구가 된다. 성지 내에서 드러난 유존은 신석기 시기부터 淸代까지 각 시대의 것이 있고,[33] 성지 내 문화 면모는 夾砂紅陶, 夾砂褐陶와 泥質夾砂灰陶가 있고 건축 재료 등이 있다.[34]

上谷郡과 접하였던 漁陽郡은 그 치소인 漁陽城의 소재에 대해서 각기 다른 관점이 있다. ① 우선 漁陽城이 현재의 密雲현 혹은 그 서남에 있다고 하는 견해이다. 이에 대한 근거는 『大淸一統志』 卷8 「順天府志」의 "漁陽故城在密雲縣西南三十里"라는 기록과 『括地志』

---

31) 郭鋅, 앞글, 11쪽; 劉建華, 앞글, 19쪽.

32) 張家口지구에서는 이미 36좌의 전국 시기의 고성지가 발견되었으며 劉建華는 이를 郡治 고성, 縣治 고성, 軍士城堡 세 종류로 분류하였다. 이 중 郡治城은 한 군의 할구 내의 정치, 군사, 문화, 경제의 중심이 되며 성내는 응당 지방 행정관리와 지방 군사방어기구가 있으며 성내 출토문물로 볼 때 성시규모는 이미 추형을 갖추었다고 보았다. 성내는 관저구, 상업구, 평민거주구가 있고 성밖은 매장구가 있으며 특히 造陽 성내는 전폐업이 있어서 輝縣에서 발견된 '上谷' 명문의 布幣와 琉璃河에서 발견된 '造陽'명문의 포폐는 이를 증명해 준다고 지적하고 있다(劉建華, 앞글, 20쪽).

33) 현존 성지는 배산임수로 성지 내 혹은 부근에는 역대의 유지 혹 현대 촌락이 많다. 성지 내에서 드러난 유존은 전국 시기뿐 아니라 신석기, 상주, 춘추, 양한, 당, 요 금, 원, 명, 청 등 각 시대의 것이 있다. 이들 성지는 조기취락지 위에 건축된 것이다. 상당 수량의 성지는 후대에까지 연용된 것으로 대개 후대에 연용된 성지는 일반적으로 보존이 좋다. 성장은 여러 차례 수정되었고 발견된 성지는 모두 土築墙體가 된다(劉建華, 앞글, 19쪽).

34) 劉建華, 앞글, 21쪽.

의 “漁陽故城在密雲縣南十八里漁水之陽”의 내용이다.35) 그러나 ②
郭仁은『水經注』의 漁陽城에 대한 기록과 이 密雲현의 지리가 부합
되지 않는 점들을 들어 密雲현이라는 의견을 반박하고,『水經注』에
서 기록한 漁陽城의 지리면모가 懷柔縣임을 입증하여 漁陽城은 懷
柔縣에 있다고 주장하였다.36) 또한 秦이 燕制를 이은 것에 착안하여
秦代 漁陽郡이 12縣을 관할한 것을 통해 그 대강의 지리범위를 추
정하고 漁陽城의 지리위치를 더욱 구체적으로 懷柔의 梨園莊으로
보기도 한다.37) 이에 의하면 漁陽郡의 포괄범위는 北京市 동부의 通
縣, 順義, 懷柔, 密雲, 平谷, 河北省의 三河, 武清, 香河, 寧河, (寶
坻, 薊縣) 일대를 포괄한다38)고 볼 수 있다. 그런데 접경을 이룬 寶

---

35) 이 외에도『舊唐書』「地理志」<薊州> 條에서는 “開元十八年, 分幽州
　　之三縣治薊州, 天寶元年改爲漁陽郡, 乾元元年復爲薊州, 天寶領縣之,
　　……漁陽, 後漢屬漁陽, 秦右北平郡治也. 隋爲漁陽縣”이라고 하였다. 여
　　기에서의 漁陽縣은 현재 河北省 薊縣으로 薊縣은 秦漢시대에 右北平
　　郡에 의해 다스려졌기 때문에 漁陽이 아니다. 淸代의『光緖順天府志』
　　에서는 “密雲縣, 冲繁, 燕漁陽郡, 秦因之, 漢爲漁陽縣”이라 하였다. 楊
　　守敬은『水經注疏』에서 “漁陽故城在今密雲縣西南”이라 하였다. 또 錢
　　坫『新斠注漢書地理志』에서도 “漁陽郡在今密雲縣西南三十里”이라고
　　하였다.
36) 郭仁, 「關于漁陽城的位置及其附河道的復原」,『考古』1963－1. 29쪽.
37) 吳殿聰, 「漁陽, 薊, 無終變遷考」,『薊縣文史資料(二)』1990(『中國考古
　　集成』[華北: 卷10]. 218쪽에서 재인용).
38) 郭仁, 앞글, 28쪽. 漁陽은 薊州에 설치하였고 薊州는 현재 天津市의 薊
　　縣이 된다고 하였다. 秦代에서는 漁陽의 郡治를 密雲縣 서남에 있다고
　　인식하였다. 薊는 秦代에 漁陽에 속한다고 보았다(楊志玖, 「關于漁陽,
　　范陽, 薊縣的方位問題 — 兼論『重修薊縣志』的錯誤」,『天津社會科學』1983
　　－2. 61～63쪽). 이 외에 劉幼錚, 「春秋戰國時期天津地區沿革考」,『天
　　津社會科學』1983－2에서는 天津은 전국 중만기에 右北平郡이 설치되
　　어 無終(현재 薊縣)을 군치하였고 武清, 寶坻 등지는 漁陽郡 관할에 속

340

坻와 薊縣의 경우에 사실 右北平郡에 속하는지 혹은 漁陽郡에 속하
는지는 현재로서는 판단할 수 없지만 이 두 지역이 5군 지역 안에
포함되었던 것만은 분명한 듯하다.

이처럼 이들 지역이 漁陽郡 혹은 右北平郡에 속하는지를 가늠할
수 없을 정도로 漁陽과 맞붙어 있는 右北平郡의 치소에 대해서 몇
가지 관점이 있다. ① 河北省 平泉, ② 遼寧省 凌源縣 安杖子村 고
성지,39) ③ 內蒙古 寧城縣 甸子鄉 黑城 고성지40) 등이다. 최근에는
④ 寶坻 秦城을 右北平郡 故城으로 보는 관점41)도 제기되었다. ③

한다고 보았다. 사실 薊縣이 右北平에 속하는지 혹은 漁陽에 속하는지
는 논란이 되고 있다. 앞으로 연구를 기대한다.

39) 遼寧省文物考古研究所, 「遼寧凌源安杖子古城祉發掘簡報」, 『考古學報』
1996－2. 이곳은 夏家店上層文化, 戰國, 西漢 시기의 유존이 출토되는
데 漢代 右北平郡의 石城縣일 것으로 추정되며 전국 시기 특히 燕下
都와 동일한 饕餮紋, 山字紋 등 半瓦當의 존재는 이곳이 전국 시기 右
北平郡에 속한 모종의 장소였을 것이라는 추정을 뒷받침한다.

40) 李文信, 「西漢右北平郡治平剛考」, 『社會科學戰線』 1983－1. 이 黑城
발굴보고문에 의하면 이곳은 內蒙古 자치구 赤峰市 寧城縣 甸子鄉 黑
城村에 위치하며 동북지구 남부의 명확한 燕, 秦에서 漢代의 古城이
된다. 이곳은 현재 '花城', '外羅城'와 '黑城'의 세 성지로 조성되었고
그중 '花城'과 '外羅城'의 시대는 비교적 빠르며 전자는 戰國의 성이고
후자는 秦漢의 성이 된다. 여기에는 대량의 戰國에서 西漢 유물이 보
존되었고 특히 花城은 주로 전국 시기의 유물이 출토되었다. 따라서 화
성은 전국 시기 연이 수축한 군사방어의 城堡이며 성내에서 출토된 유
물은 이곳 세 성지 중에서 시대도 비교적 빠르며 주로 繩紋紅陶鍋와
같은 현저한 전국시대의 특징을 갖추고 있다. 더욱 중요한 것은 花城
남쪽 담장은 나중의 外羅城과 黑城에 의해 파괴되었고 黑城은 또한 外
羅城을 이용하였는데 이러한 명확한 지층관계는 花城이 다른 두 성보
다 비교적 빠르다는 것의 가장 믿을 만한 증명이 된다. 이 때문에 花城
은 전국시대 연국이 북부지구에서 수축한 城堡라고 지적하고 있다(馮永
謙・姜念思, 「寧城縣黑城古城址調査」, 『考古』 1982－2).

의 의견에 의하면 寧城 甸子鄕 黑城 고성지가 漢代의 右北平郡 平
剛의 치소이지만 漢 역시 燕, 秦의 구제를 습용하였을 것이고 이 지
역에서 전국시대 유물이 출토되었기 때문에 전국 시기 右北平郡의
치소였을 것으로 인식한 반면,[42] 寶坻 秦城[43]의 경우는 성내에서 출
토된 것이 전국 시기 연문화의 기본 특징인 燕式鬲, 大口釜 및 明
刀幣 등과 건축재료인 饕餮紋, 雙獸紋, 雲山紋 半瓦當 등으로 모두
전국 시기 연문화에서 상견되는 기물이며 그것이 만기의 특징을 띠
고 있기 때문에 이곳을 전국 만기에 수건된 右北平郡의 고성으로
본다.[44] 右北平郡의 치소에 대한 논쟁은 있지만 이 역시 이 지역이
右北平郡에 소속한 지역이었다는 점을 시사해 준다. 현재 燕과 秦代
에 속하는 右北平郡의 성지는 고고조사를 거쳐 확실하게 알 수 있
는 곳으로는 寧城 甸子鄕 黑城 성지 이외에 赤峰 三眼井城址, 建平
達拉甲城址, 建平 巴達營子城址, 喀左黃道營子城址 등이 있어 이

---

41) 韓嘉谷, 「寶坻縣秦城爲戰國右北平郡故城的調査和考證」, 『天津市歷史
博物館官刊』 1994－4(『中國考古集成』 [華北 篇: 卷10]에서 재인용.
204～205쪽).

42) 孫進己・王綿厚・馮永謙, 『東北歷史地理』(1), 黑龍江人民出版社, 1989.
233～234쪽 참조.

43) 그 위치는 寶坻縣 石橋鄕 辛務屯村의 남쪽 200미터로 潮白新河 북안
에 있으며 서남성의 모퉁이는 이미 河床으로 들어갔지만 성의 기초는
아직 있기 때문에 이로 인해 城垣 평면의 포국은 기본적으로 보존되어
있다. 東城墻의 길이는 658m이며 南城墻의 길이는 820m이고 西城墻의
길이는 474m, 北城墻의 중부는 전 길이가 910m이다. 따라서 全 城은
불규칙한 五邊形을 띠며 면적은 50여㎡ 정도이다. 筒瓦, 板瓦 등 대량
의 건축재료가 발견되었다(韓嘉谷, 「寶坻縣秦城爲戰國右北平郡故城的
調査和考證」, 200쪽).

44) 韓嘉谷, 「寶坻縣秦城爲戰國右北平郡故城的調査和考證」, 204～205쪽.

지역은 右北平郡의 관할 지역이었음을 알 수 있다.[45] 이로써 볼 때 우북평군의 대체적인 지리범위는 薊縣(?), 寶坻(?), 喀左, 凌源, 建平, 寧城, 赤峰 일대를 아우르는 지역으로 설정해 볼 수 있을 것이다.

右北平郡과 동쪽에서 접경한 遼西郡은 漢代에는 柳城으로 불렸는데 이 漢代 遼西郡의 치소 柳城은 현재 朝陽시 十二臺營子 袁臺子 유지로 보는 것이 일반적이다.[46] 袁臺子의 주변에 설치된 土城子, 召都巴는 袁臺子의 군사주둔지로 西漢 이전에 건립되었다. 그런데 1979년에는 袁臺子 東山梁의 戰國墓 중에서 두 개의 형태가 비슷한 灰繩紋陶罐이 발견되었는데 이 두 陶罐의 어깨 부근에 모두 "酉城都王氏璽"의 印文이 있다. 이 '酉城'은 지명이며 '都'는 전국 시기 중요 성읍으로, 즉 『戰國策』에 "大縣數百, 名都數千"이라 되어 있어 建置 연혁 분석에 따르면, 袁臺子 戰國 陶銘 중의 '酉城都'는 漢代 遼西郡의 '柳城'의 전신이 되며 '酉'와 '柳'의 음은 통하는 것으로 볼 때, 이 '柳城'은 혹 戰國燕의 古 '酉城'의 舊址上에 건립되었을 가능성이 있다. 이 외에도 이 지역에서는 매우 많은 성지가 발견되는데 이 중 遼寧省 阜新의 沙巴營子 고성은 전국 燕 시기에 최초로 건립되었고,[47] 秦과 西漢은 이를 연용하였음을 출토문물로 볼 때 알 수 있다. 또 建昌 巴什罕城址, 錦西 小荒地城址, 奈曼 沙巴營子城址, 奈曼 土城子城址 등지에서도 성지가 발견되었다.[48]

---

45) 孫進己·王綿厚·馮永謙, 앞글, 232~237쪽 참조.
46) 遼寧省 朝陽市 남쪽 25里의 大凌河 東岸의 十二臺營子鄕 袁臺子村 서쪽 臺地 상에 있다. 대량의 戰國에서 漢代에 이르는 墓郡이 발견되었다(王錦厚, 앞글, 152쪽).
47) 王錦厚, 앞글, 155쪽.
48) 孫進己·王綿厚·馮永謙, 앞글, 228~231쪽 참조.

『漢書』 卷28 「地理志」에 의하면 遼西郡 관할은 14縣으로 且慮(遼寧省 朝陽市 이서), 海陽(河北省 灤縣 서남 興隆莊), 新安平(遷安縣 西館山), 柳城(龍城: 遼寧省 朝陽市 서남 十二臺營子), 令支(河北 遷安 서남 趙店子), 肥如(遷安縣 東萬軍山 兩漢, 모두 遼西郡에 속함), 賓徒(遼寧 錦州市 북쪽 英城), 交黎(昌黎: 遼寧省 義縣), 陽樂(遼寧省 義縣 西偏南 古城子), 狐蘇(遼寧省 朝陽市 동남 松樹嘴子), 徒河(遼寧省 錦州市), 文成(遼寧省 建昌縣 巴里罕 고성), 臨渝(遼寧省 朝陽市 동북?), 絫(河北 昌黎현 남쪽 泥井街) 등이다.[49] 이들 성지를 통해서 볼 때 燕의 遼西郡 범위는 河北省 遷安, 灤縣, 昌黎, 建昌,[50] 錦州,[51] 朝陽, 義縣 일대를 포괄하였을 가능성이 있다.

遼東군이 어디까지를 아우르는가는 사실 어려운 문제이며 특히 ‘滿番汗’ 지리위치 등의 논쟁은 요동군의 지리범위에 대한 고찰을

---

49) 王仲翰·陳達開, 「戰國秦漢遼東遼西郡縣考略」, 『社會科學輯刊』 1979 －4. 91～94쪽.

50) 馮永謙·鄧寶學, 「遼寧建昌普查中發現的重要文物」, 『文物』 1983－9. 67쪽 참조. 建昌縣은 遼西郡에 속한다.(秦代 遼西郡에 속함) 여기에서 출토된 罐은 秦이 燕을 멸하는 과정에서 남긴 것이라고 할 수 있다. 전국 시기 趙와 燕의 明刀錢이 출토되었다. 그러나 더 늦은 유물은 공출되지 않았다.

51) 王仲翰·陳達開, 「戰國秦漢遼東遼西郡縣考略」, 82쪽. 東胡의 명칭이 출현하기 이전에 동북에서 燕과 상접한 것은 山戎 제 부락으로 燕과 하북 동북과 요녕 서부에서 잡처하였다고 한다. 屠何는 徒河로 燕地와 모두 韓 遼西郡의 屬縣이 된다고 보았다. 令支는 하북성 遷安縣이며 屠何는 錦州市이며 孤竹은 盧龍현 서남이다. 燕 建都 이전 대개 요서, 요동은 일찍이 이미 연, 제 등의 농민이 이주하여 東胡와 잡처하였고 燕 역시 이들 지구에 일정한 영향을 끼쳐 이런 정황은 고고자료와 문헌으로 찾을 수 있다고 보았다. 屠何, 令支는 遼西郡(漢代)에 속한다고 보았다.

더욱 어렵게 한다. 그러나 赤南장성이 造陽에서 襄平까지 축성된 것을 고고발견으로도 증명할 수 있다면, 아마도 요동군의 대체적 지리범위는 이 지역을 포괄하며 적어도 연소왕 시기 일정 시간 내에 요동군은 이 지역에 머물러 있었을 가능성이 높다. 현재 요동군의 치소가 襄平에 있었고 그 지역이 현재의 遼陽이라는 점은 이견이 없다. 이곳에서는 수많은 襄平布가 출토되었는데 이 襄平布의 존재는 이미 襄平이 遼東의 정치, 경제의 중심을 형성하였다는 것을 의미한다.

遼西郡의 관할 지역 등을 고려한다면 요동 지역은 대체로 醫巫閭山 以東의 遼陽市를 중심으로 한 지역으로 볼 수 있다. 또 『漢書』卷28 「地理志」에서 西漢 遼東郡 관할은 18縣으로 襄平(遼寧省 遼陽市 老城), 新昌(遼寧省 海城縣 동북 30리 방향의 陽寨), 無慮(遼寧省 北鎭縣 동남 大亮甲村), 望平(遼寧省 新民縣 安平堡 남쪽의 大古城子), 房(遼寧省 盤山縣 西牛 古城子 부근임), 侯城(遼寧省 沈陽市 동남 20리의 古城子), 遼隊(遼寧省 遼陽市 서남 80여 리 太子河 서안 高坨子 부근), 遼陽(遼中縣 茨楡坨공사 偏堡子 고성), 險瀆(遼寧省 臺安縣 동남 20리 孫城子), 居就(遼陽縣 亮甲山 고성), 高顯(遼寧省 鐵岭縣 고성), 安市(遼寧省 海城縣 동남 15리 英城子 고성), 武次(遼寧省 風城縣 동북 35리 大堡 고성), 平郭(遼寧省 熊岳縣 城에서 약간 동쪽), 西安平(遼寧省 丹東市 九連城 공사 靉河尖 고성), 文(汶 ; 遼寧省 營口 湯池 부근의 英守溝 고성), 番汗, 沓氏(沓 ; 遼寧省 金縣 동남 80리 大岭屯 漢代 古城) 이다. 따라서 전국 연국의 요동군의 지리범위는 대체로 醫巫閭山 이동 지역을 지칭한다고 볼 수 있다. 이 외에도 新金 花兒山 城址, 鐵嶺 新臺子 城址 등지는 요동군에 속한 성지임을 알 수 있다.

이렇게 볼 때 5군의 전체 포괄 지역은 張家口 지역 일대로부터 북경 일대인 昌平, 延慶, 密雲, 懷來, 懷柔 일대를 거쳐 薊縣, 寶坻, 香河, 寧河, 唐山, 灤縣, 遷安, 昌黎, 建昌, 凌源, 建平, 寧城, 赤峰, 朝陽, 北票, 錦州, 義縣, 阜新, 鐵岭 등지를 거쳐 遼陽 지역 일대로 이어졌을 것으로 추정된다.[52] 이 지역에서 대체로 전국 중만기 이후의 많은 연국 기물이 출토된 것은 이 지역에 5郡과 여러 軍鎭들이 설치되었음을 뒷받침해 준다. 또한 이 지역은 춘추, 전국 시기에 山戎, 孤竹, 無終, 東胡, 朝鮮 등 여러 부락의 거주구와 거의 일치한다는 점을 알 수 있다. 따라서 燕昭王 시기, 즉 전국 중기 이후에 朝鮮, 東胡를 각각 2,000리와 1,000리를 몰아내서 5군을 설치하였다는 『史記』「匈奴列傳」의 기록과 부합된다고 볼 수 있다. 이 5郡 설치와 장성의 築城은 북방 諸族의 남침[53]을 막고 이를 공고히 하려는 燕의 의도로 이루어진 것이다.

이상으로 볼 때 연국의 소왕 시기에는 濟西大戰의 승리를 통한 破齊의 성공, 燕下都의 건립과 중흥정책의 성공, 이 여세를 몰아 시행한 장성의 수축과 5군의 설치 등 굵직굵직한 대사업이 진행되었다. 그런데 이와 관련하여 한 가지 의구심은 비록 昭王의 중흥정책이 성공적으로 수행되었고, 濟西人戰에서 승리하였을지라도 大役事였을 長城의 수축과 5郡의 설치가 어떻게 성공적으로 수행되었을까 하는 점이다. 특히 이 지역이 소위 朝鮮, 東胡 지역이었던 것도 사

---

52) 董高, 「東北地區燕文化遺存及其有關問題」, 『燕文化研究論文集』, 89쪽.
53) 대체로 동호의 공격을 막기 위한 것으로 인식하는 데 반해 甌燕의 경우는 부여, 예와 옥저를 막기 위한 것으로 인식하였다(甌燕, 「我國早期的長城」, 16쪽).

료에 분명하게 나타난다. 이는 앞 절에서 지적하였듯이 東胡, 朝鮮
을 대표로 하는 북방 제족과 연국은 적대적 관계에 있지 않았다는
점이 우선 이들의 경계를 늦추게 된 이유의 하나가 될 것이고 이것
이 당시 일종의 무방비 상태의 東胡, 朝鮮을 비교적 쉽사리 공격할
수 있었던 한 원인이 되었을 듯하다. 게다가 東胡의 사정을 훤히 알
고 있었던 秦開의 활약은 이들에 대한 공격을 비교적 쉽사리 성취
할 수 있었던 요인이 되었을 것이다. 그러나 이것만으로는 설득력이
부족한 듯하다. 즉 東胡, 朝鮮 등 북방 제족과의 관계를 변경시켰던
5郡 설치와 장성의 축조 같은 파격적인 연국 통치의 변화에는 단순
히 중흥정책의 성공과 破齊의 승리의 여세 이외에도 일정한 배경이
존재할 것이다. 현재로서는 이를 찾기란 쉽지 않지만 필자는 이에
대한 실마리를 北京 지역에서 찾아볼 수 있다고 생각한다.

北京市 廣安門 外橋南 유지54)에서는 古陶片이 발견되었는데 최
초의 연대는 西周에 접근하고 발견된 전국 시기의 饕餮紋 半瓦當은
연국 도성 건축에서 사용되는 것이다. 또한 이 지역에 아주 밀집된
유지가 있었다는 것을 증명해 준 瓦井 등의 출토55)로 볼 때, 오랜
기간 동안 이 지역은 인구 밀집 지역이 되었던 것만은 틀림없다.56)

---

54) 趙正之·舒文思, 「北京廣安門外發現戰國和戰國以前的遺迹」, 『文物參
考資料』 1957-7.
55) 북경성의 서남 범위에서 65좌의 瓦井을 발견하였고 와정의 연대는 동
주에서 서한 초기이다. 이 중 55좌는 북경 외성의 서북에서 모퉁이를
돌아 宣武門과 和平門 일대에 있다(北京市文物管理處寫作小組, 「北京
地區的古瓦井」, 『文物』 1972-2).
56) 薊로 칭해진 北京城은 戰國, 漢代뿐 아니라 魏晋, 唐까지도 지방의 일
급 행정 치소로 사용되었으며 이후 遼代에 이르면 薊의 고성은 南京이
되었다. 金朝가 中都로 삼기 전까지 옮기거나 개축하지 않았으며 金에

특히 전국 시기의 瓦井이 아주 밀집되어 존재한다는 것은 이 지역이 전국 시기에 매우 번화한 지역이었으며, 饕餮紋 半瓦當의 존재에서 알 수 있듯이 바로 이곳이 燕上都 薊城의 지리 위치일 것으로 추정할 수 있다. 실제 薊城의 지리 위치에 대하여는 수많은 추정이 난무하고 현재 그 위치는 여전히 밝혀지지 않고 있지만, 薊城의 위치가 북경 지역 안에 존재한다는 것에는 대부분 동의하고 있다.

한편 계성으로의 천도가 언제 단행되었는가에 대한 논의는 매우 분분하며 해결점을 찾지 못하고 있다. 대부분의 견해는 서주 중기에서 춘추 시기에 단행되었을 것이라고 추정하고 있다. 그러나 이미 앞 절에서 薊城으로의 천도는 적어도 전국 이전 시기에는 해당될 수 없었음을 밝혔다. 薊城 천도를 보여 주는 기록은 『韓非子』 「有度」 이외에도 『史記』 「燕世家」와 『史記』 「秦始皇本紀」, 『戰國策』 「燕策」 등에서 볼 때 그 실마리를 찾아볼 수 있다.

『史記』 「燕世家」에서 燕王 喜 29년에 처음으로 薊를 제시하고 있다. 즉 "29년, 秦이 우리 薊를 공격하였다."[57]라고 기록하고 있다. 비록 그것으로 薊城이 燕의 도성이 되는지를 분명하게 파악할 수는 없지만 망국의 표지를 "秦이 薊를 공격하였다."고 제시한 것은 薊가 이 당시 분명 燕의 도성이었음에는 의심이 없다. 즉 『史記』 「秦始皇本紀」에서 "始皇 21년에 王賁이 薊를 공격하였다. 이에 王翦의 군대를 더욱 징발하였고 마침내 燕 太子를 격파하고 연의 薊城을 취

의해 성지를 확대하였다. 또 古瓦井 중에서 漢唐遼金시대의 磚井도 있다. 이로서 볼 때 東周부터 遼金 시기까지 시종 중단 없이 사용되었음을 설명한다(北京市文物管理處寫作小組, 「北京地區的古瓦井」, 참조).

57) 『史記』 卷34 「燕召公世家」 "王喜二十九年, 秦攻拔我薊"

하였다."58)고 하였던 것에서 분명하게 알 수 있다. 또『史記』「六國
年表」에 "燕王 喜 29년에 秦이 우리 薊를 공격하였다."59)라고 하였
는데 燕王 喜 29년은, 즉 秦始皇 21년으로 기원전 226년이 된다.

燕이 薊를 도성으로 삼는 또 다른 사료는『戰國策』卷30「燕策2」
의 "齊王逃遁走莒, 僅以身免, 珠玉財寶車甲珍器盡收入燕, ……齊器
設于寧臺, 薊丘之植植于汶皇"이다. 이 薊丘는 바로 燕의 도성이라
고 볼 수 있다. 이상의 기록과 薊를 北燕의 수도로 삼은 최초의 문
자 연대 기록 중의 하나인『韓非子』「有度」편의 "燕襄王이 河를
경계로 하고 薊를 나라로 삼아……"라는 기록 내용을 종합해 보면
薊城이 연국의 도성이 되는 시기는 燕昭王 시기라고 볼 수 있다. 즉
齊를 격파하여 72성을 탈취하여 河를 경계로 하고 薊城으로 천도를
단행한 것이다. 따라서 그 최초의 시간을 燕昭王 이전 시기라고 볼
수 없다고 생각된다. 薊城 천도에 대해 대부분 서주 중만기 혹은 춘
추 시기로 이해60)하는 것은『韓非子』「有度」에 대한 잘못된 이해가

---

58)『史記』卷6「秦始皇本紀」"二十一年 王賁攻薊. 乃益發卒詣王翦軍遂破
燕太子軍, 取燕薊城……"

59)『史記』卷15「六國年表」燕王喜二十九年 <燕表> "秦攻拔我薊"

60) 대부분 연소왕 시기에 계성으로 천도하는 것을 인정하면서도 이는 재천
도를 의미하거나 혹은 이미 계성이 연국의 도성으로서 이전 시기부터
기능하였을 것으로 추정하고 있다. 이는 서주 시기부터 간간히 나오는
이지역 문화 면모에 근거한다.『韓非子』「有度」를 굳이 춘추 시기 襄
公으로 이해하고자 하는 오류를 범하는 이유 역시 춘추 중기 이후부터
보이는 북경 주변 지역에서 보이는 문화 면모 때문이다. 또한 이는『史
記正義』에서 張守節이 燕은 盛하고 薊는 약하여 燕이 薊를 멸하였다
는 기록을 이를 더욱 부채질한다. 그러나 薊國의 실체가 여전히 드러나
지 않으며 더욱 중요한 점은 이 지역에서 드러나는 문화 면모가 연국
의 것으로 단언하는 것은 근거가 약하기 때문에 이 지역을 연국의 지

한 원인이 된다는 것은 이미 앞에서 지적한 바 있다.

따라서 薊城으로의 천도 시기가 燕昭王 시기인데도 薊城을 서주 시기 혹 춘추 시기부터의 도성으로 보는 관점은 재고해 봐야 한다고 생각된다. 단 기원전 355년 文公 7년에 齊와의 洵水之戰은 연국 세력범위가 이 시기에 永定河 이북으로 확대되었을 가능성을 엿볼 수 있다. 이 洵水는 현재 북경 平谷이기 때문에 薊城으로의 천도를 실제로는 燕昭王이 아니며 釐公 시기로 봐야 한다는 지적도 있다.61) 그러나 永定河 이북으로 연국 세력범위가 확대되었을 가능성만을 보여 주는 것일 뿐이며 이 시기에 薊城으로 천도하였다는 근거가 되지는 못한다. 비록 永定河 이북을 넘어서 북경 지역으로 연국이 진출하였을지라도 이 지역이 중심 지역이었다고 생각되지는 않는다. 아마도 薊城으로의 도성지 천도는 昭王 시기에 단행되었을 것으로 추정된다. 昭王의 경우에는 이미 燕下都가 중원제국과의 관계에서 매우 중요한 역할을 수행하고 있었으며 특히 破齊 이후 燕下都는 군사기지로서 더욱 중요한 역할을 수행하였을 것으로 생각된다.

그렇다면 薊城은 혹시 소왕 시기에 설치된 5郡 및 장성 축조와 모종의 연관성이 있지는 않을까? 즉 燕下都를 통해 중원 제국과의 밀접한 관계를 맺어 온 연국은 破齊 이후에도 齊國의 함락되지 않

역으로 설정하여 계성이 이 시기부터 연국의 도성으로 기능하였다는 주장은 받아들이기 힘들다. 현재 북경 지역이 전국 중기 이전에는 어떤 지역이었는지는 아직 확정할 수 없다.

61) 曲英傑, 『先秦都城復原研究』, 290쪽. 曲英傑은 釐公 23년(기원전 380년)에 齊가 燕을 공격하여 桑丘를 취하는데 이 桑丘는 현재의 하북 徐水현 경내로 臨易에서 가까운 곳이기 때문에 만약 임역에 연의 도성지가 있었다면 제가 桑丘를 취할 수 없었을 것이라는 점에 근거하여 釐公 시기에 계성으로 천도한 것으로 보았다.

은 두 성을 공격하고 더불어 齊國의 반란 등에 대비하여 군사기지로서의 역할을 전담할 陪都가 필요하였을 것이다. 따라서 武陽城은 이후 중원과의 관계를 담당하고 齊國 등 이후 발생되는 중원과의 관계, 전쟁 등을 담당하는 군사기지로서의 역할이 더욱 중시되었을 가능성이 농후하다. 한편 5郡 설치와 장성의 축조로 통치범위가 최대로 확대되었을 연국은 이를 담당하기 위한 정치 중심지가 필요하였을 것이다. 燕下都의 경우에는 永定河 이남에 있었기 때문에 확장된 북방 지역을 관할하기에는 번거로운 점이 있었을 것이다.

따라서 5군 설치 지역을 연결하는 가장 좋은 要道였을 현재의 北京, 즉 薊城으로 천도를 단행한 것으로 추정된다. 薊城으로의 천도는 아마도 昭王이 破齊한 이후였을 가능성이 높다. 왜냐하면『韓非子』「有度」에서 볼 때 '河를 경계로'라는 대목에서 河가 黃河를 지칭하는 것이라고 한다면 이 黃河 지역은 바로 齊國의 경내에 있었기 때문에 燕이 破齊하여 齊의 영토를 취득한 이후가 될 것이며 薊城 천도는 바로 이 이후에 단행되었을 것으로 추정되기 때문이다. 앞에서 5군 설치와 장성의 축조가 破齊 이후, 즉 昭王 30년을 전후로 단행되었다면 이 薊城으로의 천도 역시 이 시기를 전후로 단행되었을 것으로 추정된다. 즉 당시 북경 지역이 연국 세력이 입성하였을지라도, 다시 말해 연 세력과 토착 혹은 북방 제족이 공동으로 잡처한 지역이었다 할지라도, 연국이 이 지역으로 천도를 일찍이 단행하였다면 東胡, 朝鮮 등 제족과는 일종의 긴장관계에 있었을 가능성이 높아진다. 따라서 薊城 천도의 시간은 5군 설치, 장성의 축조를 전후로 한 시기였을 것으로 추정된다. 이는 결국 연국이 설치한 5군 지역으로의 모든 정치, 경제, 기타 제반의 체제와 활동을 원활히

하고자 하는 의도였으며 특히 5군 지역을 연국에서 직접 관리를 파
견하여 통치하고자 하였던 점에서 더욱 분명해진다. 따라서 薊城으
로의 천도는 5郡과 長城으로 대변되는 연국 북방 지역의 확대에 따
른 정치 중심의 이동으로 볼 수 있다.

한편 이와 관련하여 燕昭王이 만년에 신선을 좋아하였다는 기
록[62]은 이를 뒷받침한다. 즉 鄒衍의 大九州學說, 陰陽五行學說, 五
德終始學說, 燕齊方士神仙家學說은 神仙문화와 연관이 많은데, 昭
王이 만년에 이런 사상에 심취하였던 것[63]은 鄒衍과 모종의 연관이
되었을 것으로 생각된다. 특히 昭王은 鄒衍과 賢者를 위해 碣石宮
을 지었다는 기록이 있는데,[64] 이 碣石宮의 위치는 『史記正義』에서
"碣石宮在幽州薊縣西三十里寧臺之東"이라 하여, 북경 지역이 될 것
으로 추정된다.[65] 아마도 소왕 만년에 薊城으로 천도하여 소위 碣石

---

62) 『史記』 卷28 「封禪書」 "自齊威,宣之時, 鄒子之徒論著終始五德之運, 及
　　秦帝, 而齊人奏之, 故始皇來用之. 而宋毋忌, 正伯僑, 充尙, 羨門高最
　　後, 皆燕人. 爲方仙道, 形解銷化, 依于鬼神之事. 鄒衍以陰陽主運顯于
　　諸侯, 而燕齊海上之方士傳其述不能通. 然則怪迂阿, ……自威宣燕昭, 使
　　人入海求蓬萊, 方丈, 瀛州. 此三神山者, 其傳在渤海中, 去人不遠, ……"
63) 陳平, 『燕事紀事編年會按』(下), 236쪽. 陳平은 연소왕이 이에 심취한
　　것은 濟西大戰 이후였을 것으로 추정하였다.
64) 『史記』 卷74 「孟子荀卿列傳」 "鄒衍如燕, 昭王擁慧先驅, 請列弟子之座
　　而受業. 築碣石宮, 身親往師之"
65) 曲英傑은 『括地志』에 의하면 寧臺는 薊縣 서쪽 4리에 있은즉 동쪽 碣
　　石宮은 薊縣 서쪽 30리에 있을 수 없어서 그 '十' 자는 衍 字가 되며
　　薊縣의 서쪽 3里가 된다고 보았다. 현재의 甘石橋 서북 북경의 鋼廠院
　　내 서부에 唐 大中 9년 涿州 范陽縣 主簿蘭陵 肖公夫人 侯氏墓가 있
　　는데 그 묘지 명문에 "殯于幽州幽都縣西三里件原"이라고 하여 燕 碣
　　石宮은 이 일대에 수축된 것으로 추정하였다(曲英傑, 『先秦都城復原硏
　　究』, 301쪽). 常征은 軍都山을 碣石이라고 칭하였고 또 慕容儁이 계성

宮을 짓게 된 것으로 추정된다. 이처럼 소왕 이후 계성으로 천도하였고 이후 연국의 도성은 薊城으로 칭하게 된 것으로 생각된다. 따라서 계성 천도는 결국 5군 설치 및 장성 축조와 밀접한 관련이 있으며 이는 소왕의 정치 중심의 이동이었으며 결과적으로 연국 정치의 중심이 북방으로 확대되었음을 의미할 것이다.

이는 더욱이 당시 북경 지역과 그 주변 지역에서 나타나는 여러 軍鎭의 설치를 통해 더욱 확보된다고 볼 수 있다. 발굴보고서에 따르면 拒馬河 일대의 유지 분포가 상당히 밀집되었다. 片上 유지, 張坊鄕 북쪽 유지, 北營, 北尙樂 동북 유지, 암상북, 後石門洞 유지 등이다. 그런데 여기에서 주목해야 할 것은 바로 이런 유지의 문화 퇴적층은 매우 얇고 채집된 유물의 특징은 단일하며 연대 폭은 비교적 적어서 모두 전국 시기로 군사 屯兵點과 유관할 것으로 추측된다. 예컨대 片上 유지의 시기는 片上 유지 夯土臺의 시대가 전국 중만기가 된다는 점이다. 辛莊東 유지에서 채집된 瓦當은 板瓦로 일부는 半瓦當이 되며 소량의 筒瓦가 있다. 이런 종류의 瓦의 연대는 戰國 중기를 전후하며 일부 鬲이 춘추 시기에 속하는 것 이외에 그 나머지 연대는 전국 시기가 많다고 한다.[66]

으로 천도하여 궁을 지어 礛石이라고 칭하였는데 이 두 궁은 하나는 계성의 서쪽에 있어 하나는 계성의 가운데에 있어 모두 군도산의 동록에 속한다고 보았다(常征, 「召公封燕及燕都考－兼辨燕山, 燕易王, 燕昭王」, 134쪽).

66) 北京市文物硏究所, 「北京市拒馬河流域考古調査」, 『考古』 1989－3. 전국 시기 도기는 夾蚌夾砂灰陶가 비교적 많고 기형은 주로 瓦, 豆, 罐류이며 瓦는 泥條盤築이 되며 罐豆類는 모두 輪制이다. 夾蚌紅陶는 역시 일정비례를 점하고 그중 釜가 가장 상견되며 泥片을 붙여서 器를 만들고 器 표면은 얇게 칠하고 가는 승문을 박았다.

또 河北省 淶水縣 경계에 처한 蔡家莊 고성지[67]는 전국 시기에 건립하여 漢代까지 연용하였음을 알 수 있다. 모두 夾砂陶가 출토되었으며 獸面紋半瓦當과 夾砂紅陶鬲足과 漢代 五銖錢이 출토되었다. 蘆村 성지[68]에서는 筒瓦, 板瓦, 특히 夾砂紅陶 계통인 소위 魚骨盆이 출토되었다. 廣陽 고성, 長溝 유지[69]에서도 城內에서 泥質灰陶 碗式豆, 獸面紋半瓦當, 魚骨盆 계통의 大口釜 등이 출토되었다. 蘆村 성지와 長溝 성지에서 출토된 板瓦, 筒瓦, 獸面紋半瓦當, 碗式灰陶豆, 기타 대량의 陶片으로 볼 때, 이 두 성지의 시대는 戰國에서 漢代에 해당한다.[70] 또한 黑古臺 유지[71]는 東周 시기에 속한다.[72] 이들 고성은 모두 房山區 경내에 분포하며 매 좌의 성지는 또한 주위의 유지와 서로 호응하여 房山縣 張坊鄉과 南尙樂鄉의 山前高地

---

67) 王漢彦, 「周口店區蔡莊古城遺址」, 『文物』 1959-5. 蔡家莊 고성은 南拒馬河 남안의 高臺地 상에 건축되었다. 方形의 邊長은 약 300m이다. 현존하는 南墻, 西墻의 중부는 성문이 남아 있어 그 성내의 街道는 연중도 성지와 상동하여 '十' 자형의 분포가 된다(「北京考古五十年」, 11쪽).

68) 馮秉其·唐雲明, 「房山縣古城址調査」, 『文物』 1959-1. 房山縣 동남의 약 15킬로에 처하였는데 성장은 土夯築으로 만들었다.

69) 馮秉其·唐雲明, 앞글, 참조.

70) 北京市文物研究所 編, 『北京考古四十年』, 燕山出版社, 1990. 52쪽.

71) 良鄉城 남쪽에 위치하고 유지는 黑古臺를 중심으로 남북 길이는 약 6km, 동서는 약 2.5km에 달하며 북으로는 紙房村에 이르고, 남쪽으로는 小營에 이르며 동으로는 魯村, 常莊, 서쪽으로는 大南關 富莊 일대에 이른다. 이곳에서는 대량의 瓦片을 채집하였으며 판와, 통와를 포함한다. 半瓦當은 모두 獸面紋으로 장식하였다. 또한 각종 도기 잔편도 채집하였는데 이들 특징으로 볼 때 이는 동주 시기에 속한다고 볼 수 있다(北京市文物工作隊, 「北京房山縣考古調査簡報」, 『考古』 1963-3; 北京市文物研究所 編, 『北京考古四十年』, 51~52쪽).

72) 北京市文物研究所 編, 『北京考古四十年』, 51~52쪽.

354

상의 22좌의 동주 유지는 蔡家莊 古城 북면의 병풍을 형성한다고
한다.[73] 이 외에도 房山區, 平谷 등 전국 시기로 추정되는 많은 유
지가 존재한다.[74]

따라서 이들 유지와 성지의 布局으로 볼 때, 拒馬河 일대, 房山
일대에는 여러 軍鎭이 설치되었던 점을 알 수 있다. 이들 軍鎭들 중
房山區 竇店 고성은 大城, 小城으로 구성되어 있다. 大城은 西城墻
은 830m, 南城墻 1,230m, 東城墻 1,040m가 된다. 小城의 동성장은
잔존 길이가 292m, 남장은 430∼440m, 서쪽은 동쪽을 향해 160∼
290m로 파괴되어서 남아 있지 않다. 이 정도의 규모를 가진 竇店
고성에서는 板瓦, 紅陶釜 등 연문화 계통의 유물이 출토되었다. 또
한 발굴 결과 그 시건 연대는 전국 조기보다 늦을 수 없고 전국 만
기에 전면적으로 城墻을 수리한 것으로 밝혀져[75] 이 竇店 고성을
전국 시기 城으로 볼 수 있다. 이와 관련하여『太平寰宇記』卷69「河
北道 幽州 良鄕縣」아래에 기재된 "在燕爲中都, 漢爲良鄕縣, 屬涿
郡"에 의하면 燕에는 中都가 있었다는 것을 알 수 있다. 燕中都에
대해서는 董家林 고성 혹은 竇店 고성으로 보는 시각이 존재한다.[76]
그러나 전국 중기 이후 연하도의 흥건과 계성 천도 및 竇店 고성이
전국 만기에 전면적으로 성장을 수리한 것으로 볼 때, 燕下都 武陽
城, 燕上都 薊城과 함께 燕中都도 전국 중기 이후 사용되었을 것으

---

73) 陳光,「北京考古五十年」, 11쪽.
74)『北京考古四十年』참조.
75) 北京市文物研究所拒馬河考古隊,「燕中都城址調査與試掘」, 北京市文物
    研究所 編,『北京文物與考古(第三輯)』, 北京燕山出版社, 1992.
76) 曲英傑의 경우에는 동가림고성을 中都로 보는 반면(曲英傑,「燕城蠡測」,
    195쪽)「北京市考古五十年」에서는 竇店 고성을 연중도로 본다.

로 보인다. 이런 점으로 볼 때 燕中都는 竇店 고성일 것으로 추정된다.

한편 주목해야 될 점은 바로 이들 拒馬河, 房山 일대에서 보이는 성지는 대부분 전국 시기에 들어와서 형성된 것이며 또한 보편적으로 중만기에 해당되는 城址라는 것이다. 이들은 연국의 軍鎭들로 연국이 연국 주변세력과의 관계에서 쌓은 군사주둔지인 셈이다. 당시 연국은 破齊 이후 趙와 지속적인 투쟁관계를 이루게 되었다. 이것은 이들 軍鎭 설치의 필요성을 낳게 하였을 것이다. 이와 동시에 내몽고 凉城, 唐縣, 固安, 信城 등 趙와의 접경 지역 및 滄州, 산동 근처의 開陽, 壽光 등 齊와의 접경 지역으로 추정되는 지역 명칭이 있는 璽印과 淶水, 容城 등의 명칭이 있는 璽印의 존재는 바로 이들 지역에 연국이 직접 관리를 파견하여 통치, 관할하였을 것으로 추정된다.77)

이렇게 본다면 춘추 시기 혹은 이전 시기부터 존재하였던 성지의 경우를 제외하고 새롭게 이 시기에 설치되었거나 혹은 이전 성지를 이용한 軍鎭의 설치는 대부분 5군 설치와 薊城 천도 등 그 시기를 전후로 해서 이루어진 것으로 추정되며 연국의 직접 관할 통치 지역이었음을 알 수 있다. 따라서 연국의 세력범위는 燕南長城이 설치된 徐水 이북—保定 이북 白洋淀—易縣 일대부터 (齊의 영역을 차지하는 시기는 잠시이며 田單에 의해 대부분 수복되므로 燕國의 원래 남계를 정한다면) 淶水 지역과 永定河를 넘어서서 서쪽으로는 張家口 일대와 북경시와 昌平, 宣化, 懷來, 懷柔, 順義 등 북경성 지역과 寶坻, 薊縣, 玉田, 遷安, 盧龍, 昌黎, 錦州, 建平, 赤峰, 凌源을 넘어서서 遼陽 지구까지 이르렀을 것으로 추정된다. 이미 5군의 설

---

77) 何琳儀・馮勝君,「燕璽簡述」,『北京文博』1996－3. 14～17쪽 참조.

치를 통해 볼 때 연국의 세력범위는 이 광범한 지역을 포괄한다. 따라서 이 시기에 비로소 광대한 지역이 연국의 세력범위에 포함되어 진정한 '巨燕', '全燕'의 시기[78]가 도래한 것이라고 볼 수 있다. 이와 동시에 薊城—燕上都, 武陽城—燕下都 및 竇店故城—燕中都는 모두 전국 중만기에 형성되어 세 개의 연국 중심지를 형성하였을 것으로 추정된다.

---

78) 『史記』 卷115 「朝鮮列傳」 "自始全燕時嘗略屬眞番, 朝鮮, 爲置吏, 築鄣塞", 「史記索隱」 "始全燕時, 謂六國燕方全盛之時" 연국의 최대판도를 암시하는 기록으로는 『戰國策』 卷29 「燕策1」 "燕東有朝鮮, 遼東, 北有林胡, 樓煩, 西有雲中, 九原, 南有滹沱, 易水"가 보인다.

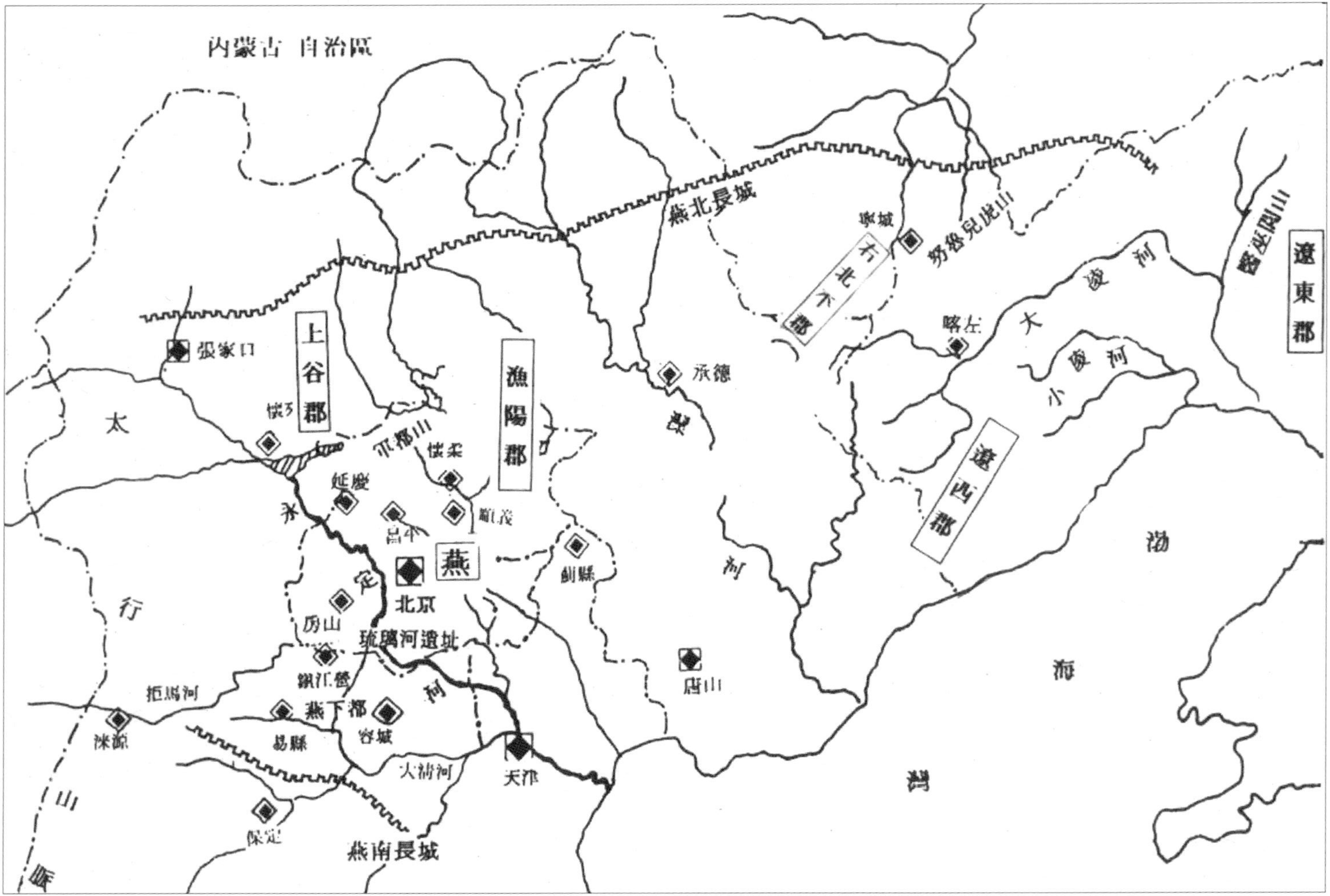

〈지도 4〉 동북시기(전국 중말기) 燕國 세력범위 추정도

이러한 巨燕의 성립은 바로 연국이 중원의 지역지배체제인 郡縣
體制의 도입과 수용에 의한 영역 국가의 수립에 따른 것이다. 이것
은 바로 5군 설치와 연국 경내의 여러 軍鎭들의 성립으로 이어지게
되었으며 연국의 통치 집단이 관리를 파견하여 직접 관할하였을 것
으로 보인다. 비록 5군 설치가 연소왕 시기에 완결되었는지 의문점
이 남으며 실제 이 5군 설치를 통한 巨燕의 성립이 영역 국가의 형
성이라기보다는 당연히 거점식 통치를 통한 영역 국가의 형성을 개
시하였을 것이지만, 연국이 영정하 이북을 향하여 비로소 연산 남북
일대로 그 세력범위를 확대시켜 나갔다는 의미에서, 즉 연국의 최대
강역을 형성하였다는 점에서 볼 때, 일단 연산 지역의 통합을 의미
하는 巨燕의 형성은 분명할 것이다. 이 과정은 바로 당시 중원에서
진행되던 郡縣體制의 수용과 적용이었으며 전국 중기를 전후로 수
행되었던 軍鎭 설치작업과 유관할 것으로 생각한다.

이상의 분석에 따르면 연국은 燕昭王 시기에 燕下都(武陽城)를 축
성하여 각국의 賢者를 초빙하고 또한 중원 각지의 여러 문물을 도
입, 수용하게 되는 계기를 맞이하게 된다. 당시 燕下都는 연국의 정
치·문화·경제·군사의 중심지였다. 연국이 燕下都를 통해 수용한
중원의 가장 중요한 통치제도는 郡縣방식의 체제였을 것으로 추정
된다. 5군 설치가 단행될 수 있었던 원인의 하나는 바로 郡縣體制의
도입과 적용이었으며 이것의 성공은 당시 연국의 경제발전과 정치의
안정 등을 기반으로 가능하였던 것으로 생각된다.

2. 巨燕文化의 擴散과 限界

이상과 같은 巨燕의 성립은 燕下都文化를 주체문화로 하는 戰國
燕文化를 5郡 설치 지역으로 확산시켰을 것이다. 巨燕文化의 분포
범위는 燕下都 일대로부터 5郡 설치 지역까지를 모두 포함한다. 이
절에서는 전국 중만기 이후 永定河 이북 지역의 薊城 지역인 北京
일대와 5군 설치 지역의 문화 유지를 검토하여 巨燕 시기 연문화의
분포상황을 보고자 한다. 실제 연국의 5郡 설치는 燕昭王 시기에 개
시되었을지라도 이 시기에 완수하였을지는 의문이며 전국 연문화가
5군 설치 지역에서 어느 정도까지 세력을 확대하고 있었는지도 고찰
해 봐야 한다. 이를 통해서 연소왕 시기 이후 형성된 巨燕文化의 성
격을 밝혀 볼 수 있을 것이다. 우선 밝혀 두고자 하는 점은 巨燕文
化는 燕下都文化를 전형적으로 하는 戰國 燕文化와 기본 속성은 동
일하다는 점이다. 단 巨燕文化는 이상과 같은 문화에 지역적 확산에
따른 戰國 燕文化란 의미로 사용됨을 알려 두고자 한다. 따라서 5郡
설치 지역의 문화를 검토하여 이 지역 내 문화가 燕下都文化를 전
형적으로 하는 戰國 燕文化와 어떠한 관련이 있는지를 살펴서 巨燕
文化의 기본 성격을 추정해 보고자 한다.

1) 永定河 이북의 燕文化

① 北京 일대

薊城으로의 천도는 북경 일대에 연문화를 전면 확대하는 계기가

되었을 것이다. Ⅲ장에서 언급한 바와 같이 전국 중기 이전에 이 지역의 예기 묘장은 회유 성북을 대표로 한다. 그러나 중만기 이후에는 상당수 확대되어 나타나서 昌平 松園墓,[79) 半截塔,[80] 順義 龍灣屯[81] 등 중만기 묘장과 북경 豊臺區,[82] 通縣 中趙甫[83] 등 전국 만기에 해당하는 묘장이 출현하였다. *[그림 56, 57, 58, 59 참조]*

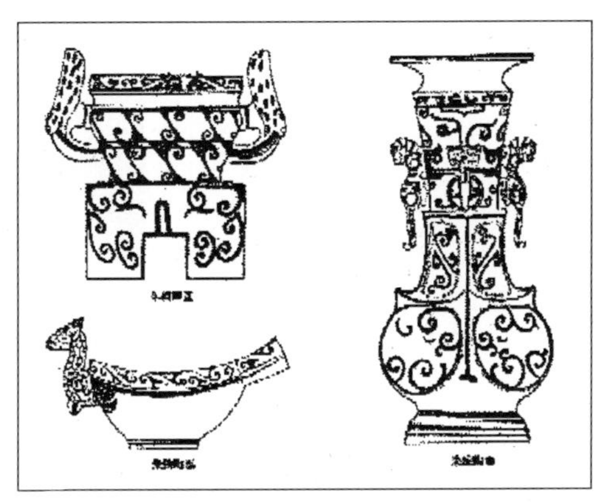

그림 56〉 昌平 松園

---

79) 北京 昌平區 松園村에서 비교적 큰 두좌의 묘장을 발견하였으며 모두 南北向의 長方形竪穴式이다. 모두 二層대가 있다. 이 묘의 연대는 도기 기형, 화문을 賈各莊 동기와 비교하면 그 연대가 전국 초기에 해당된다고 원보고서는 보고하였다(蘇天均, 「北京昌平區松園村戰國墓葬發掘記略」, 『文物』 1959-9. 54~55쪽). 그러나 賀勇은 전체 기물과 기형 등으로 볼 때 전국 중기의 만기 단계에 해당한다고 이해하였다(賀勇, 앞글, 57~58쪽).

80) 北京市文物工作隊, 「北京昌平半截塔村東周和兩漢墓」, 『考古』 1963-7.

81) 程長新, 「北京順義縣龍灣屯出土一組戰國青銅器」, 『考古』 1985-8.

82) 北京市文管處·張先得, 「北京豊臺區出土戰國銅器」, 『文物』 1978-3.

83) 程長新, 「北京通縣中趙甫出土一組戰國青銅器」, 『考古』 1985-8.

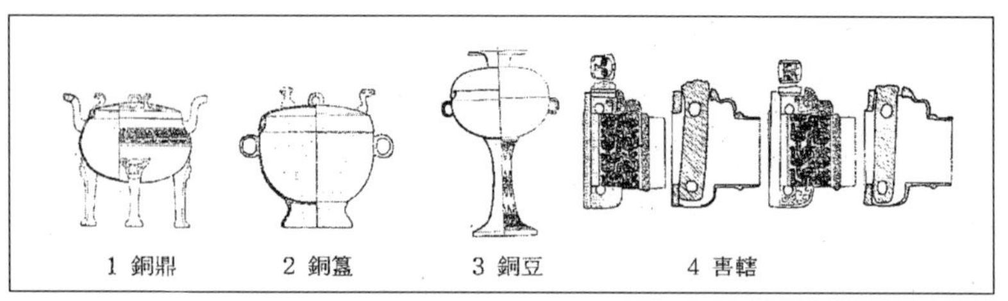

1 銅鼎　2 銅簋　3 銅豆　4 軎轄

그림 57〉 順義 龍灣屯 출토 동예기 및 軎轄

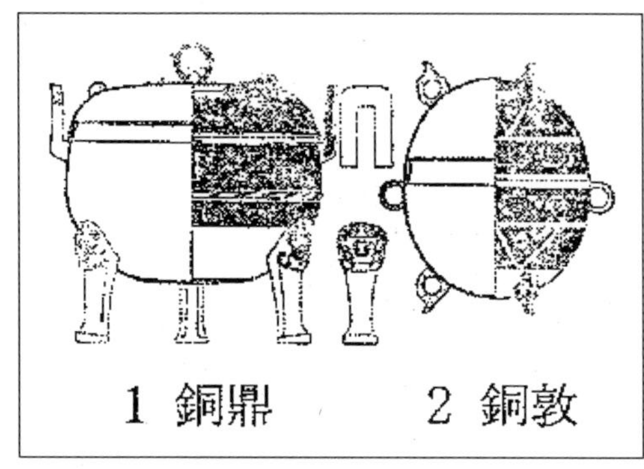

그림 58〉 通縣 中趙甫　　　　그림 59〉 북경 豊臺區

　　이들은 대체로 장방형 수혈 토갱묘, 南北向, 이층대가 일부 있는 燕國式의 묘장 형태가 된다. 출토 예기의 형태와 조합 역시 연하도에서 보이는 전형적인 연문화의 특성과 거의 일치한다고 볼 수 있다. 예기 조합 면으로 볼 때, 도예기 묘인 昌平 松園 묘장은 鼎·豆·壺·盤·匜·鬲·盨·簋,[84] 동예기묘장인 順義 龍灣屯은 鼎·豆·簋 조합이 된다. 이곳에서는 이와 함께 銅鏃, 銅劍, 車馬器 등이 출

---

84) 蘇天均, 「北京昌平區松園村戰國墓葬發掘記略」, 참조.

토되었다.85) 通縣 中趙甫에서도 鼎, 豆, 匜, 敦의 기물이 출토86)된
것으로 볼 때, 이들 기물의 조합을 보면 연하도 郎井村 31호 묘장에
서 보이듯 鼎·豆(동예기)의 기본적인 조합을 이루고 도예기의 경우
에는 鼎·豆·壺의 기본 조합을 이루는데 이 역시 연하도와 일치한
다고 볼 수 있으며 연국 전체로 볼 때 이러한 기본 조합에 敦, 匜,
鬲, 盨, 簋 등이 추가되었음을 알 수 있다.

또한 禮器 기형과 문양은 燕下都와 거의 흡사한 동물문양 혹은
동물장식의 출토가 상당수 된다. 昌平 松園에서 보이는 獸紋과 朱
繪 圖案은 燕下都에서 보이는 것과 유사한 형태라고 볼 수 있다.
그중 方壺는 獸面의 銜環鋪首가 있고 頸部에 대칭의 竪耳가 한 세
트 있다. 鼎足의 상부에도 獸面形이 장식되었고 덮개 위에는 臥獸鈕
세 개가 있다. 簋의 耳 역시 獸頭形을 띠며 전신은 朱繪 문식이 된
다. 陶匜는 손잡이가 鳥首상이며 朱繪 문식이다.87) *[그림 56 참조]*

이 외에도 順義현 龍灣屯에서 보이는 鼎의 鹿形 장식과 簋의 鳥
飾 등 동물문양이 뚜렷하게 보인다. 특이한 것은 車書의 轄에 高鼻
怒目의 人面이, 다른 轄에는 獸面이 부조되었는데 이런 人面, 獸面
은 매우 드문 형태라 할 수 있다. *[그림 57 참조]* 이 외에 銅豆는
純銅을 상감하였다. 또 簋蓋에는 세 개의 鳥鈕가 있고 深圓腹이며
鐶耳圈足으로88) 北城子, 李峪村, 南陽 유지, 賈各莊 등지에서 보이
는 형태와 흡사하다. 북경의 通縣 출토의 銅匜의 口沿의 잔편에서

---

85) 程長新, 「北京順義縣龍灣屯出土一組戰國靑銅器」, 이 중 鼎의 형태는
    전국 중만기의 주요 형태로 보았다.
86) 程長新, 「北京通縣中趙甫出土一組戰國靑銅器」, 참조.
87) 程長新, 「北京通縣中趙甫出土一組戰國靑銅器」, 54～55쪽 참조.
88) 程長新, 「北京順義縣龍灣屯出土一組戰國靑銅器」 도판 참조.

鳥獸, 인물과 禾苗 도안이 있다. *[그림 58 참조]*

이상으로 볼 때 북경 일대에서 보이는 동예기, 도예기는 그 풍격과 조합 및 기형 등은 燕下都에서 보이는 문양, 장식과 거의 비슷한 형태를 보인다는 점을 알 수 있다.

다음으로 생활용기인 燕式鬲 혹은 紅陶釜의 출토상황이다. 懷柔城北의 중만기 이후 묘장, 북경시 西郊 甕棺葬,[89] 北京 西郊 白雲觀 유지, 昌平 半截塔 등지에서도 출토되었다. 또한 北京 廣安門 일대에서는 燕下都에서 특유의 半瓦當이 출토되었다.[90] 이에 의하면 燕式鬲, 大口釜(紅陶釜)로 대변되는 연국의 대표적 도기가 연국의 세력범위가 확대되어 가는 과정에서 북경 일대로 확대되는 현상을 고찰할 수 있을 것이다.

이상 북경 일대에서는 燕下都 유지에서 출토된 것과 동질의 기물군(燕式鬲, 大口釜－紅陶釜, 饕餮紋半瓦當, 禮器)이 출토되었으며 그 시기가 대체로 전국 중만기를 전후로 한다는 점은 바로 계성 천도로 인한 연국 세력범위의 확대와 연문화의 확산으로 이해할 수 있을 것이다.

② 5郡 설치 지역

한편 전국 중만기 이후 5郡 설치 지역에서 나타나는 북방 융적문화 유지는 전국 중기 이후 연국의 묘장으로 대체되었으며 연국 특징의 기물이 출토된다. 예컨대 玉皇廟文化 유지에서도 그 지층 관계를

---

89) 安志敏·伊秉樞, 「北京西郊發現的瓮棺」, 『燕京學報』, 第 39期 1950－12.
90) 趙正文·舒文思, 「北京廣安門外發現戰國和戰國以前的遺迹」, 『文物』 1957－7.

보면 동서방향의 山戎墓를 남북방향을 띠는 燕文化 계통의 묘장이 파괴한 현상이 나타난다. 이는 玉皇廟文化가 있었던 지역에 燕人이 이후에 와서 이 지역 묘장구를 의식적이든 무의식적이든 파괴하였던 것임을 의미한다고 볼 수 있다.[91]

5郡 설치 지역의 경우에 각 郡 지역의 포괄범위에 대해서는 다소 이견이 있지만 대체로 5군의 전체 포괄 지역은 張家口, 宣化, 懷來, 延慶, 密雲, 懷柔 일대 및 薊縣, 寶坻, 香河, 寧河, 唐山, 灤縣, 遷安, 昌黎, 建昌, 凌源, 建平, 寧城, 赤峰, 朝陽, 北票, 錦州, 義縣, 阜新, 鐵岭 등지를 거쳐 遼陽 지역 일대였다는 것은 인정하고 있다. 이 지역에서 전국 중만기 이후에 연국 기물이 다량 출토된 것은 5군 설치를 통한 연국 세력과 燕國文化의 확산과 관련이 있다.

玉皇廟文化는 전국 중만기에 비로소 소멸되는 현상을 보여 준다는 점을 앞에서 지적하였다. 玉皇廟文化의 분포 지역으로 추정되는 遼寧 凌源 五道河子에서 모두 11좌의 묘장이 출토되었는데 頭向이 일률적인 東西向이 아닌 南北向도 발견되었으며 선명한 중원 풍격의 圓莖式 長身동검이 있다는 점은 이를 증명해 준다.[92] 또 夏家店 上層文化의 경우에도 서주 시기부터 시작하여 춘추·전국 시기에 매우 강력한 면모를 갖추지만 전국 조기를 지난 후 중기 이후부터 점차 쇠락하는 면모를 보이다가 전국 중만기를 전후로 연국 문화가 강렬하게 침투하는 면모를 보여 준다. 이 두 문화가 연국 문화로 대체되는 가장 두드러진 특징은 바로 頭向北의 燕國式 묘장의 출현과

---

91) 北京市文物研究所山戎文化考古隊, 「北京延慶軍都山東周山戎部落墓地發掘記略」, 100쪽.
92) 李恭篤, 「遼寧凌源縣五道河子戰國墓發掘簡報」, 『文物』 1989－2.

燕式鬲, 明刀錢, 一化圓錢,[93] 山形紋과 獸形 半瓦當,[94] 饕餮紋半瓦當[95] 등 燕下都文化에서 보이는 연국 특유의 연국식 기물의 출토이다.

凌源 安杖子 고성의 경우에는 세 개의 지층이 드러났다. 이는 夏家店上層文化－戰國時代－西漢時期로 구분할 수 있는데,[96] 素面 夾砂紅陶 잔편과 半圓形 雙孔石刀 등 夏家店上層文化 요소와 수많은 戰國, 西漢 시기의 板瓦, 筒瓦 잔편과 陶盆, 陶罐 등 도기 잔편들이 있다. 더욱이 연국 특유의 饕餮紋과 山字紋 半瓦當 및 연하도 출토의 동류 瓦當의 도안 문식과 매우 비슷한 형태가 출토되었으며 明刀錢, 平陽布, 襄平布, 安陽布 등의 출토와 전국 시기 匋文이 있는 陶罐 등은 燕文化의 존재를 분명하게 알려 준다.[97] 또 요녕성 建平水泉 유지는 夏家店下層文化－夏家店上層文化－燕文化가 상중하 지층에서 보이는데 여기에서 출토된 燕文化 역시 燕下都 출토 기물과 같아서 도기는 泥質陶와 夾砂陶 두 종류가 있으며 釜, 罐 등과 明刀幣도 보인다.[98]

內蒙古 赤峰의 英金河 양안의 1좌의 戰國묘에서도 수장 도기 중 罐의 형식이 燕下都 戰國 조기 출토의 陶尊과 매우 흡사하다는 점으로 볼 때, 이 좌의 연대는 대개 戰國 만기보다 늦지 않아[99] 夏家

---

93) 李殿福,「吉林省西南部的燕秦漢文化」,『社會科學戰線』, 1978－3.
94) 中國科學院考古研究所內蒙古工作隊,「赤峰蜘蛛山遺址的發掘」,『考古學報』 1979－2.
95) 遼寧省文物考古研究所,「遼寧凌源安杖子古城址發掘簡報」,『考古學報』 1996－2. 213~214쪽.
96) 遼寧省文物考古研究所,「遼寧凌源安杖子古城址發掘簡報」, 주 39) 참조.
97) 遼寧省文物考古研究所,「遼寧凌源安杖子古城址發掘簡報」, 212~217쪽 참조.
98) 遼寧省博物館・朝陽市博物館,「建平水泉遺址發掘簡報」,『遼海文物學刊』 1986－2.

店下層文化 혹은 夏家店上層文化의 지층 위에 바로 연국 특유의
문화가 덮여 있다는 사실은 이를 증명해 준다. 이 역시 전국 중기
昭王의 5郡 설치와 일정하게 관련되어 있다고 볼 수 있을 것이다.
다시 말해 연국 문화의 세력범위는 전국 중기 이후 5군 설치로 인한
巨燕의 성립에 따라 遼東郡 설치 지역인 醫巫閭山 이동으로 확대되
었다고 볼 수 있으며 그 이전 시기에는 이 광대한 지역에서는 줄곧
연국의 문화와 병존한 적어도 두 개의 문화가 존립하고 있었다고 볼
수 있다.

 5군 설치 지역에는 이와 같은 전국 시기에 해당하는 성지와 묘장
이 상당수 발견되었고 여기에서 대체로 전국 중만기 이후 燕文化의
기물이 출토되었다. 예컨대 建平 達拉甲 古城, 朝陽 袁臺子 묘지,
遼陽 新城子 전국묘, 喀左 眉眼溝 전국묘, 沈陽 臺西門 전국묘 등
이외에 수많은 전국 시기에 해당하는 窖藏坑에서는 전국 시기 화폐
와 鐵農具 등이 출토되었다.[100] 또 明刀錢은 遼寧省 建昌에서도 明
刀錢과 '易匕'布가 출토되었으며,[101] 遼陽 下麥窩, 沙岭房에서는 50
kg, 8천여 매가 나오기도 하였다.[102] 이런 戰國 燕刀幣는 灤平 小城
子, 承德 八家子, 赤峰 五里岔, 朝陽, 義縣 老君堡, 錦州, 案山, 撫
順, 金縣, 旅順 牧羊城, 大連, 撫順, 集安 등지 등 일일이 열거할
수 없을 정도로 출토 지역이 많다.[103] 饕餮紋 半瓦當도 凌源 安杖

---

99) 王兆軍,「內蒙古昭盟赤峰市發現戰國墓」,『考古』1964-1.

100)「遼寧省考古工作五十年」,『北京考古五十年』, 102쪽.

101) 永謙・鄧寶學,「遼寧建昌普查中發現的重要文物」,『文物』1983-9. 67쪽.

102) 鄒寶庫,「遼陽出土的戰國貨幣」,『文物』1980-4.

103) 陳夢家,「西周之燕的考察」,『燕文化研究論文集』, 5쪽 참조; 佟柱臣,「東
　　北歷史和考古中的幾個問題」,『東北考古與歷史』, 1982-1. 14쪽.

子 이외에도 河北 平泉 黑城, 承德 頭溝土城, 赤峰 冷水塘城 등지
에서도 출토되었다.104)

　한편 沈陽에서 발견된 묘장은 전국 만기에 해당되는 예기를 수장
한 묘장으로 壺·鼎·匜·盤의 조합이며 특히 頭向北의 頭北足南의
형태를 띤다. 묘장 형태와 수장품으로 조합으로 볼 때, 이는 전국 만
기에 해당하는 연국식 묘장이 분명하다고 볼 수 있다.105) 이 묘장의
발견은 夏家店上層文化가 존재하던 지역에 전국 중만기를 전후로
점차 연국식의 문화가 이 지역으로 확산되는 것을 보여 준다.

　이처럼 전국 중만기 이후 연국 세력 확대에 따라 동예기, 도예기
묘장도 이 지역으로 확산되어 가는 추세가 된다. 더욱이 燕式鬲 및
紅陶釜의 확산도 뒤따르고 있으며 연국 독자의 半瓦當도 전국 중기
이후 더욱 많이 출현하고 있다고 볼 수 있다. 따라서 연하도문화를
주체 속성으로 하는 燕文化는 전국 중만기를 전후하여 永定河 이북
을 넘어서 점차 확산되고 5군 지역으로까지 확산되고 있었음을 분명
하게 알 수 있다. 그러나 巨燕文化의 형성은 단지 5郡 설치로 인한
燕文化의 확산이라는 의미만이 있는 것은 아니다. 巨燕文化가 형성
되기까지는 서주 시기부터 전국 시기까지 燕文化의 형성과정과 관
련이 있다. 다음에서는 이싱과 같은 巨燕文化의 속성을 살펴보기로
하겠다.

---

104) 佟柱臣, 「東北歷史和考古中的幾個問題」, 『東北考古與歷史』, 14쪽.
105) 金殿士, 「沈陽市南市區發現戰國墓」, 『文物』 1959−4.

2) 燕山地域文化의 體現

巨燕文化는 巨燕 성립 이후 확대된 燕文化로 속성상 燕下都文化라는 점을 지적하였다. 한편 燕山 지역은 燕山산맥을 중심으로 이남과 이북 지역을 아울러서 넓게는 保定 이북부터 시작하여 연산 이북의 西喇木尹河 이남까지를 포괄하여 冀北, 京津唐, 永定河 남북 일대를 포괄한다고 볼 수 있다. 본 절에서 사용하는 연산 지역의 범위는 연산산맥 이북을 포괄할 경우에는 광의의 燕山 지역이라고 칭하고자 한다. 燕山 산맥 이북 지역도 燕文化에 지대한 영향을 미치지만 燕文化의 형성은 주로 燕山 이남 지역의 永定河 남북 일대로 볼 수 있다. 따라서 永定河 남북 일대, 즉 京津唐 일대를 협의의 燕山 지역으로 칭하고자 한다. 광의 혹은 협의의 연산 지역 문화는 연국 문화와 깊은 관련이 있다. 필자는 이미 연산 지역에서 나타나는 玉皇廟文化, 白狄계통의 문화, 夏家店上層文化 등이 연문화에 끼친 영향을 분석하였다.

현재 중국학계에서는 연문화를 광의의 연산 지역 내의 문화를 일부 포괄하면서 협의의 연산 지역(京津唐)에서 나타나는 모든 문화적 내용으로 정의하는 경향이 있다. 이러한 이해는 연국 세력범위와 연문화의 변화과정에 대한 이해 없이 서주부터 전국까지의 문화를 하나의 범주로 인식하기 때문에 나온 의견으로 현재로서는 지지될 수 없다고 본다.

그렇다면 戰國 중기 이후에 永定河 이북 지역의 北京 일대와 5郡 설치 지역으로 확대 발전한 연국의 예기는 연국이 도달하기 전에 나타나는 이 지역의 예기 묘장과 일종의 불일치가 존재한다. 이러한 현상은 첫째, 연국이 서서히 영정하 일대로 세력을 확대시키는 과정으로 볼 수 있다. 비록 북경 지역의 계성으로 도성지로 삼는 시기는 전국 중기 이후가 될지라도 영정하 이북으로 서서히 진출을 꾀할 가능성이 있다. 둘째, 비록 예기를 갖추었으나 연국과는 다른 세력의 존재가능성이다. 현재로서는 어떤 가능성이 있는지는 판단할 수 없다. 그러나 북경 일대는 전국 중기를 전후로 연국 세력이 점거하기 전에는 여러 문화세력이 함께 거주하던 지역이었던 것은 분명한 듯하다. 이는 영역국가를 지향하는 군현체제 성립 이전에 이 지역은 다종 문화가 공존하고 여러 종족이 잡처할 가능성은 얼마든지 있기 때문이다. 연하도 내에서도 묘장 장속이 일치하지 않으며 唐山 및 天津 일대에서도 두세 가지 계통의 葬俗이 출현하는 것[106]은 바로 이러한 현상을 의미할 것이다.

그러나 광의의 연산 지역문화는 협의의 연산 지역문화의 형성에 지대한 영향을 끼쳤을 것은 분명하다. 즉 현재 이 지역문화의 특징은 바로 동물문양과 동물형 장식인데 전통적으로 이런 특징은 白狄 계통의 문화와 玉皇廟文化, 夏家店上層文化에서 찾아볼 수 있기 때문이다. 연국 문화에 나타나는 요소는 이러한 연산 지역문화와 상당히 밀접한 관계에 놓여 있다고 생각되며 이것이 이 지역의 공동성을 구성할 것으로 판단된다.

연국을 비롯한 연산 지역 각 정치집단의 문화는 명확한 차별성과 동시에 공동의 구성요소가 존재하였다. Ⅲ장에서 살펴본 바에 의하면 연국 문화의 구성요소는 특유의 대표성 陶器와 청동예기 및 각

---

106) 甕棺葬, 石棺墓, 長方形 竪穴 土坑墓 등이 혼재하였다.

종 동물문양과 동물형 장식을 가장 특징적 요소로 삼는다. 이 문화
는 중원요소가 가미된 북방 계통 문화로 설정할 수 있다. 광의의 연
산 지역 각 정치집단의 문화는 명확한 차이점이 존재한다. 玉皇廟文
化는 夾砂紅褐陶素面罐, 夏家店上層文化의 夾砂紅褐陶鬲, 白狄 계
통은 夾砂泥質雙耳罐, 연문화의 燕式鬲, 紅陶釜 등은 각 지역 간
도기의 차별성을 나타낸다. 동시에 葬俗도 다른 특징을 보인다. 頭
東足西, 頭北足南, 殉牲습속, 覆面습속, 長方形 水穴土坑墓, 石棺墓
등등 각기 각각의 특수한 葬制가 존재하였다. 연국의 頭北足南, 生
土二層臺, 棺槨 사이에 기물을 두는 장속은 연산 일대에서 독자적
모습을 지닌다고 할 수 있으며 서주 시기부터의 전통을 계승한 부분
이다. 또 直刃匕首式 靑銅短劍(玉皇廟文化, 白狄系統文化)과 曲刃
匕首式 靑銅短劍(夏家店上層文化)은 燕山 일대의 대표적인 두 계통
의 문화라고 볼 수 있다.

이러한 각각의 차별성 이외에도 이들에게 공동의 문화요소가 존재
하였는데 그것은 중원 풍격의, 북방문화요소가 체현된 禮器의 출토
였다. 출토 예기는 일반적으로 중원식 기형과 蟠螭紋, 蟠虺紋, 雲紋
등으로 대표되는 중원 풍격의 문양을 갖는 동시에 생동감 넘치는 동
물 문양과 장식 및 絢索紋과 같은 북방 요소의 특징이 공존한다. 두
문화의 풍격이 공존하는 예기는 춘추·전국 시기 중원 각국에서 나
타나는 공동현상으로 볼 수 있을 것 같다.

이미 지적하였듯이 이 시기 중원 풍격 예기의 출토는 중원문화와
북방문화의 접촉과 교류를 통한 결과물로 이해되어야 할 것 같다.
특히 상말주초 상유민의 이동과 관련하여 이 시기에 商代 靑銅 禮
器가 각지로 많이 유출되는 과정은 중원의 청동예기가 각지로 퍼지

는 파급효과를 낳을 수 있었다. 더욱이 춘추 시기에 이르면 각 제후 국의 제후 혹은 경, 대부가 직접 주조하는 경향이 지배적이어서 춘추·전국 시기 각 제후국의 청동예기는 지역문화를 흡수하여 독자적인 풍격을 갖게 되었던 것이다. 이런 측면에서 볼 때 夏家店上層文化에서 보이는 중원 풍격의 청동예기, 玉皇廟文化의 청동예기 등은 이런 과정을 통해 각지에서 주조했을 가능성이 매우 높다. 이를 반증해 주는 일례로 夏家店上層文化의 분포 지역인[107] 內蒙古 林西 大井 동광 유지의 면모를 본다면 採鑛에서부터 完整된 청동제품을 만드는 전 과정은 이 모든 작업이 한 지역에서 이루어졌을 정도로 대규모의 청동기 제작지였음을 알려 준다.[108] 夏家店上層文化에서 보이는 청동제작의 기술은 이 문화에서 보이는 청동예기 역시 스스로 주조하였을 가능성을 상당히 높이고 있다. 이런 점에서 볼 때 청동예기의 공동 출토가 이들을 하나로 묶어 주는 지표는 아니다. 夏家店上層文化와 玉皇廟文化에서 보이는 수많은 청동예기는 이들이 중원문화와 일정한 교류관계를 형성하고 있음을 의미하는 것이다.

광의의 연산 지역의 가장 특징적인 문화는 북방계 청동기라고 볼 수 있다. 靑銅短劍, 靑銅削刀, 청동 牌飾, 帶鉤, 馬具, 각종 장식물 이지만 그곳에는 이들의 수렵, 유목의 경제생활을 표현하는 각종 동 물문양이 가장 특징적으로 표현되어 이들 문화의 대표요소라고 규정 할 수 있다. 白狄계통 문화, 玉皇廟文化, 夏家店上層文化 및 燕文

---

107) 王剛, 「林西縣井溝子夏家店上層文化墓葬」, 『內蒙古文物考古』 1998－ 1. 이에 따르면 이곳의 묘장은 石板墓가 많으며 수장품은 素面夾砂紅 褐陶罐, 綠松石珠, 銅耳墜(귀걸이) 한 쌍과 銅帶鉤, 銅帶飾, 銅刀 등 이 있다. 이 문화는 夏家店上層文化에 속한다고 보았다.
108) 遼寧省博物館文物工作隊, 「遼寧林西縣大井古銅鑛1976年發掘報告」 참조.

化는 이러한 특징이 가장 잘 드러난다. 이 범위는 山西 渾源 지역을 포함하여 張家口, 懷來, 蔚縣, 昌平, 延慶, 懷柔, 通縣, 順義, 薊縣, 唐山, 遷安, 靑龍 및 燕下都 지역으로 이 범위에서 보이는 禮器의 풍격은 매우 유사하여 동일 문화범주에 속한다고 볼 수 있다. 또 中山國 경내의 唐縣 일대 출토기물의 면모와도 일치하는 점은 이미 지적한 바 있다. 이렇게 본다면 연국 문화는 이러한 북방계 문화를 대량으로 수용하였을 가능성이 높다. 연국 성립 직후 형성된 姬燕文化는 이러한 특징이 없다. 이는 춘추전국을 거쳐 巨燕이 성립된 이후 형성된 巨燕文化 안에 내재된 속성이라고 볼 수 있다. 이런 면에서 巨燕文化는 연산 지역문화를 체현하였다고 해도 좋을 것이다.

연국은 齊國과 관계가 매우 밀접하다. 흥미로운 사실은 연국 출토 예기는 중원적 풍격에 대부분 일치하되 齊의 풍격보다는 오히려 代國, 中山國 등지에서 보이는 풍격을 견지하고 있다는 사실이다. 특히 北京 일대와 玉皇廟文化, 심지어 夏家店上層文化 유지에서 출토되는 禮器 역시 중원적 풍격을 간직하면서도 기본적으로 연국, 代國, 中山國 등의 기물군과 유사한 점은 주목할 필요가 있다. 이는 바로 燕, 代, 中山 등의 문화가 공동적인 성격을 띠고 있다는 것을 입증해 주는 것이라고 볼 수 있다.[109]

연국 문화에 北方系문화와 공동 성질이 많은 이유를 다음과 같이 추적해 보았다.

첫째, 연국 입국 시기 이 지역 문화의 전통이다. 연국이 입국한 당시 연산 지역은 張家園上層文化를 대표로 하였다는 것을 상기시

---

109) 趙化成은 연국 문화를 기본적으로 대국문화와 동일하여 燕代문화로 칭하였다(趙化成, 앞글 참조).

킬 필요가 있다. 張家園上層文化는 기본적으로 이 지역까지 분포한 遼西 지역의 夏家店下層文化의 계보를 갖는다. 단 夏家店下層文化 는 京津唐 일대에서 오르도스 지역의 朱開溝문화[110]의 영향을 받아 魏營子文化를 형성하였다. 張家園上層文化는 魏營子文化의 전통을 이어받았다. 朱開溝문화의 가장 두드러진 특징은 바로 花邊鬲으로 張家園上層文化의 가장 큰 특징인 口沿의 附加堆紋이 바로 여기에 서 유래되었다고 볼 수 있다.[111] 도식적이긴 하지만 이런 과정을 통 해 형성된 張家園上層文化는 북방문화요소가 강렬하게 나타난다고 볼 수 있을 것이다. 연국의 주체세력은 立國 당시 이 지역의 張家園 上層文化 세력과 대치관계에 있었을 가능성이 크다. 누차 언급하였 듯이 희연문화의 주체세력은 일정기간이 지나면서 연산 지역 토착세 력과의 충돌가능성이 농후해지고 이런 과정을 통하여 이들은 길항관 계를 형성하였을 것으로 추정된다. 이 과정에서 이들과의 빈번한 접 촉은 연문화에 새로운 문화요소를 수용할 수 있는 상황이 연출되었 을 것이다.

둘째, 주변세력, 즉 夏家店上層文化, 玉皇廟文化, 白狄 계통 문화 세력 등이 활발하게 활동하였고 이들과 모종의 관계가 형성되었을 것으로 추정된다. Ⅱ, Ⅲ장에서 연국은 당시 燕北의 강대 세력인 山 戎, 東胡 등과 모종의 정치적 연관관계를 가지고 있었을 것으로 추 정하였다. 한편 춘추 중만기부터 전국 시기에 이르면 燕과 齊는 빈 번한 접촉을 통해 때로는 연맹관계를 형성하였고 또 한편으로는 적

---

110) 內蒙古文物考古硏究所, 「內蒙古朱開溝遺址」, 『考古學報』 1988-3.
111) 田廣金, 「中國北方系青銅器文化和類型的初步硏究」, 蘇秉琦 主編, 『考
　　古學文化論集』(4), 270~280쪽.

대관계를 통하여 관계가 형성되었을 것으로 추정된다. 그럼에도 연국 문화에 보이는 齊문화의 영향은 전국 만기에 극소수 보이는 樹木紋 등에 한정되어 두드러지게 나타나지 않는다. 오히려 연국 문화는 이미 언급하였듯이 代國, 中山國의 유존과 매우 흡사하다. 연하도 기물과 李峪村 기물군이 기형 및 문양 등에서 큰 유사성이 있다는 것도 이미 살펴보았다. 그런데 이러한 유사성은 中山, 代 등과의 밀접한 관계를 통해서 형성된 것이다. 이들과의 관계에 대한 실마리는 두 가지 정도를 찾아볼 수 있다.

첫째, 燕器인 <杕氏壺>에서이다. 中山國이 주조한 것으로 보이는 <杕氏壺>에 대해 郭沫若은 燕器로 보았다. 壺의 명문에 의하면 杕氏가 매년 鮮虞에게 聘問하여 金屬柄을 얻었다는 내용이 보인다.[112] <杕氏壺>는 저록에 있는 狩獵壺 중 유일한 명문이 있는 壺로 기형과 문식이 唐山의 狩獵壺와 상당히 일치하다[113]는 점은 앞에서도 지적한 바 있다. 또 平山縣에서도 이와 유사한 형태의 銅壺가 출토되었다.[114] 여기에서 中山國과의 관계를 일부 엿볼 수 있다. 특히 중산왕 譽의 묘장은 中字形으로 연하도 16호 묘장의 형태

---

112) 명문내용은 "杕氏福口, 歲賢鮮于, 可是金火主力, 鸞台爲弄壺……"라고 되어 있다(郭沫若, 『兩周金文辭大系圖錄攷釋』, 上海書店出版社, 1999. 227~228쪽 참조).

113) 安志敏, 「河北省唐山市賈各莊發掘報告」, 『考古學報』 第六冊, 1953-12. 113쪽.

114) 河北省博物館·文管處·唐雲明·王玉文, 「河北平山縣訪駕莊發現戰國前期靑銅器」, 『文物』 1977-2. 출토된 壺는 杕氏壺의 형태와 유사하다. 또 陶盤, 豆 등은 洛陽 中州路 M2717, 汲縣 山彪鎭 M1 등 전국전기묘에서 출토된 것과 비슷하다.

그림 60〉 中山國
山字形 旗竿之首

와 같다. 또 연국 반와당 중에는 山字形이 있는데 中山國에는 山字形器가 中山國 예기를 대표하며 또한 旗竿之首 혹 장전에 나열된 戟일 가능성이 있다고 보기도 한다. *[그림 60 참조]*

동시에 이 기의 銅에 포함된 아연은 遼寧省 丹東 靑城子 鑛銅의 아연을 함유한 것과 비슷하여 당시 이 지역에서 생산된 銅일 가능성이 있다는 지적[115]으로 볼 때 中山과 燕은 밀접한 관계를 갖고 있었다는 점은 분명하다. 둘째, 肥子의 燕國行이다. 앞서 이 추정한 바에 의하면 肥子가 燕地로 온 시기는 춘추 만기 정도로 보았는데 이때 肥國의 문화 면모가 이 지역으로 유입되었을 가능성을 상정해 보았다.

이상의 추정으로 볼 때 연산 일대에서 보이는 북방계 문화 면모는 이러한 경로로 이 지역에서 두드러지게 나타나는 것으로 보인다. 앞에서 추정해 본 太行山 白狄 세력의 東進가능성과 동시에 燕山 일대에서 원래 존재하던 토착세력의 존재는 춘추·전국 시기에도 여전히 유효할 듯하다. 이들은 永定河 이남의 燕國과 공존하면서 협의의 燕山 일대(京津唐)에서 共同문화를 창조하면서(동물문양과 동물장식이 체현된 기물군) 공생하였을 가능성이 높다. 따라서 燕文化로 불리는 이 지역의 문화는 실제로는 연산 지역에서 공생하던 연산 지역의 정치집단이 공동으로 이룩한 문화라고 하는 것이 보다 명확할 것이며 거연의 성립은 이 공동의 문화를 巨燕文化라고 규정할 수

---

115) 河北省文物研究所, 『譻墓 ― 戰國中山國國王之墓』(上), 526～527쪽.

있는 근거를 마련하였다고 생각된다.

연산 지역에서 보이는 문화적 공생관계가 형성되었을 가능성을 더욱 뒷받침하는 것은 尖首刀[116]의 출현이다. 燕山 일대에서 사용된 尖首刀 주조의 시간은 여러 의견이 개진되었으나 대체로 춘추 시기가 된다고 볼 수 있다.[117] 尖首刀는 일반적으로 燕國 明刀錢의 전신이 되며 尖首刀 역시 연이 주조하여 사용한 화폐로 이해한다.

그러나 이와 관련하여 최근 延慶 軍都山 葫蘆溝, 西梁坑, 靳家堡 玉皇廟 묘지에서 10여 건의 尖首刀와 그와 비슷한 130여 건의 銅削刀가 출토되었다.[118] 이 玉皇廟유존의 상한은 西周東周之際(춘추 초기)가 되며 하한은 춘추 만기(春秋戰國之際)가 되므로 이 묘지에서 출토된 소량의 尖首刀幣는 비교적 빠른 시기에 처한 도폐라고 볼

---

116) 石英士·王素芳,「尖首刀化的初步研究」,『考古與文物』 1987－1. Ⅰ～Ⅴ식으로 분류하였고 춘추 조기부터 춘추 중만기까지에 해당되며 연국 화폐로 인식하였다.

117) 葛建軍은 연국 尖首刀 주조시간을 춘추 조중기로 보았다(葛建軍,「關于燕國刀幣若干問題的辨析」,『首都博物館叢刊』第 9輯, 1994. 56쪽). 鄭家相은 서주 초에 주조되어 전국 시기에도 주조되었다고 보았다(鄭家相,「燕刀面文明字問題」,『文物』 1959－1). 王毓銓은 尖首刀는 만기의 것으로 근거는 첨수도와 명자화의 중량이 동일하다는 것이다. (王毓銓,『我國古代貨幣的起源與發展』, 科學出版社, 84쪽, 54쪽. 葛建軍, 앞글 56쪽에서 재인용). 彭信威는 춘추 시기의 刀化로 보았고(彭信威,『中國貨幣史』, 上海人民出版社, 葛建軍, 앞글 56쪽에서 재인용) 朱活은 尖首刀 주행 상한은 전국 조기보다 늦지 않고 주행의 상한은 춘추전국지제로 추측하였다(朱活,「匽幣管窺－略談匽國貨幣的幾個有關問題」,『燕文化研究論文集』, 322～323쪽 참조).

118) 北京市文物研究所山戎文化考古隊,「北京延慶軍都山東周山戎部落墓地發掘記略」, 北京市文物研究所 編,『北京文物與考古(第三輯)』, 北京燕山出版社, 1992.

수 있다. 또 1978년 延慶 辛莊堡 출토의 1,350매의 尖首刀, 1978년 燕下都 軍營村에서 출토된 1,845매의 尖首刀 및 河北 樂亭, 懷來 등지에서 尖首刀幣가 출토되었다.[119] 山戎묘장에서 동시에 나온 靑銅削刀와 尖首刀는 그 기형상으로 볼 때 尖首刀의 원형이 靑銅削刀에서 나온 것임을 증명해 준다.[120] *[그림 21 -2번 오른쪽 靑銅刀 중 4번 참조]*

尖首刀를 누가 주조했는가에 대해서는 의견이 분분하다. 趙國이 주조한 것, 中山國, 연국 경내의 상업에 종사하는 소수민족 혹은 夏遺, 殷遺[121] 등의 의견이 있지만 대다수 연국의 鑄幣라고 인식하고 있다. 여러 의견이 개진되었음에도 연국 도폐로 인정하는 가장 큰 이유는 尖首刀幣는 기본상 연국 경내인 북쪽으로는 張家口, 懷來, 承德,[122] 遼寧 凌源 修杖子,[123] 하북 중부의 易縣, 燕下都 유지, 하북 滄州, 新城鋪, 滿城, 唐縣, 樂亭, 安國, 平山 靈壽, 滄州, 北京, 延慶

---

119) 葛建軍, 앞글 56쪽. 참조. 이 발굴은 정식 보고되지 않았다고 한다.

120) 조기의 尖首刀幣는 玉皇廟文化 세력의 일상공구인 靑銅削刀와 긴밀하게 연관되어 있다. 燕이 이 지역문화의 영향을 지대하게 받았음을 확인되며 첨수도폐는 북방유목민족의 영향을 받아 생산한 화폐가 된다 (葛建軍, 앞글, 57쪽). 王紀洁는 제1기 尖首刀는 연산 남북지대와 太行山 동록 지역에서 낳이 나온 점으로 볼 때 고대 융적 계통의 尖首刀로 보았다(王紀洁, 「尖首刀分期硏究」, 『北京文博』 1998 - 3. 19쪽 참조).

121) 朱活, 「論山東臨淄齊故城出土的尖首刀化 — 兼論有關尖首刀化的幾個問題」, 『考古與文物』 1980 - 3. 山戎, 令支, 孤竹, 箕, 魚 등의 상업 교왕과 유관하다고 보았다(30쪽).

122) 承德縣文保所, 「承德縣出土的戰國錢幣」, 『文物春秋』 1993 - 4.

123) 范品淸, 「遼寧凌源縣出土一批尖首刀貨」, 『考古與文物』 1980 - 3. 춘추 말 전국 초에 해당한다. 凌源 일대는 연의 영토로 봤기 때문에 이를 연국 조기의 지방 주폐라고 보았다.

378

등지에서 출토되었기 때문이다. 즉 그 출토범위가 바로 연국 國都 소재와 활동 중심구였다고 보기 때문이다.[124] *[그림 61, 62, 63 **참조]***

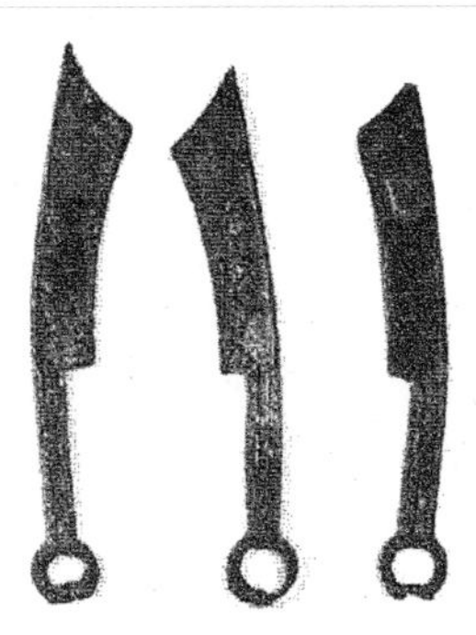

그림 61〉 尖首刀

그림 62〉 尖首刀范

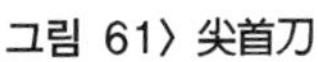

그림 63〉 尖首刀 문자

---

124) 葛建軍, 앞글 58쪽.

　　그런데 최근에 尖首刀의 형태를 분류하면서 출토 지역을 정리한
결과 두 기로 나누어서 1기 尖首刀는 연산남북지대 및 太行山 동록
지대에서 많이 출토되었고, 제2기 尖首刀는 하북 중부, 동북부에서
많이 출토된 사실을 밝혀냈다.[125] 이를 융적 계통 尖首刀(1기 尖首
刀), 燕文化 계통 尖首刀(2기 尖首刀)로 구분하게 되었다. 이런 점으
로 볼 때 尖首刀는 燕國만이 전유하여 사용하던 화폐는 아니었다.
이로 본다면 尖首刀는 太行山 및 燕山 일대와 연국을 비롯하여 연
산 지역 세력집단이 공동으로 사용하던 화폐 기능을 담당했을 가능
성이 높다.

　　遵化縣에서 출토된 尖首刀[126]는 Ⅰ식부터 Ⅵ식까지 모두 그 변화
관계를 갖고 있는 점으로 볼 때, 이 지역에서 주조하였을 가능성이
있다. 또 容城 지역에서는 尖首刀와 明字刀幣가 연속성을 띠고 있
는 점으로 볼 때 당시 화폐의 조만의 연속성을 살펴볼 수 있다.[127]
이 외에도 唐縣, 滿城, 張家口, 懷來,[128] 延慶 등지와 淶水,[129] 靑龍
縣[130] 및 齊의 臨淄에서도 상당수 출토되었다.[131]

---

125) 王紀洁, 앞글, 19쪽 참조.
126) 528매 발견하였다. 遵化縣文管所(劉　震·劉大文), 「河北遵化縣出土一
　　　批窖藏燕國刀幣」, 『考古與文物』 1994－5; 遵化縣文管所, 「河北遵化
　　　出土一批燕國刀幣」, 『文物』 1992－11.
127) 容城縣文物保管所·孫繼安, 「河北容城縣發現三批燕國貨幣」, 『考古』
　　　1994－5. 晾馬臺 南陽 磚廠에서 첨수도 100여 매가 나왔으며 賈光鄕
　　　東張楚鄕에서 明字 도폐 245매가 나왔고 城關鄕 北城촌 연국 折背刀
　　　8매가 발견되었다. 출토된 無字 첨수도는 춘추 시기에 해당되고. 전국
　　　만기의 弧背刀는 보이지 않기 때문에 춘추전국지제가 된다.
128) 石英士·王素芳, 「尖首刀化的初步研究」 표 참조.
129) 朱學武, 「河北淶水西武泉村出土燕國貨幣」, 『文物春秋』 1991－1. 62 건
　　　출토되었다. 尖首刀와 匯字刀 양 종류이다. 尖首刀는 1건 출토되었다.

이상에서 볼 때 尖首刀는 연국만의 전유물이 아닌 것이 분명하다. 특히 延慶 軍都山 묘장 중 발견된 刀幣에서는 서주 초기 昌平 白浮 墓에서 나온 其, 兀 등의 문자가 나타난다.[132] 이는 玉皇廟文化와 昌平 白浮墓의 문화가 어떤 연관성이 있었다고 짐작하기에 충분하며 동시에 첨수도는 바로 연산 지역 고로의 종족의 창조물일 가능성을 보여 준다.

현재 이 尖首刀를 연국의 화폐로 이해하는 것은 역시 당시 燕山 일대를 모두 연국의 강역으로 설정하였기 때문이다. 따라서 尖首刀 가 太行山區와 燕下都 일대 및 延慶, 懷來, 凌源 등지에서 흩어져서 출토된 것으로 볼 때, 이는 연산 일대에서 거주하였던 정치집단 혹은 종족이 교환의 목적을 위해 만든 연산 지역 공동의 화폐였을 가능성을 보여 준다. 齊의 臨淄에서 출토된 尖首刀는 이들과의 교역을 위해 만들었을 가능성이 있다.

이와 동시에 明刀錢 역시 연국만의 전유물이 아니었음을 알리는 대목이 있다. 明刀錢 陶范의 출토가 燕下都 鑄錢작업장 유지 등 연국 경내에서만 출토된 것이 아니라 白狄 국가인 中山國에서도 나왔다.[133] 또 石家莊에서는 천여 매의 刀幣가 나왔는데 明刀錢 수량이

---

130) 秦皇島市文化局(閻樂耕·王雲瑞), 「河北省靑龍縣出土窖藏戰國貨幣」, 『文物春秋』 1989-4 첨수도폐는 매우 정세하다. 이 외에도 襄平布, 一化圓錢 등이 출토되었다.

131) 朱活, 「論山東臨淄齊故城出土的尖首刀化 — 兼論有關尖首刀化的幾個問 題」, 『考古與文物』 1980-3. 참조. 明刀幣 출토 정황에 대해서는 朱 活, 「匧幣管窺 — 略談匧國貨幣的幾個有關問題」, 『燕文化硏究論文集』, 313 ~318쪽 표 참조.

132) 朱活, 「匧幣管窺 — 略談匧國貨幣的幾個有關問題」, 306~312쪽 표 참조.

133) 高英民, 「試論中山國仿鑄燕國◔字刀的歷史背景 — 兼述◔字刀面文的解

가장 많다.134) '白人', 즉 '白狄'의 刀幣인 '伯人' 刀幣 이외에도 '邯鄲' 刀幣가 있었다. 이 刀幣는 '甘丹'과 '白人'이라고 되어 있다. 이 도폐는 邯鄲과 白狄(白人) 지구에서 통용된 화폐임을 분명하다. 이를 燕刀幣 내로 흡수시켜 연국 화폐의 범주로 오해하기도 한다는 지적135)은 분명 일리가 있다고 본다. 연국 明刀錢은 수량이 비록 많지만 이들 도폐와 형태는 기본상 일치한다. 明刀錢은 齊에서도 출토되었다. 齊의 明刀錢은 북방 제족과의 무역관계를 위해 구비되었을 것으로 파악된다. 朝鮮의 文皮를 수입하는 과정 등은 齊와 북방 제족과의 무역관계를 충분히 짐작할 수 있다. *[그림 64, 65 **참조]***

그림 64〉 明刀錢

그림 65〉 明刀范

　따라서 明刀錢과 尖首刀가 연국의 專有 화폐라고 보기보다는 尖首刀를 사용한 연산 지역의 세력집단이 이를 계승하여 다시 새롭게

　　讀」, 『會議專輯』 참조.
134) 王海航, 「石家莊東郊發現古刀幣」, 『文物』 1964-6.
135) 王海航, 앞글, 62쪽 참조.

만든 화폐였을 가능성이 높다고 볼 수 있다. 이와 관련하여 또 興隆
에서는 2,356매의 刀幣가 발견되었는데 춘추부터 전국 만기까지의
전면적인 계통관계를 엿볼 수 있다.136) 興隆 지역은 춘추 시기 연국
세력범위에 포함되지 않았다. 전국 중기 이전까지도 실제 연국 세력
범위가 미치지 못한 지역이다. 이 지역에 춘추부터 전국 만기까지
변화상을 엿볼 수 있는 刀幣의 출토는 尖首刀 혹은 明刀錢이 연국
만 사용한 것이 아니라 연산 일대 각 지역에서 주도된 이들 간의
공동교환화폐였을 가능성을 뒷받침한다고 볼 수 있다.

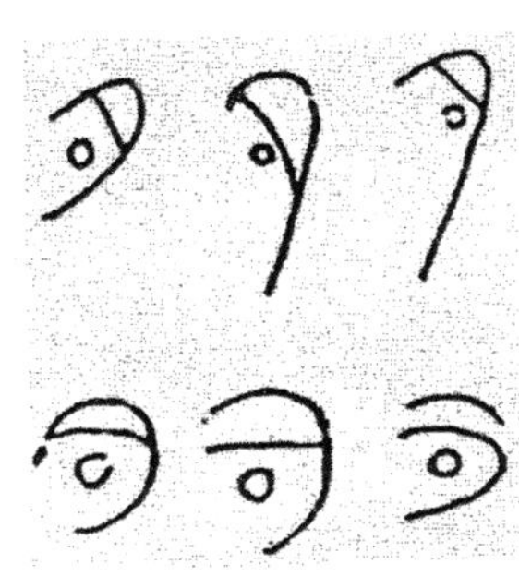

그림 66〉 '明' 字

明刀錢은 전국 조기부터 전국 만기까
지 그 과정을 살펴볼 수 있다. 明刀錢의
明 字의 寫法에 대한 연구가 진행단계에
있다. 齊 明刀에 쓰인 明 자와 燕의 明
刀에 쓰인 明 자의 사법상의 차이를 기
준으로 구분되는 것으로 볼 때,137) 明 字
에 대한 연구는 明刀錢과 연산 일대의
각 세력집단과의 관계를 파악하는 데 도
움이 될 것으로 생각한다. *[그림 66 참조]*

이상의 분석에 의하여 다음과 같은 결론을 얻을 수 있었다. 연국

---

136) 興隆縣文化館文物組·張雙峰, 「河北興隆發現墓葬明刀幣」, 『文物』
1985－6.

137) 馮勝君, 「燕國陶文綜述」, 『北京文博』 1998－2. 81~82쪽. 또 滄縣 肖
家樓에서 10,339매가 출토되었다. 明字 寫法에 따라 분류하면 甲류는
하북성 중부 이북에서 많이 보이고 乙류는 산동에서 많이 보인다. 이
두 가지가 동시에 나온 것은 드문 예이다. 甲형은 연국, 乙형은 齊國
의 것으로 인식하기도 한다(天津文物管理處, 「河北滄縣肖家樓出土的
刀幣」, 『考古』 1973－1. 41쪽).

의 화폐로 인식하는 尖首刀와 그것을 계승 발전시킨 明刀錢은 연국만의 전유화폐가 아니었다. 이들 화폐는 연국을 비롯하여 연산 일대에서 존립한 연산 지역 각각의 세력집단이 공유하여 사용한 연산 지역의 공동교환화폐였다. 따라서 이와 같은 공동화폐의 구비는 연국을 포함한 연산 지역 경제공동체를 형성하였을 가능성을 보여 준다.

3) 竝存體制의 存續

연산 지역문화를 스스로 체현한 燕文化, 즉 巨燕文化는 앞에서 살펴보았듯이 연국의 새로이 획득한 세력범위지로 또한 확산되어갔다. 5군 설치 지역에는 전국 중만기를 전후로 연하도 유지에서 보이는 전형적인 연문화가 보이기 시작한다. 다만 이 연문화의 출현과 동시에 이 지역에서는 연문화가 들어오기 이전의 토착문화도 공존함을 알 수 있다. 예컨대 張家口 白廟 유지에서는 夏商 시기부터 전국 시기에 이르는 문화 유지가 발견되었다. 그중 전국 중만기에 해당되는 유지에서는 중원 계통의 輪製의 泥質灰陶器와 夾云母紅陶釜 등이 출토되었지만 牲畜된 頭骨을 수장하는 습속이 있는 점으로 볼 때, 일부의 문화면모는 중원지구와 일치하지만 붉방문화의 요소를 보유하고 있음을 알 수 있다.[138] 또 이미 玉皇廟文化 유지인 凌源 五道河子묘장에서는 頭向이 동서향과 남북향이 공존하는 것을 알 수 있었는데 이 묘장에서 출토된 기물은 중원식 풍격을 지닌 기물뿐 아니라 각종 牌飾과 聯珠狀飾, 羊形帶鉤, 綠松石珠 등 토착문화로

---

138) 張家口市文物事業管理所, 「張家口市白廟遺址淸理簡報」, 29∼30쪽.

이 역시 두 문화가 공존하고 있음을 볼 수 있다.

한편 遼西, 遼東郡 등 夏家店上層文化가 출현하였던 지역에서는 연문화의 출현 이후에도 고유의 묘장 형태와 토착기물이 출토되었다. 凌源 安杖子 고성의 경우에는 夏家店上層文化층은 燕文化에 의해 덮이지만 이와 같은 고성 이외의 지역에서는 夏家店上層文化의 특유의 기물인 曲刃式 靑銅短劍 출토가 지속되었으며 燕國式 묘장이 아닌 이 지역 토착의 石棺 혹은 石槨墓가 여전히 지속되고 있음을 알 수 있다. 예컨대 安杖子 고성이 있는 遼寧省 凌源縣의 三官甸子 지역에서는 전국 중기 曲刃式 靑銅短劍墓가 발굴되었다.[139]

이 시기 曲刃短劍을 특징으로 하는 청동 유존은 일일이 열거하지 못할 정도로 상당수 존재한다. 그런데 無順 大甲帮 석관묘, 將軍堡 청동단검, 淸原 門臉石棺墓, 李家堡 石棺墓, 小錯楚溝 石棺墓 및 新賓 大四平 馬架子 석관묘, 新賓 大四平 등지 石匣에서 출토된 청동단검의 유지에서 주목해야 할 점은 이들 청동단검은 춘추 시기부터 전국 말기 및 漢 初까지 지속적으로 출토되었다는 점이다.[140] 이는 石棺墓와 曲刃式 靑銅短劍을 특징으로 하는 문화가 燕의 5군 설치 이후에도 燕文化의 유입 없이 지속적으로 나타나는 것을 의미한다.

이러한 단검의 출토는 遼寧省의 일부 지역에 한정되어 나타나는 것이 아니라 夏家店上層文化의 분포 지역이었던 이곳에 광범하고도 지속적으로 보인다. 예컨대 요녕성 昌圖縣에서는 戰國 末에서 漢 初에 해당하는 기물로 直刃劍과 曲刃劍이 모두 출토되었으며[141] 전

---

139) 寧省博物館, 「遼寧凌源縣三官甸靑銅短劍墓」, 『考古』 1985－2.
140) 撫順市博物館考古隊, 「撫順地區早晩兩類靑銅文化遺存」, 『文物』 1983
－9. 63～65쪽.

국 중기에 해당하는 朝陽 袁臺子 묘지는 조기부터 만기에 이르기까지 분포되어 있는데 산 위의 묘는 토착 특징을 갖춘 紅褐色 素面 外迻唇 手製罐, 獸形 銅牌飾 등이 있고 산 아래에 있는 묘는 이러한 手製 罐과 전형적인 중원식 도기인 鼎, 豆, 壺, 匜 등이 반출되거나 교착·분포한 정황을 이룬다. 이런 점으로 볼 때 비록 연문화가 5군 설치를 계기로 이 지역으로 확대되지만 이 지역 토착세력의 문화는 연문화와 함께 공존하였음을 볼 수 있었다.

이와 관련하여 또 遼寧 本溪縣 上堡村에서 4좌의 석관묘가 발견되었다. 이곳에서는 泥質 繩紋陶罐 4건, 夾砂 筒腹罐 4건, 靑銅短劍 2건 등이 출토되었다. 묘에서 나온 泥質 繩紋陶罐은 燕下都 22호 유지, 赤峰 蜘蛛山 전국-漢 初 유지에서 나온 형태이다. 이중 夾砂 筒腹罐은 遼陽 亮甲山에서 출토된 疊唇罐과 비슷하다고 한다. 또 청동단검은 遼陽 亮甲山 3호, 寬甸縣 趙家堡子 石棺墓, 劉家哨 석관묘 등에서 출토된 단검 형태와 대체로 같다고 한다.

이 묘장의 시기는 전국 만기에서 서한 초기에 해당되는데 이 上堡 석관묘의 연대도 戰國 말에서 약간 늦다고 볼 수 있다. 이곳 출토의 泥質 繩紋陶罐은 모두 燕, 漢 문화 계열의 전형 기물이 되는데 출토된 短劍과 夾砂 筒腹罐은 요동 토착문화계열의 기물로 양자가 동일 묘장에서 공출된 현상은 주목할 만하다. 묘 중에 燕, 漢문화가 거의 반을 차지한다. 이는 5군 설치를 통해 燕人이 이 지역으로 들어왔지만 당지 고유의 토착 전통을 여전히 간직하고 있음을 알 수 있다.[142]

---

141) 裴輝軍, 「遼寧昌圖縣發現戰國,漢代靑銅器及鐵器」, 『考古』 1989-4. 376쪽.
142) 魏海波·梁志龍, 「遼寧本溪縣上堡靑銅短劍墓」, 『文物』 1998-6. 22쪽.

遼寧省 阜新에서는 1973년 3좌의 靑銅短劍 石棺墓를 발굴하였는데 주목할 만한 점은 서주 만기부터 전국 중만기에서 漢 初에 이르기까지 한 건을 제외하면 모두 曲刃 短劍이라는 점이다.[143] 이는 비록 전국 중만기에 이 지역에 연문화가 들어왔을지라도 여전히 토착문화가 존재함을 알 수 있다.

또 圍場의 東臺子 묘지는 전국 만기에서 秦代에 이르는 28좌의 묘지로 각기 頭向이 다른 현상도 주목할 만하다.[144] 또 내몽고 烏漢旗 烏蘭保拉格 戰國墓葬에서는 전국 중기 전후의 10여 좌의 묘장이 출토되었는데 각기 頭西足東, 頭向北의 방향이 다른 양종 묘장이 교착·분포하고 있는 것이 이곳 묘지의 특징이 된다. 이러한 현상은 매장이 전후로 형성된 것을 의미하며 족속이 다르게 형성된 것을 반영한다고 볼 수 있다. 또 泥質 灰陶와 丁字形 曲刃劍도 함께 출토되었다. 동일 묘 중에서 출토된 輪製의 泥質 罐과 手製의 夾砂 罐은 토착 민족이 연문화를 접수하여 상호 융합하는 과정을 현시하는 것이다. 이곳은 燕의 경계에 속하는 곳으로 당시 이곳에는 토착민족이 생활하였고 완강히 자기의 습속을 견지하였던 것으로 보인다.[145]

---

143) 趙振生·紀蘭, 「遼寧阜新近年來出土一批靑銅短劍及短劍加重器」, 『考古』 1994－11. 모두 15건이 제시되어 있으며 1호는 直刃으로 이 지역에서 처음 발견된 것이며 본지에서 주조한 것이 아니라 전국 시기 연국이 장성과 성지를 축성할 때 전입된 것으로 전쟁활동과 유관하다고 보았다(1047～1949쪽 참조).
144) 圍場縣文物管理委員會, 「河北圍場東臺子戰國晚期之秦代墓地出土文物」, 『文物資料叢刊』 第10輯, 1987.
145) 邵國田, 「敖漢旗烏蘭保拉格戰國墓葬調査」, 『內蒙古文物考古』 1996－1, 2. 59쪽.

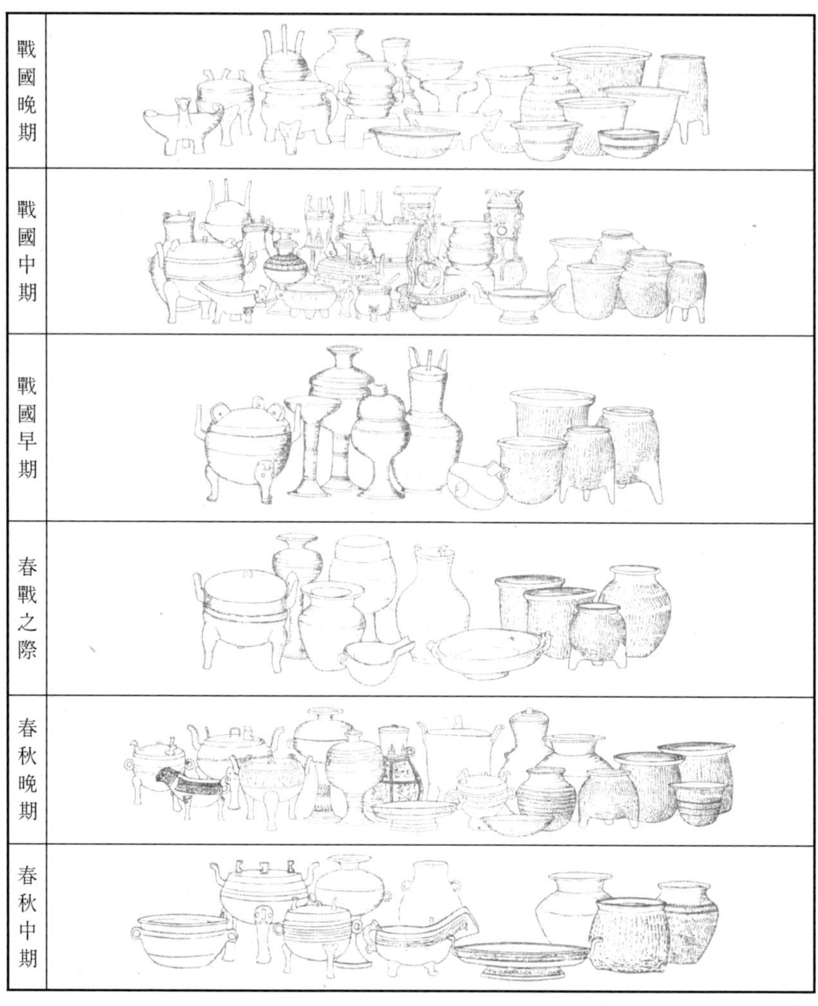

(출전: 陳光, 「東周燕文化分期論(續完)」 『北京文博』1998－2. 20쪽.)

그림 67〉 春秋戰國時期 燕山地域(京津唐) 일대 출토 기물군

388

한편 吉林省 梨樹縣 二龍湖 고성지 발굴 결과, 도기 중의 釜, 矮領鼓腹罐, 盆, 豆는 燕下都 13호에서 나온 동류 도기와 매우 흡사하며 釜의 파편에서 보이는 夾砂粗 紅陶는 燕下都 부근에서 매우 상견되는 것으로 이는 燕文化 계통의 특징이라고 볼 수 있다. 이 二龍湖 고성은 戰國에서 漢 初의 성지로 5郡 설치로 생겨난 것이라고 볼 수 있다. 성지 동남에서는 夾砂粗 紅陶가 채집되었는데 長把豆, 橫銎耳 등은 성내에서 보이지 않는다. 단 이는 성 부근 및 주위의 각 縣(伊通, 東豊, 懷德)에서 많이 발견되는데 그 문화 특징은 西團山文化에 속한다고 한다.146) 이와 같은 성지와 토착문화 간의 관계는 중요한 시사점을 준다. 즉 城址 城內 문화와 성 밖 문화가 다르게 존재하고 있었다는 점이다.

이상으로 볼 때 巨燕이 형성되어 巨燕文化가 확산되었다 할지라도 전국 만기까지 나타나는 토착의 石槨墓 및 토착기물의 출토는 두 가지 문화가 공존한 현상을 보여 준다고 볼 수 있다. 즉 비록 郡縣體制를 통해 영역 국가를 형성하였을지라도 성 밖 문화와 성안 문화의 차이는 일정하게 존재하였다. 이는 바로 郡縣體制를 접수하여 일정한 범위를 연국의 세력범위로 공고히 하였을지라도 巨燕이라는 지역통합의 한계이자 巨燕文化 확대과정에서 보이는 한계라고 볼 수 있을 것이다. 이와 함께 더욱 주목해야 할 점은 바로 전국 중만기 이후에 나타나는 예기 묘장의 빈도이다. 연산 지역에서 나타나는 예기 묘장은 실제 춘추 만기에서 전국 중기를 전후로 확산되었지만 전국 중만기 이후에는 북경 일대를 중심으로 확대되는 현상이 나

---

146) 四平地區博物館 吉林大學歷史系考古專業, 「吉林省梨樹縣二龍湖古城址調查簡報」, 『考古』 1988－6. 511～512쪽.

타난다. 5군 지역은 오히려 이러한 현상이 감소된다. 이는 연국의 중심 세력범위가 북경 지역의 薊城이라는 점과 관련되어 아마도 通縣, 昌平, 順義 등지의 禮器 묘장은 연국과 깊은 관련이 있는 세력 혹은 연국 귀족 등의 묘장으로 볼 수 있다. 단 이러한 묘장이 5郡 지역에서 실제로는 많지 않다는 점은 아마도 연국이 비록 巨燕을 형성하여 외형적 지역통합을 성공하였을지라도 실제 공권력은 巨燕이라는 全 테두리 안에서도 일정한 한계가 있는 제한된 지역이었을 것으로 추정된다.

小　結

　전국 중기 이후 연국이 破齊 성공의 여세를 몰아 감행한 5郡 설치는 우선적으로 燕山地域의 통합을 이룰 수 있게 하였다. 5군 설치 지역은 東胡와 朝鮮으로 대변되는 북방 융적의 세력권이었으며 이들과 연국은 모종의 정치관계와 경제관계를 형성하였던 것으로 추정된다. 따라서 연국과 이들 북방 세력은 中原세력 對 북방 융적세력이라는 관계를 반드시 이루고 있었다고 볼 수는 없을 듯하다. 아마도 이는 연국이 북방 諸 융적세력의 위협을 최소화하면서 破齊를 성공시켰던 배경이 되는 듯하다. 단 최강의 무장력을 갖추었을 연국은 당시 중원 각지에서 진행되었던 郡縣 설치를 시행하고 있었을 가능성이 높다. 이는 당시 齊, 趙 등 연국 주변 각국과의 지속적인 전쟁 상황과도 밀접한 관련이 있을 것으로 보인다. 연국은 이와 같은 배경하에서 5군 설치를 단행하였으며 이는 燕山 남북 일대에 중원의 郡縣體制가 설치된 계기가 되었을 것으로 추정하였다.

永定河 이북의 薊城으로의 천도 역시 이와 유관할 듯하다. 즉 연국의 북방으로의 세력 확대는 永定河 이북에 중심지를 건설하여 5郡 지역을 관할하는 중심 지역이 되었을 것으로 추정해 보았다. 이처럼 巨燕의 성립으로 확대된 연국 세력범위는 '燕下都－燕中都－燕上都'라는 여러 중심지를 설정하게 하였다고 볼 수 있을 것이다.

巨燕의 성립은 새로이 확대된 지역으로 燕文化의 확산을 가져다 주는 계기가 되었다. 巨燕의 성립으로 형성된 巨燕文化는 燕下都文化를 주체 속성으로 하는, 지역적으로는 광대한 巨燕 지역에서 나타나는 문화를 칭한다고 볼 수 있다. 이 문화는 연국이 북경 일대에 분봉된 직후 보여 준 姬燕文化의 속성과는 달리 춘추전국 시기를 거치면서 연국이 속한 燕山地域의 文化를 체현하였고, 한편으로는 중원 각국과의 교류와 중원 禮制로의 재편입을 통하여 형성한 중원 문화의 속성을 모두 포괄한다. 연국이 巨燕文化를 형성하였던 것은 바로 연국이 존립하였던 연산 지역에서 연산 지역에 거주하던 각 세력집단과 공생하였기 때문이다. 이들과 모종의 정치적 연맹관계의 형성, 이들 간에 형성된 공동문화의 체현, 활발한 경제관계 등은 燕山地域 정치집단을 묶어 주는 역할을 하였을 것으로 생각된다. 따라서 연국이 巨燕文化를 형성하여 燕山 남북 일대의 지역을 통합하였을 때 연산 지역과 동질의 巨燕文化의 확산은 오히려 커다란 문화적 충돌 없이 전개될 수도 있었을 것이다.

그러나 이와 같은 巨燕文化에는 또한 이질문화를 수반하고 있다고 볼 수 있다. 즉 이 巨燕文化는 우선적으로 이러한 燕下都文化를 주체로 한 戰國燕文化를 기본 속성으로 하되 광범한 지역 확대가 바로 연하도문화를 주체로 한 戰國燕文化와 巨燕文化를 구분하는 지표가 되기 때문이다. 따라서 전형적인 연국의 문화인 燕下都文化를 주체로 하면서도 이미 지역적 확산에 따른 이질문화가 巨燕文化에는 포함되는 셈이다. 만약 확대된 지역 내 이질문화요소가 등장한다면 아마도 이것은 서주 시기 연국 문화가 姬燕文化를 주체로 하되 張家園上層文化를 배제하였던 것과는 달리 5군의 설치를 통한 지역통합을 이루었던바, 巨燕文化는 바로 이러한 이질문화까지도 포괄해 낸다는 점을 염두에 두어야 할 것이다. 이는 거연문화의 개념에 내재된 지역통합이라는 속성 때문이다. 이처럼 巨燕文化와 姬燕文化는 분명 그 포괄범위가 다르다. 巨燕文化에 이질문화가 상당수 존재한다면 비록 郡의 설치를 통한 지역통합을 이루었을지라도 이역시 성 밖 문화와 성안 문화의 차별성에서 보이듯 비록 巨燕이 형성되었을지라도 여전히 융합되지 못한 토착세력의 존재와 이들의 토착문화 역시 燕文化와 병존하고 있었을 것으로 보인다.

結　論

－燕文化의　變化　推移와　特徵－

　본 연구는 중원의 周문화가 각지에 전파되어 각 지역문화와 어떤 관계를 연출하였는가에 주목하여 연산지역에 입국한 연국의 문화를 집중 조명해보고자 하였다. 이에 따라 연문화의 형성과 전개를 고찰한 바, 1장에서는 西周 초기 燕國의 立國과 그에 따른 燕國文化의 형성, 2장에서는 春秋時期 燕山地域에서 나타난 諸 戎狄勢力과 그에 따른 燕國의 대응 및 中原體制로의 再編入과 이로 인한 春秋 燕文化의 면모, 3장에서는 戰國時期 연국의 성장과 그에 따른 燕文化의 발전을 살펴보았다. 4장에서는 郡縣體制의 도입과 적용에 따른 5郡 설치와 지역통합 및 그로 인한 巨燕文化의 성립을 살펴보았다.

　琉璃河遺址의 발견과 商周靑銅器의 지속적인 출현은 연국이 燕山 남북일대의 광범한 범위 내에서 北伯의 지위를 누리고 이 지역을 관할하였다고 이해한다. 그러나 실제 연국의 이와 같은 광범한 세력 확산은 戰國 중기 이후에 비로소 성립되며 燕文化의 세력범위 역시 이에 따른 것임을 알 수 있었다. 따라서 그러한 변화 과정을 인식하지 못한 채, 서주 초기부터 전국 만기까지의 세력범위와 연국 문화를 줄곧 한 형태로만 이해하는 것은 현재로서는 지지될 수 없다고 생각한다.

　서주 중기 이후부터 나타나는 서주 왕실의 쇠락은 이질문화권에서 立國한 연국에게는 커다란 부담이 될 수밖에 없었을 것이다. 이와 동시에 서주 중기 이후 팽창되기 시작한 북방 여러 융적 세력들은 끊임없이 중원 諸國과 길항관계를 형성하게 되었다. 연국은 太行山 東麓의 白狄 계통의 세력, 延慶 軍都山 일대를 중심으로 한 玉皇廟 文化 세력 및 夏家店上層文化 세력 등과 인접하여 이들과의 충돌과 교류는 연국에게 지대한 영향력을 행사하였을 것으로 추측된다. 연 국은 서주시기의 전통을 일부 계승하면서도 이들과의 교류 관계를 통하여 전국 만기까지 존립하고 있었다. 이 과정은 실제 매우 지난 하고 역동적인 역사가 내재한다고 볼 수 있다. 800여 년 간의 연국 역사과정에서 나타난 변화의 모색과 그에 따른 연문화의 변모 과정 을 정리하고자 한다.

Ⅰ장에서 살펴본 바에 의하면 연국이 立國하면서 가져온 문화는 中原의 周族 문화로 이는 姬姓 연국 주체세력의 문화라는 점에서 姬燕文化로 규정하였다. 이러한 姬燕文化는 연국내 주체세력인 姬 姓 지배층의 문화이며 동시에 商遺民 문화가 일정하게 수용된 지배 계층의 문화이다. 동시에 이 지역 토착문화인 張家園上層文化를 배 제한, 이 지역의 문화와는 이질적인 문화로 보았다. 이 文化는 琉璃 河遺址를 중심으로 하여 房山區 일대와 拒馬河, 淶水 일대, 易縣 일대 등 대체로 保定 이북 지역에서 永定河 이남 지역 안에서 초기 에는 張家園上層文化와 공존하다가 점차 그 세력범위를 확대시켜 나가는 것을 고고학 자료를 통해 분석할 수 있었다. 그러나 그 세력 범위는 실제 매우 제한적이어서 永定河 일대를 넘지 못하였으며 그 이북에서는 張家園上層文化의 세력이 지속적으로 존재하였음을 살 펴보았다.

姬燕文化가 張家園上層文化 세력을 배척한 사실은 黃土坡 묘장 에서 보이는 연국 주체세력의 묘장에서 張家園上層文化 요소가 거의 전무하며 또한 중대형 묘장에서 출토된 수많은 무기 등은 연국 주체세력의 강력한 무장력을 암시하기에 충분하였다. 이는 연국이 상당히 강력한 군사 식민을 수행하였으며 이러한 과정에서 오랜 전통을 간직한 이 지역 토착세력인 張家園上層文化세력과의 충돌도 충분히 예상할 수 있었다.

따라서 이러한 분석에 따른다면 西周 초기에 연국의 주체세력과 京津唐 일대의 토착세력과의 광범한 결탁은 이루어지지 않았을 것으로 보인다. 더구나 비록 姬燕文化의 주체 문화는 아니지만 商遺民의 문화가 姬燕文化에 대량으로 유입된 사실은 연국의 주체세력이 이 지역 토착세력과의 결탁을 통해서 立國하였을 가능성보다는 오히려 이 지역으로 이동한 商遺民과의 결합을 통하여 立國에 성공하였을 가능성을 보여준다고 볼 수 있을 것이다. 다시 말해 연국 주체세력의 문화인 姬燕文化에는 이 지역 토착문화인 張家園上層文化가 포함되지 않았다고 볼 수 있다. 일반적으로 서주시기 연국 문화는 세 가지 요소인 周文化, 商文化, 張家園上層文化의 요소가 포함된다고 인식하지만 실제로는 토착의 張家園上層文化는 오히려 외면당한 면이 강하게 드러난다는 점을 이미 묘장의 출토물을 통해서 분석한 바 있다.

물론 이런 측면은 연국이 중원의 중심지역이 아닌 商遺民과 토착세력이 광범하게 웅거하던 지역이라는 점으로 볼 때, 군사적 식민의 강도가 더욱 높아졌을 가능성도 염두에 두지 않을 수 없다. 이러한 상황은 연국 존립 기반인 무장력이 지속적으로 확보되지 못한 상황이라고 한다면 연국은 오히려 인근의 齊國이나 晉國과는 달리 쉽사리 무너질 수 있었던 사회구조가 성립될 수 있었을 가능성도 엿보인다.

따라서 다음과 같은 결론을 얻을 수 있었다. 姬燕文化는 적어도 西周 전반기까지는 연국이 입국한 이 지역 전통의 토착문화를 포괄해내지 못하고 있었다. 토착세력과의 연합 역시 매우 소극적 형태로 이루어졌을 가능성이 높았다. 이들이 연국에 입국하는 과정은 商遺民의 원조를 통해 이루어졌기 때문에 토착세력과의 연합을 통한 방식은 매우 소극적 형태로 이루어졌을 가능성이 높다. 姬燕文化로 대표되는 연국 주체세력의 강력한 군사 통치과정은 이 지역문화의 전통과 충돌의 가능성으로 이어졌을 것으로 추정된다. 이런 측면에서 볼 때 서주시기에 전반적으로 서주의 제후 분봉국인 연국은 이 지역에서 지역 문화를 담보해내질 못하였다고 볼 수 있다.

이와 같은 속성을 가진 姬燕文化는 그러나 서주 중기 이후부터는 周族의 문화 속성이 상당수 감소하게 된다. 즉 청동예기는 일정기간 출현하지 않고 琉璃河遺址에서는 서주 중기 이후부터 고급 등급의 기물 출토는 점차 사라진다. 일반민이 사용하였을 것으로 추정되는 도기만이 일부 매장되어 있을 뿐이다. 한편 拒馬河 일대인 鎭江營 지역에서는 姬燕文化의 도기군 중 袋足鬲이 상당 비례로 이 지역에서 출토되었다. 더구나 춘추시기를 거쳐 전국시기가 되면 도기 등 기물군에서는 姬燕文化의 속성은 거의 사멸하게 된다.

춘추시기를 거쳐 전국시기에 이르면 연국의 문화에는 새로운 요소가 출현하게 된다. 燕下都에서 보이는 燕文化의 기물군은 춘추 중만기에 그 기본형태가 형성되었고, 크게 유행하게 된 시기는 전국 중기 이후가 된다고 볼 수 있다.[147]

---

147) 陳光, 『東周燕文化分期論(續完)』, 22〜23쪽. 참조.

춘추전국시기에 이르면 燕文化의 구성요소에 상당한 변화가 나타
난다.

첫째, 춘추시기에 이르면 燕文化는 서주시기로부터 이 지역 문화
전통을 일부 계승하면서 새롭게 형성되었다.(燕式鬲, 大口釜(紅陶釜)
의 출현)

둘째, 동시에 연국 북방에 존재하던 玉皇廟文化, 白狄계통 文化,
夏家店上層文化 등에서 보이는 특징적 요소가 이 지역에서도 광범
하게 유행하게 되어 燕山 이남 일대 즉 京津唐 지구에서도 북방문
화 요소가 강렬하게 나타나게 되었다. 京津唐 일대에서 보이는 북방
문화요소는 동물문양과 동물형 장식으로 대표된다. 이 요소는 연국
문화에도 깊이 뿌리내리게 되어 연국 주체세력의 각종 기물과 궁전
건축재료에서 광범하고 전면적으로 나타나게 되었다.

셋째, 이와 동시에 동, 도예기의 기물 조합과 종류 및 기형이 대
체로 중원 지구와 일치한다는 점이다. 이는 또한 연국이 중원 禮制
로 편입된 것을 의미하며, 연국의 문화는 이미 중원문화의 한 면을
수용하고 있었다고 볼 수 있다. 이처럼 새롭게 형성된 세 요소는 연
국 문화를 중원적 풍격과 북방적 풍격이 어우러진 연국의 독자적 문
화의 구성요소였다고 볼 수 있다.

이상의 분석 결과에서 두가지 결론을 도출할 수 있다.

첫째, 姬燕文化의 성격변화이다. 일차적으로 燕式鬲과 大口釜(紅
陶釜)의 출현에서 그 실마리를 찾을 수 있다. 서주시기 姬燕文化는
張家園上層文化 세력을 배척하고 중원 周族의 문화를 주체로 한 점
을 상기할 필요가 있다. 그런데 張家園上層文化 세력의 가장 대표
적 기물인 筒腹鬲의 전통과 商遺民 문화의 袋足鬲의 전통이 상호융

합한 결과물이 燕式鬲과 大口釜(紅陶釜)이다. 이 두 기물은 춘추전국시기 연국의 주요한 기물군을 형성하였다. 이는 명백하게 姬燕文化와는 다른 점이라고 볼 수 있다. 다음으로 새로운 문화요소인 북방문화의 요소가 춘추전국시기 燕文化의 주체세력 문화에 體現되고 있다는 점이다. 이러한 현상 역시 姬燕文化의 성격 변모를 명백하게 시사한다.

이 새로운 두 현상은 다음과 같은 상황의 가능성을 보여준다. 燕式鬲, 大口釜(紅陶釜)로 표현되는 전통문화요소의 성립은 이것이 西周 姬燕文化의 주체요소로부터 계승되었던 점이 아니라는 점이다. 이 요소는 張家園上層文化와 商遺民 문화의 결합으로부터 출현하였다. 이 점은 연국 주체세력의 중간 지배집단인 商遺民과 토착세력 張家園上層文化 세력이 결합하여 당시 연국 계층의 새로운 층을 형성하였을 것을 암시한다. 또한 북방 요소의 새로운 도입은 북방 제융적 문화, 즉 延慶 軍都山 일대를 중심으로 한 玉皇廟文化, 太行山 東麓의 白狄 계통의 문화 및 夏家店上層文化의 요소가 燕山 남북 일대에 광범하고도 지속적으로 출현하였음을 암시한다. 다시 말해 춘추전국시기에 이와 같은 새로운 풍격을 형성한 전통문화의 요소와 燕山 일대의 문화적 풍격을 이루었던 북방문화 요소는 姬燕文化로 대표되던 서주시기 연국 주체 문화가 그 주체 속성을 탈피하여 燕山地域文化의 전통을 수용하면서 새롭게 이시기 燕文化를 구성한 것이라고 추정해 볼 수 있다. 더욱이 이 두 현상이 燕下都 등 연국 주체세력의 묘장과 궁성 유지에서 수없이 출토되고 있다는 점은 바로 연국 주체 세력과 주요 계층에게 공유되었을 가능성을 충분히 예견할 수 있다.

그러나 연국 주체세력은 비록 동물문양, 동물형 장식, 燕式鬲, 大口釜(紅陶釜) 등과 같은 새로운 문화 요소과 새로운 문화융합을 이루어냈지만, 燕下都 일대를 중심으로 발견되는 묘장이 서주시기의 전통적인 묘장 형태인 남북방향, 棺槨 사이 死者 頭部 방향에 수장기물이 놓인 정황과 生土 二層臺의 존재 등 서주시기 전통 형태를 유지하고 있다는 점으로 볼 때, 서주시기의 연국 주체세력은 이 시기에도 일정하게 계승되고 있었을 것으로 보인다. 단 이 출토 기물의 기형과 문식 등이 姬燕文化로부터 계승된 것이 아니라는 점은 서주 姬燕文化의 주체세력과 이 지역문화 세력과의 융합 혹은 동화 과정이 일정하게 존재하였을 것으로 추정된다.

이처럼 새로운 형태의 燕文化가 형성된 원인은 다음과 같은 정황에서 찾아볼 수 있을 것 같다. 立國 초기 姬燕文化 주체세력의 강력한 식민형태와 이질문화의 강제적 이식, 토착세력과 토착문화에 대한 배제는 결과적으로 姬燕文化 주체세력이 이 지역에서 존립하기 어려운 상황으로 이어졌을 가능성이 높다. 그럼에도 연국이 800여 년 간 존립할 수 있었던 이유를 연국의 변화에서 그 원인을 찾아볼 수 있을 것이다.

두 번째 결론은 春秋戰國時期를 거친 이후 형성된 燕文化와 西周 姬燕文化와의 지속성 문제이다. 春秋戰國時期 燕文化에는 한편으로 위에서 언급한 새 문화 요소와 동시에 중원적 요소가 강렬하게 표현된다. 禮器의 출현은 연국에 있어 춘추 만기에서 전국 조기에 비로소 나타난다. 연국 禮器의 조합과 기물의 형태, 사용용도 등으로 미루어 본다면 연국의 禮器 출현은 연국이 中原 禮制로 편입한 것을 의미한다. 기물에 표현된 장식과 문양의 독자성은 연국 禮器만의 풍격으로 받아들여지지만 조합, 기형 등이 중원 각지의 예기와 거의 일치하는 점은 3장에서 지적한 바 있다. 실제 연국 禮器는 타지에 비해 적지만 전국 중기 이후 다양화하고 비교적 수량도 많아지며 중원 각국의 禮器와 공동 성분을 쉽게 찾아볼 수 있다.

그런데 이러한 中原 요소를 대표하는 禮器의 등장은 일정기간 단절되다가 춘추 만기 혹은 전국 조기에 다시 나타난다는 점을 주목할 필요가 있다. 예기 출현이 단절된 상황은 아마도 청동기 사여 및 주조가 원활하지 않았던 상황의 반영인 바, 아마도 연국과 중원과의 일시적 단절의 의미로 받아들여질 수 있을 것이다. 禮器가 연국에서는 일정한 단절의 시간을 거친 후 재등장하였다는 점에서 볼 때, 이런 단절 이후 등장한 이 시기 禮器는 서주시기 청동예기를 지속적으로 계승하여 그 발전과정에서 나온 것으로 보기에는 무리가 있다고 생각된다. 서주와 춘추전국의 양 시기에 모두 이 지역에 예기가 출토된 현상만을 취하여 춘추전국시기 燕文化가 西周 姬燕文化의 지속적인 계승으로 보는 관점은 일단 재고의 필요성이 있다고 생각한다. 바로 이런 점에서 볼 때 春秋戰國時期 燕文化는 西周時期 姬燕文化의 전면적이면서도 지속적인 계승이 아니며 또한 姬燕文化의 확산도 아니었음을 분명하게 살펴볼 수 있을 것이다.

이상의 내용을 재정리하면 다음과 같다.

첫째, 서주시기 姬燕文化와 춘추전국시기 형성된 燕文化는 분명한 차이점을 보인다. 姬燕文化는 연국 주체 세력이 가져온 中原 周文化를 주체로 하며 이 지역 전통의 토착세력문화를 담보하지 못하였다. 이에 비해 춘추전국시기 연문화는 전통문화 요소, 북방문화요소, 중원문화요소가 복합적으로 구성된 문화이다. 이 지역 토착세력의 문화가 일정하게 융합되었고 燕山地域文化를 수용하였다는 점이 姬燕文化와의 분명한 차이라고 볼 수 있다.

둘째, 姬燕文化로부터 탈피하여 형성된 춘추전국 시기 연산 지역 문화를 체현하여 형성된 燕文化는 서주 姬燕文化의 지속적인 계승 혹은 姬燕文化의 확산이 아니라는 점이다. 姬燕文化의 주 구성요소 인 靑銅禮器 조합 및 도기군은 춘추전국 시기가 되면서 일부 소멸 하거나 혹은 새로운 융합 현상을 보이지만 그 대상이 西周 姬燕文化 의 주체 기물이 아니라는 점은 바로 춘추전국 시기 燕文化는 西周문 화로부터의 계승성이 매우 취약했다고 파악할 수 있다. 더욱이 연산 지역문화를 체현하여 성립한 燕文化의 세 요소는 실제 姬燕文化의 전통으로부터 파생된 것이 아니라 새로운 문화요소이기 때문이다.

셋째, 단 연국의 주체세력은 그 계승성이 인정된다.[148] 이런 점으 로 볼 때 姬燕文化와 춘추전국 시기 燕文化의 차이를 주체세력의 변화에서 찾기보다는 동일 집단이 지역문화에 동화 혹은 융합되는 과정에서 발생하는 변화현상으로 파악하는 것이 비교적 바람직할 것 으로 보인다.

燕文化에서 나타나는 이러한 시기별 차이와 변화의 원인은 어디 에서 찾을 수 있을 것인가? 일차적으로 연국 주체문화 세력과 연산 지역 토착세력 및 북방 제 융적세력과의 길항관계를 통해서 나타난 것으로 볼 수 있을 것이다. 燕文化의 변모과정은 연국의 변화와 일

---

148) 연국의 주체세력이 서주 희연문화의 주체세력을 고스란히 계승한 것을 의미하는 것은 아니다. 실제 연국 주체세력에는 여러 세력이 흡수되었 을 가능성도 배제할 수 없다. 단 여러 정황으로 볼 때 서주시기의 주 체세력이 일정하게 계승되었다는 것을 인정할 수 있다.

정하게 맞물리게 된다. 이질문화권에 입국한 이식국가 姬姓 燕國은 姬燕文化를 대표로 하지만 춘추전국 시기 연산지역 토착문화와 북방문화의 세례를 받았을 연국은 당시 이질문화권과 강력한 토착세력의 틈에서 존립을 위해서는 이들의 문화적 전통과 체제를 일정하게 수용할 수밖에 없었을 것으로 추정된다. 이 변화의 과정을 다음과 같은 네 단계로 분류해 볼 수 있다. 우선 용어 사용상 정치적 색채가 강렬하게 가미된 서주시기의 경우에는 姬燕文化라는 정치적 의미를 부여하였고 이후 형성되는 문화는 연산지역문화를 체현하는 과정에서 형성되는 연문화로 임시적으로 연문화로 규정하였음을 밝힌다.

1단계 ; 姬燕文化의 형성기이다. 이 시기는 姬姓 燕國이 立國하여 지배력을 확보해나가는 서주 전반기에 해당된다. 이 시기에는 강력한 군사 지배와 周文化의 이식과정이 진행되었다.

2단계 ; 연문화의 형성기이다. 이 시기는 연국과 연산 일대의 제 융적세력과의 관계를 통하여 새로운 문화요소가 형성되는 단계에 해당한다. 姬燕文化 주체 세력과 토착문화세력간의 길항관계를 통하여 연국 독자기물군이 형성되는 제 1보에 해당된다. 서주 중기 이후부터 全 춘추시기에 해당된다.

3단계 ; 연문화의 발전기이다. 즉 燕下都文化가 형성, 발전되는 단계에 해당된다. 이 시기에는 토착문화, 북방문화, 중원문화의 세요소가 형성되어 연국 독자의 풍격을 형성하는 제 2보에 해당된다. 춘추 중기 전후로부터 전국 중기까지 해당된다.

4단계 ; 연문화의 확산기이다. 이른바 巨燕文化의 형성기이다. 춘추전국 연문화가 난숙하여 연국 강역으로 확대발전한 시기이다. 전국 중기 이후 5郡 설치를 통해 성립하였다.

　제1단계 姬燕文化 형성기는 이미 언급하였던 바와 같이 西周 周族 문화가 연국 입국을 통하여 이 지역으로 유입되는 시기이다. 이 시기 문화를 姬燕文化로 규정한 이유는 바로 연국 주체세력이 이 지역문화를 수용하지 못하고 중원 周族 문화를 지향하였기 때문이다. 따라서 주체세력의 문화 단계에 머물러 있었던 시기라고 볼 수 있다. 이러한 원인은 강력한 군사적 식민과 그에 따른 張家園上層文化의 배척은 강력한 문화적 전통과 무장력을 갖추었던 張家園上層文化 세력과의 충돌을 야기하게 되었음이 분명하다. 따라서 姬燕文化의 존립은 길지 않았을 것으로 추정된다.

　제2단계에서는 姬燕文化로부터 탈피하여 연산지역문화를 체현해 나가는 과정 첫단계의 연문화로 형성되는 시기이다. 姬燕文化의 속성이 점차 이탈되기 시작하는 상황이 전개되고 이러한 과정은 姬燕文化 주체세력과 토착세력의 길항관계를 통하여 춘추전국문화의 독자 기물군이 형성된다. 따라서 서주 중만기 이후 청동 예기의 소멸과 燕式鬲, 大口釜의 형성, 姬燕文化 전통의 陶鬲은 사라진다. 이 시기에는 북방 유목민족의 영향을 강렬하게 받아 북방요소가 새로이 도입되는 시기이며 이는 각 기물에서 체현된다. 絢索紋, 動物紋樣 및 동물형 장식들은 실제 춘추 만기를 전후로 연국 기물에 체현되고 있다. 이러한 형태는 춘추시기 燕國文化에 새로운 풍격을 가한 것으로 이것은 바로 燕山 일대에서 출현하는 이 지역문화의 요소를 수용한 것이다. 이러한 수용은 바로 연산일대에 대규모로 북방 융적세력이 출현한 것과 관련이 매우 깊다. 희연문화의 첫 번째 변모 단계가 된다. 동시에 연국도 연산지역에 나타나는 토착세력과 제 북방족과의 관계를 통해서 성격 변모를 꾀한다고 볼 수 있다.

제3단계에서는 燕下都文化로 대변되는 연문화의 발전기이다. 춘추전국시기 각국과의 관계를 통해 복잡한 양상을 띠는 시기로 중원과의 관계 재개를 통해 서서히 연문화에는 중원적 풍격이 새롭게 가미되기 시작한다. 이 시기에는 이와 동시에 강렬한 북방요소가 형성된다. 禮器가 재출현하여 중원 예제로의 편입이 본격화하였을 것으로 추정된다. 이는 연국에 있어 또 한 차례의 문화 변모를 형성하였다. 이와 동시에 이는 연국의 성격도 변모시키게 되었다. 즉 姬姓 연국으로부터 성립한 연국은 지역 질서에 매몰되어 있다가 다시 중원과의 관계 재개를 통해 중원 국가로 발돋움하게 되는 것이다. 그것은 바로 중원과의 역학관계에서 일정하게 세력균형관계를 행하였던 연국의 역할 때문이었다고 볼 수 있을 것이다. 연국이 비록 전국칠웅의 하나로 자리 잡게 되지만 중원 질서를 주도할 정도의 실력은 구비하지 못하였다. 그러나 중원의 역사무대에서 일정한 역할을 하게 됨으로써 연국의 성격은 또 한 차례 변모하여 결국 중원역사에 재편입되는 상황이 되는 것이다. 이는 전국 중기 이후 연국 문화가 북방적 색채를 강렬하게 가진 중원풍격의 문화로 규정되기에 이르게 되며 결국 이에 따라 연국은 중원적 성격을 가진 국가로 볼 수 있는 계기가 되었던 것 같다.

4단계는 바로 召公 이후 巨燕 성립에 따른 巨燕文化의 형성기이다. 연산지역문화를 체현한 燕文化는 5군 설치 등을 통하여 성립한 巨燕시기에 비로소 형성된 문화이다. 일반적으로 이해하는 연문화의 내용을 이루는 시기라고 볼 수 있다.

이상 4단계는 연문화의 성격 변모과정이며 동시에 연국 변화의 과정과 일정하게 관련되어 있다.

그런데 이와 같이 연문화의 각 시기별 특징과 연국의 성격 변모
는 어떻게 일어나게 된 것인가. 이는 바로 周의 지역지배체제와 연
관될 것이다. 즉 희연문화로 대변되는 서주 연국의 성립은 바로 봉
건체제라는 지역지배체제의 일환으로 연산지역 내에 봉해진 것이었
고 이는 이식국가의 성격을 띤다. 그러나 봉건체제는 기본상 서주왕
실의 쇠락과 함께 사멸하는 체제였다면 봉건체제로 성립한, 서주의
무력지원을 제공받을 수 없던 연국 역시 강고한 전통과 문화가 버티
고 있는 이 지역 내에서는 존립의 기반을 상실할 수밖에 없었을 것
이다. 연국이 봉건제를 대신한 覇子의 질서에 적극적으로 편입되지
않으면서도 이질적 문화권내에서 지속적으로 존립할 수 있었던 것은
아마도 이 지역 질서에 적극적으로 편입되었기 때문에 가능하였을
것으로 생각된다. 이 지역 질서 안에서 연국은 각각의 정치세력과
길항관계를 이루면서 공존하였을 것으로 추정된다. 이는 연국이 이
질문화권 속에서도 존립을 지속할 수 있었던 원인으로 볼 수 있을
듯하다.

그러나 춘추 중만기에 중원 국가와의 관계가 재개되면서 연국은
점차 중원적 면모를 띠게 된다. 연국은 특히 당시 진행되던 郡縣體
制를 받아들여 이를 적극적으로 적용하면서 더욱더 중원 국가의 면
모를 가지게 된다. 5郡 설치에 따른 지역 통합체제는 연국이 완전히
중원 국가로서 성장하였다는 것이며 이것은 연국이 중원에 재편입되
었음을 의미한다. 이러한 과정에서 보이는 연문화는 또한 변화의 과
정을 겪을 수밖에 없었고 이는 앞에서 제시한 4단계를 거치면서 성
장하게 된다고 볼 수 있다.

이상으로 서주시기 성립한 연국의 문화와 그 전개과정을 검토하였

다. 이러한 과정은 바로 周族, 周文化를 가진 燕國의 주체세력과 연산지역 토착세력간의 투쟁, 접촉, 교류, 공존 등 길항관계를 의미할 것이다. 燕文化의 변화과정 뿐 아니라 연국 세력범위의 확산 과정 역시 토착세력의 존재와 이들 간의 관계를 일정하게 나타내주는 지표가 될 수 있다고 생각한다.

본고는 이상과 같은 연문화의 변화과정과 연국의 변모과정에 주목하여 연국과 연문화에 대한 전체상을 살펴보고자 시도하였다. 이러한 의미에서 본다면 본 연구는 중원 주문화가 각 지역에서 토착세력과 문화와 어떠한 관계를 맺었으며 지역문화의 형성에 어떠한 역할을 하였는가에 대한 실마리를 제공할 수 있을 것으로 기대한다. 현재 연국 연구는 아직까지 시작 단계에 있다. 연국의 각 방면에 대한 연구 역시 미흡하여 職官制度, 경제체제, 정치제도 등에 대한 연구 역시 전무하다. 따라서 이러한 성과가 없기 때문에 연국에 대한 상은 구체적이지 못하다. 연국 문화 역시 체계적 이해와 연구가 결핍되어 있는 상황이다. 현재 燕下都에서 보이는 수많은 陶文에 대한 해석, 琉璃河遺址의 묘장에서 보이는 청동기 명문에 대한 해석 등이 여전히 당장 해결해야 될 과제이다. 특히 연국은 서주 봉건 이전에 이미 성장하던 토착세력이었다는 주장도 끊임없이 제기되고 있다. 연국이 立國한 지역의 토착세력과 燕侯와의 관계 등도 검토해야 할 과제이다. 연국에 대한 기초 연구가 되지 않은 상태에서 연국 역사의 구체상을 보고자 하였던 것은 무리가 있었을 줄 안다. 앞으로 연국 연구의 몇 가지 기초 연구가 축적된다면 본 연구도 이후 풍부한 연구 성과를 통하여 더욱 구체적인 내용을 담보해낼 것으로 기대한다.

參考文獻

[史料]

『史記』,『漢書』,『三國志』,『後漢書』,『戰國策』,『說苑』,『竹書紀年』,『山
　　海經』,『國語』,『逸周書』,『管子』,『左傳』,『大淸一統志』,『韓非子』

酈道元, (楊守敬・熊會貞　疏/段熙仲　點校/陳橋驛　復校) 『水經注疏』(上
　　中下), 江蘇古籍出版社, 1999(1989).
朱駿聲　撰,『說文通訓定聲』, 中華書局, 1998.

[金文史料]

『殷周金文集成』
古宮博物院　編, 羅福頤　主編,『古璽文編』, 文物出版社, 1998.
古宮博物院　編, 羅福頤　主編,『古璽彙編』, 文物出版社, 1988.
郭沫若,『兩周金文辭大系圖錄攷釋』, 上海書店出版社, 1999.
羅振玉,『三代吉金文存』(上・中・下), 中華書局, 1984.
馬王堆漢墓帛書整理小組　編,『戰國縱橫家書』, 文物出版社, 1976.

[圖錄]

國立故宮博物院,『故宮商代靑銅禮器圖錄』, 臺北, 國立故宮博物館院印行
國立故宮博物院,『商代金文圖錄(二千年全中國文字特展)』, 臺北, 國立故
　　宮博物館院印行
中國靑銅器全集編輯委員匯　編,『中國靑銅器全集』, 文物出版社, 1995.

[發掘報告書]

北京市文物研究所, 『琉璃河西周燕國墓地, 1973－1977』, 文物出版社,
　　　1995.

北京市文物研究所, 『鎭江營與塔照－拒馬河流域先秦考古文化的類型與
　　　譜系』(上, 下), 中國大百科全書出版社, 1999.

社會科學院考古研究所　編著, 『敖漢趙寶溝－新石器時代聚落』, 中國大
　　　百科全書出版社, 1997.

社會科學院考古研究所, 『大甸子, 夏家店下層文化遺址與墓地發掘報告』,
　　　科學出版社, 1998.

河北省文物研究所, 『燕下都』(上, 下), 文物出版社, 1996.

河北省文物研究所, 『𤬛墓－戰國中山國國王之墓』(上, 下), 文物出版社,
　　　1995.

河北省文物研究所·段宏振　主編, 『北福地-易水流域史前遺址』, 文物出
　　　社, 2007.

[發掘報告文]

賈鴻恩, 「翁牛特旗大泡子靑銅短劍墓」, 『文物』1984－2.

康保柱, 「河北平山縣三汲村發現戰國墓」, 『考古通訊』1958－6.

凱夫, 「河北圍場出土戰國明刀錢」, 『文物』1992－10.

喀左縣文化館·朝陽地區博物館, 遼寧省博物館　北東文物發掘小組, 「遼
　　　寧喀左縣北洞村出土的殷周靑銅器」, 『考古』1974－6.

喀左縣文化館·朝陽地區博物館, 遼寧省博物館, 「遼寧省喀左縣山灣子
　　　出土殷周靑銅器」, 『文物』1977－12.

拒馬河考古隊, 「河北易縣淶水古遺址試掘報告」, 『考古學報』1988－4.

建平縣文化館・朝陽地區博物館, 「遼寧建平縣的靑銅時代墓葬及相關遺物」,『考古』1983－3.

高英民, 「河北新樂縣中同村戰國墓」,『考古』1984－11.

顧鐵山・郭景斌, 「河北省遷西縣大黑汀戰國墓」,『文物』1996－3.

郭大順・張克擧, 「遼寧省喀左縣東山嘴紅山文化建築群址發掘簡報」,『文物』1984－11.

克什克騰旗文化館, 「遼寧克什克騰旗天寶同發見商代銅瓿」,『考古』1977－5.

金殿士, 「沈陽市南市區發現戰國墓」,『文物』1959－4.＊

羅平, 「河北磁縣下七垣出土殷代靑銅器」,『文物』1974－11.

灤南縣文物管理所, 「河北灤南縣出土一批戰國貨幣」,『考古』1988－2.＊

灤平縣博物館, 「河北省灤平縣梨樹溝門山戎墓地淸理簡報」,『考古與文物』1995－5.

廊坊地區文物管理所, 「三河縣文物館, 河北三河大唐迴, 雙村戰國墓」,『考古』1987－4.

內蒙古文物考古研究所, 「內蒙古朱開溝遺址」,『考古學報』1988－3.

內蒙古自治區文物考古研究所, 「內蒙古林西白晉長汗新石器時代遺址發掘簡報」,『考古』1993－7.

內蒙古自治區文物考古研究所・克什克騰旗博物館, 「內蒙古克什克騰旗龍頭山遺址第一, 二次發掘簡報」,『考古』1991－8.

內蒙古自治區文物工作隊, 「內蒙古寧城縣小楡樹林子遺址試掘簡報」,『考古』1965－12.

魯琪・葛英會, 「北京市出土文物展覽巡札」,『文物』1978－4.

凌源縣博物館, 「遼寧省凌源縣劉杖子鄕發現戰國貨幣窖藏」,『文物』1994－6.

唐山市文物管理所, 「河北遷西縣大黑汀戰國墓出土銅器」,『文物』1992－5.

唐山市文物管理所・遷西縣文物管理所, 「河北遷西縣西寨遺址調査」,『考古』1993－1.

唐山市文物管理處・遷安縣文物管理所，「河北遷安縣小山東莊西周時期
　　　墓葬」，『考古』1997－4.

唐雲明，「河北省邢臺西關外遺址試掘」，『文物』1960－7.

唐雲明，「河北元氏縣西張村的西周遺址和墓葬」，『考古』1979－1.

唐雲明，「邢臺曹演莊遺址發掘報告」，『考古』1958－4.

陶宗冶，「河北張家口市考古調查簡報」，『考古與文物』1985－6.

馬淸鵬，「河北灤平縣葯玉廟梁遺址調查」，『考古』1998－2.

孟昭林，「河北省淶水縣永樂村發現一批戰國銅，陶器」，『文物參考資料』
　　　1955－12.

撫順博物館・遼寧省博物館，「大連于家村砣頭石棺墓址」，『文物』1983－9.

撫順市博物館，「遼寧撫順市發現靑銅短劍」，『考古』1981－5.

保北考古隊，「河北省容城縣白龍遺址試掘簡報」，『文物春秋』1989－3.

傅宗德・陳莉，「遼寧喀左縣出土戰國器物」，『考古』1988－7.

北京大學考古實習隊，「河北唐山地區史前遺址調查」，『考古』1990－8.

北京大學考古學系　北京市文物研究所，「1995年琉璃河周代居址發掘簡報」，
　　　『文物』1996－6.

北京市文管處，張先得，「北京豐臺區出土戰國銅器」，『文物』1978－3.

北京市文物工作隊，「北京西郊白雲觀遺址」，『考古』1963－3.

北京市文物工作隊，「北京房山縣考古調查簡報」，『考古』1963－3.

北京市文物工作隊，「北京昌平半截塔村東周和兩漢墓」，『考古』1963－7.

北京市文物工作隊，「北京懷柔省北東周兩漢墓葬」，『考古』1962－5.

北京市文物管理處，「北京市平谷縣發現商代墓葬」，『文物』1977－11.

北京市文物管理處，中國科學院考古研究所，房山縣文敎局－琉璃河考古
　　　工作隊，「北京琉璃河夏家店下層文化墓葬」，『考古』1976－1.

北京市文物管理處寫作小組，「北京外城東周晚期陶井群」，『文物』1972－1.

北京市文物管理處寫作小組, 「北京地區的古瓦井」, 『文物』 1972－2.

北京市文物研究所·北京大學考古學系, 「1995年琉璃河遺址墓葬區發掘簡
　　　報」, 『文物』 1996－6.

北京市文物研究所, 「北京房山琉璃河遺址發掘的商代遺跡」, 『文物』 1997－4.

北京市文物研究所, 「北京市拒馬河流域考古調查」, 『考古』 1989－3.

北京市文物研究所山戎文化考古隊, 「北京延慶軍都山東周山戎部落墓地
　　　發掘記略」, 北京市文物研究所　編, 『北京文物與考古(第三輯)』,
　　　北京燕山出版社, 1992.

北京市文物研究所拒馬河考古隊, 「北京市竇店故城調查與試掘報告」, 『考
　　　古』 1992－8.

北京市文物研究所拒馬河考古隊, 「燕中都城址調查與試掘」, 北京市文物
　　　研究所　編, 『北京文物與考古(第三輯)』, 北京燕山出版社, 1992.

北京鋼鐵學院壓力加工專業, 「易縣燕下都44號墓鐵器金相考察初步報告」,
　　　『考古』 1975－4.

北京市文物組, 「海定區發現春秋時代銅器」, 『文物參考資料』 1958－5.

社科院考古研究所內蒙古工作隊, 「內蒙古敖漢旗小山遺址」, 『考古』 1987－6.

謝錫盆, 「燕下都遺址瑣記」, 『文物參考資料』 1957－9.

四平地區博物館·吉林大學歷史系考古專業, 「吉林省梨樹縣二龍湖古城
　　　址調查簡報」, 『考古』 1988－6

山西省考古研究所, 「山西長子縣東周墓」, 『考古學報』 1984－4.

山西省考古研究所, 「山西渾源縣李峪村東周墓」, 『考古』 1983－8.

常力軍, 「河北遵化縣出土周, 漢遺物」, 『考古』 1989－3.

蘇天均, 「北京昌平區松園村戰國墓葬發掘記略」, 『文物』 1959－9.

蘇天鈞, 「十年來北京市所發見的重要古代墓葬和遺址」, 『考古』 1959－3.

孫玲, 「琉璃河遺址發現戰國墓群」, 1992, 7월 19일

孫繼安, 「河北容城縣發現四批燕國貨幣」, 『文物春秋』 1992－1.

孫繼安, 徐明甫, 「河北省容城縣出土戰國銅器」, 『文物』1982－3.

孫繼安, 「河北容城縣南陽遺址調査」, 『考古』1993－3.

孫思賢·邵福玉, 「遼寧義縣發現商周銅器窖藏」, 『文物』1982－2.

承德離宮博物館, 「承德市灤河鎭的一座戰國墓」, 『考古』1961－5.

承德地區文物保管所·灤平縣博物館, 「河北省灤平縣后臺子遺址發掘簡
報」, 『文物』1994－3.

承德地區文物保護管理所　灤平縣文物保護管理所, 「河北省灤平縣梨樹
溝門墓群淸理發掘簡報」, 『文物春秋』1994－2.

承德縣文保所, 「承德縣出土的戰國錢幣」, 『文物春秋』1993－4.

柴曉明·龔國强, 「北京房山區出土燕國刀幣」, 『考古』1991－11.

安志敏, 「唐山石棺墓及其相關的遺物」, 『考古學報』第六冊, 1954－7.

安志敏, 「北京西八里店發現戰國瓮棺」, 『燕京學報』제37기, 1949.

安志敏, 「河北省唐山市賈各莊發掘報告」, 『考古學報』第六冊, 1953－12.

安志敏, 「河北寧河縣先秦遺址調査記」, 『文物參考資料』1954－4.

安志敏, 「河北懷來大古城村古城址調査記」, 『考古通訊』1955－3.

安志敏, 伊秉樞, 「北京西郊發現的瓮棺」, 『燕京學報』第39期 1950－12.

梁志龍, 「遼寧本溪劉家哨發見靑銅短劍墓」, 『考古』1992－4.

楊鐵男, 「朝陽市博物館收藏的一件靑銅短劍」, 『文物』1997－10.

旅順博物館, 「旅順口區后牧城驛戰國墓淸理」, 『考古』1960－8.

呂遵諤, 「內蒙古赤峰紅山考古調査報告」, 『考古學報』1958－3.

呂遵諤, 「內蒙林西考古調査」, 『考古學報』1960－1.

熱河省博物館籌備處, 「熱河凌源縣海島營子村發現的古代靑銅器」, 『文
物參考資料』1955－8.

遼寧省博物館·朝陽地區博物館, 「遼寧喀左縣北洞村發見殷代靑銅器」, 『考
古』1973－4.

敖承隆·李曉東, 「河北省懷來縣北辛堡出土的燕國銅器」, 『文物』1964－7.

王峰, 「河北興隆縣發現戰國金鑛遺址」, 『考古』 1995－7.

王嗣洲, 「大連市三處戰國貨幣窖藏」, 『考古』 1990－2.

王素芳・石英士, 「燕下都遺址」, 『文物』 1982－8.

王運至・徐家國, 「遼寧清原縣近年發現一批石棺墓」, 『考古』 1982－2.

王有泉, 「北京密雲冶仙塔塔基清理簡報」, 『文物』 1994－3.

王兆軍, 「內蒙古昭盟赤峰市發現戰國墓」, 『考古』 1964－1.

王漢彦, 「周口店區蔡莊古城遺址」, 『文物』 1959－5.

王翰章, 「燕王職劍考釋」, 『考古與文物』 1983－2.

王海航, 「石家莊東郊發現古刀幣」, 『文物』 1964－6.

遼寧省文物干部培訓班, 「遼寧北票縣豐下遺址1972年發掘報告」, 『考古』 1976－3.

遼寧省文物考古研究所　華玉冰, 「牛河梁女神廟平臺東坡筒形器群遺存發掘簡報」, 『文物』 1994－5.

遼寧省文物考古研究所, 「遼寧凌源安杖子古城祉發掘簡報」, 『考古學報』 1996－2.

遼寧省文物考古研究所, 「遼寧阜新縣查海遺址1987－1990年三次發掘」, 『文物』 1994－11.

遼寧省文物考古研究所, 「遼寧牛河梁第五地點一號冢中心大墓(M1)發掘簡報」, 『文物』 1997－8.

遼寧省文物考古研究所, 「遼寧牛河梁第二地點四號冢筒形器墓的發掘」, 『文物』 1997－8.

遼寧省文物考古研究所, 「遼寧牛河梁第二地點一號冢21號墓發掘簡報」, 『文物』 1997－8.

遼寧省文物考古研究所, 「遼寧牛河梁紅山文化 '女神廟頭' 與積石冢群發掘簡報」, 『文物』 1986－8.

遼寧省博物館, 「遼寧凌源縣三官甸青銅短劍墓」, 『考古』 1985－2.

遼寧省博物館・昭烏達盟文物工作站・赤峰縣文化館, 「內蒙古赤峰縣四分地東山嘴遺址發掘簡報」, 『考古』1983－5.

遼寧省博物館・朝陽市博物館, 「建平水泉遺址發掘簡報」, 『遼海文物學刊』1986－2.

遼寧省博物館・朝陽地區博物館, 「遼寧喀左南洞溝石槨墓」, 『考古』1977－6.

遼寧省博物館文物工作隊, 「遼寧林西縣大井古銅鑛1976年發掘報告」, 『文物資料叢刊』第7輯, 文物出版社, 1983.

遼寧省昭烏達盟文物工作站, 中國科學院考古研究所東北工作隊, 「寧城縣南山根的石槨墓」, 『考古學報』1973－2.

遼陽市文物管理所, 「遼陽二道河子石棺墓」, 『考古』1977－5.

容摘, 「北京市文物調查工作」, 『文物』1959－6.

容城縣文物保管所 孫繼安, 「河北容城縣發現三批燕國貨幣」, 『考古』1994－5.

于柯, 「北京朝陽門外出土的戰國貨幣」, 『考古』1962－5.

尤文遠・孟浩, 「河北懷來縣大古城遺址調查情況」, 『文物參考資料』1954－9.

雲希正, 「天津市郊古遺址, 古墓葬的調查與發掘記略」, 『北國春秋』1959－1.

云希正・韓嘉谷, 「天津東郊張貴莊戰國墓第二次發掘」, 『考古』1965－2.

魏海波・梁志龍, 「遼寧本溪縣上堡青銅短劍墓」, 『文物』1998－6.

琉璃河考古隊, 「琉璃河遺址1996年度發掘簡報」, 『文物』1997－6.

劉友恒・樊子林, 「河北正定出土商周青銅器」, 『文物』1982－2.

劉俊勇・王璁, 「遼寧大連市郊區考古調查簡報」, 『考古』1994－4.

劉之光・周桓, 「北京市周口店區竇店土城調查」, 『文物』1959－9.

李林・劉朴, 「承德縣西三家村, 斯杆溝發現戰國墓葬」, 『文物春秋』1990－3.

李林・劉朴, 「河北承德縣發現窖藏刀幣」, 『文物春秋』1989－4.

李衆, 「關于藁城商城商代銅鉞鐵刃的分析」, 『考古學報』1976－2.

李慶發・張克舉, 「遼西地區燕秦長城調查報告」, 『遼海文物學刊』1991－2.

李恭篤, 「遼寧凌源縣三官甸子城子山遺址試掘報告」, 『考古』 1986－6.

李恭篤, 「遼寧凌源縣五道河子戰國墓發掘簡報」, 『文物』 1989－2.

李宇峰, 「遼寧建平縣紅山文化考古調査」, 『考古與文物』 1984－2.

李逸友, 「內蒙古和林格爾縣出土的銅器」, 『文物』 1959－6.

李逸友, 「房山縣古城址調査」, 『文物』 1959－1.

張家口考古隊, 「1979年蔚縣新石器時代考古的主要收穫」, 『考古』 1981－2.

張家口考古隊, 「蔚縣考古記略」, 『考古與文物』 1982－4.

張家口考古隊, 「蔚縣夏商時期考古的主要收穫」, 『考古與文物』 1984－1.

張家口考古隊, 「河北懷來官廳水庫沿岸考古調査簡報」, 『考古』 1988－8.

張家口市文管所, 下花園區文敎局, 「張家口市下花園區發現的戰國墓」,
　　　　『考古』 1988－12.

張家口市文物管理所·宣化縣文化館」, 「河北宣化縣小白陽墓地發掘報告,
　　　　『文物』 1987－5.

張家口市文物事業管理所, 「張家口市白廟遺址淸理簡報」, 『文物』 1985－10.

張家口市文物事業管理所, 「河北宣化李大人莊遺址試掘報告」, 『考古』 1990－5.

張金棟, 「元氏縣發現一座石板墓」, 『文物春秋』 1990－2.

張守義·彭立平, 「圍場縣雙水泉遺址調査簡報」, 『文物春秋』 1999－2.

張守義, 「靑龍縣靑龍河流域考古調査簡報」, 『文物春秋』 1997－2.

張忠勛, 「玉田縣發現戰國布幣」, 『文物春秋』 1993－3.

張忠勛, 「河北玉田發現戰國布幣」, 『文物』 1992－6.

長治市博物館, 「山西省長治市小山頭春秋戰國墓發掘簡報」, 『考古』 1985－4.

張學武·陶宗冶, 「河北張家口市泥河子村出土一批靑銅器」, 『文物』 1983－7.

赤峰考古隊, 「內蒙古喀喇沁旗大山前遺址1996年發掘簡報」, 『考古』 1998－9.

赤峰考古隊, 「內蒙古赤峰市半支箭河中流1996年調査簡報」, 『考古』 1998－9.

赤峰市博物館 項春松·寧城縣文物管理所 李義, 「寧城小黑石溝石槨墓
　　　　調査淸理報告」, 『文物』 1995－5.

鄭紹宗, 「河北省行唐縣李家莊發現的戰國銅器」, 『文物』 1963－4.

鄭紹宗, 「唐縣南伏城及北城子出土周代青銅器」, 『文物春秋』 1991－1.

鄭新城, 「吉林松原市后土木村發現古代墓葬」, 『考古』 1999－4.

程長新, 「北京順義縣龍灣屯出土一組戰國青銅器」, 『考古』 1985－8.

程長新, 「北京市揀選的燕國銅器」, 『文物』 1982－9.

程長新, 「北京市順義縣牛欄山出土一組周初帶銘青銅器」, 『文物』 1983－11.

程長新, 「北京通縣中趙甫出土一組戰國青銅器」, 『考古』 1985－8.

程長新・曲得龍・姜東方, 「北京揀選一組二十八件商代帶銘銅器」, 『文物』
　　　1982－9.

正定縣文物保管所・劉友恒・樊子林, 「河北正定縣新城鋪出土商代青銅器」,
　　　『文物』 1984－12.

趙志厚, 「河北省灤平縣營坊村出土獸面石人」, 『文物』 1985－2.

齊心, 「北京延慶縣西撥子村窖藏銅器」, 『考古』 1979－3.

齊亞珍・劉素華, 「錦縣水手營子早期青銅時代墓葬」, 『遼海文物學刊』 1991
　　　－1.

朝陽地區博物館・喀左縣文化館, 「遼寧客座大城子眉眼溝戰國墓」, 『考古』
　　　1985－1.

趙正之・舒文思, 「北京廣安門外發現戰國和戰國以前的遺迹」, 『文物參
　　　考資料』 1957－7.

趙振生・紀蘭, 「遼寧阜新近年來出土一批青銅短劍及短劍加重器」, 『考古』
　　　1994－11.

朱貴, 「遼寧朝陽十二臺營子青銅短劍墓」, 『考古學報』 1960－1.

周國興・尤玉桂, 「北京東胡林村的新石器時代墓葬」, 『考古』 1972－6.

朱學武, 「河北淶水西武泉村出土燕國貨幣」, 『文物春秋』 1991－1.

劉震・劉大文, 「河北遵化縣出土一批窖藏燕國刀幣」, 『考古與文物』 1994－5.

遵化縣文管所, 「河北遵化出土一批燕國刀幣」, 『文物』 1992－1.

中國科學院考古研究所·北京市文物管理處·房山縣文教局－琉璃河考古工作隊,「北京附近發現的西周奴隸殉葬墓」,『考古』1974－5.

中國科學院考古研究所內蒙古工作隊,「寧城南山根遺址發掘報告」,『考古學報』1975－1.

中國科學院考古研究所內蒙古工作隊,「赤峰西水泉紅山文化遺址」,『考古學報』1982－2.

中國科學院考古研究所內蒙古工作隊,「赤峰葯玉廟, 夏家店遺址試掘報告」,『考古學報』1974－1.

中國科學院考古研究所內蒙古工作隊,「赤峰蜘蛛山遺址的發掘」,『考古學報』1979－2.

中國科學院考古研究所遼寧工作隊,「敖漢旗大甸子遺址1974年試掘簡報」,『考古』1975－2.

中國科學院考古研究所體質人類學組,「赤峰寧城夏家店上層文化人骨研究」,『考古學報』1975－2.

中國社會科學院考古研究所·北京市文物研究所·琉璃河考古隊,「北京琉璃河1193號大墓發掘簡報」,『考古』1990－1.

中國社會科學院考古研究所·北京市文物工作隊·琉璃河考古隊,「1981－1983年琉璃河西周燕國墓地發掘簡報」,『考古』1984－5.

中國歷史博物館考古隊,「燕下都城址調查報告」,『考古』1962－1.

津古,「薊縣發現西周貴族墓地」,『中國文物報』1988年 4月 29日.

陳信,「河北涿鹿縣發現春秋晚期墓葬」,『文物春秋』1999－6.

秦皇島市文化局(閻樂耕, 王雲瑞),「河北省青龍縣出土窖藏戰國貨幣」,『文物春秋』1989－4.

遷安縣文物管理所,「遷安平林鎮出土窖藏古錢幣」,『文物春秋』1995－3기.

天津文物管理處,「河北滄縣肖家樓出土的刀幣」,『考古』1973－1.

天津市文物管理處,「天津薊縣張家園遺址試掘簡報」,『文物資料叢刊』第

1輯, 文物出版社, 1977.

天津市文物管理處考古隊, 「天津薊縣圍坊遺址發掘報告」, 『考古』1983－10.

天津市文物組・天津市歷史博物館聯合發掘組, 「天津東郊發現戰國墓簡報」, 『文物參考資料』1957－3.

天津市文化局考古發掘隊, 「天津南郊巨葛莊戰國遺址和墓葬」, 『考古』1965－1.

天津市文化局考古發掘隊, 「河北大廠回族自治縣大坨頭遺址試掘簡報」, 『考古』1966－1.

天津市文化局文物組, 「天津市新收集的商周青銅器」, 『文物』1964－9.

天津市歷史博物館考古隊, 「天津薊縣張家園遺址第二次發掘」, 『考古』1984－8.

天津市歷史博物館考古隊・寶坻縣文化館, 「天津寶坻縣牛道口遺址調查發掘簡報」, 『考古』1991－7.

天津市歷史博物館考古部, 「天津薊縣張家園遺址第三次發掘」, 『考古』1993－4.

鐵岭市博物館, 「遼寧鐵嶺邱家臺發現窖藏錢幣」, 『考古』1992－4.

清原縣文化局, 「遼寧清原縣門臉石棺墓」, 『考古』1981－2.

鄒寶庫, 「遼陽出土的戰國貨幣」, 『文物』1980－4.*

涿鹿縣文物保護管理所, 「河北省涿鹿縣發現春秋晚期墓葬」, 『華夏考古』1998－4.

湯池, 「試論灤平后臺子出土的石雕女神像」, 『文物』1994－3.

平泉縣文管所, 「平泉縣頂子城遺址調查報告」, 『文物春秋』1997－3.

馮秉其・唐雲明, 「房山縣古城址調查」, 『文物』1959－1.

馮秉其・林洪, 「蘆龍縣下寨公社賈各莊出土大批古銅錢」, 『文物』1963－11.

馮永謙・姜念思, 「寧城縣黑城古城址調查」, 『考古』1982－2.

賀勇・劉建中, 「河北懷來甘子堡發現的春秋墓群」, 『文物春秋』1993－2.

河北省灤平縣文管所　苗濟田・趙志厚, 「河北省灤平縣發現一批窖藏戰國貨幣」, 『文物』 1981－9.

河北省文物工作隊, 「河北易縣燕下都故城勘察和試掘」, 『考古學報』 1965－1.

河北省文物管理委員會, 「河北唐山市大城山遺址發掘報告」, 『考古學報』 1959－3.

河北省文物管理委員會, 「河北石家莊市市莊村戰國遺址的發掘」, 『考古學報』 1957－1.

河北省文物管理處, 「燕下都第23號遺址出土一批銅戈」, 『文物』 1982－8.

河北省文物管理處, 「河北易縣燕下都44號墓發掘報告」, 『考古』 1975－4.

河北省文物管理處·廊房地區文化局, 「河北三河縣孟各莊遺址」, 『考古』 1983－9.

河北省文物管理處臺西考古隊　唐雲明, 「河北藁城臺西村商代遺址發掘簡報」, 『文物』 1979－6.

河北省文物研究所·保定地區文物管理所, 「定州北莊子商墓發掘簡報」, 『文物春秋』 1992 增刊本.

河北省文物研究所(石英士), 「河北易縣燕下都第16號墓車馬坑」, 『考古』 1985－11.

河北省文物研究所, 「唐山市古冶商代遺址」, 『考古』 1984－9.

河北省文物研究所, 「河北蘆龍縣東闕各莊遺址」, 『考古』 1985－11.

河北省文物研究所, 「河北淶水漸村發掘報告」, 『文物春秋』 1992년 增刊報.

河北省文物研究所, 「河北滿城要莊發掘簡報」, 『文物春秋』 1992년 增刊報.

河北省文物研究所, 「河北省遷西縣東寨遺址發掘簡報」, 『文物春秋』 1992年 增刊報.

河北省文物研究所, 「河北易縣燕下都第13號遺址第一次發掘」, 『考古』 1987－5.

河北省文物研究所·唐山市文物管理處·遷西縣文物管理所, 「遷西西寨遺址1988年發掘報告」, 『文物春秋』 1992년 增刊報.

河北省文物研究所·保定地區文管所·淶水縣文保所, 「河北淶水北封村遺址試掘簡報」,『考古』1992－10.

河北省文物研究所·保定地區文物管理所·徐水縣文物管理所,「河北徐水
　　　大馬各莊春秋墓」,『文物』1990－3.

河北省文化局文物工作隊,「1964－1965年燕下都墓葬發掘報告」,『文物』
　　　1960－11.

河北省文化局文物工作隊,「燕下都遺址內發現一件戰國時代的銅人像」,『文
　　　物』1965－2.

河北省文化局文物工作隊,「燕下都遺址外圍發現戰國墓葬群」,『文物』
　　　1965－9.

河北省文化局文物工作隊,「燕下都第22號遺址發掘報告」,『考古』1965－11.

河北省文化局文物工作隊,　「河北承德地區的古文化遺址調查」,　『考古』
　　　1962－12.

河北省文化局文物工作隊,「河北易縣燕下都第十六號墓發掘」,『考古學
　　　報』1965－2.

河北省文化局文物工作隊,「河北青龍縣抄道溝發見一批青銅器」,『考古』
　　　1962－12.

河北省文化局文物工作隊,「河北懷來北辛堡戰國墓」,『考古』1966－5

遼寧省博物館·朝陽地區博物館,　「遼寧喀左縣北洞村發見殷代青銅器」,
　　　『考古』1973－4.

河北省博物館　文物管理處(唐雲明,　劉世樞),「河北藁城臺西商代遺址」,
　　　『考古』1973－5.

河北省博物館·河北省文管處 — 臺西發掘小組,「河北藁城縣臺西村商代
　　　遺址 —1973年的重要發現」,『文物』1974－8.

河北省博物館文管處　唐雲明·王玉文,「河北平山縣訪駕莊發現戰國前
　　　期青銅器」,『文物』1977－2.

河北省文物管理處,「河北易縣燕下都第21號遺址發掘簡報」,『考古學集

刊』(2), 中國社會科學出版社, 1982.

河北省文物管理處, 「河北遷安安新莊新石器遺址調查和試掘」, 『考古學
　　　集刊』(4), 中國社會科學出版社, 1984.

河北省文物研究所, 「燕下都出土的建築材料」, 『文物』 1993－3.

河北省文物研究所, 「河北豊寧土城鎭石棺墓調査」, 河北省文物研究所
　　　編, 『河北省考古文集』, 東方出版社, 1998.

河北省文化局文物工作隊, 「河北承德地區的古文化遺址調査」, 『考古』 1962
　　　－12.

興隆縣文物管理所・王峰, 「河北興隆縣發現商周靑銅器窖藏」, 『文物』 1990
　　　－11.

興隆縣文化館文物組・張雙峰, 「河北興隆發現墓葬明刀幣」, 『文物』 1985－6.

[研究書]

(國文)

金秉駿, 『中國古代地域文化와 郡縣支配』, 一潮閣, 1997.

李成珪, 『中國古代帝國成立史研究 ― 秦國齊民支配體制의 形成 ―』, 一
　　　潮閣, 1984.

(日文)

白川靜, 『金文の世界－殷周社會史』, 平凡社, 1971.

(中文)

曲英傑, 『先秦都城復原研究』, 黑龍江人民出版社, 1991.

郭大順·張星德, 『東北文化與幽燕文化』, 江蘇敎育出版社, 2005.

童書業, 『春秋史』, 開明書店, 1946.

童書業, 『春秋左傳硏究』, 上海人民出版社. 1980.

蒙文通, 『周秦少數民族硏究』, 文物編輯委員會 編, 『文物考古工作三十
　　　年(1949－1979)』, 文物出版社, 1979.

文物編輯委員會 編, 『文物考古工作十年(1979－1989)』, 文物出版社,
　　　1991.

文物出版社本社 編, 『新中國考古五十年』, 文物出版社, 1999.

傅仁義·許玉林·高靑山·王成生·姜念思·王曉斌, 『東北古文化(東北
　　　文化叢書)』, 春風文藝出版社, 1992, 沈陽.

北京大學歷史系北京史編寫組, 『北京史』, 北京出版社, 1999.

北京史硏究會 編, 『北京史論文集』1輯, 文物出版社, 1980.

北京史硏究會 編, 『北京史論文集』2輯, 文物出版社, 1982.

北京市文物硏究所 編, 『北京考古四十年』, 燕山出版社, 1990.

北京市社會科學硏究所<北京史苑>編輯部, 『北京史苑』(1), 北京出版社,
　　　1983.

北京市社會科學硏究所<北京史苑>編輯部, 『北京史苑』(2), 北京出版社,
　　　1985.

北京市社會科學硏究所<北京史苑>編輯部, 『北京史苑』(3), 北京出版社,
　　　1985.

北京市社會科學院歷史所 編, 『北京史硏究』(一), 北京燕山出版社, 1986.

常征, 『古燕國史探微』, 聊城地區新聞出判局, 1992.

舒大剛, 『春秋少數民族分佈硏究』, 臺北: 文津出版社, 1994.

石英士·石磊, 『燕下都東周貨幣聚珍』, 河北省文物委員會 編, 文物出版
　　　社, 1996.

孫進已·馮永謙·蘇天鈞, 主編, 『中國考古集成』(東北 卷 1－20), 北京

出版社, 1991.

孫進己・馮永謙 等, 『東北歷史地理』(第1卷), 1988.

王采枚, 『先秦時期燕史資料』, 紫禁城出版社, 1989.

遼寧省博物館 遼寧省文物考古研究所 編, 『燕山南北長城地帶考古專題
　　　座談會文集』, 1983.

李學勤 主編, 『中國古代文明與國家形成研究』, 雲南人民出版社, 1998.

李學勤, 『東周與秦代文明(增訂本)』, 文物出版社, 1983.

張京華, 『燕趙文化』, 遼寧敎育出版社, 1995.

張光直, 『中國靑銅時代』, 三聯書店, 1999.

張博泉, 『東北地方史考』, 吉林大學出版社, 1985.

張博泉・魏存成 主編, 『東北古代民族・考古與彊域』, 吉林大學出版社
　　　1998.

張之恒・周裕興, 『夏商周考古』, 南京大學出版社, 1998.

張忠培, 『中國北方考古文集』, 文物出版社, 1990.

田昌五・臧知非, 『周秦社會結句研究』, 西北大學出版社, 1998.

丁山, 『甲骨文所見氏族及其制度』, 中華書局, 1999.

曹子西 主編, 『北京通史』(1), 北京燕山出版社, 1989.

朱活, 『古錢新探』, 齊魯書社, 1984.

中國社會科學院考古研究所 編, 『新中國的考古發見和研究』, 文物出版
　　　社, 1984.

陳旭, 『夏商文化論集』, 科學出版社, 2000.

陳平, 『燕史紀事編年會按』, 北京大學出版社, 1995.

陳平, 『燕秦文化研究』, 北京燕山出版社, 2003.

陳平, 『燕文化』, 文物出版社, 2006.

陳平, 『北方幽燕文化研究』, 群言, 2006.

河北省文物研究所, 『新中國考古學五十年』, 文物出版社, 1999.

許倬雲,『西周史』, 燕京出版社, 1986.

[연구논문]

(國文)

李成珪,「中國文明의 起源과 形成－先史文化에서 商・周文明으로－」,
    서울 大學校東洋史學研究室 編,『講座中國史』(Ⅰ), 지식산업사.
    1989.
李成珪,「先秦文獻에 보이는 ʻ東夷ʼ의 性格」, 韓國古代史研究會 編,『韓
    國古代史論叢』(1輯), 1991.
李亨求,「大凌河流域의 殷末周初 青銅器文化와 箕子 및 箕子朝鮮」,『韓
    國上古史學報』(5), 1991.
徐榮洙,「古朝鮮의 위치와 강역」,『韓國史市民講座』 제2집, 一潮閣,
    1988.

(日文)

相原俊二,「戰國期における燕の外交政策(燕國考 その一)」, 中國古代史
    研究會 編,『中國古代史研究』(第2), 吉川弘文館, 1965.
相原俊二,「春秋期に至る燕の變遷(燕國考 その二)」, 中國古代史研究會
    編,『中國古代史研 究』(第5), 吉川弘文館, 1969.
甲元眞之,「西周初期燕國の形成」,『東アジアの文化構造』, 1997－5.

(中文)

賈鴻恩,「翁牛特旗大泡子青銅短劍墓」,『文物』1984－2.
葛建軍,「關于西周薊國的思考」,『北京文博』1997－2.

葛建軍, 「關于燕國刀幣若干問題的辨析」, 『首都博物館叢刊』第 9輯, 北京燕山出版社, 1994.

葛英會, 「金文氏族徽號所反映的我國氏族制度的遺痕」, 北京市文物研究所 編, 『北京考古與文物』(二), 北京燕山出版社, 1991.

葛英會, 「"晏卻匽"質疑'」, 『北京文博』 1995－1.

葛英會, 「關于燕國歷史上的幾個問題」, 北京市社會科學研究所<北京史苑>編輯部 編, 『北京史苑』第三輯, 北京出版社, 1985.

葛英會, 「燕國公侯世系的歷史考察」, 『北京文博』 1995－2.

葛英會, 「燕國的部族及部族聯合」, 陳光 滙編, 『燕文化研究論文集』, 中國社會科學出版社, 1995.

喀左縣文化館·朝陽地區博物館·遼寧省博物館 北東文物發掘小組, 「遼寧喀左縣北洞村出土的殷周青銅器」, 『考古』 1974－6.

喀左縣文化館·朝陽地區博物館·遼寧省博物館, 「遼寧省喀左縣山灣子出土殷周青銅器」, 『文物』 1977－12.

建平縣文化館·朝陽地區博物館, 「遼寧建平縣的靑銅時代墓葬及相關遺物」, 『考古』 1983－3.

考古編輯部, 「北京琉璃河出土西周有銘銅器座談紀要」, 『考古』 1989－10.

高美璇·李恭篤, 「遼寧凌源縣三官甸子城子山紅山文化遺存分期探索」, 『考古』 1986－6.

高英民, 「試論中山國仿鑄燕國□字刀的歷史背景－兼述□字刀面文的解讀」, 北京市文物研究所, 『北京建城3040年暨燕文明國際學術研討會會議專輯』, 北京燕山出版社, 1997.

曲英傑, 「燕都燕城及臨易考」, 『河北學刊』 1996－6.

曲英傑, 「燕城蠡測」, 北京市文物研究所, 『北京建城3040年暨燕文明國際學術研討會會議專輯』, 北京燕山出版社, 1997.

曲英傑, 「由銅器銘'匽'說到'匿', '燕'有別」, 『北京文博』 1997－2.

曲英傑, 「周代都城比較研究」, 『中國史研究』 1997－2.

曲英傑, 「周代燕君世系考辨」, 『史林』 1996－4.

曲英傑, 「周代燕國考」, 『歷史研究』 1996－5.

郭仁, 「關于漁陽城的位置及其附河道的復原」, 『考古』 1963－1.

郭仁·田敬東, 「琉璃河商周遺址爲周初燕都說」, 陳光 滙編, 『燕文化研究論文集』, 中國社會科學出版社, 1995.

郭錚, 「上谷郡源流考辨」, 『地名知識』 1986－6.

郭大順, 「論東北文化區及其前沿」, 『考古』 1999－8.

郭大順, 「大南溝的一種後紅山文化類型」, 蘇秉琦 主編, 『考古學文化論集』(2), 文物出版社, 1989.

郭大順, 「試論魏營子類型」, 蘇秉琦 主編, 『考古學文化論集』(1), 文物出版社, 1987.

郭大順, 「赤峰地區早期冶銅考古隨想」, 內蒙古文物考古研究所 編(李逸友·魏堅 主編), 『內蒙古文物考古文集』, 中國大百科全書出版社, 1994.

郭大順, 「從饕餮紋在燕國消失最晚談起(提要)」, 北京市文物研究所, 『北京建城3040年暨燕文明國際學術研討會會議專輯』, 北京燕山出版社, 1997.

郭大順·馬沙, 「以遼河流域爲中心的新石器文化」, 『考古學報』 1985－4.

郭大順, 「遼西古文化的新認識」, 『慶祝蘇秉琦考古五十五周年論文集』, 文物出版社, 1989.

郭大順, 「紅山文化的'唯玉爲葬'與遼河文明起源特徵再認識」, 『文物』 1997－8.

郭文孚, 「北京琉璃河西周燕國墓出土漆器復原研究」, 『華夏考古』 1991－2.

郭濟橋, 「后崗一期文化研究綜述」, 『文物春秋』 1997－3.

郭治中, 「內蒙古東部地區新石器－靑銅時代的考古發現與研究」, 內蒙古

文物考古研究所 編(魏堅 主編), 『內蒙古文物考古文集』(第二輯), 中國大百科全書出版社, 1997.

郭治中, 「論白音長汗發現的女神像及其崇拜性質」, 吉林大學考古系 編, 『青果集－吉林大學考古專業成立二十周年考古論文集』, 知識出版社, 1993.

甌燕, 「試論燕下都城址的年代」, 陳光 滙編, 『燕文化研究論文集』, 中國社會科學出版社, 1995.

甌燕, 「我國早期的長城」, 『北方文物』 1987－2.

甌燕, 「燕國開拓祖國北疆的歷史功績」, 『文物春秋』 1999－4.

靳楓毅, 「軍都山山戎文化墓地的發現及埋葬制度特徵」, 北京市文物研究所 編, 『北京文物與考古』(第三輯), 北京燕山出版社, 1992.

靳楓毅, 「論中國東北地區含曲刃青銅短劍的文化遺存(上)」, 『考古學報』 1982－4.

靳楓毅, 「論中國東北地區含曲刃青銅短劍的文化遺存(下)」, 『考古學報』 1983－1.

靳楓毅, 「大凌河流域出土的青銅時代遺物」, 『文物』 1988－11.

靳楓毅, 「夏家店上層文化及其族屬問題」, 『考古學報』 1987－2.

靳楓毅, 「夏家店上層文化及其族屬問題之探討」, 北京市文物研究所 編, 『北京文物與考古』(第二輯), 燕山出版社, 1991.

靳楓毅·王繼紅, 「山戎文化所含燕與中原文化因素之分析」, 『考古學報』 2001－1.

錦州市文物管理委員會, 「遼寧錦西縣邵集屯發現戰國刀幣」, 『考古學集刊』(2), 中國社會科學出版社, 1982.

金岳, 「□方鼎考釋－兼論殷周箕國」, 蘇秉琦 主編, 『考古學文化論集』(4), 文物出版社, 1997.

金岳, 「金文所見周代燕國－論北燕非南燕餘支」, 陳光 滙編, 『燕文化研究論文集』, 中國社會科學出版社, 1995.

金岳, 「桑乾河天黿族方國考 - 兼論'先燕'民族文化」, 『文物春秋』 1991 - 2.

金岳, 「亞微罍銘文考釋 - 兼論商代孤竹國」, 遼寧省考古博物館學會<會刊>編輯組 編印, 『遼寧省考古, 博物館學會成立大會會刊』, 1982.

金岳, 「易水天黿族方國政 - 論'先燕'民族文化(續)」, 『文物春秋』 1992 - 2.

金岳, 「燕山方國考 (上)」, 『遼海文物學刊』 1986 - 2.

金岳, 「燕山方國考 (下)」, 『遼海文物學刊』 1987 - 1.

金岳, 「殷周己＋其方非箕子辨」, 『文物季刊』 1993 - 1.

金耀, 「亞微罍考釋 - 兼論商代孤竹國」, 『社會科學戰線』 1983 - 2.

金家廣, 「燕文明探微 - 從燕南花邊鬲遺存談起」, 北京市文物研究所, 『北京建3040年暨燕文明國際學術研討會會議專輯』, 北京燕山出版社, 1997.

金旭東, 「東遼河流域的若干種古文化遺存」, 『考古』 1992 - 4.

灤平縣博物館, 「河北省灤平縣梨樹溝門山戎墓地清理簡報」, 『考古與文物』 1995 - 5.

內蒙古文物考古研究所, 「克什克騰旗南臺子遺址」, 內蒙古文物考古研究所 編(魏堅 主編), 『內蒙古文物考古文集』第二輯, 中國大百科全書出版社, 1997.

內蒙古文物考古研究所, 「林西縣水泉遺址發掘述要」, 內蒙古文物考古研究所 編(魏堅 主編), 『內蒙古文物考古文集』第二輯, 中國大百科全書出版社, 1997.

魯作文, 「關于夏家店上層和下層文化的幾個問題」, 『文物』 1973 - 11.

路洪昌, 「鮮虞中山國疆域變遷考」, 『河北學刊』 1983 - 3.

雷少雨, 「北京地區最早的古城址」, 『燕都』 1991 - 4.

雷依群, 「論召公奭的幾個問題」, 『史學月刊』 1998 - 4.

雷興山, 「試論西周燕文化中的殷遺民文化因素」, 『北京文博』 1997 - 4.

432

段宏振,「燕山南麓新石器時代文化初論」,『北方文物』1995－1.

唐石父, 高桂雲,「燕國明刀面文釋‘明’之新證」,『首都博物館文集』, 北京燕山出社, 1992.

唐雲明,「藁城臺西商代遺址」,『河北學刊』1984－2.

唐雲明,「藁城臺西商代鐵刃銅鉞問題的探討」,『文物』1975－3.

唐雲明,「關于唐山大城山遺址發掘報告中的幾個問題」,『考古』1964－7.

唐雲明,「略論藁城臺西商文化遺存」,『華夏考古』1987－1.

唐雲明,「再論藁城臺西出土的鐵刃鉞及我國早期用鐵的問題」,『鄭州大學學報』1987－6.

唐雲明,「河北境內幾處商代文化遺存記略」,『考古學集刊』, 第2集, 中國社會科學出版社, 1982.

戴濟民,「有易, 河伯地望考」,『中原文物』1993－3.

戴春陽,「論克罍, 盉的銘文與燕國始封的有關問題」, 北京市文物研究所,『北京建城3040年暨燕文明國際學術研討會會議專輯』, 北京燕山出版社, 1997.

陶宗冶,「銎柄直刀式青銅短劍及相關遺存的初步分析」,『華夏考古』1994－1.

陶宗冶,「河北張家口市考古調查簡報」,『考古與文物』1985－6.

陶宗辰,「燕都薊城考－兼論北京城的起源」,『北京文博』1996－1.

董高,「東北地區燕文化遺存及其有關問題」, 陳光 滙編,『燕文化研究論文集』, 中國社會科學出版社, 1995.

董新林,「魏營子文化的界定及相關問題略論」, 吉林大學考古系 編,『青果集－吉林大學考古系建系十周年紀念文集』, 知識出版社, 1998.

董新林,「魏營子文化初步研究」,『考古學報』2000－1.

佟柱臣,「中國新石器時代文化的多中心發展論和發展不平衡論－論中國新石器時代文化發展的規律和中國文明的起源」,『文物』1986－2.

佟柱臣 外, 「在<北京東周山戎文化考古成果硏討會>上的發言」, 北京市文
　　　　物研究所 編, 『北京文物與考古(第三輯)』, 北京燕山出版社, 1992.

佟柱臣, 「考古學上漢代及漢代以前的東北疆域」, 『考古學報』 1956－1.

佟柱臣, 「東北歷史和考古中的幾個問題」, 『東北考古與歷史』 1982－1.

佟柱臣, 「東北原始文化的分布與分期」, 『考古』 1962－10.

董學增, 「關于我國東北系'觸角式'劍的探討」, 中國考古學會 編, 『中國
　　　　考古學會第六次年會論文集1987』, 文物出版社, 1990.

杜金鵬, 「北京平谷劉家河商代墓葬與商代燕國」, 北京市文物研究所, 『北
　　　　京建3040年暨燕文明國際學術研討會會議專輯』, 北京燕山出版社,
　　　　1997.

杜金鵬, 「先商濟亳考略」, <殷都學刊>編輯部 選輯, 『甲骨文與殷商文化
　　　　研究』, 中州古籍出版社, 1992.

杜金鵬, 「試論夏家店下層文化中的二里頭文化因素」, 『華夏考古』 1995－3.

杜迺松, 「克罍克盉銘文新釋」, 『古宮博物院院刊』 1998－1.

杜迺松, 「論東周燕國青銅器」, 陳光 滙編, 『燕文化研究論文集』, 中國社
　　　　會科學出版社, 1995.

馬王堆漢墓帛書整理小組, 「馬王堆漢墓出土帛書<春秋事語>釋文」, 『文
　　　　物』 1977－1.

武家昌, 「山戎族地望考略」, 『遼海文物學刊』 1995－1.

武家昌, 「遼北地區發現的青銅短劍柄端加重器」, 『考古』 1990－12.

文啓明, 「冀東地區商時期古文化遺址綜述」, 『考古與文物』 1984－6.

班開明, 「河北蔚縣出土一批古刀, 布幣」, 『文物資料叢刊』第9輯, 1985.

方述鑫, 「太保罍, 盉銘文考釋」, 陳光 滙編, 『燕文化研究論文集』, 中國
　　　　社會科學出版社, 1995.

裴明相, 「從燕下都的陶器談起－論燕文化的淵源」, 北京市文物研究所, 『北
　　　　京建城3040年暨燕文明國際學術研討會會議專輯』, 北京燕山出版社,

1997.

范汝森, 「太保鼎」, 『文物』 1959-11.

卜工, 「牛河梁祭祀遺址及其相關問題」, 『遼海文物學刊』 1987-2.

卜工, 「燕山地區夏商時期的陶鬲譜系」, 『北方文物』 1989-2.

傅宗德・陳莉, 「遼寧喀左縣出土戰國器物」, 『考古』 1988-7.

傅振倫, 「漫話燕下都瓦當文」, 『中國歷史博物館館刊』 1995-2.

傅振倫, 「燕國大事記-燕下都獻征之一」, 『中國歷史博物館館刊』 1994-2.

傅振倫, 「燕國下都營建考」, 『河北學刊』 1986-1.

傅振倫, 「燕下都發掘品的初步整理與研究」, 『燕文化研究論文集』, 陳光
　　滙編, 中國社會科學出版社, 1995.

傅振倫, 「燕下都的營建」, 『中國歷史博物館館刊』 1993-1.

傅振倫, 「燕下都營建(續)」, 『中國歷史博物館館刊』 1993-2.

北京市文物工作隊, 「北京平谷劉家河遺址調查」, 北京市文物研究所　編,
　　『北京文物與考古(第三輯)』, 北京燕山出版社, 1992.

北京市文物管理處, 「北京又發現燕饕餮紋半瓦當」, 『考古』 1980-2.

北京市文物管理處, 「北京地區的又一考古收穫-昌平白浮西周木槨墓的
　　啓示」, 『考古』 1976-4.

北京市文物管理處・中國科學院考古研究所・房山縣文敎局-琉璃河考
　　古工作隊, 「北京琉璃河夏家店下層文化墓葬」, 『考古』 1976-1.

北京市文物研究所・中國殷商文化學會, 「"北京建城3040年暨燕文明國際
　　學術研討會"述要」, 『文物』 1996-1.

北京市文物研究所, 「北京房山琉璃河遺址發掘的商代遺跡」, 『文物』 1997-4.

北京市文物研究所, 「北京市拒馬河流域考古調查」,　北京市文物研究所
　　編, 『北京文物與考古(第三輯)』, 北京燕山出版社, 1992.

北京市文物研究所, 「北京市平谷縣文物管理所北埝頭考古隊」, 北京平谷
　　北埝頭新石器時代遺址調查與發掘, 北京市文物研究所　編, 『北京

文物與考古』(第三輯), 北京燕山出版社, 1992.

北京市文物研究所, 「延慶龍慶峽別墅工程中發現的春秋時期墓葬」, 北京市文物研究所　編, 『北京文物與考古』(第四輯), 北京燕山出版社, 1994.

北京市文物研究所・北京市平谷縣文物管理所上宅考古隊, 「北京平谷上宅新石器時代遺址發掘簡報」, 北京市文物研究所　編, 『北京文物與考古』(第三輯), 北京燕山出版社, 1992.

北京市文物研究所拒馬河考古隊, 「燕中都城址調查與試掘」, 北京市文物研究所　編, 『北京文物與考古』(第三輯), 北京燕山出版社, 1992.

北京市文物研究所山戎文化考古隊, 「北京延慶軍都山東周山戎部落墓地發掘記略」, 北京市文物研究所　編, 『北京文物與考古』(第三輯), 北京燕山出版社, 1992.

北京市文物研究所山戎文化考古隊, 「北京延慶軍都山山戎部落墓地出土春秋尖首刀幣」, 『文物』1989－8.

北京市文物局考古隊, 「建國以來北京市考古和文物保護工作」, 文物編輯委員會　編, 『文物考古工作三十年(1949－1979)』, 文物出版社, 1979.

史廣峰・郭文佳, 「從西周邶器之散失看周初對邶族之處理」, 『文物春秋』2000－2.

史爲樂, 「中山國簡說」, 『河北師範大學學報』1981－2.

斯維至, 「由亞箕天銘文推論燕殷文化」, 『先秦史論集－徐中舒教授九十誕辰紀念論文集』, 中州古籍出版社, 1989.

常征, 「史記燕事抉誤」, 『北京社會科學』1991－1.

常征, 「召公封燕及燕都考－兼辨燕山, 燕易王, 燕昭王」, 陳光　滙編, 『燕文化研究論文集』, 中國社會科學出版社, 1995.

尙志儒, 「西周金文中的井國」, 『文博』1993－3.

索秀芬・李少兵, 「試論趙寶溝文化」, 『內蒙古文物考古』1996－1, 2.

徐光冀, 「赤峰英金河, 陰河流域的石城遺址」, 『中國考古學研究－夏鼐先生考古50周年紀念論文集』, 文物出版社, 1986(『中國考古集成: 東北篇 卷1』에서 재인용)

徐自强, 「關于北京先秦史的幾個問題」, 陳光 滙編, 『燕文化研究論文集』, 中國社會科學出版社, 1995.

徐浩生, 「燕國南長城的調査及其建築年代考」, (蘇天鈞 主編, 『京華舊事存眞, (第一輯), 北京古籍出版社, 1992.

石家莊地區文物管理所, 「河北靈壽縣出土戰國錢幣」, 『考古學集刊』(2輯), 中國社會科學出版社, 1982.

石英士, 「關于燕下都故城宮殿建築幾個問題的探索與研究」, 陳光 滙編, 『燕文化研究論文集』, 中國社會科學出版社, 1995.

石英士, 「郾王銅兵器研究」, 陳光 滙編, 『燕文化研究論文集』, 中國社會科學出版社, 1995.

石英士, 「燕王銅戈研究」, 『河北學刊』 1984－6.

石英士, 「燕下都, 邯鄲和靈壽故城的比較研究」, 中國考古學會 編, 『中國考古學會第五次年會論文集1985』, 文物出版社, 1985.

石英士, 「戰國時期燕國農業生産的發展」, 『農業考古』 1985－1.

石英士, 「初論燕下都大中形墓葬的分期」, 『遼海文物學刊』 1996－2.

石英士, 「姬燕國號的由來及其都城的變遷」, 北京市文物研究所, 『北京建城3040年暨燕文明國際學術研討會會議專輯』, 北京燕山出版社, 1997.

石英士·王素芳, 「試論明字刀化的幾個問題」, 『考古與文物』 1983－6.

石英士·王素芳, 「燕國貨幣的概述」, 『文物春秋』 1990－2.

石英士·王素芳, 「燕國貨幣的發現與研究」, 陳光 滙編, 『燕文化研究論文集』, 中國社會科學出版社, 1995.

石英士·王素芳, 「尖首刀化的初步研究」, 『考古與文物』 1987－1.

邵國田, 「內蒙古敖漢旗發現一批夏家店下層文化玉斧」, 『考古』 1997－11.

邵國田, 「內蒙古敖漢旗發現的青銅器及有關遺物」, 『北方文物』 1993－1.

蘇秉琦, 「燕山南北地區考古－1983年7月在遼寧朝陽紹介的燕山南北, 長城地帶考古座談會上的講話(摘要)」, 『文物』 1983－12.

蘇秉琦, 「遼西古文化古城古國 — 兼談當前田野考古工作的重點或大課題 —」, 『文物』 1986－8.

蘇秉琦·殷瑋璋, 「關于考古學文化的區系類型問題」, 『文物』 1981－5.

蘇天均, 「略論北京出土的遼代以前的文物」, 『文物』 1959－9.

孫華, 「匽侯克器銘文淺見－兼談召公建燕及其相關問題」, 陳光 滙編, 『燕文化研究論文集』, 中國社會科學出版社, 1995.

守仁·王恩林. 「河北昌黎出土燕國貨幣簡述」, 『文物春秋』 1997－2.

嵩山, 「以鉛鑄錢始于燕」, 陳光 滙編, 『燕文化研究論文集』, 中國社會科學出版社, 1995.

柴曉明, 「論西周時期的燕國文化遺存」, 北京市文物研究所, 『北京建城3040年暨燕文明國際學術研討會會議專輯』, 北京燕山出版社, 1997.

柴曉明, 「華北西周陶器初論」, 陳光 滙編, 『燕文化研究論文集』, 中國社會科學出版社, 1995.

柴曉明·龔國强, 「北京房山區出土燕國刀幣」, 『考古』 1991－11.

沈勇, 「圍坊三期文化初論」, 『北方文物』 1993－3.

沈融, 「燕兵器銘文格式, 內容及其相關問題」, 陳光 滙編, 『燕文化研究論文集』, 中國社會科學出版社, 1995.

沈軍山, 「試談山戎的人體裝飾品」, 北京市文物研究所 編, 『北京文物與考古』(第四輯), 北京燕山出版社, 1994.

晏琬, 「北京, 遼寧出土銅器與周初的燕」, 『考古』 1975－5.

安志敏, 「唐山石棺墓及其相關的遺物」, 『考古學報』 第六冊, 1954－7.

楊虎, 「遼西地區新石器 — 銅石竝用時代考古文化序列與分期 —」, 『文物』1994-5.

楊建華, 「<春秋>與<左傳>中所見的狄」, 『史學集刊』1999-2.

楊建華, 「試論夏商時期燕山以南地區的文化格局」, 『北方文物』1999-3.

楊升南, 「殷墟甲骨文中的燕和召公封燕」, 北京市文物研究所, 『北京建城
　　　3040年暨燕文明國際學術研討會會議專輯』, 北京燕山出版社, 1997.

楊宗榮, 「燕下都半瓦當」, 『考古通訊』1957-6.

楊志玖, 「關于漁陽, 范陽, 薊縣的方位問題-兼論<重修薊縣志>的錯誤」,
　　　『天津社會科學』1983-2.

楊鐵男, 「朝陽市博物館收藏的一件靑銅短劍」, 『文物』1997-10.

於福順, 「薊秦長城的幾個問題」, (北京市社會科學研究所<北京史苑>編輯
　　　部 編, 『北京史苑』(第三輯), 北京出版社, 1985.

嚴文明, 「中國史前文化的統一性與多樣性」, 『文物』1987-3.

閻忠, 「燕北長城考」, 『社會科學戰線』1995-2.

閻忠, 「西周春秋時期燕國境內及其周邊各族考略」, 北京市文物研究所,
　　　『北京建城3040年暨燕文明國際學術研討會會議專輯』, 北京燕山
　　　出版社, 1997.

寧城縣文化館·中國社會科學院研究生院考古系東北考古專業, 「寧城縣
　　　新發現的夏家店上層文化墓葬及其相關遺物的研究」, 『文物資料
　　　叢刊』第9輯, 1985.

吳恩, 「我國北方古代動物紋飾」, 『考古學報』1981-1.

吳磬軍·劉德彪, 「燕下都三種饕餮紋半瓦當探微」, 『文物春秋』2000-1.

吳汝祚, 「論老哈河, 大凌河地區的文明起源」, 『北方文物』1995-1.

吳榮曾, 「周代隣近于燕的子姓邦國考述」, 陳光 滙編, 『燕文化研究論文
　　　集』, 中國社會科學出版社, 1995.

吳殿聰, 「漁陽, 薊, 無終變遷考」, 『薊縣文史資料(二)』1990.

王剛, 「林西縣井溝子夏家店上層文化墓葬」, 『內蒙古文物考古』1998-1.

王繼紅, 「關于北京建城3040年的試論綜述」, 『北京文博』 1996－1.

王繼紅, 「山戎文化動物紋的分布地域與年代分期」, 『北京文博』 1999－1.

王國維, 「北伯鼎跋」, 『觀堂集林』.

王錦厚, 「考古學所見兩漢之際遼西群縣的廢遷和邊塞的內徙」, 中國考古
　　　學會　編, 『中國考古學會第六次年會論文集1987』, 文物出版社, 1990.

王紀洁, 「尖首刀分期研究」, 『北京文博』 1998－3.

王成國, 「關于'遼東'地名的幾個問題的探討」, 『地名叢刊』 1987－2.

王成生, 「遼河流域及隣近地區短鋌曲刃劍研究」, 遼寧省考古博物館學會
　　　<會刊>編輯組　編印, 『遼寧省考古,　博物館學會成立大會會刊』,
　　　1982.

王素芳・石一磊, 「試論燕下都半瓦當的藝術特色」, 『文物春秋』 1998－4.

王宇信, 「<史記>'封召公奭于燕'的武王爲宏見'武王(時期)'說」, 北京市文
　　　物研究所, 『北京建城3040年暨燕文明國際學術研討會會議專輯』,
　　　北京燕山出版社, 1997.

王立早, 「西道村遺址發掘獲重大成果－對認識遼西地區文明發展進程具
　　　有重要意義」, 『中國文物報』 1991年3月31日　第12期

王仲翰・陳達開, 「戰國秦漢遼東遼西郡縣考略」, 『社會科學輯刊』 1979－4.

王燦熾, 「北京建都始于公元前1057年」, 陳光　滙編, 『燕文化研究論文集』,
　　　中國社會科學出版社, 1995.

王采枚, 「論周初封燕及其相關問題」, 陳光　滙編, 『燕文化研究論文集』,
　　　中國社會科學出版社, 1995.

王彩梅, 「召公奭與西周燕國的建立」, 『北京社會科學』 1994－3.

王采枚, 「燕國歷史朔源與夏家店下,　上層文化」, 北京史研究會, 『北京史
　　　論文集』(第1輯), 1980.

王彩梅, 「燕君'禪讓'辨」, 陳光　滙編, 『燕文化研究論文集』, 中國社會科
　　　學出版社, 1995.

王翰章, 「燕王職劍考釋」, 『考古與文物』 1983－2.

王海航, 「非爲明刀應爲燕刀」, 『文物春秋』 1990－1.

遼寧省博物館文物工作隊, 「概述遼寧省考古新收穫」, 文物編輯委員會編, 『文物考古工作三十年(1949－1979)』, 文物出版社, 1979.

遼寧省博物館·昭烏達盟文物工作站, 敖漢旗文化館, 「遼寧敖漢旗小河沿三種原始文化的發現」, 『文物』 1977－12.

遼寧省博物館·朝陽市博物館, 「建平水泉遺址發掘簡報」, 『遼海文物學刊』 1986－2.

遼寧省博物館·朝陽地區博物館, 「遼寧喀左縣北洞村發見殷代青銅器」, 『考古』 1973－4.

遼寧省博物館·許玉林, 「遼寧寬甸發現戰國時期燕國的明刀錢和鐵農具」, 『文物資料叢刊』(第3輯), 文物出版社, 1980.

龍源, 「燕山南北, 長城地帶考古專題座談會(紀要)」, 『文物』 1983－12.

魏堅·曹建恩, 「內蒙古中南部新石器時代石城址初步研究」, 『文物』 1999－2.

劉國祥, 「夏家店上層文化靑銅器硏究」, 『考古學報』 2000－4.

劉朴, 「承德縣內的夏家店下層文化遺址」, 『文物春秋』 1998－4.

劉震, 「劉大文, 河北遵化出土窖藏尖首刀」, 『中國錢幣』 1994－2.

劉建華, 「張家口地區戰國時期古城址調查發現與硏究」, 『文物春秋』 1993－4.

劉觀民, 「內蒙古赤峰市大甸子墓地述要」, 『考古』 1992－4.

劉觀民, 「西拉木倫河流域不同系統的考古學文化分布區域的變遷」, 蘇秉琦 主編, 『考古學文化論集』 1, 文物出版社, 1987.

劉來成·李曉東, 「試談戰國時期中山國歷史上的幾個問題」, 『文物』 1979－1.

劉緒·趙福生, 「琉璃河遺址西周燕文化的新認識」, 『文物』 1997－4.

劉淑娟, 「山灣子商周靑銅器斷代及銘文簡釋」, 『遼海文物學刊』 1991－2.

劉連强, 「建國以來冀北北方靑銅文化發展與硏究」, 『文物春秋』 2000－6.

劉幼錚, 「春秋戰國時期天津地區沿革考」, 『天津社會科學』 1983－2.

劉子敏, 「戰國秦漢時期遼東郡東部邊界考」, 『社會科學戰線』 1996－5.

劉晋祥, 「趙寶溝文化初論」, 『慶祝蘇秉琦考古五十五周年論文集』, 文物出版社, 1989.

劉晋祥·董新林, 「燕山南北長城地帶史前聚落形態的初步研究」, 『文物』 1997－8.

劉超英, 「戰國中山族屬淺議」, 『文物春秋』 1992 增刊報.

劉春蕾, 「試析北京地區青銅器紋飾的分期」, 『北京文博』 1996－2.

劉化成, 「試論上宅文化」, 『華夏考古』 1999－1.

劉桓, 「從金文看燕國之始封」, 北京市文物研究所, 『北京建城3040年暨燕文明國際學術研討會會議專輯』, 北京燕山出版社, 1997.

殷瑋璋, 「記北京琉璃河遺址出土的西周漆器」, 『考古』 1984－5.

殷瑋璋, 「新出土的太保銅器及其相關問題」, 陳光 滙編, 『燕文化研究論文集』, 中國社會科學出版社, 1995.

殷瑋璋·曹淑琴, 「周初太保器綜合研究」, 陳光 滙編, 『燕文化研究論文集』, 中國社會科學出版社, 1995.

李江浙, 「薊城前史初探」, 蘇天鈞 主編, 『京華舊事存眞』(第二輯), 北京古籍出版社, 1992.

李江浙, 「北京始都年代考」, 北京市文物研究所, 『北京建城3040年暨燕文明國際學術研討會會議專輯』, 北京燕山出版社, 1997.

李江浙, 「燕國破齊的背景及準備」, 陳光 滙編, 『燕文化研究論文集』, 中國社會科學出版社, 1995.

李健才, 「關于漢代遼東, 樂浪兩郡地理位置問題的探討」, 『社會科學戰線』 1993－1.

李慶發·張克擧, 「遼西地區燕秦長城調查報告」, 『遼海文物學刊』 1991－2.

李恭篤, 「遼寧東部地區青銅文化初探」, 『考古』 1985－6.

李恭篤, 高美璇, 「試論小河沿文化」, 中國考古學會 編, 『中國考古學會第二次年會論文集1980』, 文物出版社, 1982.

李恭篤·高美璇, 「試論燕文化與遼河流域靑銅器文化的關係」, 北京市文物研究所, 『北京建城3040年暨燕文明國際學術硏討會會議專輯』, 北京燕山出版社, 1997.

李文信, 「西漢右北平郡治平剛考」, 『社會科學戰線』 1983－1.

李民, 「關于燕文明的溯源」, 北京市文物研究所, 『北京建城3040年暨燕文明國際學術硏討會會議專輯』, 北京燕山出版社, 1997.

李伯謙, 「論夏家店下層文化」, 『中國靑銅文化結構體系研究』, 科學出版社, 1998.

李伯謙, 「北京房山董家林古城址的年代及相關問題」, 『中國靑銅文化結構體系研究』, 科學出版社, 1998.

李伯謙, 「張家園上層類型若干問題研究」, 『中國靑銅文化結構體系研究』, 科學出版社, 1998.

李先登, 「燕國靑銅器的初步研究」, 北京市文物研究所, 『北京建城3040年暨燕文明國際學術硏討會會議專輯』, 北京燕山出版社, 1997.

李逸友, 「內蒙古和林格爾縣出土的銅器」, 『文物』 1959－6.

李宗山·尹曉燕, 「河北省遷安縣出土兩件商代銅器」, 『文物』 1995－6.

李夏廷, 「渾源彝器研究」, 『文物』 1992－10.

李學勤, 「北京揀選靑銅器的幾個珍品」, 『文物』 1982－9.

李學勤, 「試論孤竹」, 『社會科學戰線』 1983－2.

李學勤, 「戰國題銘槪述(上, 中, 下)」, 『文物』 1959－7, 8, 9.

李學勤, 「祝敏申, 盱眙壺銘與齊破燕年代」, 『文物春秋』 1989년 創刊號.

李學勤, 「平山墓葬群與中山國的文化」, 『文物』 1979－1.

李學勤·鄭紹宗, 「論河北近年出土的戰國有銘靑銅器」, 陳光 滙編, 『燕文化研究論文集』, 中國社會科學出版社, 1995.

李華, 「關于房山琉璃河城地, 墓地年代的幾點看法」, 北京市文物研究所,

『北京建城3040年暨燕文明國際學術研討會會議專輯』，　北京燕山
　　　出版社, 1997.

李曉東, 「戰國時期燕國鐵器略述」，蘇天鈞　主編, 『京華舊事存眞』(第一
　　　輯), 北京古籍出版社, 1992.

印群, 「試析琉璃河遺址商代陶器分期及殷遺民之來源」, 『2004年安陽殷
　　　商文明國際學術研討會論文集』, 社會科學文獻出版社, 2004.

林小安, 「琉璃河1193號燕侯大墓發掘芻議」, 北京市文物研究所, 『北京建
　　　城3040年暨燕文明國際學術研討會會議專輯』, 北京燕山出版社, 1997.

林沄, 「燕亳'和'燕亳邦'小議」, 陳光　滙編, 『燕文化研究論文集』, 中國社
　　　會科學出版社, 1995.

林沄, 「早期北方系青銅器的幾個年代問題」, 內蒙古文物考古研究所　編
　　　(李逸友・魏堅　主編), 『內蒙古文物考古文集』, 中國大百科全書
　　　出版社, 1994.

林沄, 「中國東北系銅劍再論」, 蘇秉琦　主編, 『考古學文化論集』(4), 文物
　　　出版社, 1997.

林沄, 「中國東北系銅劍初論」, 『考古學報』1980−2.

任偉, 「西周燕國銅器與召公封燕問題」, 『考古與文物』, 2008−2.

張劍, 「論西周燕國殷遺民的政治地位」, 北京市文物研究所, 『北京建城
　　　3040年暨燕文明國際學術研討會會議專輯』, 北京燕山出版社, 1997.

張博泉, 「肅愼, 燕亳考」, 『東北考古與歷史』1982−1기].

張秀榮, 「古山戎考略」, 北京市文物研究所　編, 『北京文物與考古』(第四
　　　輯), 北京燕山出版社, 1994.

張亞初, 「燕國青銅器銘文研究」, 陳光　滙編, 『燕文化研究論文集』, 中國
　　　社會科學出版社, 1995.

張亞初, 「太保罍, 盉銘文的再探討」, 陳光　滙編, 『燕文化研究論文集』,
　　　中國社會科學出版社, 1995.

張英山, 「召公建燕年代」, 北京市文物研究所, 『北京建城3040年暨燕文明
　　國際學術研討會會議專輯』, 北京燕山出版社, 1997.

張立東, 「試論張家園文化」, 北京市文物研究所, 『北京建城3040年暨燕文
　　明國際學術研討會會議專輯』, 北京燕山出版社, 1997.

張政烺, 「<春秋事語>解題」, 『文物』 1977－1.

張政烺, 「庚壺釋文」, 文化部文物局古文獻研究室　編, 『出土文獻研究』,
　　文物出版社, 1985.

張忠培, 「東山嘴祭祀遺址與紅山文化社會制度」’, 『中國北方考古文集』,
　　文物出版社, 1990.

張忠培, 「夏家店上, 下層文化及其相關的幾個問題」, 『中國北方考古文集』,
　　文物出版社, 1990.

張忠培, 「夏家店下層文化研究」, 『中國北方考古文集』, 文物出版社, 1990.

張忠培, 孔哲生, 張文軍, 陳雍, 「夏家店下層文化研究」, 蘇秉琦　主編, 『考
　　古學文化論集』(1), 文物出版社, 1987.

翟德芳, 「試論夏家店上層文化的青銅器」, 內蒙古文物考古研究所　編(李
　　逸友・魏堅　主編), 『內蒙古文物考古文集』, 中國大百科全書出版
　　社, 1994.

翟德芳, 「中國北方地區青銅短劍分群研究」, 『考古學報』 1988－3.

田敬東, 「琉璃河商周遺址與北京的建都」, 北京市文物研究所　編, 『北京
　　文物與考古』(第三輯), 北京燕山出版社, 1992.

田敬東, 「琉璃河遺址發掘略述」, 北京市文物研究所, 『北京建城3040年暨
　　燕文明國際學術研討會會議專輯』, 北京燕山出版社, 1997.

田廣金, 「中國北方系青銅器文化和類型的初步研究」, 蘇秉琦　主編, 『考
　　古學文化論集』(4), 文物出版社, 1997.

鄭家相, 「燕刀面文明字問題」, 陳光　滙編, 『燕文化研究論文集』, 中國社
　　會科學出版社, 1995.

鄭紹宗, 「灤平縣虎什哈炮臺山山戎墓地的發現」, 『文物資料叢刊』 第7輯, 1983.

鄭紹宗, 「略談戰國時期中山國的疆域問題」, 『遼海文物學刊』 1992－2.

鄭紹宗, 「山戎及其文化考－關于夏家店上層文化性質問題」, 北京市文物研究所, 『北京建城3040年暨燕文明國際學術研討會會議專輯』, 北京燕山出版社, 1997.

鄭紹宗, 「商周金文和河北古代方國研究」, 『河洛文明論文集』, 中州古籍出版社, 1993.

鄭紹宗, 「熱河興隆發現的戰國生産工具鑄范」, 『考古通訊』 1956－1.

鄭紹宗, 「有關河北長城區域原始文化類型的討論」, 『考古』 1962－12.

鄭紹宗, 「戰國時期燕, 趙, 中山國都城的發現與研究」, 考古學研究編輯會 編, 『考古學研究』, 三秦出版社, 1983.

鄭紹宗, 「中國北方青銅短劍的分期及形制研究」, 『文物』 1984－2.

鄭紹宗, 「河北省考古發現研究與展望」, 『文物春秋』 1992 增刊.

鄭紹宗, 「河北省文物考古工作十年的主要收穫」, 『文物春秋』 1989－1.

鄭紹宗, 「河北省文物考古工作十年的主要收穫(二):1979－1988」, 『文物春秋』 1989－3.

鄭紹宗, 「河北省發現的青銅短劍」, 『考古』 1975－4.

鄭紹宗, 「河北省戰國, 秦, 漢時期古長城和城障遺址」, 文物編輯委員會編, 『中國長城遺迹調查報告集』, 文物出版社, 1981.

鄭紹宗, 「夏商時期河北古代文化的關係問題」, 三代文明研究編輯委員會, 『三代文明研究(一)』, 科學出版社, 1999.

鄭紹宗, 「夏商時期河北古代文化的初步分析」, 蘇秉琦 主編, 『考古學文化論集』(4), 文物出版社, 1997.

程長新, 「北京市揀選的燕國銅器」, 『文物』 1982－9.

程長新, 「北京市揀選的春秋戰國青銅器」, 『文物』 1987－11.

程長新, 「北京市揀選古代靑銅器續志」, 『文物』 1984－12.

程長新, 「北京市順義縣牛欄山出土一組周初帶銘靑銅器」, 『文物』 1983－11.

程長新・曲得龍・姜東方, 「北京揀選一組二十八件商代帶銘銅器」, 『文物』 1982－9.

程長新・張先得, 「歷盡滄桑, 重放光華－北京市揀選古代靑銅器展覽簡記」, 『文物』 1982－9.

鄭振香, 「商文化與北方地區古文化的關係」, 北京市文物硏究所, 『北京建城3040年暨燕文明國際學術硏討會會議專輯』, 北京燕山出版社, 1997.

齊心, 「琉璃河商周遺址發現, 發掘與硏究」, 北京市文物硏究所, 北京建城3040年暨燕文明國際學術硏討會會議專輯, 北京燕山出版社, 1997.

齊亞珍・劉素華, 「錦縣水手營子早期靑銅時代墓葬」, 『遼海文物學刊』 1991－1.

趙其昌, 「薊城的探索」, 陳光 滙編, 『燕文化硏究論文集』, 中國社會科學出版社, 1995.

趙福生・劉緖, 「試論西周燕文化與張家園上層文化類型」, 『北京文博』 1998－1.

趙賓福, 「趙寶溝文化的分期與源流」, 中國考古學會 編輯, 『中國考古學會第8次年會論文集』, 文物出版社, 1991.

曹淑琴, 「伯矩銅器群及其相關問題」, 『慶祝蘇秉琦考古五十五周年論文集』, 文物出版社, 1989.

趙庭秀, 「早期燕國的世系與疆域探幽」, 『河北學刊』 1993－4.

曹定雲, 「北京乃商族發祥之地－兼論北京'燕'稱之始」, 『北京社會科學』 1998－1.

趙評春・孫秀仁, 「論燕國形成年代與燕都薊城方位道里」, 北京市文物硏究所, 『北京建城3040年暨燕文明國際學術硏討會會議專輯』, 北京燕山出版社, 1997.

趙化成, 「東周燕代青銅容器的初步分析」, 陳光 滙編, 『燕文化研究論文集』, 中國社會科學出版社, 1995.

朱貴, 「試論曲刃青銅短劍的淵源」, 『遼海文物學刊』 1087－2.

朱活, 「論山東臨淄齊故城出土的尖首刀化－兼論有關尖首刀化的幾個問題」, 『考古與文物』 1980－3.

朱活, 「匽幣管窺－略談匽國貨幣的幾個有關問題」, 『燕文化研究論文集』, 陳光滙編, 中國社會科學出版社, 1995.

朱活, 「匽幣續窺－談山東臨淄齊故城出土的尖首刀化兼論有關尖首刀化的幾個問題」, 『古錢新探』, 齊魯書社, 1984.

周繼中, 「北京建都從西周燕國開始」, 陳光 滙編, 『燕文化研究論文集』, 中國社會科學出版社, 1995.

朱彦民, 「金甲文中的"基", "己＋其"與箕子封燕考」, 北京市文物研究所, 『北京建城3040年暨燕文明國際學術研討會會議專輯』, 北京燕山出版社, 1997.

朱延平, 「趙寶溝遺址淺析」, 內蒙古文物考古研究所 編(魏堅 主編), 『內蒙古文物考古文集』(第二輯), 中國大百科全書出版社, 1997.

朱永剛, 「大, 小凌河流域含曲刃短劍遺存的考古學文化及相關問題」, 內蒙古文物考古研究所 編(魏堅 主編), 『內蒙古文物考古文集』(第二輯), 中國大百科全書出版社, 1997.

朱永剛, 「東北青銅文化的發展段階與文化區系」, 『考古學報』 1998－2.

朱永剛, 「試論我國北方地區銎柄式柱脊短劍」, 『文物』 1992－12.

朱永剛, 「夏家店上層文化的初步研究」, 蘇秉琦 主編, 『考古學文化論集』(1), 文物出版社, 1987.

中國科學院考古研究所・北京市文物管理處・房山縣文教局－琉璃河考古工作隊, 「北京附近發現的西周奴隸殉葬墓」, 『考古』 1974－5.

陳光, 「燕文化研究的歷史與現狀」, 『北京文博』 1995－1.

陳光, 「東周燕人生活用器分析」, 北京市文物研究所, 『北京建城3040年暨燕文明國際學術研討會會議專輯』, 北京燕山出版社, 1997.

陳光, 「東周燕文化分期論」, 『北京文博』 1997－4.

陳光, 「東周燕文化分期論(續)」, 『北京文博』 1998－1.

陳光, 「東周燕文化分期論(續完)」, 『北京文博』 1998－2.

陳光, 「西周燕文化初論」, 『北京文博』 2000－1.

陳平 , 「克罍, 克盉銘文及其有關問題」, 北京市文物研究所 編, 『北京文物與考古』(第三輯), 北京燕山出版社, 1992.

陳平, 「略論山戎文化的族屬及相關問題」, 『華夏考古』 1995－3.

陳平, 「先燕文化與周初燕文化雛議」, 『北京文博』 1995－1.

陳平, 「試論歷史上山戎及其有關問題」, 北京市文物研究所 編, 『北京文物與考古』(第四輯), 北京燕山出版社, 1994.

陳平, 「燕亳與薊城的再探討」, 『北京文博』 1997－2.

陳平, 「克器事燕六族會釋考證」, 北京市文物研究所, 『北京建城3040年暨燕文明國際學術研討會會議專輯』, 北京燕山出版社, 1997.

陳平, 「再論克罍, 克盉銘文及其有關問題」, 『考古與文物』 1995－1.

陳平, 「初燕克器銘文"心", "㠱"辨」, 『北京文博』 1999－2.

陳夢家, 「西周之燕的考察」, 陳光 滙編, 『燕文化研究論文集』, 中國社會科學出版社, 1995.

陳芳芝・鄭必俊, 「關于上古至秦漢時期東北疆域的幾個問題」, 『北京大學學報』 1984－6(K21『先秦秦漢史』 1984－12.)

陳恩林, 「論魯, 齊, 燕的始封及燕與邶國關係」, 北京市文物研究所, 『北京建城3040年暨燕文明國際學術研討會會議專輯』, 北京燕山出版社, 1997.

陳鐵卿, 「一種常見的古代貨幣－明刀」, 『文物』 1959－1.

蔡運章・郭仁强, 「論太保玉戈銘文及相關問題」, 北京市文物研究所, 『北京建城304年暨燕文明國際學術研討會會議專輯』,　北京燕山出版社, 1997.

天平·王晋, 「論鮮虞國的族姓, 都城及其他」, 『河北學刊』 1989－5.

崔學諳, 「葫蘆溝祭祀遺迹初論」, 『首都博物館叢刊』(第9輯), 1994.

湯池, 「試論灤平后臺子出土的石雕女神像」, 『文物』 1994－3.

彭邦炯, 「從甲骨文的易說到有易與易水」, 『殷都學刊』 1999－2.

彭邦炯, 「從商的孤竹論及商代北疆諸氏」, 王宇信　主編, 『甲骨文與殷商史』(三輯), 上海古籍出版社, 1991.

彭立平, 「河北圍場境內的古長城和古城址」, 『文物春秋』 1997－2.

馮勝君, 「燕國陶文綜述」, 『北京文博』 1998－2.

馮永謙·姜念思, 「寧城縣黑城古城址調查」, 『考古』 1982－2.

馮永謙, 鄧寶學, 「遼寧建昌普查中發現的重要文物」, 『文物』 1983－9.

賀勇, 「試論燕國墓葬陶器分期」, 陳光　滙編, 『燕文化研究論文集』, 中國社會科學出版社, 1995.

何琳儀, 「燕國布幣考」, 陳光　滙編, 『燕文化研究論文集』, 中國社會科學出社, 1995.

何琳儀·馮勝君, 「燕璽簡述」, 『北京文博』 1996－3.

河北省文物管理處, 「河北省三十年來的考古工作」, 文物編輯委員會　編, 『文物考古工作三十年(1949－1979)』, 文物出版社, 1979.

河北省文物管理處　石英士·王素芳, 「試論□字刀貨的幾個問題」, 『考古與文物』 1983－6기.

賀樹德, 「北京建城年代與建都年代問題」, 北京市文物研究所, 『北京建城3040年暨燕文明國際學術研討會會議專輯』, 北京燕山出版社, 1997.

韓嘉谷, 「燕國境內諸考古學文化的族屬探索」, 北京市文物研究所, 『北京建城3040年暨燕文明國際學術研討會會議專輯』, 北京燕山出版社, 1997.

韓嘉谷,「京津地區商周時期古文化發展的一點線索」, 中國考古學會 編, 『中國考古學會第三次年會論文集1981』, 文物出版社, 1984.

韓嘉谷,「論北京地區爲"其"國(族)故地」, 『北京文博』 1995－1.

韓嘉谷,「無終地望考」, 『天津史志』 1990－2.

韓嘉谷,「寶坻縣秦城爲戰國右北平郡故城的調査和考證」, 『天津市歷史博物館官刊』 1994－4.

韓嘉谷,「燕史源流的考古學考察」, 陳光 滙編, 『燕文化研究論文集』, 中國社會科學出版社, 1995.

韓嘉谷,「長城地帶靑銅短劍的考古學文化和族屬」, 中國考古學會 編輯, 『中國考古學會第8次年會論文集』, 文物出版社, 1991.

韓嘉谷,「從軍都山東周墓談山戎, 胡, 東胡的考古學文化歸屬」, 內蒙古文物考古研究所 編(李逸友·魏堅 主編), 『內蒙古文物考古文集』, 中國大百科全書出版社, 1994.

韓嘉谷,「天津地區出土的刀幣」, 中國考古學會 編, 『中國考古學會第五次年會論文集』, 文物出版社, 1985.

韓嘉谷,「土方歷史的考古學探索」, 內蒙古文物考古研究所 編(魏堅 主編),『內蒙古文物考古文集』第二輯, 中國大百科全書出版社, 1997.

韓嘉谷·紀烈敏,「薊縣張家園遺址青銅文化遺存綜述」, 『考古』 1993－4.

項春松,「昭烏達盟燕秦長城遺址調査報告」, 文物編輯委員會編, 『中國長城遺迹調査報告集』, 文物出版社, 1981.

許宏,「燕下都營建過程的考古學考察」, 『考古』 1999－4.

許明綱,「大連地區燕文化遺迹」, 『文物春秋』 1997－2.

許樹立,「試論京津冀地區橫向經濟聯合的發展」, 『河北學刊』 1986－4.

許永杰,「長城沿線周秦時期雙耳陶器的初步考察」, 『北方文物』 1992－2.

許玉林,「遼寧商周時期的靑銅文化」, 蘇秉琦 主編, 『考古學文化論集』(3), 文物出版社, 1990.

胡順利, 「對保卣銘文考釋的一點意見」, 『中原文物』 1981－2.

黃錫全, 「燕刀□字新解」, 北京市文物研究所, 『北京建城3040年暨燕文明國際學術研討會會議專輯』, 北京燕山出版社, 1997.

黃盛璋, 「西周征伐東夷, 東國的銅器年代地理及其相關問題」, 『河洛文明論文集』, 中州古籍出版社, 1993.

黃盛璋, 「盱胎新出銅器金器及相關問題考辨」, 『文物』 1984－10.

黃盛璋, 「戰國燕國銅器銘刻新考」, 陳光 滙編, 『燕文化研究論文集』, 中國社會科學出版社, 1995.

侯仁之, 「關于古代北京的幾個問題」, 『文物』 1959－9.

侯仁之, 「論北京建城之始」, 陳光 滙編, 『燕文化研究論文集』, 中國社會科學出版社, 1995.

배진영 ───────────────────────────────────────

▌약 력

이화여자대학교(학사, 석사, 박사), 미국 Center for East Asian Studies (Universty of Pennsylvania) Post-Doctor
현직; 전북대학교 HK 연구원 연구교수
전공; 고대 북경역사 및 동북아시아 고대사

▌대표논저
<논문>
「西周時期 北京地域 政治體－周初 中原 勢力의 北京 進入과 衝突－」(중국사연구, 2008)
「甲骨・金文으로 본 商代 北京地域 政治體」(중국사 연구, 2007)
「出土資料로 본 孤竹」(이화사학연구, 2006)
「燕國의 五郡 설치의 의미－戰國時代 東北아시아의 勢力關係－」(중국사연구, 2005)
「西周 前期 燕國의 成立과 姬燕文化의 形成」(동양사학연구, 2001) 외 공저
『漢代 遼東・玄菟郡의 研究』(동북아역사재단, 2008)
『중국여성 신화에서 혁명으로』(서해문집, 2005) 등

<역서>
『동방견문록』(서해문집, 2004) 등

고대 北京과 燕文化
-燕文化의 형성과 전개를 중심으로-

초판인쇄 | 2009년 7월 10일
초판발행 | 2009년 7월 10일

지은이 | 배진영
펴낸이 | 채종준
펴낸곳 | 한국학술정보㈜
주　소 | 경기도 파주시 교하읍 문발리 파주출판문화정보산업단지 513-5
전　화 | 031) 908-3181(대표)
팩　스 | 031) 908-3189
홈페이지 | http://www.kstudy.com
E-mail | 출판사업부　publish@kstudy.com

등　록 | 제일산-115호(2000. 6. 19)
가　격 | 39,000원

ISBN　9[illegible] (Paper Book)
　　　978-89-534-3354-0 98910 (e-Book)

본 도서는 한국학술정보(주)와 저작자 간에 전송권 및 출판권 계약이 체결된 도서로서, 당사와의 계약에 의해 이 도서를 구매한 도서관은 대학(동일 캠퍼스) 내에서 정당한 이용권자(재적학생 및 교직원)에게 전송할 수 있는 권리를 보유하게 됩니다. 그러나 다른 지역으로의 전송과 정당한 이용권자 이외의 이용은 금지되어 있습니다.